suhrkamp taschenbuch
wissenschaft 2084

Die Aufklärung hat nicht nur die Ideen der Gleichheit und Freiheit propagiert und die sinnliche Erfahrung zur einzigen Quelle von Wissen erklärt: In Frankreich hat sie auch das Projekt des Materialismus wiederbelebt und zu einem neuen Höhepunkt geführt. Denis Diderot ist einer der radikalsten und originellsten Vertreter dieses aufklärerischen Naturalismus. Er verfolgt die Idee, daß der Mensch nichts anderes als ein Teil einer dynamischen, sich verändernden natürlichen Welt ist, mit erstaunlicher Offenheit und Lust am gedanklichen Experiment durch alle Bereiche der Philosophie hindurch. Der Band enthält die zentralen philosophischen Schriften Diderots und führt kompakt in sein Denken ein.

Alexander Becker ist Professor für Theoretische Philosophie an der Heinrich-Heine-Universität Düsseldorf. Zuletzt erschienen: *Platon, Theätet* (stb 9) und *Musikalischer Sinn* (stw 1826, hg. zus. mit Matthias Vogel).

Denis Diderot
Philosophische Schriften

Herausgegeben und mit einem Nachwort
von Alexander Becker

Aus dem Französischen
von Theodor Lücke

Suhrkamp

Die Übersetzungen der in diesem Band
abgedruckten Schriften Diderots entstammen der Ausgabe:
Denis Diderot, *Philosophische Schriften*. Zwei Bände.
Hrsg., aus dem Französischen von Theodor Lücke. Band 1
© Aufbau Verlag GmbH & Co. KG, Berlin, 1961

Bibliografische Information der Deutschen Nationalbibliothek
Die Deutsche Nationalbibliothek verzeichnet diese Publikation
in der Deutschen Nationalbibliografie;
detaillierte bibliografische Daten sind im Internet
über http://dnb.d-nb.de abrufbar.

suhrkamp taschenbuch wissenschaft 2084
Erste Auflage 2013
© dieser Ausgabe Suhrkamp Verlag Berlin 2013
Alle Rechte vorbehalten, insbesondere das
des öffentlichen Vortrags sowie der Übertragung
durch Rundfunk und Fernsehen, auch einzelner Teile.
Kein Teil des Werkes darf in irgendeiner Form
(durch Fotografie, Mikrofilm oder andere Verfahren)
ohne schriftliche Genehmigung des Verlages reproduziert
oder unter Verwendung elektronischer Systeme
verarbeitet, vervielfältigt oder verbreitet werden.
Umschlag nach Entwürfen
von Willy Fleckhaus und Rolf Staudt
Druck: Druckhaus Nomos, Sinzheim
Printed in Germany
ISBN 978-3-518-29684-4

Inhalt

Vorwort 7

Denis Diderot, Philosophische Schriften

Brief über die Blinden, zum Gebrauch für die Sehenden   11
    Index 72

D'Alemberts Traum 78
    I Fortsetzung einer Unterhaltung zwischen d'Alembert
       und Diderot 78
    II D'Alemberts Traum 93
    III Fortsetzung des vorhergehenden Gesprächs 146

Nachtrag zu »Bougainvilles Reise« oder Gespräch zwischen
A und B über die Unsitte, moralische Ideen an gewisse
physische Handlungen zu knüpfen, zu denen sie
nicht passen 155
    I Beurteilung der Reise Bougainvilles 155
    II Die Abschiedsrede des Greises 162
    III Unterhaltung zwischen dem Schiffskaplan und Oru   169
    IV Fortsetzung des Zwiegesprächs zwischen A und B   191

Alexander Becker, Nachwort

Diderot und das Experiment des Naturalismus 205
    I Aufklärung und Naturalismus 205
    II Aufklären, ohne zu sehen: der *Brief über die Blinden,*
       zum Gebrauch für die Sehenden 213
       Die Einleitung des Briefes 213
       Zum Aufbau des Briefes 215
       Der Besuch beim Blinden von Puiseaux 216
       Die Geometrie der Blinden 218
       Das Gespräch zwischen Saunderson und Holmes 223

Molyneux' Problem	225
III Die Materie in Aktion: *D'Alemberts Traum*	231
Vorbemerkung	231
Fortsetzung einer Unterhaltung zwischen d'Alembert und Diderot	233
D'Alemberts Traum	241
Fortsetzung des vorhergehenden Gesprächs	250
Nachbemerkung	255
IV Die guten Wilden und die gute Natur: der *Nachtrag zu Bougainvilles Reise*	257
Zum Kontext	257
Das erste Gespräch zwischen A und B	259
Der tahitianische Greis und Oru	260
Das zweite Gespräch zwischen A und B	266
V Schluß: Der Philosoph im Naturalismus	268

Anhang

Zeittafel	273
Chronologische Übersicht über die Werke Diderots	275
Literaturhinweise	279

Vorwort

Der vorliegende Band versammelt drei zentrale philosophische Schriften von Denis Diderot: den *Brief über die Blinden, zum Gebrauch für die Sehenden* von 1749, *D'Alemberts Traum* von 1769 sowie den *Nachtrag zu Bougainvilles Reise* von 1772.

Die Texte erscheinen in der Übersetzung von Theodor Lücke aus dem Jahr 1961, die anhand der neuen Gesamtausgabe der Werke Diderots, die unter der Federführung von H. Dieckmann und J. Varloot seit 1975 in Paris erscheint,[1] überarbeitet sowie mit neuen Anmerkungen versehen wurde.

Die hier präsentierte Auswahl stellt nur einen kleinen Ausschnitt aus dem Werk Diderots dar. Seine Schriften zur Ästhetik und zur Politik fehlen ebenso wie seine Beiträge zur *Encyclopédie* oder der Dialog *Rameaus Neffe*, von seinen literarischen Werken ganz zu schweigen. Die Auswahl ist also keineswegs repräsentativ für Diderots Schaffen im ganzen. Aber da sie einen weiten Bereich klassischer philosophischer Themen erfaßt – von der Erkenntnistheorie über die Metaphysik bis zur Moral –, und da sie auch den Autor Diderot in verschiedenen Formen seines Schreibens vorstellt, sollten die Texte geeignet sein, in das Denken Diderots einzuführen und nicht nur einen herausragenden Vertreter des philosophischen Naturalismus und der Aufklärung, sondern auch einen der originellsten Autoren der europäischen Philosophiegeschichte vorzustellen.

---

[1] Im folgenden werden die Bände dieser Ausgabe mit »OC« abgekürzt.

Denis Diderot, Philosophische Schriften

Brief über die Blinden,
zum Gebrauch für die Sehenden

Possunt, nec posse videntur.[1]

Ich ahne wohl, Madame, daß der Blindgeborene, dem Herr von Réaumur[2] erst kürzlich den Star gestochen hat,[3] uns nicht das lehren würde, was Sie wissen wollten; doch hatte ich nicht so viel Voraussicht, auch zu ahnen, daß weder er noch Sie daran schuld sein würden. Ich habe seinen Wohltäter durch meine Person, durch seine besten Freunde, durch Komplimente, die ich ihm machte, zu gewinnen versucht; wir haben dadurch nichts erreicht, und der erste Verband wird nun ohne Sie abgenommen werden. Hohe Persönlichkeiten hatten die Ehre, zusammen mit den Philosophen von ihm zurückgewiesen zu werden; kurz, er wollte den Schleier nur vor einigen belanglosen Augen fallen lassen. Wenn Sie neugierig darauf sind, warum dieser tüchtige Akademiker so heimlich Experimente anstellt, die – Ihrer Meinung nach – nicht zu viele aufgeklärte Zeugen haben dürfen, so antworte ich Ihnen, daß die Beobachtungen eines so berühmten Mannes weniger der Zuschauer bedürfen, wenn sie gemacht werden, als der Zuhörer, sobald sie gemacht sind. Ich bin also auf meine ursprüngliche Absicht zurückgekommen, Madame. Da ich auf ein Experiment verzichten mußte, bei dem meiner Ansicht nach kaum etwas für meine oder Ihre Belehrung zu gewinnen war, aus dem Herr von Réaumur aber zweifellos einen weitaus größeren Vorteil ziehen wird, so begann ich mit meinen Freunden über die wichtige Frage, um die es dabei geht, zu philosophieren. Wie glücklich würde ich sein, wenn der Bericht über eine unserer Unterhaltungen Ihnen das Schauspiel ersetzen könnte, das ich Ihnen allzu leichtsinnig versprochen hatte!

An demselben Tag, an dem der Preuße[4] die Staroperation an der

---

1 »Sie können es, obgleich sie es nicht zu können scheinen.« Es handelt sich um ein abgewandeltes Zitat aus Vergils *Aeneis* (5. Buch, Vers 231). Im Original heißt es: *Possunt, quia posse videntur* (»Sie können es, weil sie es zu können scheinen«).
2 René-Antoine Ferchault de Réaumur (1683-1757).
3 Über die Praxis und Rezeption der Staroperationen im 18. Jahrhundert siehe Tunstall, *Blindness and Enlightenment*, London 2011, S. 1-12.
4 Wie aus dem Index hervorgeht, handelt es sich um den preußischen Augenarzt

Tochter Simoneaus vollzog, suchten wir den Blindgeborenen aus Puiseaux⁵ auf und fragten ihn aus. Das ist ein Mann, dem es nicht an gesundem Verstand fehlt, den viele Leute kennen, der etwas von Chemie versteht und der mit einigem Erfolg die Vorträge über Botanik im Jardin du Roi⁶ gehört hat. Er stammt von einem Vater, der an der Pariser Universität unter Beifall Philosophie gelehrt hat. Er besaß ein ansehnliches Vermögen, mit dem er die Sinne, die er noch hatte, leicht hätte befriedigen können; doch überwältigte ihn in der Jugend die Vergnügungssucht. Man mißbrauchte seine Neigungen; seine häuslichen Angelegenheiten gerieten in Unordnung, und so zog er sich in eine kleine Provinzstadt zurück, von der er nun jedes Jahr eine Reise nach Paris macht. Er vertreibt dort Liköre, die er selber destilliert und mit denen man sehr zufrieden ist. Diese Umstände, Madame, sind zwar ziemlich unphilosophisch, aber eben deshalb recht geeignet, Ihnen klarzumachen, daß die Person, von der ich Ihnen erzähle, keine Phantasiegestalt ist.

Wir trafen gegen fünf Uhr abends bei unserem Blinden ein und fanden ihn damit beschäftigt, mit Hilfe erhabener Buchstaben seinen Sohn das Lesen zu lehren. Er war erst vor einer Stunde aufgestanden; denn Sie müssen wissen, daß der Tag für ihn anfängt, wenn er für uns aufhört. Er pflegt seine häuslichen Angelegenheiten zu erledigen und zu arbeiten, während die anderen ruhen. Um Mitternacht stört ihn nichts und fällt er niemandem zur Last. Seine erste Sorge ist, alles aufzuräumen, was man im Lauf des Tages von seinem Platz entfernt hat; und wenn seine Frau erwacht, findet sie gewöhnlich das Haus in Ordnung. Die Schwierigkeit, die die Blinden bei der Suche nach abhanden gekommenen Dingen haben, macht sie ordnungsliebend; und ich habe bemerkt, daß diejenigen, die vertraulich mit ihnen verkehrten, diese Eigenschaft teilten, sei es infolge des guten Beispiels, das die Blinden geben, sei es aus

Hillmer. Ausführliche Informationen zu ihm finden sich in: Aloys Henning, *Die Affäre Hillmer: Ein Okulist aus Berlin in Petersburg 1751*. Frankfurt a. M. 1987.
5 Städtchen in der Provinz Gâtinais. [Anm. im Original.]
6 Der Jardin du Roi (der heutige Botanische Garten) wurde seit 1739 von Georges-Louis Leclerc de Buffon geleitet und zu einer Konkurrinstitution zur Académie Royale aufgebaut, zu deren Direktor in diesen Jahren immer wieder Réaumur ernannt wurde. Buffon und Réaumur vertraten auch unterschiedliche Auffassungen der Natur; während Buffon versuchte, materialistische Modelle der Entstehung der Lebewesen zu entwerfen, blieb für Réaumur die Natur letztlich ein göttliches Wunder.

menschlichem Mitgefühl, das man mit ihnen hat. Wie unglücklich wären die Blinden ohne die kleinen Aufmerksamkeiten derjenigen, die sie umgeben! Wie beklagenswert wären wir selbst ohne solche Aufmerksamkeiten! Große Dienste sind wie große Gold- oder Silberstücke, die zu verwenden man selten Gelegenheit hat; kleine Aufmerksamkeiten aber sind wie Kleingeld, das man immer zur Hand hat.

Unser Blinder beurteilt recht gut Symmetrien. Die Symmetrie, vielleicht schon unter uns eine Sache der bloßen Konvention, ist ganz sicher in vieler Hinsicht eine solche zwischen einem Blinden und den Sehenden. Der Blinde lernt den Begriff des Schönen dadurch richtig anwenden, daß er mit dem Tastsinn die Anordnung untersucht, die wir von den Teilen, die ein Ganzes bilden, verlangen, wenn wir das Ganze schön nennen sollen. Aber wenn er sagt: »Das ist schön«, urteilt er nicht selbst; er gibt nur das Urteil der Sehenden wieder. Was tun denn sonst drei Viertel von denjenigen, die über ein Theaterstück entscheiden, nachdem sie es gehört haben, oder über ein Buch, nachdem sie es gelesen haben? Schönheit ist für einen Blinden nur ein Wort, wenn sie von der Nützlichkeit getrennt ist, und wie oft entgeht ihm, da er ein Organ weniger hat, das Nützliche an den Dingen! Sind die Blinden nicht sehr zu bedauern, weil sie nur das Brauchbare für schön halten? Wie viele bewundernswerte Dinge gehen ihnen verloren! Für diesen Verlust entschädigt sie nur *ein* Gutes: daß sie nämlich Ideen über das Schöne haben, die zwar weniger umfassend, aber dafür deutlicher sind als die Ideen sehr scharfsichtiger Philosophen, die sich darüber ausführlich ausgelassen haben.

Unser Blinder spricht alle Augenblicke vom Spiegel. Sie glauben wohl, daß er nicht weiß, was das Wort Spiegel bedeutet; doch wird er nie einen Spiegel gegen das Licht stellen. Er drückt sich ebenso verständig wie wir über die Vorzüge und Mängel des Organs aus, das ihm fehlt. Obgleich er keine Idee mit den Ausdrücken verbindet, die er gebraucht, hat er doch vor den meisten anderen Menschen wenigstens den Vorzug, sie nie falsch zu gebrauchen. Er diskutiert über viele Dinge, die ihm völlig unbekannt sind, so gut und richtig, daß der Umgang mit ihm jenen Schluß erheblich ins Wanken bringen könnte, den wir alle, ohne zu wissen warum, von dem, was in uns vorgeht, auf das ziehen, was in anderen vorgeht.

Ich fragte ihn, was er unter einem Spiegel verstünde. »Eine

Maschine«, erwiderte er, »die die Dinge in einiger Entfernung von ihnen selbst im Relief wiedergibt, wenn diese in bezug auf sie richtig aufgestellt sind. Es ist wie mit meiner Hand, die ich nicht neben einen Gegenstand legen darf, wenn ich ihn fühlen will.« Wäre Descartes von Geburt an blind gewesen, so hätte er, wie mir scheint, auf eine solche Definition stolz sein können. Ziehen Sie doch, bitte, in Betracht, wie scharfsinnig er gewisse Ideen kombinieren mußte, um so weit zu kommen! Unser Blinder gewinnt nur durch den Tastsinn Kenntnis von den Gegenständen. Er weiß auf Grund des Berichtes anderer Menschen, daß man vermittels des Gesichtssinns die Gegenstände erkennt, so wie sie ihm durch den Tastsinn bekannt sind; jedenfalls ist dies der einzige Begriff, den er sich von ihnen bilden kann. Außerdem weiß er, daß man sein eigenes Gesicht nicht sehen kann, obgleich man es fühlen kann. Der Gesichtssinn, muß er folgern, ist also eine Art Tastsinn, der sich nur auf die von unserem Gesicht verschiedenen und von uns entfernten Gegenstände erstreckt. Übrigens vermittelt ihm nur das Befühlen die Idee des Reliefs. Also, fügt er hinzu, ist ein Spiegel eine Maschine, die uns außerhalb von uns im Relief darstellt. Wie viele berühmte Philosophen sind mit weniger Scharfsinn zu ebenso falschen Begriffen gelangt! Doch wie verblüffend mußte ein Spiegel für unseren Blinden sein! Wie mußte sein Erstaunen zunehmen, als wir ihm mitteilten, es gebe Maschinen, die von derselben Art sind, aber die Gegenstände vergrößern; ferner solche, die sie – ohne sie zu verdoppeln – verrücken, heranholen oder entfernen, die sie wahrnehmbar machen, indem sie ihre kleinsten Teile den Augen der Naturforscher enthüllen; es gebe auch solche, die sie vertausendfachen, und schließlich solche, die sie völlig zu entstellen scheinen. Er stellte uns hundert sonderbare Fragen über diese Erscheinungen. Er fragte uns zum Beispiel, ob mit dem Mikroskop nur diejenigen, die man Naturforscher nennt, und mit dem Teleskop nur die Astronomen sehen könnten; ob die Maschine, welche die Gegenstände vergrößere, größer sei als diejenige, die sie verkleinere; ob die Maschine, die sie heranhole, kürzer sei als diejenige, die sie entferne. Und da er nicht begriff, warum jenes andere Ich, das der Spiegel – seiner Meinung nach – hervortreten läßt, dem Tastsinn entgeht, sagte er: »Das sind also zwei Sinne, die eine kleine Maschine in Widerspruch bringt. Eine vollkommenere Maschine würde sie vielleicht besser in Übereinstimmung bringen, ohne daß die Gegenstände dadurch realer würden. Eine dritte Maschine, noch vollkommener und weniger trügerisch, würde sie vielleicht verschwinden lassen und uns auf unseren Irrtum aufmerksam machen.«

»Und was sind Ihrer Meinung nach Augen?« fragte ihn Herr von X. »Das ist ein Organ«, antwortete ihm der Blinde, »auf das die Luft ebenso wirkt wie mein Stock auf meine Hand.« Diese Antwort ließ uns aus den Wolken fallen, und während wir uns verwundert ansahen, fuhr er fort: »Ja, wahrhaftig, wenn ich meine Hand zwischen Ihre Augen und einen Gegenstand halte, dann ist die Hand noch für Sie vorhanden, der Gegenstand aber verschwunden. Ebenso geht es mir, wenn ich mit meinem Stock etwas suche und auf etwas anderes stoße.«

Madame, schlagen Sie die »Dioptrik« von Descartes auf.[7] Da finden Sie die Phänomene des Gesichtssinns in Beziehung zu den Phänomenen des Tastsinns gebracht und sehen optische Tafeln mit Abbildungen von Menschen, die sich bemühen, mit Stöcken zu sehen. Descartes und alle, die nach ihm kamen, konnten uns keine deutlicheren Ideen über den Sehvorgang vermitteln, und dabei hatte jener große Philosoph doch in dieser Hinsicht nicht mehr vor unserem Blinden voraus als der gemeine Mann, der Augen hat.

Keiner von uns kam auf den Gedanken, ihn über das Malen und Schreiben auszuforschen. Offenbar gibt es keinerlei Fragen, die seine Art des Vergleichens nicht befriedigend lösen könnte, und ich bezweifle nicht, daß er uns geantwortet hätte: wer zu lesen oder zu sehen versuche, ohne Augen zu haben, gleiche demjenigen, der mit einem dicken Stock eine Stecknadel suche. Wir sprachen mit ihm nur über jene Arten der Perspektive, die den Gegenständen Relief geben und die unseren Spiegeln so ähnlich und doch zugleich so verschieden von ihnen sind, und wir bemerkten dabei, daß sie die Idee, die er sich von einem Spiegel gebildet hatte, sowohl beeinträchtigten als auch ergänzten und daß er versucht war, zu glauben,

---

7 Die »Dioptrik« hat Descartes als zweiten Teil seines *Discours de la Méthode* 1637 veröffentlicht. Die Abbildung, die Diderot an dieser Stelle in die Ausgabe des Blindenbriefs eingefügt hat, sei »tirée de la Dioptrique de Descartes« In der ersten Ausgabe der »Dioptrik« ist sie jedoch nicht enthalten; in OC Bd. IV, S. 21 wird zudem darauf hingewiesen, daß die Person im Stil der Zeit von Louis XV. gekleidet ist; demzufolge habe Diderot die Abbildung einer zwischen 1724 und 1749 erschienenen Ausgabe des *Discours de la Méthode* entnommen.

Abb. 1

der die Gegenstände malende »Spiegel«, der Maler, male vielleicht, um sie darzustellen, einen Spiegel.

Wir sahen ihn sehr feine Nadeln einfädeln. Darf man Sie bitten, Madame, hier Ihre Lektüre zu unterbrechen und zu erproben, wie Sie an seiner Stelle damit zurechtkommen würden? Falls Sie keinen Ausweg finden, will ich Ihnen den unseres Blinden verraten. Er hält das Öhr der Nadel quer zwischen seinen Lippen, und zwar in der Richtung, die sein Mund hat; dann saugt er mit Hilfe seiner

Zunge den Faden an, der seinem Atem folgt, vorausgesetzt, daß der Faden nicht zu dick für das Öhr ist. Aber in diesem Fall kommt der Sehende kaum weniger in Verlegenheit als derjenige, der des Gesichtssinns beraubt ist.

Er hat ein überaus gutes Gedächtnis für Töne, und uns zeigen die Gesichter keine größere Verschiedenheit, als er in den Stimmen bemerkt. Sie haben für ihn unendlich viele feine Nuancen, die uns entgehen, weil wir nicht das gleiche Interesse an ihrer Beobachtung haben wie der Blinde. Es geht uns bei diesen Nuancen wie bei unserem eigenen Gesicht. Von allen Menschen, die wir gesehen haben, sind wir selbst diejenigen, an die wir uns am schlechtesten erinnern können. Wir studieren Gesichter ja nur, um die Personen wiederzuerkennen, und behalten unser Gesicht nicht in Erinnerung, weil wir nie in die Lage kommen, uns für einen anderen oder einen anderen für uns zu halten. Die Hilfe, die unsere Sinne sich gegenseitig leisten, verhindert übrigens ihre Vervollkommnung. Ich werde noch öfter Gelegenheit haben, diese Bemerkung zu wiederholen.

In diesem Zusammenhang sagte unser Blinder, er würde sich für sehr beklagenswert halten, wenn er jener Vorteile beraubt wäre wie wir, und er wäre in die Versuchung gekommen, uns für höhere Intelligenzen zu halten, wenn er nicht hundertmal gespürt hätte, wieweit wir ihm in anderer Hinsicht nachstünden. Seine Überlegung veranlaßte uns zu einer anderen. Dieser Blinde, sagten wir uns, hat eine sehr hohe Meinung von sich selbst, vielleicht sogar eine höhere als von uns, den Sehenden. Warum sollte also das Tier, wenn es schlußfolgert – woran kaum zu zweifeln ist – und seine Vorteile gegenüber dem Menschen erwägt, die ihm doch besser bekannt sind als die Vorteile des Menschen ihm gegenüber, nicht ein ähnliches Urteil fällen? Er hat Arme, sagt vielleicht die Mücke, aber ich habe Flügel. Er hat zwar Waffen, sagt der Löwe, aber haben wir dafür nicht Krallen? Der Elefant wird uns für Insekten ansehen. Alle Tiere werden uns bereitwillig zugestehen, daß wir eine Vernunft haben, deren Besitz aber ein sehr starkes Bedürfnis nach ihrem Instinkt nicht auszuschließen vermag; doch werden sie sich selbst einen Instinkt zusprechen, in dessen Besitz sie recht gut ohne unsere Vernunft auskommen. Wir haben eine so starke Neigung, unsere Vorzüge zu überschätzen und unsere Mängel zu unterschätzen, daß es beinahe scheint, als sei eine Abhandlung über die Kraft Sache des Menschen und eine Abhandlung über die Vernunft Sache des Tiers.

Irgendeiner von uns kam auf den Gedanken, den Blinden zu fragen, ob er sich nicht freuen würde, wenn er Augen hätte. »Wenn mich nicht die Neugierde beherrschte«, sagte er, »so hätte ich ebensogern lange Arme. Mir scheint, daß meine Hände mich dann über das, was auf dem Mond geschieht, besser unterrichten würden als eure Augen oder eure Fernrohre. Außerdem hören die Augen eher auf zu sehen als die Hände zu fühlen. Es wäre also für mich wertvoller, wenn man bei mir das Organ vervollkommnete, das ich besitze, als wenn man mir jenes Organ gäbe, das mir fehlt.«

Unser Blinder wendet sich einem Geräusch oder einer Stimme so sicher zu, daß ich nicht bezweifle, daß eine derartige Fertigkeit die Blinden sehr geschickt und sehr gefährlich macht. Ich will Ihnen ein Vorkommnis erzählen, das Sie davon überzeugen wird, wie verkehrt es wäre, einen Steinwurf von seiner Seite abzuwarten oder sich einem Pistolenschuß von seiner Hand auszusetzen, selbst wenn er im Gebrauch dieser Waffe wenig geübt wäre. Er hatte in seiner Jugend einen Streit mit einem seiner Brüder, dem es dabei sehr schlecht erging. Gereizt durch verletzende Redensarten, die er von dem Bruder zu hören bekam, ergriff der Blinde den erstbesten Gegenstand, der ihm in die Finger kam, schleuderte ihn nach seinem Bruder, traf ihn mitten auf die Stirn und streckte ihn zu Boden.

Wegen dieser Geschichte und einiger anderer Zwischenfälle wurde er zur Polizei gerufen. Die äußeren Zeichen der Macht, die auf uns einen so lebhaften Eindruck machen, imponieren den Blinden überhaupt nicht. Unser Blinder trat vor den Beamten wie vor einen Menschen seinesgleichen. Drohungen schüchterten ihn nicht ein. »Was werden Sie mit mir machen?« fragte er den Polizeileutnant Hérault. »Ich werde Sie in ein finsteres Verlies werfen«, erwiderte der Beamte. »Ach«, versetzte der Blinde, »ich bin schon fünfundzwanzig Jahre darin.« Was für eine Antwort, Madame! Und was für ein Thema für einen Mann, der so gern moralisiert wie ich! Wir gehen aus dem Leben wie aus einem bezaubernden Schauspiel; der Blinde geht aus dem Leben wie aus einem Kerker. Obwohl wir mehr Freude am Leben haben als er, werden Sie doch zugeben, daß er weniger zu bedauern ist, wenn er sterben muß.

Der Blinde aus Puiseaux schätzt die Nähe des Feuers nach den Hitzegraden, das Maß, bis zu dem Gefäße gefüllt sind, nach dem Geräusch, das die Flüssigkeiten beim Eingießen verursachen, und die Nähe der Körper nach der Wirkung der Luft auf sein Gesicht.

Für die geringsten Veränderungen, die in der Atmosphäre eintreten, ist er so empfindlich, daß er eine Straße von einer Sackgasse unterscheiden kann. Er schätzt vortrefflich das Gewicht der Körper sowie die Hohlmaße der Gefäße und hat sich aus seinen Armen eine so genaue Waage und aus seinen Fingern einen so bewährten Zirkel gemacht, daß ich in den Fällen, in denen es um Fragen des Gleichgewichts geht, immer auf unseren Blinden gegen zwanzig Sehende setzen werde. Die glatte Oberfläche der Körper hat für ihn kaum weniger feine Unterschiede als der Klang der Stimme, und daß er seine Frau mit einer anderen verwechselte, wäre nur zu befürchten, wenn er bei dem Tausch gewänne. Allem Anschein nach müßten jedoch bei einem Volk von Blinden entweder die Frauen gemeinsam oder die Gesetze gegen den Ehebruch sehr streng sein. Die Frauen könnten doch so leicht ihre Männer betrügen, indem sie sich durch ein Zeichen mit ihren Geliebten verständigten!

Er beurteilt Schönheit durch den Tastsinn; das ist verständlich. Doch wie er auch die Aussprache und den Klang der Stimme zu Maßstäben seines Urteils über Schönheit machen kann, ist nicht so leicht zu begreifen. Es ist Aufgabe der Anatomen, uns darüber zu belehren, ob irgendeine Beziehung zwischen den Mund- und Gaumenteilen und der äußeren Form des Gesichts besteht. Er macht kleine Arbeiten auf der Drehbank und mit der Nadel, nivelliert mit dem Winkelmaß, montiert und demontiert gewöhnliche Maschinen, versteht genug von Musik, um ein Stück zu spielen, wenn man ihm die Noten und ihre Werte angibt. Er schätzt viel genauer als wir die Zeitdauer nach der Aufeinanderfolge der Handlungen und Gedanken. Die Schönheit der Haut, die Fülle des Körpers, die Festigkeit des Fleisches, die Vorzüge der Gestalt, der Wohlgeruch des Atems, der Zauber der Stimme, der Reiz der Aussprache sind Eigenschaften, die er bei anderen Menschen sehr zu schätzen weiß.

Er hat geheiratet, um Augen zu haben, die ihm gehören. Vorher hatte er die Absicht, sich mit einem Tauben zusammenzutun, der ihm Augen leihen sollte und dem er als Gegenleistung Ohren bieten wollte. Nichts hat mein Erstaunen dermaßen erregt wie seine eigentümliche Begabung für sehr viele Dinge; doch als wir ihm unsere Überraschung bezeugten, sagte er: »Ich bemerke wohl, meine Herren, daß Sie nicht blind sind. Sie sind erstaunt über das, was ich tue. Und warum staunen Sie nicht darüber, daß ich sprechen kann?« In dieser Antwort, so glaube ich, liegt mehr Philosophie, als er selbst hineinlegen wollte. Erstaunlich ist in der Tat die Leichtigkeit, mit der man sprechen lernt. Mit einer Menge von Wörtern, die nicht durch sinnlich wahrnehmbare Gegenstände vorgestellt werden können und sozusagen körperlos sind, können wir Ideen doch nur durch eine Reihe von feinen und tiefen Kombinationen zwischen den Ähnlichkeiten verbinden, die wir zwischen diesen nicht sinnlich wahrnehmbaren Gegenständen und den durch sie erweckten Ideen bemerken. Folglich muß man zugeben, daß ein Blindgeborener wahrscheinlich viel schwerer sprechen lernt als ein anderer, da für ihn die Zahl der nicht wahrnehmbaren Gegenstände doch viel größer ist und er viel weniger Möglichkeit als wir hat, zu vergleichen und zu kombinieren. Wie soll sich seinem Gedächtnis zum Beispiel das Wort Physiognomie einprägen? Es besteht eine Art Einverständnis über Gegenstände, die für einen Blinden kaum wahrnehmbar und für uns, die Sehenden, so schlecht wahrnehmbar sind, daß wir in große Verlegenheit geraten würden, wenn wir genau sagen sollten, was Physiognomie eigentlich heißt. Wenn sie hauptsächlich in den Augen liegt, hilft der Tastsinn nichts. Was bedeuten übrigens für einen Blinden ausdruckslose Augen, lebhafte Augen, geistvolle Augen usw.?

Ich folgere daraus, daß wir aus dem Zusammenwirken unserer Sinne und unserer Organe zweifellos großen Nutzen ziehen. Aber er wäre noch viel größer, wenn wir sie getrennt gebrauchten und in den Fällen, in denen uns die Hilfe eines einzigen genügte, niemals einen zweiten zu Hilfe riefen. Den Gesichtssinn durch den Tastsinn ergänzen, wenn die Augen allein genügen, heißt vor zwei Pferde, die schon recht lebhaft sind, ein drittes spannen, das nach einer Seite zieht, während die anderen nach der anderen Seite ziehen.

Da ich nie bezweifelt habe, daß der Zustand unserer Organe und unserer Sinne großen Einfluß auf unsere Metaphysik und unsere Moral hat und daß unsere rein verstandesmäßigen Ideen, wenn ich so sagen darf, in hohem Grade von der Gestalt unseres Körpers abhängen, so habe ich angefangen, unseren Blinden über die Laster und die Tugenden zu befragen. Zuerst stellte ich fest, daß er einen auffallenden Abscheu vor dem Diebstahl hatte. Dieser Abscheu entsprang zwei Ursachen: der Möglichkeit, ihn zu bestehlen, ohne daß er es bemerkte, und vielleicht noch mehr der Möglichkeit, ihn zu ertappen, wenn er stahl. Das heißt aber nicht, daß er sich nicht sehr gut gegen jenen Sinn schützen könnte, den wir, wie er weiß, ihm voraushaben, und daß er keine Ahnung davon hätte, wie man einen Diebstahl geschickt verheimlicht. Er legt nicht viel Wert auf Schamgefühl. Ohne die Unbilden des Wetters, gegen die ihn die Kleidung schützt, würde er den Gebrauch der Kleider kaum verstehen, denn er sieht – wie er offen gesteht – nicht ein, warum man einen Körperteil mehr bedeckt als den anderen, und noch weniger, aus welcher Verrücktheit man dabei gerade den Teilen den Vorzug gibt, die wegen des häufigen Gebrauchs und wegen der Unpäßlichkeiten, denen sie unterworfen sind, eigentlich unbedeckt bleiben sollten. Obwohl wir in einem Jahrhundert leben, in dem der philosophische Geist uns von zahlreichen Vorurteilen befreit hat, glaube ich nicht, daß wir jemals dahin kommen werden, die Vorrechte der Scham so gründlich zu verkennen wie unser Blinder. Diogenes wäre für ihn kein Philosoph gewesen.

Da von allen Kundgebungen, die in uns Mitleid und Ideen über den Schmerz hervorrufen, allein die Klage einen Eindruck auf die Blinden machen kann, vermute ich, daß Blinde im allgemeinen inhuman sind.[8] Welcher Unterschied besteht für einen Blinden zwischen einem Menschen, der sein Wasser läßt, und einem Menschen, der ohne Klage sein Blut vergießt? Hört unser Mitleid nicht ebenfalls auf, sobald die Entfernung oder Kleinheit der Gegenstände auf uns dieselbe Wirkung ausübt wie der Mangel des Gesichtssinnes auf die Blinden? Sosehr sind unsere Tugenden abhängig von unserer Empfindungsweise und von dem Grad, in dem die äußeren Dinge uns affizieren! Auch zweifle ich nicht, daß es ohne die Furcht vor Strafe sehr vielen Leuten weniger schwerfiele, einen Menschen in einer Entfernung, in der er ihnen nur so groß wie ein Schwälbchen erscheint, zu töten, als einen Ochsen mit ihren Händen zu schlachten. Wenn wir Mitleid mit einem leidenden Pferd haben

---

8 Auf diese Behauptung kommt Diderot in seinen 1782 veröffentlichten »Additions à la Lettre sur les Aveugles« zurück. Den größten Teil dieser vermischten Bemerkungen nehmen Berichte über Mélanie de Salginac ein, die ihr Augenlicht kurz nach der Geburt verloren hatte und im Alter von 22 Jahren starb. Diderot konnte sie persönlich kennenlernen und schätzte, ebenso wie alle anderen, die sie kannten, ihren Charakter sehr. Er notiert in seinen »Additions«, daß sie ihm nicht verziehen habe, in seinem Blindenbrief behauptet zu haben, Blinde würden, ohne Zugang zu den Symptomen des Leidens, grausam. »Und Sie glauben, sagte sie mir, daß Sie die Klage hören wie ich? Es gibt Unglückliche, die, ohne sich zu beklagen, zu leiden wissen. Ich glaube, fügte sie hinzu, daß ich ihr Leiden bald geahnt hätte und ich sie nur mehr bedauert hätte.« (OC Bd. IV, S. 99 f.; Übersetzung des Hg.)

und wenn wir eine Ameise unbedenklich zertreten: werden wir da nicht durch dasselbe Prinzip zu beidem bestimmt? Ach, Madame, wie verschieden ist die Moral der Blinden doch von der unsrigen! Wie verschieden dürfte auch die Moral eines Tauben von der eines Blinden sein und wie unvollkommen würde ein Wesen, das einen Sinn mehr hätte als wir, unsere Moral finden – um nichts Schlimmeres zu sagen!

Unsere Metaphysik stimmt nicht besser mit der ihrigen überein. Wie viele Prinzipien, die für sie gelten, sind für uns nur Absurditäten, und umgekehrt! Dabei könnte ich auf eine Einzelheit eingehen, die Ihnen zweifellos Vergnügen machen würde; aber gewisse Leute, die überall Verbrechen wittern, würden dies sofort als ein Zeichen von Irreligiosität anprangern. Als ob es in meiner Macht stünde, die Blinden die Dinge anders wahrnehmen zu lassen, als sie sie wahrnehmen! Ich will mich damit begnügen, eine Tatsache zu vermerken, die – so glaube ich – jedermann zugeben muß: daß nämlich jener große Vernunftschluß, den man aus den Wundern der Natur zieht, für Blinde nur eine sehr geringe Kraft haben kann. Die Leichtigkeit, mit der wir durch einen kleinen Spiegel sozusagen neue Gegenstände erschaffen, hat für sie etwas Unbegreiflicheres als die Sterne, die sie niemals sehen dürfen. Der leuchtende Sonnenball, der von Osten nach Westen wandert, erregt ihr Erstaunen weniger als ein kleines Feuer, das sie nach Belieben vermehren oder vermindern können. Da sie die Materie auf viel abstraktere Weise als wir sehen, liegt ihnen der Glaube, daß sie denke, sehr viel näher.

Wenn ein Mensch, der nur einen Tag oder zwei Tage lang gesehen hat, unter ein Volk von Blinden geriete, müßte er sich entschließen, zu schweigen, oder es auf sich nehmen, für einen Verrückten zu gelten. Er würde ihnen ja täglich irgendein neues Geheimnis verkünden, das nur für sie ein solches wäre und das die aufgeklärten Geister unter ihnen zu ihrem Stolz nicht glauben würden. Könnten die Verteidiger der Religion nicht großen Nutzen aus einer so hartnäckigen, in mancher Hinsicht so berechtigten und doch so wenig begründeten Ungläubigkeit ziehen? Wenn Sie sich für einen Augenblick in meine Annahme hineindenken, so wird sie in Ihnen – als eine Art Gleichnis – die Erinnerung wachrufen an die Geschichte und die Verfolgung jener Menschen, die das Unglück hatten, in Jahrhunderten der Finsternis auf die Wahrheit zu stoßen, und die so unvorsichtig waren, sie ihren blinden Zeitgenossen zu enthüllen – Zeitgenossen, unter denen sie keine grausameren Feinde hatten als gerade die, die auf Grund ihres Standes und ihrer Erziehung ihren Ansichten am nächsten stehen sollten.

Ich verlasse nun die Moral und Metaphysik der Blinden und gehe zu Dingen über, die weniger wichtig sind, aber enger mit dem Ziel der Beobachtungen zusammenhängen, die man hier seit der Ankunft des Preußen überall anstellt. Erste Frage: Wie bildet sich ein Blindgeborener Ideen von Figuren? Ich glaube, daß die Bewegungen seines Körpers, das Vorrücken seiner Hand von Ort zu Ort, die ununterbrochene Empfindung eines Körpers, der durch seine Finger gleitet, ihm den Begriff der Richtung verschaffen. Wenn er seine Finger an einem straffgespannten Faden entlanggleiten läßt, gewinnt er die Idee von einer geraden Linie. Folgt er der Krümmung eines losen Fadens, so gewinnt er die Idee von einer krummen Linie. Allgemeiner gesagt: er besitzt infolge wiederholter Erfahrungen des Tastsinns Gedächtnis für Empfindungen, die er an verschiedenen Punkten gehabt hat. Er ist fähig, diese Empfindungen zu kombinieren oder diese Punkte zu verbinden und dadurch Figuren zu bilden. Eine gerade Linie ist für einen Blinden, wenn er kein Mathematiker ist, nichts anderes als das Gedächtnis für eine Reihe von Empfindungen des Tastsinns in der Richtung eines gespannten Fadens; also ist für ihn eine krumme Linie das Gedächtnis für eine Reihe von Empfindungen des Tastsinns in bezug auf die Oberfläche irgendeines festen Körpers, eines konkaven oder konvexen. Beim Mathematiker berichtigt das Studium den Begriff dieser Linien durch die Eigentümlichkeiten, die er an ihnen entdeckt. Der Blindgeborene aber, sei er Mathematiker oder nicht, bezieht alles auf seine Fingerspitzen. Wir verbinden farbige Punkte; er verbindet nur fühlbare Punkte oder, genauer gesagt, Empfindungen des Tastsinns, für die er Gedächtnis hat. In seinem Kopf geht nichts vor, das dem gleicht, was in unserem Kopf vorgeht. Niemals stellt er sich unmittelbar etwas vor; denn wer sich etwas vorstellen will, muß einen Hintergrund färben und von diesem Hintergrund Punkte abheben, indem er ihnen eine andere Farbe gibt als dem Hintergrund. Geben Sie diesen Punkten wieder dieselbe Farbe wie dem Hintergrund, so verschmelzen sie sofort mit ihm, und die Figur verschwindet. So vollziehen sich die Dinge wenigstens in meiner Einbildungskraft, und ich nehme an, daß sich andere Menschen irgendwelche Gegenstände ebenso vorstellen wie ich.

Wenn ich mir also vornehme, in meinem Kopf eine gerade Linie auf andere Weise wahrzunehmen als an ihren Eigentümlichkeiten, entwerfe ich sie dort zuerst gewissermaßen auf einer weißen Fläche, von der ich eine Reihe von schwarzen Punkten abhebe, die in ein und derselben Richtung aufeinanderfolgen. Je mehr die Farben des Hintergrunds und der Punkte kontrastieren, desto deutlicher nehme ich die Punkte wahr, und wenn ich in meiner Einbildung eine Figur mit einer Farbe, die der des Hintergrunds sehr nahekommt, betrachte, so ermüdet mich dies nicht weniger, als wenn ich eine solche Figur außerhalb von mir auf der Leinwand betrachte.

Sie sehen also, Madame, daß man Gesetze darüber aufstellen könnte, wie sich mehrere verschiedenfarbige Gegenstände leicht gleichzeitig vorstellen lassen; doch wären diese Gesetze für einen Blindgeborenen sicher nicht anwendbar. Da der Blindgeborene sich Farben und folglich Figuren keineswegs so vorstellen kann wie wir, hat er nur Gedächtnis für die durch den Gefühls- oder Tastsinn gewonnenen Empfindungen, die er auf verschiedene Punkte, Orte oder Entfernungen bezieht und aus denen er Figuren bildet. Es steht doch fest, daß man sich in der Einbildung Figuren nicht ohne Farben vorstellt: denn läßt man uns im Dunkeln kleine Kugeln befühlen, deren Stoff und Farbe wir nicht kennen, so nehmen wir sofort an, sie seien weiß oder schwarz oder von irgendeiner anderen Farbe. Schreiben wir ihnen keine Farbe zu, so haben wir wie der Blindgeborene nur das Gedächtnis für kurze, in den Fingerspitzen hervorgerufene Empfindungen, wie sie kleine runde Körper verursachen können. Wenn diese Erinnerung in uns sehr flüchtig ist, wenn wir kaum eine Idee davon haben, wie ein Blindgeborener die Empfindungen des Tastsinns festhält, sich ihrer erinnert und sie verbindet, so ist dies eine Folge der durch die Augen angenommenen Gewohnheit, alles in unserer Einbildung mit Farben auszumalen. Mir selbst ist freilich bei Aufregungen durch eine heftige Leidenschaft aufgefallen, wie ein Zittern durch meine ganze Hand ging, wie ich fühlte, daß der Eindruck von Körpern, die ich vor langer Zeit berührt hatte, wieder so lebendig wurde, als wären sie für meine Berührung noch vorhanden, und wie ich ganz deutlich wahrnahm, daß die Grenzen der Empfindung mit denen der nicht vorhandenen Körper genau übereinstimmten. Obgleich die Empfindung an sich unteilbar ist, nimmt sie doch, wenn man diesen Ausdruck dabei gebrauchen darf, einen Raum ein, den der

Blindgeborene durch das Denken zu erweitern oder zu verengern vermag, indem er den berührten Teil vergrößert oder verkleinert. Auf solche Weise bildet er Punkte, Flächen, Körper; ja er kommt sogar zu einem Körper von der Größe unserer Erdkugel, wenn er annimmt, die Fingerspitze sei so groß wie diese Kugel und überall – der Länge, Breite und Tiefe nach – von Empfindung erfüllt.

Ich kenne nichts, was die Realität des inneren Sinns[9] besser beweist als diese bei uns so schwach und bei den Blindgeborenen so stark entwickelte Fähigkeit, irgendwelche Körper auch noch dann zu empfinden oder sich an eine solche Empfindung auch noch dann zu erinnern, wenn die Körper nicht mehr vorhanden und für uns unwirksam geworden sind. Wir können einem Blindgeborenen nicht verständlich machen, wie uns die Einbildungskraft die nicht vorhandenen Gegenstände malt, als ob sie vorhanden seien; aber wir können sehr gut erkennen, daß wir die Fähigkeit, an einer Fingerspitze einen nicht mehr vorhandenen Körper deutlich zu fühlen, ebenso besitzen wie der Blindgeborene. Pressen Sie zu diesem Zweck den Zeigefinger gegen den Daumen; schließen Sie die Augen; trennen Sie Ihre Finger; untersuchen Sie unmittelbar nach der Trennung, was in Ihnen vorgeht, und sagen Sie mir, ob die Empfindung nicht eine Weile anhält, nachdem der Druck aufgehört hat; ob Ihre Seele, solange der Druck anhält, nicht mehr in Ihrem Kopf als in Ihren Fingerspitzen zu sein scheint und ob Ihnen dieser Druck nicht durch den Raum, den die Empfindung erfüllt, den Begriff einer Fläche vermittelt. Wir unterscheiden das Vorhandensein der Dinge außerhalb von uns von ihrer Wiedergabe in unserer Einbildung nur durch die Stärke oder Schwäche des Eindrucks. Ebenso unterscheidet der Blindgeborene die Empfindung von dem realen Vorhandensein eines Gegenstandes an seiner Fingerspitze nur durch die Stärke oder die Schwäche der Empfindung selbst.

Wenn einmal ein Philosoph, der von Geburt an blind und taub

---

9 Diese Annahme eines »inneren Sinns« geht zurück auf Aristoteles, der in *De Anima* III, 2 neben den fünf äußeren Sinnen ein weiteres Wahrnehmungsvermögen (eine »gemeinsame Wahrnehmung«) postuliert, das uns erlaubt, Wahrnehmungen verschiedener Sinne zu vergleichen und wahrzunehmen, daß wir wahrnehmen. Locke griff diesen Gedanken in seinem *Essay Concerning Human Understanding* (II, 1, §4) auf und erwog, dieses Vermögen »internal sense« zu nennen. In *D'Alemberts Traum* steht dafür die Spinne in ihrem Spinnennetz (s. u., S. 106).

war, einen Menschen nach dem Vorbild des Cartesischen Menschen[10] erschaffen sollte, so wage ich Ihnen zu versichern, daß er die Seele in die Fingerspitze legen wird; denn von dort kommen doch seine hauptsächlichen Empfindungen und alle seine Kenntnisse. Wer könnte ihm wohl klarmachen, daß sein Kopf der Sitz seiner Gedanken ist? Die Arbeit des Vorstellens erschöpft doch nur deshalb unseren Kopf, weil die Anstrengung, die wir machen, um uns Dinge vorzustellen, der Anstrengung gleicht, die wir machen, um sehr nahe oder sehr kleine Gegenstände wahrzunehmen. Bei dem Blind- und Taubgeborenen aber wird es nicht so sein; die Empfindungen, die er durch den Tastsinn gewonnen hat, werden sozusagen die Grundform aller seiner Ideen bilden, und ich wäre nicht überrascht, wenn nach tiefem Nachdenken seine Finger ebenso ermüdet wären wie bei uns der Kopf. Ich habe keine Angst davor, daß ihm ein Philosoph den Einwurf machen könnte, die Nerven seien die Ursache unserer Empfindungen und gingen alle vom Gehirn aus. Wären die beiden Sätze auch bewiesen, obgleich sie bisher kaum bewiesen sind – vor allem nicht der erste –, so brauchte der Blind- und Taubgeborene, um trotzdem bei seiner Meinung zu bleiben, sich nur alles auseinandersetzen zu lassen, was die Physiker in dieser Frage zusammengefabelt haben.

Wenn die Einbildungskraft eines Blinden aber nichts anderes ist als die Fähigkeit, sich Empfindungen von fühlbaren Punkten in Erinnerung zu rufen und sie zu verbinden, und die Einbildungskraft des Sehenden die Fähigkeit, sich sichtbare oder farbige Punkte in Erinnerung zu rufen und sie zu verbinden, so folgt daraus, daß der Blindgeborene die Dinge viel abstrakter wahrnimmt als wir und in Fragen der reinen Spekulation vielleicht weniger der Täuschung unterworfen ist; denn die Abstraktion besteht doch nur darin, die wahrnehmbaren Eigenschaften der Körper durch das Denken zu trennen, entweder voneinander oder von dem Körper selbst, der ihnen als Grundlage dient, und der Irrtum kommt daher, daß diese Trennung schlecht oder unzweckmäßig ausgeführt wird: schlecht

---

10 Möglicherweise eine Anspielung auf Descartes' *Traité de l'homme* (verfaßt 1632, erstmals veröffentlicht 1662). Dort findet sich eine berühmte Abbildung (die allerdings erst postum angefertigt wurde), in der die Seele in der Zirbeldrüse im Gehirn lokalisiert wird. Zu dieser Abbildung vgl. Claus Zittel, *Theatrum Philosophicum. Descartes und die Rolle ästhetischer Formen der Wissenschaft*, Berlin 2009, S. 306-348.

bei metaphysischen Fragen und unzweckmäßig bei physikalisch-mathematischen Fragen. Ein ziemlich sicheres Mittel, sich in der Metaphysik zu irren, ist die ungenügende Vereinfachung der Gegenstände, mit denen man sich beschäftigt, und ein unfehlbares Geheimnis, um in der physikalischen Mathematik zu fehlerhaften Resultaten zu gelangen, ist die Annahme, daß die Dinge weniger zusammengesetzt seien, als sie in Wirklichkeit sind.

Es gibt eine Art der Abstraktion, deren so wenige Menschen fähig sind, daß sie nur reinen Intelligenzen vorbehalten zu sein scheint: nämlich die Abstraktion, die alles auf Zahleneinheiten reduzieren möchte. Man muß zugeben, daß die Resultate einer solchen Geometrie sehr genau und ihre Formeln sehr allgemein wären; denn es gibt weder in der Natur noch im Reich des Möglichen Gegenstände, die durch diese einfachen Einheiten nicht vorgestellt werden könnten: Punkte, Linien, Flächen, Körper, Gedanken, Ideen, Empfindungen usw. Und wenn dies zufällig die Grundlage für die Lehre des Pythagoras gewesen wäre, so könnte man von ihm sagen, daß er bei seinem Vorhaben deshalb scheiterte, weil eine derartige Philosophie für uns zu hoch ist und der Weisheit des höchsten Wesens allzu nahekommt, das nach dem geistreichen Ausdruck eines englischen Geometers[11] im Weltall stets geometrisch verfährt.

Die reine und einfache Einheit ist für uns ein zu unbestimmtes und zu allgemeines Symbol. Unsere Sinne führen uns zu Zeichen, die dem Ausmaß unseres Geistes und dem Bau unserer Organe besser entsprechen. Ja, wir haben es so eingerichtet, daß diese Zeichen unter uns gemeinsam sein können und sozusagen als Speicher für den gegenseitigen Austausch unserer Ideen dienen. Wir haben solche Zeichen für die Augen eingeführt, nämlich die Buchstaben, und auch für die Ohren, nämlich die artikulierten Laute; doch haben wir kein Zeichen für den Tastsinn, obgleich es ein geeignetes Verfahren gäbe, diesen Sinn anzusprechen und von ihm Antworten zu bekommen. Da diese Sprache fehlt, ist die Verbindung zwischen uns und denjenigen, die taub, blind und stumm geboren sind, völlig

---

11 Dem Index zufolge hieß er Rapson. Vermutlich handelt es sich um Joseph Raphson (1648-1715), einen englischen Mathematiker, der mit Newton zusammenarbeitete. Neben mathematischen Abhandlungen veröffentlichte er auch theologische, so 1702 als Anhang zur zweiten Auflage seiner *Analysis æquationum universalis* die Abhandlung *De spatio reali, seu ente infinito conamen mathematico-metaphysicum*.

unterbrochen. Sie wachsen heran, verharren aber in einem Zustand der Einfältigkeit. Vielleicht würden sie Ideen erwerben, wenn man sich ihnen von Kindheit an in einer feststehenden, bestimmten, beständigen und gleichförmigen Weise verständlich machte: kurz, wenn man ihnen auf die Hand dieselben Buchstaben schriebe, die wir auf Papier schreiben, und wenn mit jedem Buchstaben ein und dieselbe Bedeutung unveränderlich verbunden bliebe.

Erscheint Ihnen, Madame, diese Sprache nicht ebenso bequem wie eine andere? Ist sie nicht sogar schon erfunden? Und hätten Sie den Mut, uns zu versichern, daß man Ihnen nie etwas auf diese Weise verständlich gemacht hat? Es handelt sich also nur noch darum, diese Sprache festzulegen und eine Grammatik und Wörterbücher zu verfassen – wenn man nämlich findet, daß die Verständigung durch die gewöhnlichen Schriftzeichen für den Tastsinn zu umständlich sei.

Die Kenntnisse haben drei Pforten, um in unsere Seele einzugehen; doch halten wir eine von ihnen versperrt, weil uns Zeichen fehlen. Wenn man die zwei anderen vernachlässigt hätte, dann wären wir auf der Stufe der Tiere zurückgeblieben. Wie wir nur den Druck haben, um uns dem Tastsinn verständlich zu machen, so hätten wir nur den Schrei, um zum Gehörsinn zu sprechen. Madame, man muß einen Sinn zu wenig haben, um die Vorteile der für die übrigen Sinne bestimmten Symbole voll zu erkennen, und Menschen, die das Unglück haben, taub, blind und stumm geboren zu sein, oder die durch irgendeinen Unfall diese drei Sinne verloren haben, würden sehr froh sein, wenn es eine klare und genaue Sprache für den Tastsinn gäbe.

Es ist viel einfacher, erfundene Symbole zu gebrauchen, als sie erst zu erfinden; man muß sie aber erfinden, wenn man sie unversehens braucht. Was für ein Vorteil wäre es für Saunderson[12]

---

12 Nicholas Saunderson (1683-1739) verlor im Alter von 12 Monaten durch eine Pockenerkrankung nicht nur sein Sehvermögen, sondern seine Augen. Ab 1702 besuchte er die Attercliffe Academy, um Logik und Metaphysik zu studieren; 1709 ging er nach Cambridge als Fellow des Christ's College. 1710 wurde er dort Professor für Mathematik. Seine *Elements of Algebra*, die Diderot später erwähnt, entstanden zwar während der letzten Jahre seines Lebens, wurden aber erst postum 1740 bei der Cambridge University Press veröffentlicht. Ihnen sind »Memoirs of the Author's Life and Character« vorangestellt, »collected from his oldest and most intimate Acquaintance«. Diese Freunde sind zu Beginn der »Memoirs« aufgelistet (*Elements of Algebra*, S. i).

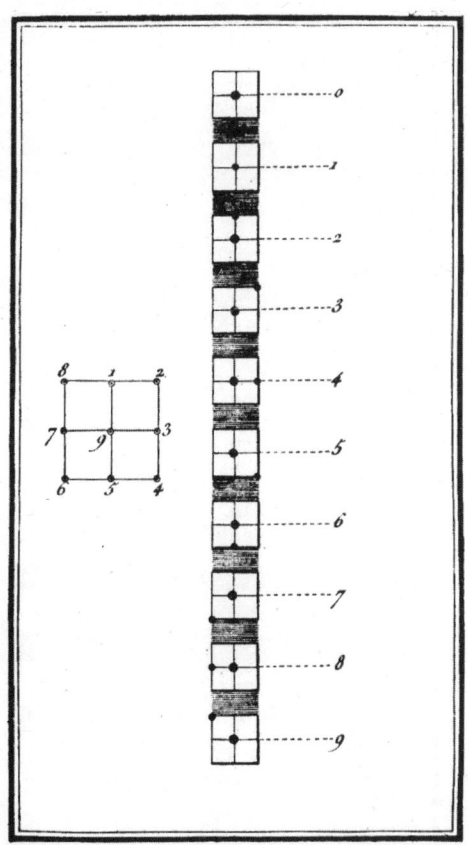

Abb. 2

gewesen, wenn er im Alter von fünf Jahren eine tastbare Arithmetik fertig vorgefunden hätte, anstatt sie im Alter von fünfundzwanzig Jahren ausdenken zu müssen! Dieser Saunderson, Madame, ist ein anderer Blinder, über den mit Ihnen zu sprechen nicht unangebracht erscheint. Man erzählt Wunder von ihm, und unter diesen ist keines, das seine Fortschritte in den schönen Künsten und seine Fertigkeit in den mathematischen Wissenschaften nicht glaubhaft machen könnte.

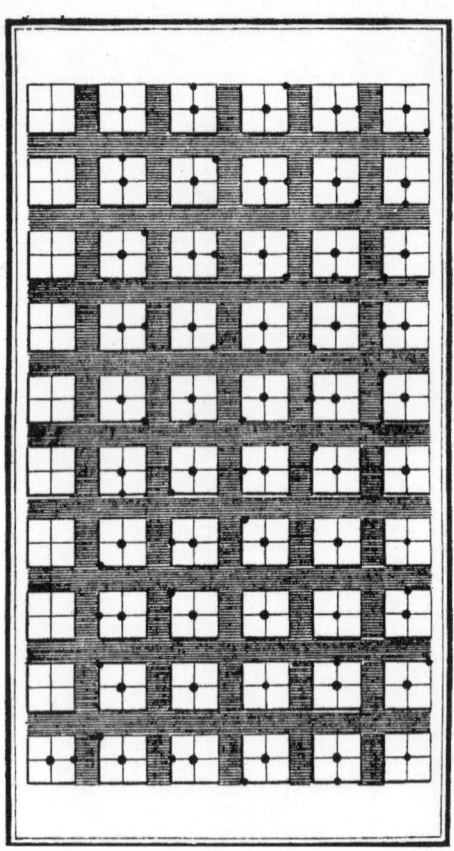

Abb. 3

Ein und dieselbe Maschine diente ihm für algebraische Rechnungen und für die Beschreibung geradliniger Figuren. Sie werden nicht ärgerlich sein, wenn man Ihnen eine Erklärung darüber gibt, vorausgesetzt, daß Sie in der Lage sind, sie zu verstehen; und Sie werden sehen, daß sie nur die Kenntnisse voraussetzt, die Sie besitzen, und daß sie Ihnen sehr nützen würde, wenn Sie einmal Lust bekommen sollten, lange Berechnungen durch Tasten auszuführen.

Stellen Sie sich vor, ein Quadrat, wie Sie es in Abbildung 2 sehen, sei durch Senkrechte auf den Seiten in vier gleiche Teile geteilt, so daß es Ihnen die neun Punkte 1, 2, 3, 4, 5, 6, 7, 8, 9 bietet. Nehmen Sie an, dieses Quadrat sei von neun Löchern durchbrochen, die zweierlei Stecknadeln aufnehmen können, die alle gleich lang und gleich dick sind, aber verschieden große Köpfe haben.

Die Nadeln mit dickem Kopf wurden immer nur in den Mittelpunkt des Quadrats gesteckt, die mit kleinem Kopf immer nur in die Seiten, außer in einem Fall: der Eins. Die Null wurde durch eine in den Mittelpunkt des kleinen Quadrates gesteckte Nadel mit dickem Kopf angezeigt, ohne daß irgendeine andere Nadel in den Seiten stak. Die Ziffer 1 wurde durch eine in den Mittelpunkt des Quadrates gesteckte Nadel mit kleinem Kopf dargestellt, ohne daß irgendeine andere Nadel in den Seiten stak. Die Ziffer 2 durch eine Nadel mit dickem Kopf in der Mitte des Quadrats und durch eine Nadel mit kleinem Kopf an einer der Seiten im Punkt 1. Die Ziffer 3 durch eine Nadel mit dickem Kopf in der Mitte des Quadrats und durch eine Nadel mit kleinem Kopf an einer der Seiten im Punkt 2. Die Ziffer 4 durch eine Nadel mit dickem Kopf in der Mitte des Quadrats und durch eine Nadel mit kleinem Kopf an einer der Seiten im Punkt 3. Die Ziffer 5 durch eine Nadel mit dickem Kopf im Mittelpunkt des Quadrats und durch eine Nadel mit kleinem Kopf an einer der Seiten im Punkt 4. Die Ziffer 6 durch eine Nadel mit dickem Kopf im Mittelpunkt des Quadrats und durch eine Nadel mit kleinem Kopf an einer der Seiten im Punkt 5. Die Ziffer 7 durch eine Nadel mit dickem Kopf im Mittelpunkt des Quadrats und durch eine Nadel mit kleinem Kopf an einer der Seiten im Punkt 6. Die Ziffer 8 durch eine Nadel mit dickem Kopf im Mittelpunkt des Quadrats und durch eine Nadel mit kleinem Kopf an einer der Seiten im Punkt 7. Die Ziffer 9 durch eine Nadel mit dickem Kopf im Mittelpunkt des Quadrats und durch eine Nadel mit kleinem Kopf an einer der Seiten im Punkt 8.

Dies sind also zehn verschiedene Ausdrücke für den Tastsinn, wobei jeder einem unserer zehn arithmetischen Zeichen entspricht. Stellen Sie sich nun vor, ein beliebig großes Brett sei in kleine, horizontal angeordnete und voneinander gleich weit entfernte Quadrate geteilt, so wie Sie es in Abbildung 3 sehen;[13] dann haben Sie die Maschine Saundersons.

13 Von den hier eingefügten Abbildungen hat Diderot nur die rechte Seite der Abb. 2 und Abb. 6 dem Werk Saundersons entnommen. Er hat allerdings die-

Sie sehen wohl ein, daß es keine Zahl gibt, die man nicht auf dieses Brett schreiben könnte, also auch kein arithmetisches Verfahren, das man auf ihm nicht ausführen könnte. Angenommen zum Beispiel, Sie wollten die Summe der folgenden neun Zahlen finden oder sie addieren:

1	2	3	4	5
2	3	4	5	6
3	4	5	6	7
4	5	6	7	8
5	6	7	8	9
6	7	8	9	0
7	8	9	0	1
8	9	0	1	2
9	0	1	2	3

Ich schreibe sie auf dem Brett in der Reihenfolge, wie man sie mir nennt: die erste Ziffer links in der ersten Zahl auf das erste Quadrat links in der ersten Zeile; die zweite Ziffer links in der ersten Zahl auf das zweite Quadrat links in derselben Zeile usf.

Ich setze die zweite Zahl auf die zweite Reihe der Quadrate: die Einer unter die Einer, die Zehner unter die Zehner usw.

Ich setze die dritte Zahl auf die dritte Reihe der Quadrate usf., wie Sie es in Abbildung 3 sehen. Dann durchlaufe ich mit den Fingern von unten nach oben jede senkrechte Reihe, angefangen bei der, die am weitesten rechts steht, addiere die Zahlen, die dort stehen, und schreibe den Überschuß über die Zehner an das untere Ende dieser Kolonne. Ich gehe zur zweiten Kolonne von rechts über, bei der ich ebenso verfahre, dann zur dritten, und führe in dieser Weise meine Addition zu Ende.

Hier sehen Sie, wie ihm dasselbe Brett dazu diente, die Eigentümlichkeiten der geradlinigen Figuren zu beweisen. Nehmen wir an, er habe zu beweisen, daß die Parallelogramme, welche die gleiche Basis und die gleiche Höhe haben, den gleichen Flächeninhalt

se Abbildungen Saundersons modifiziert: Während man bei Saunderson nur ein Liniennetz mit den eingetragenen Punkten findet (vgl. *Elements of Algebra*, nach S. xxiv), hat Diderot das Liniennetz in Quadrate gegliedert, die durch schraffierte Flächen voneinander abgegrenzt sind. Wie es scheint, wollte Diderot hier die Maschine Saundersons den Bedürfnissen der Sehenden anpassen.

Abb. 4

haben. Er steckte seine Nadeln so, wie Sie es in Abbildung 4 sehen. Er bezeichnete die Eckpunkte mit Namen und führte den Beweis mit seinen Fingern.

Nehmen wir einmal an, Saunderson habe nur Nadeln mit dikkem Kopf verwendet, um die Umrisse seiner Figuren zu bezeichnen: dann konnte er um sie herum Nadeln mit kleinem Kopf auf neun verschiedene Arten anordnen, die ihm alle vertraut waren. So kam er kaum in Verlegenheit, es sei denn in den Fällen, wo die große Zahl

Abb. 5

von Eckpunkten, die er bei seiner Beweisführung bezeichnen mußte, ihn nötigte, auf die Buchstaben des Alphabets zurückzugreifen. Man hat uns aber nicht mitgeteilt, wie er sie verwendete. Wir wissen nur, daß er sein Brett mit erstaunlicher Fingerfertigkeit durcheilte, daß er sich mit Erfolg auf die längsten Rechnungen einließ, daß er sie unterbrechen und daß er erkennen konnte, wenn er sich geirrt hatte; daß er die Rechnungen mit Leichtigkeit nachprüfte und daß er für diese Arbeit bei weitem nicht so viel Zeit, wie man meinen könnte, benötigte, weil er sein Brett so bequem vorbereitet hatte.

Diese Vorbereitung bestand darin, daß er Nadeln mit dickem Kopf in die Mittelpunkte aller Quadrate steckte. Nachdem dies geschehen war, brauchte er nur noch ihren Wert durch Nadeln mit kleinem Kopf zu bestimmen, ausgenommen die Fälle, in denen er eine Einheit bezeichnen mußte. Da steckte er in den Mittelpunkt des Quadrats eine Nadel mit kleinem Kopf statt der Nadel mit dickem Kopf, die sich dort befand.

Manchmal steckte er nicht eine ganze Linie mit seinen Nadeln ab, sondern begnügte sich damit, sie an alle Eck- oder Schnittpunkte zu setzen. An ihnen befestigte er dann Seidenfäden, die schließlich die Umrisse seiner Figuren bildeten. Siehe Abbildung 5.

Er hat noch einige andere Apparate hinterlassen, die ihm das Studium der Geometrie erleichterten. Man weiß nicht recht, wie er sie gebrauchte, und es würde vielleicht mehr Scharfsinn nötig sein, um dies herauszufinden, als dieses oder jenes Problem der Integralrechnung zu lösen. Hoffentlich versucht einmal ein Mathematiker, uns zu erklären, wozu ihm vier Holzklötze in Form von rechtwinkligen Parallelepipeden dienten. Jeder war elf Zoll lang, fünfeinhalb Zoll breit und etwas mehr als einen halben Zoll dick; die zwei großen, einander gegenüberliegenden Flächen waren in kleine Quadrate geteilt, ähnlich denen auf dem Rechenbrett, das ich beschrieben habe, aber mit dem Unterschied, daß sie nur an einigen Stellen gelocht waren, wo Nadeln bis zum Kopf hineingesteckt waren. Jede Fläche zeigte neun kleine arithmetische Tafeln mit je zehn Zahlen, und jede dieser zehn Zahlen setzte sich aus zehn Ziffern zusammen.

Die Abbildung 6 stellt eine dieser kleinen Tafeln dar, und diese enthielt die folgenden Zahlen:

9	4	0	8	4
2	4	1	8	6
4	1	7	9	2
5	4	2	8	4
6	3	9	6	8
7	1	8	8	0
7	8	5	6	8
8	4	3	5	8
8	9	4	6	4
9	4	0	3	0

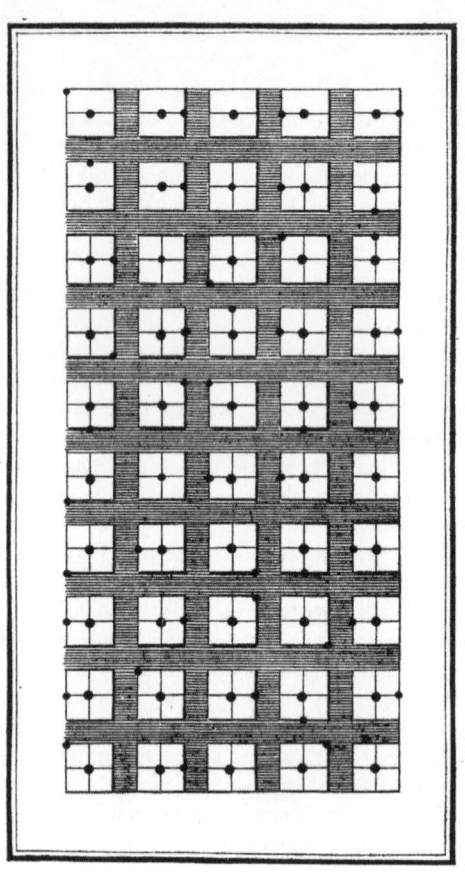

Abb. 6

Saunderson ist der Verfasser eines in seiner Art recht vollkommenen Werkes. Es heißt *Elemente der Algebra*. Daß er blind war, bemerkt man darin nur an der Eigenart gewisser Beweisführungen, auf die ein Sehender vielleicht nicht gekommen wäre. Ihm verdanken wir die Teilung des Würfels in sechs gleiche Pyramiden, die ihre Spitzen im Mittelpunkt des Würfels und je eine seiner Flächen zur Basis haben. Man bedient sich dessen, um auf sehr einfache

Weise zu beweisen, daß jede Pyramide der dritte Teil eines Prismas mit gleicher Basis und gleicher Höhe ist.

Durch seine Neigung wurde er zum Studium der Mathematik veranlaßt und durch sein bescheidenes Vermögen und die Ratschläge seiner Freunde soweit gebracht, öffentliche Vorlesungen über Mathematik zu halten. Die Freunde zweifelten nicht, daß er dabei seine eigenen Hoffnungen übertreffen würde, da er sich erstaunlich leicht verständigen konnte. Tatsächlich sprach Saunderson zu seinen Schülern so, als ob diese des Sehvermögens beraubt gewesen wären: ein Blinder, der sich Blinden gegenüber klar ausdrückt, erreicht aber gewiß viel bei Sehenden; sie haben ja ein Teleskop mehr.

Diejenigen, die sein Leben beschrieben haben, sagen, er sei reich an glücklichen Ausdrücken gewesen, und dies ist sehr wahrscheinlich. Was verstehen Sie unter glücklichen Ausdrücken? werden Sie mich vielleicht fragen. Ich antworte Ihnen, Madame: das sind Ausdrücke, die für einen Sinn, zum Beispiel den Tastsinn, ihre eigentliche Bedeutung und gleichzeitig für einen anderen Sinn, zum Beispiel den Gesichtssinn, eine metaphorische Bedeutung haben; daraus ergibt sich für denjenigen, zu dem man spricht, eine doppelte Erhellung:[14] nämlich die wahre, direkte Beleuchtung und durch die indirekte, durch die Metapher reflektierte Beleuchtung. Es ist evident, daß in solchen Fällen Saunderson bei allem Geist, den er besaß, sich selbst nur halb verstand, da er nur die Hälfte jener Ideen wahrnahm, die mit den von ihm gebrauchten Begriffen verbunden sind. Wer aber kommt nicht hin und wieder in die gleiche Lage? Bei Schwachsinnigen, die zuweilen ausgezeichnete Witze machen, trifft dies ebenso zu wie bei Geistreichen, denen ein albernes Wort entschlüpft, ohne daß beide sich dessen bewußt sind.

Ich habe bemerkt, daß ein geringer Wortschatz bei Ausländern, denen unsere Sprache noch nicht geläufig ist, dieselbe Wirkung hervorbringen kann. Sie müssen alles mit einer sehr kleinen Menge von Wörtern sagen, und das nötigt sie, einige recht glücklich anzuwenden. Da aber im allgemeinen jede Sprache arm an treffenden Worten für Schriftsteller mit lebhafter Einbildungskraft ist, so befinden sich diese in derselben Lage wie geistreiche Ausländer; die Situationen, die sie erfinden, die feinen Unterschiede, die sie in den Charakteren wahrnehmen, die Natürlichkeit der Schilde-

---

14 Das hier mit »Erhellung« bzw. »Beleuchtung« übersetzte Wort ist »lumière«.

rungen, die sie geben müssen, lassen sie jeden Augenblick von der gewöhnlichen Sprechweise abweichen und neue Redewendungen gebrauchen, die immer dann zu bewundern sind, wenn sie weder geschraubt noch unklar erscheinen. Solche Abweichungen verzeiht man ihnen mehr oder weniger schwer, je nachdem, ob man selbst mehr Geist besitzt oder die Sprache weniger beherrscht. Das ist der Grund, warum Herr von M.[15] unter allen französischen Autoren derjenige ist, der den Engländern am besten gefällt, und Tacitus unter allen lateinischen Autoren derjenige, den die Denker am meisten schätzen. Die Freiheiten der Sprache entgehen uns, und die Wahrheit der Ausdrücke wirkt allein auf uns.

An der Universität von Cambridge lehrte Saunderson mit erstaunlichem Erfolg die Mathematik. Er gab Unterricht in der Optik, hielt Vorträge über die Natur des Lichtes und der Farben, erklärte die Theorie des Sehens, behandelte die Wirkungen der Brenngläser, die Erscheinungen des Regenbogens und mancherlei andere Fragen im Zusammenhang mit dem Sehvermögen und dessen Organ.

Diese Tatsachen verlieren viel von ihrem Wunderbaren, sobald Sie in Betracht ziehen, Madame, daß bei jeder zugleich physikalischen und mathematischen Frage drei Dinge zu unterscheiden sind: die Erscheinung, die erklärt werden soll, die Voraussetzungen des Mathematikers und die Rechnung, die sich aus diesen Voraussetzungen ergibt. Nun ist aber evident, daß einem Blinden, und sei er noch so scharfsinnig, die Erscheinungen des Lichtes und der Farben unbekannt sind. Er wird die Voraussetzungen verstehen, weil sie alle von greifbaren, dem Tastsinn zugänglichen Ursachen abhängen, aber keineswegs den Grund erkennen, den der Mathematiker hatte, sie anderen vorzuziehen; denn zu diesem Zweck müßte er die Voraussetzungen mit den Erscheinungen vergleichen können. Der Blinde nimmt also die Voraussetzungen, so wie man sie ihm gibt; er hält einen Lichtstrahl für einen elastischen dünnen Faden oder für eine Aufeinanderfolge von Körperchen, die mit unglaublicher Geschwindigkeit unsere Augen treffen, und macht danach seine Rechnung. Der Schritt von der Physik zur Geometrie ist damit gemacht, und die Frage wird rein mathematisch.

Was aber sollen wir von den Resultaten der Rechnung denken?

---

15 Aus dem Index geht hervor, daß es sich um den Theater- und Romanautor Pierre de Marivaux (1688-1763) handelt.

1. Es ist zuweilen äußerst schwierig, sie zu erzielen, und ein Physiker hätte keinen Grund, über die gelungene Aufstellung von Hypothesen, die der Natur aufs beste zu entsprechen scheinen, besonders glücklich zu sein, solange er diese Hypothesen nicht mathematisch verifizieren könnte. Übrigens waren die größten Physiker – Galilei, Descartes, Newton – auch große Mathematiker.

2. Diese Resultate sind mehr oder weniger zuverlässig, je nachdem die Hypothesen, von denen man ausgeht, mehr oder weniger kompliziert sind. Wenn die Rechnung auf einer einfachen Hypothese beruht, dann gewinnen die Schlußfolgerungen die Kraft mathematischer Beweise. Wenn aber eine große Zahl von Voraussetzungen gemacht werden muß, so nimmt die Möglichkeit, daß jede Hypothese richtig ist, einerseits im Verhältnis zur Zahl der Hypothesen ab, andererseits aber zu, weil es ziemlich unwahrscheinlich ist, daß ebenso viele falsche Hypothesen einander genau berichtigen könnten und man dadurch ein Resultat bekäme, das durch die Erscheinungen bestätigt wird. Es wäre in diesem Fall ähnlich wie bei einer Addition, deren Ergebnis genau stimmt, obgleich die Teilsummen der addierten Zahlen alle falsch sind. Man kann nicht abstreiten, daß ein solcher Vorgang möglich ist; doch sehen Sie gleichzeitig ein, daß er nur sehr selten stattfinden kann. Je mehr Zahlen zu addieren sind, desto größer ist die Wahrscheinlichkeit, daß man sich bei jeder Addition irrt; aber diese Wahrscheinlichkeit ist geringer, wenn das Ergebnis der Rechnung richtig ist. Es gibt also eine bestimmte Zahl von Hypothesen, bei die Gewißheit, die aus den Hypothesen resultiert, die kleinstmögliche ist. Wenn ich A plus B plus C gleich 50 setze: darf ich dann daraus, daß 50 tatsächlich die Quantität der Erscheinung ist, darauf schließen, daß die durch die Buchstaben A, B und C dargestellten Voraussetzungen richtig sind? Keineswegs; denn es gibt unendlich viele Möglichkeiten, von einem dieser Buchstaben etwas wegzunehmen und es zu den anderen beiden hinzuzufügen, worauf ich immer 50 als Resultat bekommen werde; aber der Fall meiner drei kombinierten Hypothesen ist vielleicht einer der ungünstigsten Fälle.

Ein Vorteil der Rechnung, den ich nicht übersehen darf, besteht darin, daß sie falsche Hypothesen durch den Widerspruch ausschließt, der sich zwischen dem Resultat und dem Phänomen ergibt. Wenn ein Physiker sich vornimmt, die Kurve zu finden, der ein Lichtstrahl beim Durchgang durch die Atmosphäre folgt, so muß er sich seine Meinung bilden nach der Dichtigkeit der Luftschichten, dem Gesetz der Strahlenbrechung, der Natur und Gestalt der Lichtkorpuskeln und vielleicht auch nach anderen wesentlichen Elementen, die er überhaupt nicht in seine Rechnung einbezieht, entweder weil er sie absichtlich vernachlässigt oder weil sie ihm unbekannt sind. Er bestimmt danach die Kurve des Lichtstrahls. Ist sie in der Natur anders, als seine Rechnung sie angibt, so sind seine Voraussetzungen unvollständig oder falsch. Schlägt der Strahl die festgestellte Kurve ein, so ergeben sich zwei Möglichkeiten: entweder haben die Voraussetzungen sich gegenseitig berichtigt, oder sie sind richtig; doch welche von beiden zutrifft, weiß er nicht. Dies eben ist die ganze Gewißheit, zu der er gelangen kann.

Ich habe Saundersons *Elemente der Algebra* in der Hoffnung durchgelesen, daß ich in ihnen das finden würde, was ich von denjenigen zu erfahren wünschte, die mit ihm verkehrt haben und die uns über einige Besonderheiten seines Lebens unterrichtet haben; doch wurde meine Wißbegierde enttäuscht, und ich sah dabei auch ein, daß ein auf seine Weise ausgearbeitetes Werk über die Elemente der Geometrie in sich selbst eigenartiger und für uns viel nützlicher gewesen wäre. In ihm hätten wir die Definitionen des Punktes, der Linie, der Fläche, des Körpers, des Winkels, der Schnitte von Linien und Ebenen gefunden; allerdings bezweifle ich nicht, daß er dabei Prinzipien einer höchst abstrakten, der Metaphysik der Idealisten sehr nahe verwandten Metaphysik angewendet hätte. »Idealisten« nennt man jene Philosophen, die sich nur ihrer eigenen Existenz und der Empfindungen, die in ihrem eigenen Innern aufeinander folgen, bewußt sind und deshalb nichts anderes gelten lassen. Ein närrisches System, das seine Entstehung, wie mir scheint, nur Blinden zu verdanken hat! Ein System, das – zur Schande des menschlichen Geistes und der Philosophie – am schwierigsten zu bekämpfen ist, obgleich es das allerabsurdeste ist. Es wird ebenso offenherzig wie klar in den drei Dialogen des Doktor Berkeley, des Bischofs von Cloyne, dargelegt.[16] Man sollte den Verfasser des *Versuchs über unsere Erkenntnisse*[17] auffordern, dieses Werk zu prü-

---

16 Gemeint sind die *Drei Dialoge zwischen Hylas und Philonous*. Die englische Erstausgabe ist im Jahre 1713, die französische Übersetzung im Jahre 1750 veröffentlicht worden.
17 Der Abbé Étienne Bonnot de Condillac (1714-1780). Der *Essai sur l'origine des connaissances humaines* erschien 1746.

fen; er würde in ihm Stoff für nützliche, erfreuliche, feine Beobachtungen finden – mit einem Wort: für solche Beobachtungen, wie er sie zu machen versteht. Der Idealismus verdient es wohl, von ihm angeprangert zu werden, und diese Hypothese hat etwas Herausforderndes für ihn, weniger wegen ihrer Absonderlichkeit als wegen der Schwierigkeit, sie im Rahmen seiner Prinzipien zu widerlegen; denn er hat genau dieselben Prinzipien wie Berkeley. Nach Ansicht der beiden Denker – und gemäß der Vernunft – bringen die Begriffe Wesenheit, Materie, Substanz, Träger usw. von sich aus nur wenig Licht in unseren Geist; darüber hinaus macht der Verfasser des *Versuchs über den Ursprung der menschlichen Erkenntnisse* die scharfsinnige Bemerkung: ob wir uns bis zum Himmel erheben oder ob wir bis in die Hölle hinabsteigen, nie gehen wir dabei aus uns selbst heraus, sondern nehmen immer nur unser eigenes Denken wahr. Dies ist aber auch das Ergebnis des ersten Dialogs von Berkeley und die Grundlage seines ganzen Systems. Möchten Sie nicht zwei Gegner streiten sehen, deren Waffen sich so sehr gleichen? Wenn der Sieg einem der beiden zufiele, so könnte er doch nur demjenigen zufallen, der seine Waffen am besten zu gebrauchen weiß. Nun hat aber der Verfasser des *Versuchs über den Ursprung der menschlichen Erkenntnisse* soeben in einer *Abhandlung über die Systeme* neue Beweise für die Geschicklichkeit gegeben, mit der er seine Waffen zu handhaben versteht, und außerdem gezeigt, wie sehr ihn die Systematiker zu fürchten haben.[18]

[18] Lücke fügt in seiner Übersetzung hier ein ausführliches Zitat aus dem Artikel »Logik« ein, den Diderot für die *Encylopédie* verfaßt hatte. Diderot trägt dort u. a. folgende Einschätzung von Condillacs *Versuch über den Ursprung der menschlichen Erkenntnisse* vor:

»Dies ist das System Lockes, aber außerordentlich verbessert. Man kann Condillac nicht wie Leclerc vorwerfen, er sei ein untertäniger Kopist des englischen Autors. Die französische Präzision hat alle Längen, die Wiederholungen und die Unordnung, die in dem englischen Werk herrschen, nicht nur beseitigt, sondern die Klarheit, die gewöhnlich eine Gefährtin der Präzision ist, hat auch ein helles und glänzendes Licht über alle dunklen und verworrenen Stellen des Originals verbreitet. Der Verfasser nimmt sich – unter Nachahmung Lockes – die Erforschung des menschlichen Geistes vor, nicht um seine Natur zu entdecken, sondern um seine Verrichtungen zu erkennen. Er beobachtet, wie kunstvoll sie sich miteinander verbinden und wie wir sie lenken müssen, um alle Intelligenz zu erwerben, deren wir fähig sind. Er geht auf den Ursprung der Ideen zurück, stellt ihre Erzeugung dar, verfolgt sie bis zu den Grenzen, die ihnen die Natur gesetzt hat, und legt dadurch den Umfang und die Schranken unserer Erkenntnisse fest.

Die Verbindung der Ideen, sei es durch Zeichen oder untereinander, ist Basis und Grundlage seines Systems. Dank diesem Prinzip, das in sich so einfach und gleichzeitig so fruchtbar in seinen Konsequenzen ist, zeigt er, was die Quelle unserer Erkenntnisse ist, was ihre Stoffe sind, wie diese verarbeitet werden, welche Werkzeuge man dabei anwendet und wie man sich ihrer bedienen muß. Dieses Prinzip ist kein unbestimmter Grundsatz, keine abstrakte Lehre, keine grundlose Annahme, sondern eine beständige Erfahrung, deren Konsequenzen alle durch neue Erfahrungen bestätigt werden. Um seine Absicht auszuführen, betrachtet er die Dinge von dem höchsten Standpunkt aus, den er gewinnen kann. Einerseits geht er auf die Wahrnehmung zurück, weil sie die erste Verrichtung ist, die man an der Seele bemerken kann, und macht klar, wie und in welcher Ordnung sie alle jene Verrichtungen hervorbringt, deren Ausübung wir erlernen können. Andererseits beginnt er bei der Sprache der Handlung. Er erklärt, wie die Sprache alle Künste hervorgebracht hat, die unsere Gedanken auszudrücken vermögen: die Kunst der Gebärden, den Tanz, das Wort, den Vortrag, die Kunst, ihn zu untermalen, die Kunst der Pantomime, die Musik, die Dichtkunst, die Beredsamkeit, die Schrift und die verschiedenen Zeichen der Sprachen. Diese Geschichte der Sprache dient dazu, die Umstände zu zeigen, unter denen diese Zeichen erfunden worden sind; sie läßt ihre wahre Bedeutung erkennen, lehrt ihren Mißbrauch verhüten und läßt keinen Zweifel über den Ursprung der Ideen. Schließlich, nachdem er die Entwicklung der Verrichtungen der Seele und die Entwicklung der Sprache dargelegt hat, deutet er an, durch welche Mittel man den Irrtum vermeiden kann, und zeigt die Wege, die man einschlagen muß, um Entdeckungen zu machen oder um die anderen über die Entdeckungen zu unterrichten, die man gemacht hat. Nach der Ansicht dieses Autors sind die Empfindungen und die Verrichtungen der Seele das Material für alle unsere Erkenntnisse; aber die Reflexion verarbeitet sie, indem sie durch Kombinationen die Beziehungen sucht, die sie enthalten. Gebärden, Laute, Ziffern, Buchstaben sind die Hilfsmittel, deren sich die Seele – so fremd sie unseren Ideen auch sein mögen – bedient, um uns zu den höchsten Erkenntnissen zu erheben. Diese notwendige Verbindung der Zeichen mit unseren Ideen, die Bacon vermutete und Locke ahnte, hat Condillac gründlich erforscht. Locke hat sich vorgestellt: sobald die Seele durch die Sinne Ideen empfange, könne sie diese Ideen nach Belieben wiederholen, zusammensetzen, auf unendlich mannigfaltige Weise miteinander verbinden und dadurch allerlei komplexe Begriffe bilden. Doch es steht fest, daß wir in der Kindheit Empfindungen gehabt hatten, lange bevor wir aus ihnen Ideen gewinnen konnten. Da also die Seele nicht vom ersten Augenblick an alle ihre Verrichtungen auszuüben vermag, mußte man, um die Triebkräfte des menschlichen Verstandes besser darzulegen, zeigen, wie sie diese Ausübung erlernt und worin dabei der Fortschritt besteht. Locke ließ dies – wie gesagt – nur ahnen, und niemand, so scheint es, machte ihm deshalb einen Vorwurf oder versuchte, diesen Teil seines Werkes zu ergänzen. Um nun die Schlußfolgerung aus alledem zu ziehen, was ich über dieses Werk gesagt habe, füge ich hinzu, daß sein Hauptverdienst darin besteht, daß es auf festen Grundlagen beruht, und

Jetzt, werden Sie sagen, sind wir sehr fern von unseren Blinden; aber Sie müssen so gütig sein, Madame, mir alle diese Abschweifungen nachzusehen: ich habe Ihnen eine Plauderei versprochen und kann ohne Ihre Nachsicht nicht Wort halten.

Mit aller Aufmerksamkeit, deren ich fähig bin, habe ich das gelesen, was Saunderson über die Unendlichkeit gesagt hat. Ich kann Ihnen versichern, daß er sehr richtige und sehr klare Ideen darüber hatte und daß die meisten unserer »Unendlichkeitstheoretiker« für ihn nur Blinde gewesen wären. Es hängt nur von Ihnen ab, sich selbst ein Urteil darüber zu bilden. Obgleich dieser Gegenstand ziemlich schwierig ist und über Ihre mathematischen Kenntnisse ein wenig hinausgeht, würde ich bei entsprechender Vorbereitung die Hoffnung nicht aufgeben, daß ich Ihnen die Sache begreiflich machen und Sie in die Infinitesimallogik einführen könnte.

Das Beispiel dieses berühmten Blinden beweist, daß der Tastsinn feiner als der Gesichtssinn werden kann, wenn er durch Übung vervollkommnet wird; denn beim Abtasten einer Reihe von Münzen unterschied er die echten von den falschen, obgleich die letzteren so gut nachgemacht waren, daß sie sogar einen Kenner mit guten Augen hätten täuschen können. Außerdem beurteilte er die Genauigkeit eines mathematischen Instruments, indem er seine Fingerspitzen über dessen Gradeinteilung gleiten ließ. All das ist gewiß schwieriger, als die Ähnlichkeit einer Büste mit der dargestellten Person durch den Tastsinn zu schätzen; woraus zu ersehen ist, daß ein Volk von Blinden wohl Bildhauer haben und aus Bildwerken den gleichen Vorteil wie wir ziehen könnte: nämlich die Erhaltung des Andenkens von großen Taten und Persönlichkeiten, die ihm teuer wären. Ja, ich zweifle nicht, daß das Gefühl, das die Blinden beim Befühlen von Statuen empfinden würden, viel lebhafter wäre als das Gefühl, das wir haben, wenn wir sie betrachten. Wie köstlich wäre es für einen Liebenden, der sehr zärtlich geliebt hat, seine Hände über Reize gleiten zu lassen, die er dabei wiedererkennen würde, da die Illusion, die bei den Blinden viel stärker wir-

---

mit jenem Forschungsgeist, jener Verknüpfung von Ideen ausgearbeitet ist, die man sich dabei als einfachstes, einleuchtendstes und fruchtbarstes Prinzip setzt, weil der menschliche Geist alle seine Fortschritte in der Zeit diesem Prinzip zu verdanken hatte, obwohl er seinen Einfluß nicht bemerkte.« (Übersetzt nach den *Œuvres Complètes* von Diderot in der Ausgabe von Assézat und Tourneux, Paris 1875-1877, Bd. XV, S. 531–533).

ken muß als bei den Sehenden, solche Reize wiederbeleben würde! Vielleicht würde er auch um so weniger Trauer empfinden, je mehr Freude ihm diese Erinnerung bereitete.

Saunderson hatte mit dem Blinden aus Puiseaux etwas gemeinsam: er wurde durch die geringste Veränderung, die in der Atmosphäre eintrat, sofort berührt und nahm stets, vor allem bei Windstille, das Dasein der Gegenstände wahr, von denen er nur einige Schritte entfernt war. Man erzählt, daß er einmal an astronomischen Beobachtungen teilnahm, die in einem Garten gemacht wurden, und daß die Wolken, die von Zeit zu Zeit den Beobachtern die Sonnenscheibe verbargen, eine so fühlbare Störung in der Wirkung der Strahlen auf sein Gesicht verursachten, daß er die günstigen oder ungünstigen Momente für die Beobachtungen genau unterschied. Vielleicht werden Sie glauben, daß in seinen Augen irgendeine Bewegung stattfand, die ihm zwar das Dasein des Lichts anzeigen konnte, nicht aber das Dasein der Gegenstände, und ich hätte dies auch angenommen, wenn es nicht gewiß wäre, daß Saunderson nicht nur des Sehvermögens, sondern auch des Sehorgans beraubt war.

Saunderson sah also mit der Haut; diese Hülle war bei ihm so überaus empfindlich, daß man versichern kann, er hätte es bei einiger Übung wohl fertiggebracht, einen seiner Freunde zu erkennen, wenn ihm ein Zeichner das Bild dieses Freundes auf die Hand skizziert hätte, und hätte auf Grund der durch den Stift hervorgerufenen Empfindungen ausgesagt: »Das ist Herr Soundso.« Also gibt es auch für die Blinden eine Malerei, nämlich die, bei der ihre eigene Haut als »Leinwand« dient. Diese Ideen sind so wenig aus der Luft gegriffen, daß ich nicht bezweifle: wenn Ihnen irgend jemand den kleinen Mund des Herrn ... auf die Hand zeichnete, so würden sie ihn sofort erkennen. Sie geben doch zu, daß dies für einen Blindgeborenen noch viel leichter wäre als für Sie, obwohl Sie diesen Mund häufig sehen und ihn reizend finden. Bei Ihrem Urteil wirken ja zwei oder drei Faktoren mit: der Vergleich des Abbilds, das auf Ihrer Hand entsteht, mit dem Abbild, das im Hintergrund Ihres Auges entstanden ist; das Gedächtnis für den verschiedenen Eindruck, den die Dinge auf uns machen, je nachdem man sie tief empfindet oder sich damit begnügt, sie zu betrachten und zu bewundern; schließlich die Anwendung dieser Gegebenheiten bei der Frage, die Ihnen ein Zeichner stellt, während er mit der Spitze seines Stifts einen Mund auf die Haut Ihrer Hand skizziert: »Wem gehört der Mund, den ich da zeichne?« Dagegen ist die Summe der Empfindungen, die durch einen Mund auf der Hand eines Blinden hervorgerufen werden, gleich der Summe der Empfindungen, die durch den Stift des Zeichners, der ihm diesen Mund darstellt, nach und nach wieder hervorgerufen werden.

Ich könnte die Geschichte des Blinden aus Puiseaux und die Geschichte Saundersons durch die des Didymos von Alexandria, des Eusebius von Cäsarea, des Nikasius von Mecheln[19] und einiger anderer ergänzen, die zwar einen Sinn weniger hatten, aber im Vergleich zu den übrigen Menschen so überlegen erschienen, daß die Dichter damals – ohne Übertreibung – hätten erzählen können, daß die neidischen Götter sie dieses Sinns beraubten, weil sie fürchteten, ihresgleichen unter den Sterblichen zu haben. Was war jener Teiresias, der in den Geheimnissen der Götter gelesen hatte und die Gabe der Weissagung besaß, denn anderes als ein blinder Philosoph, dessen Andenken uns die Sage bewahrt hat? Aber entfernen wir uns nicht noch weiter von Saunderson, sondern folgen wir diesem außergewöhnlichen Menschen bis zum Grab.

Als er im Sterben lag, rief man zu ihm einen sehr gewandten Geistlichen, Herrn Gervasius Holmes. Sie führten ein Gespräch über die Existenz Gottes. Uns sind einige Bruchstücke davon erhalten, die ich Ihnen so gut wie möglich übersetzen will: denn das ist der Mühe wert. Der Geistliche hielt ihm zuerst die Wunder der Natur vor. »Ach, Herr Pfarrer«, antwortete ihm der blinde Philosoph, »lassen Sie doch dieses ganze schöne Schauspiel sein, das nie für mich geschaffen wurde! Ich war dazu verurteilt, mein Leben in der

---

19 Von Didymos dem Blinden berichtet Hieronymus in seinen Briefen, daß er seit seinem vierten Lebensjahr mit Blindheit geschlagen war, sich aber dennoch – dank seinem Fleiß – ein ungeheures Wissen in weltlichen und göttlichen Dingen erwarb und die Theologie in Alexandria lehrte. Eusebius aus Kleinasien war, wie Cassiodorus uns überliefert hat, seit seinem fünften Lebensjahr blind, bereicherte aber trotzdem seinen Geist mit Kenntnissen aus allen Disziplinen und setzte sie anderen sehr klar auseinander. Was schließlich Nicasius aus Mecheln betrifft, so berichtet Johannes Tritheim in seinem Werk *Von den Kirchengelehrten*, er sei zwar seit seinem dritten Lebensjahr blind gewesen, habe sich aber trotzdem ein so großes Wissen in göttlichen und menschlichen Dingen angeeignet, daß er an der Universität zu Köln öffentlich kanonisches und bürgerliches Recht lehrte, und zwar auf Grund von Büchern, die er niemals gesehen hatte, sondern nur vom Vorlesen kannte. (Anm. von Th. Lücke)

Finsternis zu verbringen, und Sie führen Wunder an, die ich nicht verstehe und die nur beweiskräftig sind für Sie und die anderen, die sehen wie Sie. Wenn Sie wollen, daß ich an Gott glaube, müssen Sie mich ihn fühlen lassen.«

»Herr Saunderson«, versetzte der Geistliche geschickt, »legen Sie die Hände auf Ihren eigenen Körper, und Sie werden das Göttliche in dem wunderbaren Mechanismus Ihrer Organe finden.«

»Herr Holmes«, entgegnete Saunderson, »ich sage Ihnen noch einmal, das alles ist für mich nicht so schön wie für Sie. Aber wäre der tierische Mechanismus auch so vollkommen, wie Sie behaupten und wie ich gern glauben will, denn Sie sind ein ehrlicher Mensch, also gewiß nicht imstande, mir etwas vorzumachen – was, frage ich, hat dieser Mechanismus mit einem höchst intelligenten Wesen zu tun? Vielleicht sind Sie nur deshalb so erstaunt, weil Sie alles, was über Ihre Kräfte zu gehen scheint, als Wunder zu betrachten pflegen. Ich bin für euch so oft ein Gegenstand der Bewunderung gewesen, daß ich eine sehr geringe Meinung von dem habe, was euch überrascht. Ich habe aus dem Innern Englands Leute angelockt, die nicht begreifen konnten, wie ich Mathematik trieb. Sie müssen doch zugeben, daß diese Leute keine besonders genauen Begriffe von der Möglichkeit der Dinge hatten. Geht eine Erscheinung – unserer Ansicht nach – über den Verstand des Menschen, dann sagen wir sofort: Das ist ein Werk Gottes! Unsere Eitelkeit begnügt sich nicht mit etwas Geringerem. Könnten wir nicht in unsere Reden etwas weniger Hochmut und etwas mehr Philosophie legen? Wenn uns die Natur einen so schwer zu lösenden Knoten bietet, wollen wir ihn so lassen, wie er ist, und zum Zerschneiden dieses Knotens nicht die Hand eines Wesens benutzen, das dann für uns einen neuen Knoten bedeutet, der noch unlösbarer als der erste ist. Fragen Sie einen Inder, warum die Welt in der Luft schwebt, so antwortet er Ihnen, sie ruhe auf dem Rücken eines Elefanten. Und worauf stützt sich der Elefant? Auf eine Schildkröte! Und die Schildkröte – wer trägt die? Dieser Inder tut Ihnen leid, doch könnte man Ihnen ebenso wie ihm sagen: Herr Holmes, lieber Freund, gestehen Sie zunächst Ihre Unwissenheit und verschonen Sie mich mit dem Elefanten und der Schildkröte.«

Saunderson hielt einen Augenblick inne. Anscheinend erwartete er, daß ihm der Geistliche antworten würde; aber wo sollte man einen Blinden fassen? Holmes machte sich die gute Meinung zunutze, die Saunderson von seiner Rechtschaffenheit gewonnen hatte, und dazu die Kenntnisse Newtons, Leibniz', Clarkes und einiger anderer seiner Landsleute, ja die Erkenntnisse der größten Genies der Welt, die alle von den Wundern der Natur überwältigt waren und ein intelligentes Wesen als ihren Schöpfer anerkannten. Dies war unstreitig der stärkste Einwand, den der Geistliche gegen Saunderson vorbringen konnte. Der gute Blinde gab denn auch zu, daß es vermessen wäre, das zu leugnen, was anzuerkennen ein so großer Mann wie Newton nicht verschmäht hätte; doch machte er dem Geistlichen klar, daß die Aussage Newtons für ihn nicht so überzeugend wäre wie die Aussage der ganzen Natur für Newton. Newton hätte an das Wort Gottes geglaubt, während er – Saunderson – genötigt wäre, an das Wort Newtons zu glauben.

»Ziehen Sie doch in Betracht, Herr Holmes«, fügte er hinzu, »wieviel Vertrauen ich zu Ihrem Wort und zu Newtons Wort haben muß. Ich sehe nichts, erkenne jedoch in allem eine wunderbare Ordnung an; aber ich rechne darauf, daß Sie nicht noch mehr von mir verlangen werden. Ich mache Ihnen dieses Zugeständnis im Hinblick auf den gegenwärtigen Zustand des Weltalls, um dafür von Ihnen die Freiheit zu erhalten, mir meine eigenen Gedanken über seinen Urzustand zu machen. In dieser Hinsicht sind Sie nicht weniger blind als ich. Sie haben dabei keine Zeugen, die Sie mir entgegenstellen könnten, und Ihre Augen helfen Ihnen dabei nichts. Stellen Sie sich also, wenn Sie wollen, vor, daß die Ordnung, die Sie überwältigt, immer bestanden hat; aber lassen Sie mich glauben, daß nichts dergleichen zutrifft. Könnten wir bis zur Entstehung der Dinge und Zeiten zurückgehen und wahrnehmen, wie sich die Materie bewegt und das Chaos klärt, so würden wir eine Menge von ungestalten Wesen statt einiger wohlgestalter Wesen entdecken. Wenn ich im Hinblick auf die gegenwärtige Beschaffenheit der Dinge auch nichts gegen Sie einzuwenden habe, so darf ich Sie doch wenigstens über die vergangene Beschaffenheit dieser Dinge ausforschen. Ich darf Sie zum Beispiel fragen, wer Ihnen, wer Leibniz, Clarke und Newton gesagt hat, daß in den Anfangsstadien der Gestaltung der Tiere nicht manche ohne Kopf und andere ohne Füße waren. Ich kann Ihnen auch versichern, daß manche keinen Magen und manche keinen Darm hatten; daß diejenigen, denen Magen, Gaumen und Zähne eine gewisse Fortdauer zu versprechen schienen, wegen irgendeines Fehlers an

Herz oder Lunge zugrunde gegangen sind; daß die Mißbildungen nach und nach ausgestorben, alle fehlerhaften Gebilde der Materie verschwunden und nur diejenigen übriggeblieben sind, deren Mechanismus keinen auffallenden Widerspruch enthielt, die also durch sich selbst fortbestehen und sich fortpflanzen konnten. Geben Sie dies zu, so frage ich weiter: Wenn der erste Mensch eine zugewachsene Speiseröhre gehabt hätte, wenn es ihm an geeigneten Nahrungsmitteln gefehlt hätte, wenn er einen Fehler an seinen Zeugungsorganen gehabt hätte, wenn er seiner Gefährtin nicht begegnet wäre oder wenn er in einer anderen Art aufgegangen wäre, Herr Holmes, was wäre dann aus der Menschheit geworden? Sie wäre in den allgemeinen Reinigungsprozeß der Welt einbezogen worden, und dieses stolze Wesen, das sich Mensch nennt, wäre – aufgelöst und verstreut unter die Moleküle der Materie – vielleicht für immer im Reich des Möglichen geblieben. Hätte es nie ungestalte Wesen gegeben, so würden Sie nicht versäumen, zu behaupten, daß es solche nie geben werde und daß ich mich in trügerischen Hypothesen verliere. Doch die Ordnung«, fuhr Saunderson fort, »ist nicht so vollkommen, daß nicht hin und wieder noch Mißgebilde erscheinen.« Dann wandte er sein Gesicht dem Geistlichen zu und fügte hinzu: »Sehen Sie mich genau an, Herr Holmes, ich habe keine Augen. Was haben wir beide Gott getan, daß der eine dieses Organ bekommen hat und der andere desselben beraubt worden ist?«

Saunderson hatte beim Aussprechen dieser Worte einen so aufrichtigen und tiefbewegten Gesichtsausdruck, daß der Geistliche und die anderen, die um ihn versammelt waren, nicht umhinkonnten, seinen Schmerz zu teilen, und laut zu schluchzen begannen. Der Blinde bemerkte dies. »Herr Holmes«, sagte er zu dem Geistlichen, »Ihre Herzensgüte war mir wohlbekannt, und ich bin auch besonders empfänglich für den Beweis, den Sie mir dafür in diesen letzten Augenblicken geben. Doch wenn ich Ihnen etwas bedeute, so nehmen Sie mir im Sterben nicht den Trost, daß ich nie jemanden betrübt habe.«

Schließlich, wieder etwas gefaßter im Ton, fügte er hinzu: »Ich vermute also, daß am Anfang, als die in Gärung befindliche Materie das Weltall hervorbrachte, Wesen meinesgleichen sehr häufig waren. Warum aber sollte ich von den Welten nicht das behaupten, was ich von den Lebewesen glaube? Wie viele verunstaltete, mißratene Welten haben sich aufgelöst, wie viele neue entstehen und vergehen vielleicht jeden Augenblick in fernen Räumen, wohin mein Gefühl nicht reicht und wohin ihr nicht sehen könnt, wo die Bewegung aber immer wieder Massen von Materie anhäuft und anhäufen wird, bis diese irgendeine Anordnung gefunden haben, in der sie fortbestehen können![20] Philosophen, versetzt euch doch mit mir bis an die Grenzen dieser Welt, ja über den Punkt hinaus, wo ich noch wohlgestalte Wesen fühle und ihr sie noch seht! Schweift über dieses neue Urmeer und sucht in seinem wilden Aufundabwogen irgendwelche Spuren von jenem intelligenten Wesen, dessen Weisheit ihr hier bewundert! Doch wozu soll man euch aus eurem Element entführen? Was ist diese Welt, Herr Holmes? Eine Zusammensetzung, immer wieder Umwälzungen unterworfen, die alle eine beständige Tendenz zur Zerstörung anzeigen; eine schnelle Aufeinanderfolge von Wesen, die einander ablösen, sich verdrängen und verschwinden; eine vergängliche Symmetrie, eine vorübergehende Ordnung. Vorhin habe ich Ihnen den Vorwurf gemacht, daß Sie die Vollkommenheit der Dinge nach Ihrem Begriffsvermögen einschätzen, und jetzt könnte ich Sie tadeln, weil Sie die Dauer der Dinge an Ihrer Lebenszeit messen. Sie urteilen über das Fortbestehen der Welt wie die Eintagsfliege über Ihr Fortbestehen. Die Welt ist ewig für Sie, wie Sie ewig für das Wesen sind, das nur einen Augenblick lebt; doch ist das Insekt vernünftiger als Sie. Was für eine großartige Reihe von Generationen solcher Eintagsfliegen bestätigt ihre Ewigkeit! Welche gewaltige Tradition! Trotzdem werden wir alle vergehen, ohne daß man die wirkliche Ausdehnung, die wir eingenommen, oder die genaue Zeit, die wir gedauert haben, jemals bestimmen könnte. Zeit, Materie und Raum sind vielleicht nur ein Punkt.«

Bei diesem Gespräch regte Saunderson sich etwas mehr auf, als sein Zustand erlaubte; er bekam einen Fieberanfall, der einige Stunden dauerte und aus dem er nur noch einmal auffuhr, um zu rufen: »O Gott Clarkes und Newtons, erbarme dich meiner!« Dann starb er.

20 Eine wichtige Quelle solcher Überlegungen ist das fünfte Buch von Lukrez' *De rerum natura*. In v. 828 ff. schreibt Lukrez von der stetigen Veränderlichkeit der Welt, in v. 837 ff., daß die Erde zunächst allerlei merkwürdig gestaltete Wesen hervorgebracht habe, die ausgestorben sind, weil sie sich nicht gut ernähren oder fortpflanzen konnten.

So endete Saunderson. Sie sehen, Madame, daß alle Vernunftschlüsse, die er gegen den Geistlichen anführte, auch einem Blinden keinen neuen Mut einzuflößen vermochten. Wie beschämend ist dies für Leute, die keine besseren Vernunftgründe als er haben, obgleich sie sehen und ihnen das wunderbare Schauspiel der Natur vom Sonnenaufgang bis zum Untergang der kleinsten Sterne die Existenz und den Ruhm des Schöpfers verkündet! Sie haben Augen, wohingegen Saunderson ihrer beraubt war; doch hatte Saunderson eine Sittenreinheit und eine Unbefangenheit, die ihnen fehlen. So leben sie wie Blinde; Saunderson aber stirbt, als ob er gesehen hätte. Die Stimme der Natur macht sich ihm zur Genüge verständlich durch die Organe, die er noch hat, und deshalb spricht sein Zeugnis um so stärker gegen diejenigen, die ihre Ohren und Augen eigensinnig schließen. Ich möchte fragen, ob nicht für Sokrates der wahre Gott durch die Finsternis des Heidentums noch mehr verhüllt war als für Saunderson durch die Versagung des Gesichtssinns und des Anblicks der Natur.

Ich bedaure sehr, Madame, daß man uns beiden nicht zu unserer Genugtuung noch mehr interessante Einzelheiten von diesem berühmten Blinden überliefert hat. Aus seinen Antworten würde man vielleicht mehr Aufschluß erhalten als aus allen Experimenten, die man anstellt. Diejenigen, die mit ihm zusammengelebt haben, müssen ziemlich unphilosophisch gewesen sein. Ich nehme von ihnen jedoch seinen Schüler aus, Herrn William Inchlif, der Saunderson nur in seinen letzten Augenblicken gesehen und uns seine letzten Worte erhalten hat. Ich möchte allen, die etwas Englisch verstehen, den Rat geben, diese Worte im Original in einem im Jahre 1747 zu Dublin gedruckten Buch zu lesen, das den Titel hat: *The life and character of Dr. Nicholas Saunderson, late lucasian Professor of the mathematicks in the university of Cambridge; by his disciple and friend William Inchlif.*[21] Sie werden darin soviel An-

---

21 »Leben und Charakter des Dr. Nicolas Saunderson, des verstorbenen blinden Professors der Mathematik an der Universität Cambridge. Von seinem Schüler und Freund William Inchlif.« Die Existenz dieses William Inchlif sowie des angeführten Buches ist zweifelhaft. Zwar gab es zu jener Zeit einige Träger dieses Namens (unter anderem einen Buchhändler und Dichter namens William Hinchliffe in London, der aber kaum als Schüler von Saunderson in Frage kommt), aber er taucht weder in der Liste der Freunde Saundersons (s. o., Anm. 12) noch in der in den *Elements of Algebra* abgedruckten Liste der Subskribenten auf. Zudem ist das von Diderot genannte Buch in keiner Bibliothek nachweis-

mut, Stärke, Wahrheit und Zartheit finden, wie in keiner anderen Schrift, und ich schmeichle mir nicht etwa, daß ich Ihnen diese schönen Züge wirklich vermittelt hätte, so sehr ich mich auch bemüht habe, sie in meiner Übersetzung zu bewahren.

Er heiratete im Jahre 1713 die Tochter des Herrn Dickons, des Pfarrers von Boxworth bei Cambridge; sie schenkte ihm einen Sohn und eine Tochter, die noch leben. Die Abschiedsworte, die er an seine Familie richtete, sind recht ergreifend. »Ich gehe dorthin«, sagte er zu ihnen, »wohin wir alle gehen werden. Erspart mir Wehklagen, die mich nur traurig stimmen. Die Bezeugungen eures Schmerzes machen mich nur empfindlicher dafür, daß andere mir entgehen. Ich scheide ohne Kummer aus einem Leben, das für mich nur eine lange Sehnsucht und eine ständige Entbehrung gewesen ist. Lebt ebenso tugendhaft, aber glücklicher, und lernt ebenso ruhig sterben.« Dann ergriff er die Hand seiner Frau, hielt

> bar. In dem »Memoirs of the Author's Life and Character« (s. o., Anm. 12) wird über das Ende von Saunderson folgendes berichtet: »Der Reverend Mr. Gervas Holmes informierte ihn [Saunderson], daß die Krankheit so weit vorangeschritten sei, daß seine besten Freunde keine Hoffnung mehr auf Besserung haben konnten. Er nahm die Nachricht von seinem baldigen Tod mit großer Ruhe und Gelassenheit auf; und nach kurzem Schweigen wurde er wieder munter und sprach mit so viel geistiger Gefaßtheit, wie er es in den ruhigsten Stunden bei bester Gesundheit getan hatte. Auf den Abend des folgenden Tages legte er den Empfang der Sakramente durch Mr. Holmes fest; doch bevor dies geschah, fiel er in ein Delirium, das bis zu seinem Tod anhielt.« (*Elements of Algebra*, S. xix, Übersetzung des Hg.). Es liegt also die Vermutung nahe, daß Diderot sich das gesamte Gespräch, das zwischen Holmes und Saunderson unmittelbar vor seinem Tod stattgefunden haben soll, ausgedacht hat, und somit vermutlich auch die Figur des William Inchlif. Den Zeitgenossen allerdings erschien Diderots Bericht so glaubwürdig, daß sie sich zu richtigstellenden Entgegnungen veranlaßt sahen. So erschien 1750 in Cambridge von Jean Henri Samuel Formey eine *Lettre de Gervaise Holmes à l'auteur de la lettre sur les aveugles, contenant le véritable récit des dernieres heures de Saunderson*. Ein Jahr später wurde dieser Brief von Christian Ernst Simonetti in deutscher Übersetzung in den zweiten Band seiner *Sammlung vermischter Beiträge zum Dienste der Wahrheit, Vernunft, Freiheit und Religion* (Frankfurt an der Oder 1751) aufgenommen. Simonetti vermerkt allerdings, daß der eigentliche Verfasser der *Lettre de Gervaise Holmes* ... unbekannt sei (*Sammlung* ..., S. 7). Ob man aus diesen Reaktionen auf Diderots Blindenbrief Rückschlüsse auf die Existenz von Inchlif ziehen kann, scheint fraglich, doch sind sie ein Beleg für das Aufsehen, daß Diderots Schrift erregte. – Ich danke Julia Vielhauer (Gießen) für ihre engagierte und hilfreiche Recherche zu diesem Thema.

sie einen Augenblick fest und wandte sein Gesicht ab, als ob er versucht hätte, sie zu sehen. Er segnete seine Kinder, umarmte sie alle und bat sie, sich zurückzuziehen, weil sie seiner Seele mehr Kummer bereiteten als das Nahen des Todes.

England ist das Land der Philosophen, der Wißbegierigen, der Systematiker; doch ohne Herrn Inchlif wüßten wir von Saunderson nur das, was uns die gewöhnlichsten Menschen über ihn mitgeteilt hätten: zum Beispiel, daß er die Orte, wohin er einmal geführt worden war, am Widerhall der Mauern und des Straßenpflasters wiedererkannte, wenn sie einen solchen erzeugten, und hundert andere derartige Dinge, die er fast mit allen Blinden gemeinsam hatte. Wie? Trifft man in England denn so häufig Blinde vom Range eines Saunderson? Und findet man dort jeden Tag Leute, die nie gesehen haben und doch Unterricht in Optik geben?

Man versucht den Blindgeborenen den Gesichtssinn zu geben; aber bei näherer Betrachtung, so glaube ich, würde man finden, daß fast ebensoviel für die Philosophie zu gewinnen ist, wenn man einen Blinden von gesundem Verstand befragt. Man würde dabei erfahren, was in ihm vorgeht, könnte es mit dem vergleichen, was in uns vorgeht, und würde bei diesem Vergleich vielleicht auf die Lösung der Schwierigkeiten kommen, die die Theorie des Sehens und der Sinne so verworren und unzuverlässig machen. Aber ich begreife – offen gestanden – nicht, was man von einem Menschen erhofft, bei dem man soeben eine sehr schmerzhafte Operation an einem sehr empfindlichen Organ ausgeführt hat, das schon durch den geringsten Zufall gestört wird und oft sogar diejenigen täuscht, bei denen es gesund ist und die seit langem seine Vorteile genießen. Ich selbst würde lieber einen Metaphysiker, dem die Prinzipien der Metaphysik, die Grundbegriffe der Mathematik und die Gestalt der Körperteile vertraut sind, über die Theorie der Sinne sprechen hören als einen Menschen ohne Bildung und Kenntnisse, dem man durch eine Staroperation den Gesichtssinn gegeben hat. Ich würde zu den Antworten einer Person, die zum erstenmal sieht, weniger Vertrauen haben als zu den Entdeckungen eines Philosophen, der im Dunkeln über seinen Gegenstand tief nachgedacht oder der sich, um mit den Dichtern zu sprechen, die Augen ausgestochen hätte, um leichter erkennen zu können, wie der Sehvorgang verläuft.

Wollte man solchen Experimenten einige Zuverlässigkeit geben, so müßte man zumindest den Patienten lange vorbereiten, ihn ausbilden und vielleicht zum Philosophen machen. Aber einen Philosophen auszubilden ist nicht die Sache eines Augenblicks, auch wenn man selbst Philosoph ist. Was wird geschehen, wenn man kein Philosoph ist? Am schlimmsten aber ist es, wenn man sich einbildet, ein Philosoph zu sein. Es wäre sehr zweckmäßig, die Beobachtungen erst lange nach der Operation zu beginnen. Zu diesem Zweck müßte man den Patienten im Dunkeln behandeln und genau feststellen, ob seine Wunde geheilt ist und seine Augen gesund sind. Ich wäre dagegen, daß man ihn schon vorher dem hellen Tageslicht aussetzt; grelle Beleuchtung hindert uns am Sehen. Wie muß sie also auf ein Organ wirken, das wahrscheinlich äußerst empfindlich ist, weil es noch durch keinen Eindruck abgestumpft worden ist!

Aber das ist noch nicht alles. Es wäre immer noch eine sehr schwierige Sache, Nutzen aus einem derart vorbereiteten Patienten zu ziehen, indem man ihn so vorsichtig befragt, daß er nur genau das aussagt, was in ihm vorgeht. Eine solche Befragung müßte vor der ganzen Akademie stattfinden; oder noch besser: man sollte vielleicht, um keine überflüssigen Zuschauer zu haben, zu dieser Versammlung nur diejenigen einladen, die dies durch ihre philosophischen, anatomischen oder sonstigen Kenntnisse verdienen. Die fähigsten Männer und besten Köpfe wären nicht zu gut dafür. Das Vorbereiten und Befragen eines Blindgeborenen ist doch eine Beschäftigung, die der vereinigten Talente eines Newton, Descartes, Locke und Leibniz würdig gewesen wäre.

Ich will diesen Brief, der nun schon zu lang ist, mit einer Frage beenden, die vor längerer Zeit gestellt worden ist. Einige Reflexionen über den besonderen Zustand Saundersons haben mir klargemacht, daß diese Frage nie völlig gelöst worden ist. Man nehme an, ein Blindgeborener im Mannesalter, den man gelehrt hat, einen Würfel und eine Kugel aus demselben Metall und von ungefähr gleicher Größe durch den Tastsinn zu unterscheiden, könne beim Befühlen der beiden Körper sagen, welcher der Würfel und welcher die Kugel ist. Man nehme ferner an, dieser Blinde gewinne das Sehvermögen, während der Würfel und die Kugel auf einen Tisch vor ihm gelegt werden, und frage ihn dann, ob er die Körper bei bloßer Betrachtung, ohne sie zu befühlen, unterscheiden und sagen könne, welcher der Würfel und welcher die Kugel ist.

Herr Molyneux[22] warf als erster diese Frage auf und versuchte sie zu lösen. Er behauptete, der Blinde könnte die Kugel nicht von dem Würfel unterscheiden; denn obwohl er durch Erfahrung gelernt habe, wie die Kugel und der Würfel bei der Berührung seinen Tastsinn affizieren, wisse er doch noch nicht, daß das, was bei der Berührung seinen Tastsinn in dieser oder jener Weise affiziert, auch auf seine Augen in dieser oder jener Weise wirken muß, daß also die vorspringende Würfelecke, die auf seine Hand den Eindruck des Unebenmäßigen macht, seinen Augen ebenso erscheinen muß, wie sie an dem Würfel erscheint.

Als Locke in dieser Frage konsultiert wurde, sagte er: »Ich teile durchaus die Meinung des Herrn Molyneux. Ich glaube, der Blinde würde beim ersten Blick, wenn er sich mit bloßer Betrachtung begnügte, nicht imstande sein, einigermaßen zuverlässig festzustellen, welcher Körper der Würfel und welcher die Kugel ist, obwohl er sie beim Befühlen nennen und sie an der Verschiedenheit ihrer Gestalten, die er bei der Berührung erkennen würde, sicher unterscheiden könnte.«

Der Abbé von Condillac,[23] dessen *Versuch über den Ursprung*

22 Der irische Naturphilosoph und Politiker, Mitglied der Royal Society, William Molyneux (1656-1698) stellte Locke brieflich zweimal, 1688 und 1693, die Frage, ob ein Blinder, der durch den Tastsinn gelernt hatte, Würfel und Kugel voneinander zu unterscheiden, und der später den Gesichtssinn erlangt habe, sehend beide ohne Hilfe des Tastsinns erkennen könne. Der zweite Brief war erfolgreich; Locke nahm die Frage in die zweite Auflage seines *Essay Concerning Human Understanding* auf (II, 8, § 8): »Suppose a man born blind, and now adult, and taught by his touch to distinguish between a cube and a sphere of the same metal, and nighly of the same bigness, so as to tell, when he felt one and the other, which is the cube, which the sphere. Suppose then the cube and the sphere placed on a table, and the blind man to be made to see: quaere, whether by his sight, before he touched them, he could now distinguish and tell which is the globe, which the cube? To which the acute and judicious proposer answers: Not. For, though he has obtained the experience of how a globe, how a cube affects his touch, yet he has not yet obtained the experience that what affects his touch so or so must affect his sight so or so; or that a protuberant angle in the cube, that pressed his hand unequally, shall appear to his eye as it does in the cube. I agree with this thinking gentleman [...].«

23 Condillac widmet dem Thema das sechste Kapitel aus Buch I des *Essai sur l'origine des connaissances humaines*. Er kritisiert zunächst Locke für eine zu einfache Vorstellung von der visuellen Wahrnehmung. Während Locke die sinnlichen Erfahrungen einfach halten will und alle weitergehenden Informationen über Lage, Gestalt und Distanz aus Urteilen hervorgehen sollen, meint Condillac,

der menschlichen Erkenntnisse Sie mit soviel Vergnügen und Nutzen gelesen haben und dessen vortreffliche *Abhandlung über die Systeme* ich Ihnen mit diesem Brief zusende, hat darüber seine eigene Meinung. Die Vernunftgründe, auf die er sich stützt, brauche ich Ihnen nicht mitzuteilen; dies hieße Sie um das Vergnügen bringen, noch einmal ein Werk zu lesen, in dem diese Gründe so gefällig und so philosophisch dargelegt sind, daß es meinerseits sehr gewagt wäre, sie aus dem Zusammenhang herauszureißen. Ich begnüge mich deshalb mit der Bemerkung, daß sie alle darauf abzielen, zu beweisen, daß der Blindgeborene entweder gar nichts sieht oder daß er die Kugel und den Würfel verschieden sieht, und daß die Bedingungen, wonach diese zwei Körper aus demselben Metall und ungefähr gleich groß sein sollen – Bedingungen, die in die Fragestellung einzubeziehen man für richtig befunden hat –, dabei überflüssig sind, was nicht bestritten werden kann; denn – so hätte er sagen können – wenn auch kein wesentlicher Zusammenhang zwischen der Empfindung des Gesichtssinns und der des Tastsinns bestünde, wie Locke und Molyneux behaupten, so müßten diese Denker jedenfalls zugeben, daß man bei einem Körper, der unter der Hand verschwindet, noch einen zwei Fuß großen Durchmesser sehen könnte. Dazu bemerkt Condillac allerdings: Wenn der Blindgeborene die Körper sehe, ihre Gestalten unterscheide und bei dem Urteil, das er über sie abgeben soll, eine Weile zögere, so könne dies nur aus ziemlich subtilen metaphysischen Gründen geschehen, die ich Ihnen sogleich auseinandersetzen werde.

Es bestehen also zwei verschiedene Meinungen über dieselbe Frage zwischen Philosophen ersten Ranges. Da sie von solchen Männern wie Molyneux, Locke und Condillac behandelt worden ist, könnte es scheinen, als ob nichts mehr darüber zu sagen sei; doch gibt es so viele Gesichtspunkte, unter denen dieselbe Sache betrachtet werden kann, daß es nicht erstaunlich wäre, wenn jene Männer nicht alle Gesichtspunkte erschöpft hätten.

daß die sinnliche Erfahrung selbst komplex ist und uns daher solche Informationen liefern kann. Dies ist die Voraussetzung für Condillacs eigene, positive Antwort auf Molyneux' Frage: Der Blinde wird die Idee der Kugel aus einem Komplex verschiedener Tastempfindungen synthetisiert haben; sobald er sieht, wird ein ähnlicher Prozeß stattfinden; und wenn er die Resultate beider Prozesse analysiert, wird er Gemeinsamkeiten entdecken, die ihm erlauben, die durch das Tasten und durch das Sehen gewonnenen Ideen einander korrekt zuzuordnen.

Diejenigen, die behauptet haben, der Blindgeborene würde den Würfel von der Kugel unterscheiden, haben von vornherein eine Tatsache unterstellt, die vielleicht erst geprüft werden müßte: ob nämlich ein Blindgeborener, dem man den Star gestochen, imstande wäre, seine Augen in den ersten Augenblicken nach der Operation zu gebrauchen. Sie haben aber nur gesagt: »Vergleicht der Blindgeborene die Ideen über die Kugel und den Würfel, die er durch den Tastsinn empfangen hat, mit den Ideen, die er durch den Gesichtssinn gewinnt, so muß er erkennen, daß es die gleichen sind; und es wäre doch höchst sonderbar, wenn er dann erklärte, bei der Betrachtung vermittle ihm der Würfel die Idee von der Kugel und die Kugel die Idee vom Würfel. Er wird beim Betrachten also ›Kugel‹ und ›Würfel‹ nennen, was er beim Befühlen ›Kugel‹ und ›Würfel‹ genannt hat.«

Worin aber bestand die Antwort und die Schlußfolgerung ihrer Gegner? Diese nahmen ebenfalls an, daß der Blindgeborene sehen würde, sobald er ein gesundes Organ hätte; sie stellten sich aber vor, es verhalte sich mit einem Auge, dem man den Star sticht, wie mit einem Arm, der aufhöre, gelähmt zu sein. Dieser Arm bedürfe keiner Übung, um zu fühlen, und folglich jenes Auge auch keiner Übung, um zu sehen. Und sie fügten hinzu: »Billigen wir dem Blindgeborenen etwas mehr Philosophie zu, als ihr ihm mitgebt, so wird er den Gedankengang von dem Punkte, an dem ihr ihn allein gelassen habt, folgerichtig weiterführen: Wer aber hat mir versichert, daß diese Körper, während ich auf sie zugehe und meine Hände auf sie lege, nicht plötzlich meine Erwartung enttäuschen werden, daß mir also der Würfel nicht die Empfindung der Kugel und die Kugel nicht die Empfindung des Würfels vermitteln werde? Nur die Erfahrung kann mich lehren, ob eine wechselseitige Übereinstimmung zwischen dem Gesichtssinn und dem Tastsinn besteht. Diese zwei Sinne könnten in ihren Beziehungen doch in Widerspruch stehen, ohne daß ich etwas davon wüßte; vielleicht würde ich sogar glauben, daß das, was sich meinem Auge wirklich zeigt, bloßer Schein sei, wenn man mich nicht vorher davon unterrichtet hätte, daß es dieselben Körper sind wie diejenigen, die ich befühlt habe. Dieser, so scheint mir, muß wahrhaftig der Körper sein, den ich Würfel genannt habe, und jener wahrhaftig der Körper, den ich Kugel genannt habe; aber man fragt mich nicht, wie es mir erscheint, sondern wie es ist, und ich bin keineswegs imstande, die letztere Frage befriedigend zu beantworten.«

Diese Schlußfolgerung, sagt der Verfasser des *Versuchs über den Ursprung der menschlichen Erkenntnisse*, sei sehr verwirrend für den Blindgeborenen, und er finde, daß nur die Erfahrung eine Antwort darauf geben könne. Allem Anschein nach meint der Abbé von Condillac dabei nur die Erfahrung, die der Blinde selbst an den Körpern durch eine zweite Berührung gewinnen würde. Sie werden sofort einsehen, warum ich diese Bemerkung mache. Übrigens hätte dieser fähige Metaphysiker hinzufügen können, daß ein Blindgeborener die Annahme, daß zwei Sinne einander widersprechen können, wahrscheinlich noch weniger absurd finde, wenn er sich vorstelle, daß ein Spiegel sie wirklich, wie ich vorhin bemerkt habe, in Widerspruch setzt.

Condillac weist ferner darauf hin, daß Molyneux die Frage durch mehrere Bedingungen verwirrt hat, die die Schwierigkeiten, die dem Blindgeborenen die Metaphysik macht, weder verhüten noch aufheben können. Diese Beobachtung ist um so richtiger, als die Metaphysik, die man dem Blindgeborenen unterschiebt, keinesfalls fehl am Platze ist; denn bei solchen philosophischen Fragen darf immer angenommen werden, daß der Versuch an einem Philosophen gemacht wird, das heißt an einer Person, die in den Fragen, die man aufwirft, alles erfaßt, was das vernünftige Denken und die Beschaffenheit ihrer Organe wahrzunehmen erlauben.

Nun, Madame, das ist eine kurze Zusammenfassung all dessen, was man in dieser Frage gesagt hat, sei es dafür oder dagegen; und aus der Untersuchung, die ich darüber anstellen will, werden Sie ersehen, wie weit diejenigen, die behaupteten, der Blindgeborene würde die Gestalten sehen und die Körper unterscheiden, von der Einsicht entfernt waren, daß sie recht hatten, und wie viele Gründe diejenigen, die dies leugneten, für die Annahme hatten, daß sie nicht unrecht hatten.

Wird die Frage des Blindgeborenen etwas allgemeiner gefaßt, als Molyneux sie gestellt hat, so umfaßt sie zwei weitere Fragen, die wir getrennt betrachten wollen. Man kann fragen: erstens ob der Blindgeborene sieht, sobald die Staroperation vollzogen ist; zweitens ob er, falls er sieht, scharf genug sehen kann, um Gestalten zu unterscheiden; ob er auf sie, während er sie sieht, zuverlässig dieselben Bezeichnungen anzuwenden vermag, die er ihnen beim Befühlen gegeben hat, und ob er den Beweis dafür hat, daß diese Bezeichnungen zutreffen.

Sieht der Blindgeborene unmittelbar nach der Heilung des Organs? Diejenigen, die behaupten, er könne nicht sofort sehen, erklären: »Sobald der Blindgeborene die Fähigkeit besitzt, seine Augen zu gebrauchen, bildet sich der ganze Schauplatz, den er vor sich hat, im Hintergrund seines Auges ab. Dieses Abbild, das sich aus unzähligen, in einem sehr kleinen Raum zusammengedrängten Gegenständen zusammensetzt, erscheint nur als ein verschwommener Haufen von Gestalten, die er nicht voneinander zu unterscheiden vermag. Man ist ziemlich einig darüber, daß ihn nur die Erfahrung lehren kann, die Entfernung der Gegenstände zu beurteilen, und daß er sich sogar genötigt sieht, auf sie zuzugehen, sie zu berühren, sich wieder von ihnen zu entfernen, sich ihnen erneut zu nähern und sie noch einmal zu berühren, um festzustellen, daß sie keinen Teil von ihm selbst bilden, daß sie seinem Wesen fremd sind und daß er bald nahe bei ihnen, bald fern von ihnen ist. Warum sollte er nicht auch der Erfahrung bedürfen, um sie wahrzunehmen? Ohne Erfahrung würde sich derjenige, der zum erstenmal Gegenstände wahrnimmt, wahrscheinlich einbilden, daß die Gegenstände, wenn sie sich von ihm entfernen oder er sich von ihnen entfernt, bis sie außer Sicht kommen, überhaupt nicht mehr existieren; denn nur unsere Erfahrung mit Gegenständen, die wir unverändert an demselben Platz wiederfinden, an dem wir sie gelassen haben, bestätigt uns ihre fortdauernde Existenz während der Zeit, in der wir von ihnen entfernt waren. Vielleicht ist dies auch der Grund, warum Kinder sich so schnell trösten, wenn man ihnen Spielsachen wegnimmt. Man kann freilich nicht sagen, daß sie die Spielsachen sofort vergessen: denn wenn man in Betracht zieht, daß es Kinder von zweieinhalb Jahren gibt, die einen ziemlich großen Teil der Wörter einer Sprache kennen, und daß es ihnen schwerer fällt, sie auszusprechen, als sie im Gedächtnis zu behalten, so wird man überzeugt sein, daß die Kindheit die Zeit des Gedächtnisses ist. Wäre es nicht natürlicher, anzunehmen, daß die Kinder sich einbilden, daß das, was sie nicht mehr sehen, nicht mehr existiere? Wäre dies nicht um so natürlicher, als ihre Freude mit Bewunderung gemischt erscheint, wenn die Gegenstände, die sie aus den Augen verloren haben, wieder erscheinen? Die Ammen helfen ihnen den Begriff des abwesenden Dinges zu erwerben, indem sie mit ihnen ein kleines Spiel einüben, daß darin besteht, das Gesicht zu bedecken und es gleich darauf wieder aufzudecken. Auf solche Weise machen sie in einer Viertelstunde hundertmal die Erfahrung, daß das, was nicht mehr zu sehen ist, nicht aufhört zu existieren. Daraus folgt, daß wir der Erfahrung den Begriff der ununterbrochenen Existenz der Gegenstände verdanken, daß wir durch das Befühlen den Begriff ihres Entferntseins erwerben, daß das Auge vielleicht das Sehen lernen muß wie die Zunge das Sprechen, daß es nicht erstaunlich wäre, wenn die Hilfe eines der fünf Sinne für den anderen notwendig wäre, und daß der Tastsinn, der uns von der Existenz der Gegenstände außerhalb von uns überzeugt, wenn sie uns vor Augen sind, vielleicht auch der Sinn ist, dem es vorbehalten ist, uns nicht nur ihre Formen und ihre sonstigen Modifikationen, sondern auch ihr Vorhandensein zu bestätigen.«

Diese Erwägungen werden ergänzt durch die berühmten Experimente Cheseldens.[24] Der junge Mensch, dem dieser geschickte Chirurg[25] den Star stach, konnte lange Zeit weder Größen noch Entfernungen, noch Lagen, ja nicht einmal Formen unterscheiden. Ein daumengroßer Gegenstand, der ihm vor das Auge gehalten wurde und ihm dabei ein Haus verdeckte, erschien ihm ebenso groß wie das Haus. Er hatte alle Gegenstände »auf den Augen«; sie schienen für ihn mit diesem Organ verbunden zu sein, wie die Gegenstände beim Betasten mit der Haut verbunden sind. Er konnte das, was er mit Hilfe seiner Hände für rund befunden hatte, nicht von dem unterscheiden, was er für eckig befunden hatte; noch mit seinen Augen unterscheiden, ob das, was nach seinem Gefühl oben oder unten war, tatsächlich oben oder unten war. Zwar nahm er schließlich, wenngleich nicht ohne Mühe, wahr, daß sein Haus größer war als sein Zimmer; doch konnte er überhaupt nicht begreifen, wie das Auge ihm diese Idee vermittelte. Er bedurfte zahlreicher, immer wieder erneuerter Erfahrungen, um sich davon zu überzeugen, daß die Malerei feste Körper darstelle. Als er sich durch das Betrachten von Gemälden endlich davon überzeugt hatte, daß er dort nicht nur Flächen sah, legte er die Hand darauf und war sehr erstaunt, daß er nur eine einförmige Ebene ohne ir-

---

24 Siehe die *Grundbegriffe der Newtonschen Philosophie* von Voltaire. [Anm. im Original; gemeint ist: *Elements de la Philosophie de Newton* II, 7, in: *Œuvres complètes*, ed. Garnier, Bd. 22, Paris 1879, S 462-467.]
25 William Cheselden (1688-1752) war ein berühmter englischer Chirurg und Mitglied der Royal Society. Über seine Operation berichtete er in den *Philosophical Transactions* 35 (1727-28), S. 447-450. Voltaire (siehe die vorangehende Anm.) machte diese Operation in Frankreich bekannt.

gendeine Erhebung vorfand. Da fragte er, was trügerisch sei: der Tastsinn oder der Gesichtssinn. Übrigens wirkte die Malerei ebenso auf die Wilden, als sie zum erstenmal Gemälde sahen: sie hielten gemalte Gestalten für lebende Menschen, befragten sie und waren höchst überrascht, als sie keine Antwort von ihnen erhielten. Bei ihnen rührte dieser Irrtum gewiß nicht von einer zu geringen Übung im Sehen her.

Was aber soll man zu den anderen Schwierigkeiten sagen? Daß das geübte Auge eines Erwachsenen tatsächlich die Gegenstände besser erkennt als das unbeholfene, noch ganz neue Organ eines Kindes oder eines Blindgeborenen, dem man soeben den Star gestochen hat. Lesen Sie selbst, Madame, alle jene Beweise, die der Abbé von Condillac am Schluß seines *Versuchs über den Ursprung der menschlichen Erkenntnisse* dort anführt, wo er seine Einwände gegen die von Cheselden angestellten und von Voltaire mitgeteilten Experimente vorbringt. Die Wirkungen des Lichts auf ein Auge, das zum erstenmal von ihm affiziert wird, und die notwendigen Bedingungen in den Flüssigkeiten dieses Organs, in der Hornhaut, der Linse usw., sind dort sehr klar und überzeugend dargelegt und lassen kaum einen Zweifel darüber, daß bei einem Kind, das zum erstenmal die Augen öffnet, oder bei einem Blinden, den man soeben operiert hat, das Sehen noch sehr unvollkommen ist.

Man muß also zugeben, daß wir an den Gegenständen sicher unzählige Einzelheiten wahrnehmen, die das Kind und der Blindgeborene nicht an ihnen wahrnehmen, obwohl sich im Hintergrund ihrer Augen diese Gegenstände ebenfalls abbilden; daß es nicht genügt, daß die Gegenstände auf uns einwirken, sondern daß wir auch auf solche Eindrücke achten müssen; daß man deshalb gar nichts sieht, wenn man zum erstenmal seine Augen gebraucht; daß man in den ersten Momenten des Sehens nur von einer Menge verworrener Empfindungen affiziert wird, die sich erst im Laufe der Zeit und durch die gewohnheitsmäßige Reflexion über das, was in uns vorgeht, klären; daß uns nur die Erfahrung lehrt, die Empfindungen mit dem zu vergleichen, was sie verursacht; daß die Empfindungen nichts haben, was den Gegenständen wesensverwandt ist, und daß uns ebendeshalb die Erfahrung über Ähnlichkeiten unterrichten muß, die auf bloßer Übereinkunft zu beruhen scheinen. Mit einem Wort: man kann nicht daran zweifeln, daß der Tastsinn viel dazu beiträgt, dem Auge eine genaue Kenntnis von der Übereinstimmung des Gegenstandes mit der Vorstellung, die es von ihm bekommt, zu vermitteln. Ja, ich denke: wenn sich in der Natur nicht alles nach unendlich allgemeinen Gesetzen vollzöge, wenn zum Beispiel der Stich von gewissen harten Körpern schmerzhaft und der von anderen Körpern mit Lust verbunden wäre, so würden wir sterben, ohne ein Hundertmillionstel der für die Erhaltung unseres Körpers und für unser Wohlbefinden notwendigen Erfahrungen gesammelt zu haben.

Doch ich denke durchaus nicht, daß das Auge sich nicht selbst unterrichten oder, wenn ich so sagen darf, schulen kann. Um sich durch das Befühlen von der Existenz und der Gestalt der Gegenstände zu überzeugen, braucht man nicht zu sehen. Warum sollte das Befühlen also notwendig sein, um sich von denselben Gegenständen durch das Sehen zu überzeugen? Ich kenne alle Vorzüge des Tastsinns und habe sie nicht verheimlicht, als die Rede von Saunderson und dem Blinden aus Puiseaux war; aber diesen Vorzug habe ich ihm keineswegs zuerkannt. Man begreift mühelos, daß der Gebrauch eines der fünf Sinne durch die Beobachtungen des anderen vervollkommnet und beschleunigt werden kann, aber keinesfalls, daß zwischen ihren Funktionen wesensgemäß eine Abhängigkeit bestehe. Sicher haben die Körper Eigenschaften, die wir ohne Berührung niemals wahrnehmen würden: der Tastsinn unterrichtet uns doch von dem Vorhandensein gewisser Modifikationen, während die Augen unempfindlich für sie sind und sie erst wahrnehmen, wenn sie durch diesen Sinn auf sie aufmerksam gemacht werden; aber diese Dienste sind wechselseitig, und bei denjenigen, deren Gesichtssinn feiner als der Tastsinn ist, unterrichtet der erste dieser Sinne den anderen über das Vorhandensein von Gegenständen und Modifikationen, die ihm sonst – wegen ihrer Kleinheit – entgehen würden. Wenn man Ihnen – ohne Ihr Wissen – zwischen Daumen und Zeigefinger ein Blatt Papier oder irgendeinen anderen glatten, dünnen und biegsamen Stoff schöbe, so könnte nur Ihr Auge Sie davon unterrichten, daß diese Finger sich nicht unmittelbar berühren. Beiläufig möchte ich hierzu bemerken, daß es weitaus schwieriger wäre, einen Blinden darüber zu täuschen als eine Person, die gewohnt ist, zu sehen.

Zweifellos würde es einem lebendigen, lebhaften Auge schwerfallen, sich davon zu überzeugen, daß die äußeren Gegenstände nicht zu ihm gehören, daß es bald nahe bei ihnen, bald fern von ihnen ist, daß sie Formen haben, daß die einen größer als die anderen sind, daß sie Tiefe haben usw.; doch bezweifle ich durchaus nicht, daß das Auge sie auf die Dauer wirklich sieht, ja deutlich genug sieht, um wenigstens ihre groben Umrisse unterscheiden zu können. Wollte man dies leugnen, so würde man die Bestimmung der Organe außer acht lassen, die hauptsächlichen Phänomene des Sehens vergessen und sich verhehlen, daß kein Maler geschickt genug ist, um die Schönheit und Genauigkeit der Miniaturen, die sich im Hintergrund unserer Augen abzeichnen, auch nur annähernd wiederzugeben; daß nichts so genau ist wie die Ähnlichkeit zwischen der Vorstellung und dem Gegenstand, den sie vorstellt; daß die Fläche dieses Bilds verhältnismäßig klein ist und trotzdem keine Verschmelzung der Gestalten stattfindet; daß sie allesamt ungefähr einen halben Quadratzoll einnehmen; daß übrigens nichts schwieriger ist, als zu erklären, wie der Tastsinn das Auge, wenn der Gebrauch des letzteren Sinnesorgans ohne die Hilfe des ersteren völlig unmöglich wäre, überhaupt lehren könnte, etwas wahrzunehmen.

Aber ich möchte mich nicht an bloße Mutmaßungen halten und frage deshalb, ob der Tastsinn denn das Auge lehrt, die Farben zu unterscheiden. Ich nehme nicht an, daß man diesem Sinn einen so außerordentlichen Vorrang zugesteht. Wird dies vorausgesetzt, so ergibt sich folgendes: Wenn man einem Blinden, dem man soeben den Gesichtssinn wiedergegeben hat, einen schwarzen Würfel neben einer roten Kugel auf einem großen weißen Hintergrund zeigt, dann wird er unverzüglich die Umrisse dieser Figuren unterscheiden.

Nun, könnte man mir antworten, er wird doch eine Weile zögern, wenigstens so lange, bis die Flüssigkeiten des Auges sich entsprechend einstellen, die Hornhaut die für das Sehen erforderliche Wölbung annimmt, die Pupille sich auf die ihr eigentümliche Erweiterung und Verengung einspielt, die Netzhaut weder zu empfindlich noch zu unempfindlich für die Wirkung des Lichtes ist, die Linse sich zu den Vorwärts- und Rückwärtsbewegungen anschickt, die man bei ihr vermutet, die Muskeln ihre Funktionen gut erfüllen, die Sehnerven sich an das Übertragen der Empfindung gewöhnen, der ganze Augapfel zu allen notwendigen Einstellungen bereit ist und alle Teile, aus denen er zusammengesetzt ist, bei der Ausführung dieses Miniaturbilds mitwirken, das man so gern anführt, wenn es zu beweisen gilt, daß das Auge sich selbst schult.

Ich gestehe, daß ein Blindgeborener – so einfach das Bild, das ich ihm vor das Auge halte, auch sein mag – die Teile desselben nur dann gut unterscheiden wird, wenn in seinem Auge alle obengenannten Bedingungen erfüllt sind; aber dies ist vielleicht die Sache eines Augenblicks. Würde man das Argument, das man vorhin gegen mich angeführt hat, auf eine einigermaßen komplizierte Maschine – zum Beispiel eine Uhr – anwenden, so wäre es nicht schwierig, durch die ausführliche Beschreibung aller jener Bewegungen, die in der Trommel, der Spindel, den Rädern, der Hemmung, der Unruhe usw. stattfinden, zu beweisen, daß der Zeiger vierzehn Tage brauche, um den Zeitraum einer Sekunde zu durchlaufen. Wenn man dagegen einwendet, daß diese Bewegungen ja gleichzeitig stattfinden, so erwidere ich, das treffe vielleicht ebenso bei den Bewegungen zu, die im Auge vor sich gehen, wenn es sich zum erstenmal öffnet, und bei den meisten Urteilen, die sich daraus ergeben. Wie es sich auch mit jenen Bedingungen im Auge, die man für das Sehen fordert, verhalten mag: man muß doch zugeben, daß ihm nicht der Tastsinn zu solchen Bedingungen verhilft, sondern daß dieses Organ sie selbst herstellt, daß es folglich ohne die Hilfe eines anderen Sinns bis zur Unterscheidung der Gestalten, die sich in ihm abbilden, gelangen kann.

Wann aber, wird man wiederum einwenden, wird es soweit sein? Vielleicht eher, als man annimmt. Erinnern Sie sich noch an die Erfahrung mit dem Hohlspiegel, Madame, als wir zusammen den Spiegelsaal des Jardin Royal besichtigten, und an den Schreck, den Sie spürten, als Sie die Spitze eines Degens mit derselben Geschwindigkeit auf sich zukommen sahen, mit der sich die Spitze des Degens, den Sie in der Hand hielten, der Oberfläche des Spiegels näherte? Sie hatten eben die Gewohnheit, hinter den Spiegeln alle jene Gegenstände zu vermuten, die sich in ihnen abbilden. Die Erfahrung ist also doch nicht so notwendig, ja nicht einmal so untrüglich, wie man glaubt, um die Gegenstände oder ihre Abbilder dort wahrzunehmen, wo sie wirklich sind. Sogar Ihr Papagei hat mir einen Beweis dafür geliefert. Als er sich zum erstenmal in einem Spiegel sah, näherte er ihm seinen Schnabel, und als er dort nicht das fand, was er für seinesgleichen hielt, ging er um den Spiegel herum. Ich will dem Zeugnis des Papageis nicht mehr Wert beilegen, als es hat; doch zeigt es die Erfahrung eines Tiers, in der das Vorurteil keine Rolle spielen kann.

Würde man mir aber versichern, daß ein Blindgeborener zwei Monate lang nichts unterscheiden konnte, so wäre ich nicht erstaunt. Daraus würde ich nur auf die Notwendigkeit der Erfahrung für das Auge schließen, keineswegs aber auf die Notwendigkeit der Berührung, um es zu schulen. Ich würde daraus erst recht entnehmen, wie wichtig es ist, einen Blindgeborenen, wenn er zu Beobachtungen dienen soll, eine Zeitlang im Dunkeln verweilen zu lassen, seinen Augen die Möglichkeit der Übung zu geben, die ihm im Dunkeln leichter fallen wird als im hellen Licht, und ihm bei den Versuchen selbst nur eine Art Dämmerlicht zu gewähren oder sich in dem Raum, in dem sie stattfinden, wenigstens den Vorteil einer beliebigen Verstärkung oder Verringerung der Helligkeit zu verschaffen. Man wird mich dann nur um so geneigter finden, zuzugeben, daß derartige Experimente immer sehr schwierig und unzuverlässig sein werden und daß der in Wirklichkeit kürzeste, wenngleich dem Schein nach längste Versuch eben darin besteht, vorher den Patienten mit philosophischen Kenntnissen auszustatten, weil diese ihn befähigen, die zwei Zustände, die er durchgemacht hat, zu vergleichen, und uns über den Unterschied zwischen dem Zustand eines Blinden und dem eines Sehenden zu unterrichten. Wie, frage ich noch einmal, kann man etwas Genaues von demjenigen erwarten, der überhaupt nicht gewohnt ist, zu überlegen und sich auf sich selbst zu besinnen, und der wie der Blinde Cheseldens die Vorteile des Sehens so wenig kennt, daß er sein Unglück gar nicht empfindet und sich auch nicht vorstellen kann, wie sehr die Entbehrung des Gesichtssinns seine Freuden schmälert? Saunderson, dem man den Philosophentitel wohl nicht verweigern wird, besaß sicher nicht diese Gleichgültigkeit, und ich bezweifle stark, daß er die Ansicht des Verfassers der vortrefflichen *Abhandlung über die Systeme* geteilt hätte. Ich möchte beinahe annehmen, daß der letztere Philosoph sich selbst in einem kleinen System dargestellt hat, als er behauptete: »Wenn das Leben des Menschen nur eine ununterbrochene Empfindung von Lust oder Schmerz gewesen wäre, wenn er in dem ersten Fall, ohne irgendeine Idee vom Unglück, glücklich und in dem zweiten Fall, ohne irgendeine Idee vom Glück, unglücklich gewesen wäre, so hätte er nur genossen oder gelitten. Er hätte, als ob dies seine Natur wäre, überhaupt nicht geforscht, ob irgendein Wesen für seine Erhaltung sorge oder ob es ihm zu schaden trachte; der abwechselnde Übergang aus einem dieser Zustände in den andern hat ihn also zum Nachdenken angeregt usw.«[26]

Glauben Sie, Madame, daß er jemals zu diesem Schluß gelangt wäre, wenn er von klaren Wahrnehmungen zu klaren Wahrnehmungen fortgeschritten wäre? (Dies ist nämlich die philosophische Methode dieses Autors, eine gute Methode.) Mit dem Glück und Unglück verhält es sich nicht wie mit der Finsternis und dem Licht: das eine besteht nicht in dem bloßen, einfachen Entzug des anderen. Vielleicht hätten wir versichert, das Glück sei für uns nicht weniger wesentlich als das Dasein und das Denken, wenn wir es ungetrübt genossen hätten; doch kann ich das gleiche nicht vom Unglück sagen. Es wäre doch ganz natürlich gewesen, es als einen Zwangszustand zu betrachten, sich unschuldig zu fühlen und dennoch für schuldig zu halten, die Natur zu beschuldigen oder zu entschuldigen, wie man dies gewöhnlich tut.

Meint der Abbé von Condillac, daß ein Kind, wenn es leidet, nur deshalb klagt, weil es nicht unaufhörlich gelitten hat, seitdem es in der Welt ist? Wenn er mir antwortet, Existieren und Leiden sei das gleiche für denjenigen, der immer gelitten hat und sich nicht vorstellen kann, daß man seinen Schmerz aufheben könne, ohne seine Existenz zu zerstören, so werde ich ihm entgegnen, der ununterbrochen unglückliche Mensch würde vielleicht nicht sagen: »Was habe ich getan, um so zu leiden?« – warum sollte er aber nicht sagen: »Was habe ich getan, um zu existieren?« Doch sehe ich nicht ein, warum er die synonymen Verben »Ich existiere« und »Ich leide« nicht beide verwenden sollte, das eine für die Prosa, das andere für die Poesie; denn wir haben doch auch die zwei Ausdrücke »Ich lebe« und »Ich atme«. Übrigens, Madame, werden Sie besser als ich bemerken, daß diese Stelle von Condillac glänzend geschrieben ist, und ich fürchte sehr, daß Sie beim Vergleichen meiner Kritik mit seiner Überlegung sagen werden, ein Irrtum Montaignes sei Ihnen immerhin lieber als eine Wahrheit Charrons.[27]

Immer wieder Abschweifungen! werden Sie nun sagen. Ja, Madame, das war doch die Bedingung, die für unsere Abhandlung

---

26 Condillac, *Traité des systèmes*, Kap. 5.
27 Pierre Charron (1541-1603) war ein Schüler Montaignes und Theologe. 1594 veröffentlichte er die Schrift *Trois Vérités*, in der er versuchte zu beweisen, daß es Gott gebe, das Christentum die wahre Religion und die katholische Kirche die wahre Kirche sei.

ausgemacht war. Doch folgt jetzt meine Anschauung über die zwei vorausgegangenen Fragen. Ich denke, daß der Blindgeborene, wenn seine Augen sich zum erstenmal dem Licht öffnen, gar nichts wahrnimmt; daß sein Auge einige Zeit braucht, um sich zu schulen; daß es sich selbst schult, ohne Hilfe des Tastsinns, und daß es schließlich nicht nur die Farben unterscheidet, sondern zumindest auch die groben Umrisse der Gegenstände erkennt. Untersuchen wir jetzt, ob der Blindgeborene unter der Voraussetzung, daß er in sehr kurzer Zeit diese Fähigkeit erworben oder sie durch das Bewegen seiner Augen in jenem dunklen Raum gewonnen hat, in dem man ihn vorsorglich eingeschlossen hatte, damit er diese Bewegung einige Zeit nach der Operation, aber vor den Experimenten übe: untersuchen wir, sage ich, ob er dann beim Sehen die Körper wiedererkennen würde, die er befühlt hatte, und ob er imstande wäre, ihnen die richtigen Namen zu geben. Dies ist die letzte Frage, die ich noch zu lösen habe.

Um meine Aufgabe auf eine Weise zu erfüllen, die Ihnen gefällt – denn Sie sind für Methode –, will ich verschiedenartige Personen unterscheiden, an denen die Versuche gemacht werden können. Sind es gewöhnliche Personen ohne Bildung, ohne Kenntnisse und ohne Vorbereitung, so denke ich, daß nach der Staroperation, sobald der Fehler des Organs völlig beseitigt und das Auge gesund ist, die Gegenstände sich in ihm sehr deutlich abbilden werden. Da diese Personen aber an keinerlei Vernunftschlüsse gewöhnt sind, also nicht wissen, was Empfindung und was Idee ist, und da sie folglich nicht imstande sind, die Vorstellungen, die sie durch den Tastsinn empfangen haben, mit den Vorstellungen zu vergleichen, die sie durch die Augen bekommen, so werden sie behaupten: »Das ist ein rundes Ding und das ein viereckiges Ding«, ohne ihr Urteil begründen zu können. Oder sie werden unbefangen zugeben, daß sie an den Gegenständen, die sie vor Augen haben, nichts wahrnehmen, das dem gliche, was sie gefühlt haben.

Es gibt andere Personen, die die Formen, die sie an den Körpern wahrnehmen, mit denen vergleichen, die auf ihren Händen Eindrücke hervorgebracht haben. Da sie nun diese Körper, wenn sie fern von ihnen sind, in Gedanken berühren, so sagen sie von dem einen: »Das ist ein Viereck« und von dem anderen: »Das ist ein Kreis« – aber ohne recht zu wissen, warum. Der Vergleich der Ideen, die sie durch den Tastsinn gewonnen haben, mit den Ideen, die sie durch den Gesichtssinn erlangen, erfolgt in ihnen noch nicht deutlich genug, um sie von der Wahrheit ihres Urteils zu überzeugen.

Jetzt, Madame, will ich ohne Abschweifung zu einem Metaphysiker übergehen, an dem der Versuch gemacht werden soll. Ich zweifle nicht im geringsten daran, daß dieser schlußfolgern wird, sobald er die Gegenstände so deutlich wahrzunehmen beginnt, als ob er sie zeit seines Lebens gesehen hätte, und daß er nach den Vergleichen der Ideen, die er durch die Augen erlangt, mit den Ideen, die er durch den Tastsinn gewonnen hat, ebenso sicher wie wir beide sagen wird: »Ich bin wohl geneigt, zu glauben, daß dies der Körper ist, den ich immer Kreis genannt, und dies der Körper, den ich immer Viereck genannt habe; doch werde ich mich hüten, zu behaupten, daß es wirklich so ist. Wer hat mir denn enthüllt, daß diese Körper, wenn ich mich ihnen nähere, nicht unter meinen Händen verschwinden werden? Weiß ich denn, ob die Gegenstände meiner Betrachtung dazu bestimmt sind, auch die Gegenstände meiner Berührung zu sein? Ich weiß nicht, ob das Sichtbare auch greifbar für mich ist; doch selbst wenn ich nicht in solcher Ungewißheit wäre und den Personen, die mich umgeben, aufs Wort glaubte, daß das, was ich sehe, wirklich das ist, was ich berührt habe, so wäre ich kaum klüger also zuvor. Diese Gegenstände könnten sich in meinen Händen noch verwandeln und mir durch den Tastsinn Empfindungen vermitteln, die ganz anders wären als die Empfindungen, die ich durch den Gesichtssinn erfahre. Meine Herren«, wird er hinzufügen, »mir scheint, dieser Körper ist das Viereck und jener der Kreis; doch habe ich keine Gewißheit, daß sie für den Tastsinn dieselben sind wie für den Gesichtssinn.«

Ersetzen wir den Metaphysiker durch einen Mathematiker, Locke durch Saunderson, so wird er wie der andere sagen: Wenn er seinen Augen glaube, so sei von den zwei Figuren, die er sehe, diese die Figur, die er Viereck genannt, und jene die Figur, die er Kreis genannt habe. »Ich nehme doch wahr«, könnte er hinzufügen, »daß ich nur bei der ersten die Fäden so anlegen und die Nadeln mit dickem Kopf so stecken kann, daß die Eckpunkte der Vierecke markiert werden, und daß ich nur die zweite durch Fäden so einbeschreiben oder umbeschreiben kann, wie es nötig ist, um die Eigentümlichkeiten des Kreises zu beweisen. Also ist dies ein Kreis und dies ein Viereck. Vielleicht«, würde er mit Locke fortfahren, »werden sich aber diese Figuren, wenn ich meine Hände auf sie lege, ineinander verwandeln, so daß dieselbe Figur mir dazu dienen könnte, den Blinden die Eigentümlichkeiten des Kreises und den Sehenden die Eigentümlichkeiten des Vierecks zu beweisen. Vielleicht würde ich ein Viereck sehen und gleichzeitig einen Kreis fühlen. Nein«, würde er sich sofort verbessern, »ich täusche mich. Diejenigen, denen ich die Eigentümlichkeiten des Kreises und des Vierecks bewies, hatten ihre Hände doch nicht auf meinem Rechenbrett und berührten nicht die Fäden, die ich gezogen hatte und die meine Figuren abgrenzten; trotzdem verstanden sie mich. Sie sahen also nicht ein Viereck, während ich einen Kreis fühlte; sonst hätten wir uns überhaupt nicht verstanden. Ich hätte ihnen eine Figur umrissen und die Eigentümlichkeiten einer anderen bewiesen; ich hätte ihnen eine Gerade für einen Kreisbogen und einen Kreisbogen für eine Gerade ausgegeben. Da aber alle mich verstanden haben, sehen alle Menschen gleich, einer wie der andere. Also sehe ich das viereckig, was sie viereckig sahen, und das kreisförmig, was sie kreisförmig sahen. Deshalb ist dies die Figur, die ich immer Viereck, und dies die Figur, die ich immer Kreis genannt habe.«

Ich habe die Kugel durch den Kreis und den Würfel durch das Viereck ersetzt, weil wir allem Anschein nach Entfernungen nur aus Erfahrung beurteilen, weil also derjenige, der zum erstenmal seine Augen gebrauchte, nur Flächen sieht und nicht weiß, wann ein Relief vorliegt. Für den Gesichtssinn besteht das Relief eines Körpers nämlich darin, daß einige seiner Punkte uns näher erscheinen als die anderen.

Selbst wenn der Blindgeborene, sobald er sieht, das Relief und die Festigkeit des Körpers beurteilen und nicht nur den Kreis vom Viereck, sondern auch die Kugel vom Würfel unterscheiden könnte, so wäre er meiner Meinung nach doch bei jedem anderen, komplizierteren Gegenstand nicht dazu fähig. Es ist sehr wahrscheinlich, daß der Blindgeborene des Herrn von Réaumur die Farben voneinander unterschieden hat; doch ist dreißig gegen eins zu wetten, daß er aufs Geratewohl über die Kugel und den Würfel ausgesagt hat, und ich halte für gewiß, daß es ihm – außer im Falle einer Enthüllung – nicht möglich gewesen ist, seine Handschuhe, seinen Hausrock und seine Pantoffeln wiederzuerkennen. Diese Gegenstände sind durch eine so große Zahl von Modifikationen ausgezeichnet, es bestehen so wenige Beziehungen zwischen ihrer gesamten Form und der Form der Körperteile, die sie schmücken oder bedecken sollen, daß für Saunderson das Problem, den Gebrauch seines Baretts zu bestimmen, hundertmal schwieriger gewesen wäre als für d'Alembert oder Clairaut das Problem, den Gebrauch seiner Rechentafeln zu erforschen.

Saunderson hätte sicher angenommen, daß eine mathematische Beziehung zwischen den Dingen und ihrem Gebrauch bestehe; deshalb hätte er an zwei oder drei Ähnlichkeiten bemerkt, daß seine Kappe für seinen Kopf geschaffen war: dabei gab es keine willkürliche Form, die ihn hätte irreführen können. Was aber hätte er von den Ecken und der Quaste seines Baretts gedacht? Wozu dieser Büschel, warum gerade vier Ecken und nicht sechs? hätte er sich gefragt. So wären diese zwei Modifikationen, die für uns nur eine Zierde bedeuten, für ihn die Quelle einer Unmenge von absurden Schlußfolgerungen oder, richtiger gesagt, der Anlaß zu einer glänzenden Satire auf den sogenannten guten Geschmack gewesen.

Bei reiflicher Erwägung der Dinge wird man gestehen, daß der Unterschied zwischen einer Person, die immer gesehen hat, der aber der Gebrauch eines Gegenstandes unbekannt ist, und einer Person, die den Gebrauch eines Gegenstandes kennt, ihn aber nie gesehen hat, nicht auf einen Vorteil für die letztere hinausläuft. Glauben Sie denn, Madame, daß Sie, wenn man Ihnen heute zum erstenmal ein Häubchen zeigte, jemals erraten könnten, dies sei ein Putz, ja ein Kopfputz? Wenn es nun aber für einen Blindgeborenen, der zum erstenmal sieht, um so schwieriger ist, die Gegenstände richtig zu beurteilen, je zahlreicher deren Formen sind: wer könnte dann verhindern, daß er einen vorschriftsmäßig gekleideten Beobachter, der ihm unbeweglich gegenübersitzt, für ein Möbelstück oder eine Maschine ansieht und einen Baum, dessen Blätter und Zweige durch einen Luftzug bewegt werden, für ein sich bewegendes, beseeltes und denkendes Wesen hält? Ach, Madame, wieviel suggerieren uns doch unsere Sinne, und wie schwer würde es uns ohne Augen fallen, anzunehmen, daß ein Marmorblock weder denkt noch fühlt!

Es ist also erwiesen, daß Saunderson überzeugt gewesen wäre, er täusche sich nicht bei dem Urteil, das er freilich nur über den Kreis und das Viereck gefällt hatte, und daß es Fälle gibt, in denen die Schlußfolgerung und die Erfahrung der anderen den Gesichtssinn über seine Beziehung zum Tastsinn aufklären und ihn davon unterrichten können, daß das, was für das Auge der und der Gegenstand ist, für das Gefühl derselbe Gegenstand ist.

Wenn man sich jedoch den Beweis irgendeines Grundsatzes von sogenannter ewiger Wahrheit zur Aufgabe machte, so wäre es nicht weniger wichtig, diesen Beweis unabhängig vom Zeugnis der Sinne zu führen. Sie sehen wohl ein, Madame: wenn Ihnen irgend jemand den Satz, daß die Projektion zweier paralleler Linien auf ein Bild durch zwei aufeinander zulaufende Linien erfolgen muß, durch den Hinweis darauf beweisen wollte, daß zwei Baumreihen einen solchen Anblick bieten, so würde er dabei vergessen, daß dieser Satz für einen Blinden ebenso gilt wie für ihn.

Aber die obenerwähnte Vermutung in bezug auf den Blindgeborenen führt zu zwei weiteren Vermutungen, zu einer in bezug auf einen Menschen, der zwar von Geburt an gesehen, aber gar keinen Tastsinn gehabt hat, und zu einer anderen in bezug auf einen Menschen, bei dem der Gesichtssinn und der Tastsinn stets in Widerspruch miteinander gestanden haben. Bei dem ersten könnte man fragen, ob er, wenn man ihm den fehlenden Sinn gäbe und ihm den Gesichtssinn durch eine Augenbinde nähme, die Körper bei der Berührung wiedererkennen würde. Es ist evident, daß ihm die Geometrie, falls er in ihr unterrichtet wäre, ein unfehlbares Mittel liefern würde, um sich zu vergewissern, ob die Zeugnisse der zwei Sinne sich widersprechen oder nicht. Er braucht den Würfel oder die Kugel nur in seine Hände zu nehmen, irgendeinem anderen ihre Eigentümlichkeiten zu beweisen und, wenn man ihn versteht, zu erklären, daß man als Würfel das sieht, was er als Würfel fühlt, und daß folglich das, was er in der Hand hält, der Würfel ist. Für denjenigen, der diese Wissenschaft nicht kennt, wäre es meiner Meinung nach nicht leichter, den Würfel von der Kugel durch den Tastsinn zu unterscheiden, als für den Blinden Molyneux', sie durch den Gesichtssinn zu unterscheiden.

Wie derjenige, bei dem die Empfindungen des Gesichtssinns und die des Tastsinns sich stets widersprochen haben, über die Formen, die Ordnung, die Symmetrie, die Schönheit, die Häßlichkeit usw. denken würde, weiß ich nicht. Höchstwahrscheinlich würde er sich in bezug auf diese Dinge so verhalten, wie wir uns in bezug auf die reale Ausdehnung und Dauer aller Dinge verhalten. Er würde im allgemeinen behaupten, daß ein Körper eine Form hat; doch wäre er wahrscheinlich geneigt, zu glauben, daß es weder die Form sei, die er sehe, noch die Form, die er fühle. Ein solcher Mensch könnte zwar unzufrieden mit seinen Sinnen sein, aber seine Sinne wären mit den Gegenständen weder zufrieden noch unzufrieden. Wenn er versucht wäre, einen von ihnen der Unzuverlässigkeit zu beschuldigen, so würde er sich hierfür, glaube ich, den Tastsinn aussuchen. Hundert Umstände würden ihn veranlassen, zu denken, die Gestalt der Gegenstände verwandle sich eher durch die Wirkung seiner Hände auf die Gegenstände als durch die Wirkung der Gegenstände auf seine Augen. Doch infolge dieser Vorurteile wäre der Unterschied von Festigkeit und Weichheit, den er an den Körpern beobachten würde, sehr verwirrend für ihn.

Aber läßt sich daraus, daß unsere Sinne in bezug auf die Formen einander nicht widersprechen, denn folgern, daß uns die Formen besser bekannt sind? Wer hat uns gesagt, daß wir es nicht mit falschen Zeugen zu tun haben? Trotzdem urteilen wir. Ach, Madame, wenn man das menschliche Wissen einmal auf die Waage Montaignes gelegt hat, so ist man nicht abgeneigt, seine Losung anzunehmen. Was wissen wir denn? Was die Materie ist? Keineswegs! Was Geist und Denken sind? Noch weniger! Was Bewegung, Raum und Zeit sind? Durchaus nicht! Geometrische Wahrheiten? Fragen Sie aufrichtige Mathematiker, so werden sie Ihnen gestehen, daß ihre Grundsätze alle identisch sind und daß beispielsweise soundso viele Bücher über den Kreis sich darauf beschränken, uns mit hunderttausend verschiedenen Verfahren immer wieder zu erklären, dies sei eine Figur, bei der alle vom Mittelpunkt zur Peripherie gezogenen Linien gleich sind. Also wissen wir fast nichts; doch wie viele Schriften gibt es, deren Verfasser alle behaupten, etwas zu wissen! Mir ist es ein Rätsel, warum es die Welt nicht satt bekommt, zu lesen, ohne dabei etwas zu lernen; aber vielleicht geschieht es aus demselben Grund, aus dem es mir eine Ehre bedeutet, Sie zwei Stunden lang zu unterhalten, ohne mich zu langweilen und ohne Ihnen etwas zu sagen.

Mit größter Hochachtung, Madame, bin ich

Ihr sehr ergebener und gehorsamer Diener.

***

Index[28]

Abschied von Saunderson 45 ff.
Abstraktion, schädliche und nützliche 27
Anatomen, Fragen an 19
Arithmetik, tastbare 30
Annahme, eigenartige 22
Arme, lange, ihre Vorteile 18
Astronomen, Fragen eines Blinden über die 14
Atheismus, absurd 49
Aufmerksamkeit, wechselseitige 13
Augen, definiert durch den Blinden 15
– Bedingungen der Augen, damit das Sehen sich entwickelt 60, 62
Ausdrücke, glückliche 37
– gewöhnlich für Ausländer, warum 37
– und für die Personen, die über Einbildungskraft verfügen 37

Bedingungen, überflüssige in der Frage von M. Molyneux 55
Bedingung des Auges für das Sehen 60, 62
Berkeley, Bischof von Cloyne 40
Bewegungen, gleichzeitige 63
Blindgeborene
– Freunde der Ordnung 12
– denken eigenartig über das Schöne 13
– verbinden mit dem größeren Teil der Worte keine Ideen 14
– lieben weniger das Leben und fürchten weniger den Tod 18
– müssen mit Mühe sprechen lernen 20
– ihre Moral 20
– ihre Metaphysik 22
– sind inhuman 21
– machen sich wenig aus dem Schamgefühl 21
– neigen zum Materialismus 22
– die Wunder der Natur sind ohne Kraft für sie 22
– sehen die Dinge in sehr abstrakter Weise 40

---

[28] Diderot hat der ersten Ausgabe seines Briefs (London 1749) einen Index hinzugefügt. Er wurde hier nach der Fassung in OC Bd. IV, S. 73-76, und in Anpassung an die Übersetzung von Theodor Lücke ins Deutsche übertragen. Dieser Index weicht in manchen Hinsichten vom heutigen Standard ab; zudem liefert er Informationen, die über das im Text Enthaltene hinausgehen. Daher wurde nicht versucht, den Index zu modernisieren oder zu verbessern, etwa indem Seitenzahlen ergänzt oder verwandte Einträge zusammengefaßt wurden. Man faßt ihn am besten als einen Metatext zum *Brief über die Blinden* aus Diderots eigener Hand auf.

- bilden Ideen der Figuren; wie? 23
- beziehen alles auf die Spitzen ihrer Finger 23
- lokalisieren die Seele in den Fingerspitzen 25
- sprechen über Licht und Farben in welchem Sinn 38
- neigen zum Idealismus 40
- könnten über die Bildhauerkunst verfügen 43
- ihre Malerei 44
- schwer auf Erfahrungen vorzubereiten 45
- schwer zu befragen 53
- Erfahrungen über sie sind wenig sicher 46

Breite, Idee der 25
Brief über die Blinden 11
- Anlaß des Briefes 11
Buchstaben, erhabene 12

Charron 65
Cheselden 59
Clark 47
Condillac 55, 57

Dauer 49
Descartes 15, 26, 39
Didymos 45
Diebstahl, von den Blinden verabscheut 20
Diogenes 21

Ehebruch, streng bestraft 19
Einbildungskraft der Blinden 25f.
Eintagsfliege, Insekt 49
Eitelkeit des Menschen 46
Empfindungen, miteinander kombiniert 23
Entferntsein (Idee des) 59
Erfahrung des Hohlspiegels 63
Erfahrung des Papageis 63
Erfahrungen über den Gesichtssinn 59
Erfahrungen über den Tastsinn 24 f., 60
Eusebius von Cäsarea 45
Existenz, kontinuierliche der Dinge 49
Existenz Gottes 45

Frauen, gemeinsam 19
Figuren, Ideen der 23

Galilei 39
Geräusch 18
Gesetze, allgemeine der Natur 61
Gesichtssinn, Phänomene des, in Beziehung zu denen des Tastsinns 15
Gesichter 17
Gläser 13
Gleichgewicht der Blinden 19

Hérault, Polizeileutnant 18
Hillmer, Preußischer Augenarzt 11
Holmes, Geistlicher 45
Hypothesen, Prüfung ihrer Gewißheit 39

Idealisten 40
Illusion 43
Inchlif 50
Inder, Überlegungen der 46
Induktion, verdächtige 15
Inhumantität der Blinden 21
Insekten, getötet ohne Skrupel 22
Instinkt 17

Kalkül, algebraischer (der Vorteil des) 39
Körper, Idee des 25
Kraft, Abhandlung über die 17
Kreis 71

Länge, Idee der 25
Leibniz 47
Lichtstrahl, Beispiel der physikalischen Mathematik 39
Linie, gerade, Idee der 23
Linie, krumme, Idee der 23
Locke 54

Malerei für die Blinden 44
– definiert durch einen Blinden 59
Mängel, unterschätzte 17
Marivaux 38
Materie 48
Maximum, singuläres 39
Mechanismus (Tier) 48
Meinung von Locke über die Frage von Herrn Molyneux 59

Meinung von Herrn Molyneux 54
Meinung von Herrn Abbé de Condillac 55
Meinung des Autors 56
Mensch, zurückgeführt in das Reich des Möglichen 48
Metaphysik der Blinden 22
Mißbildungen 48
Mitleid 21
Molyneux (Herr) 54
Montaigne 65
Moral der Blinden 20 f.

Nadeln, wie ein Blinder den Faden einfädelt 16
Naturforscher (Fragen eines Blinden über die) 14
Netzhaut 62
Newton 39, 47
Nikasius von Mecheln 45

Ordnung, ihre Ewigkeit 47

physikalische Mathematik 27, 38
Physiognomie, was das heißt 20
Puiseaux, der Blindgeborene von 12
– seine Geburt 12
– seine Erziehung 12
– seine Bekanntschaften 12
– seine Lebensweise 12
– urteilt über Symmetrien 13
– über die Schönheit 13
– definiert den Spiegel 13
– die Augen 15
– seine Fragen über die Gläser 14
– über den Tastsinn 15
– über das Schreiben 15
– seine Ideen über die Malerei 15
– über die Perspektive 15
– fädelt den Faden in die Nadel ein 16
– hat ein gutes Gedächtnis für Töne 17
– tröstet sich über seinen Zustand, wie? 17
– wendet sich einer Stimme zu 18
– sein Streit mit seinem Bruder 18
– seine Antwort auf den Polizeibeamten 18
– schätzt die Nähe des Feuers, das Maß, bis zu dem Gefäße gefüllt sind,

die Nähe der Körper, ihr Gewicht, ihre Glätte,
  ihr Fassungsvermögen 18 f.
– macht verschiedene Arbeiten 19
– destilliert 12
– montiert und demontiert Maschinen 19
– versteht etwas von Botanik, Chemie, Musik 19
– beurteilt die Zeitdauer 19
– Eigenschaften, die er schätzt 19
– seine Antwort auf eine Frage über das Sehvermögen 19
– seine Ideen über Moral und Metaphysik 20
– verabscheut den Diebstahl 20
– weiß nicht, was das Schamgefühl ist 21
Punkte, farbige 23
Punkte, fühlbare 23
Pythagoras 27

Rapson 27
Raum (Idee des) 58
Raum, ausgedehnter 24
Räume, imaginäre 49
Reaumur, Herr von 11
– sticht den Star 11
– läßt nur wenige zu seinen Beobachtungen zu, warum? 11
Reinigungsprozeß der Materie 48
Richtung (Idee der) 23

Saunderson, blindgeboren 29
– erfindet eine tastbare Arithmetik 30
– Beschreibung seiner Maschine 30
– deren Eigenschaften 31
– eine weitere Maschine von ihm, deren Gebrauch unbekannt ist 35
– Geometer 35
– gab öffentliche Vorlesungen über Optik 38
– reich an glücklichen Ausdrücken 37
– hat gut über das Unendliche gesprochen 43
– unterscheidet echte von falschen Münzen 43
– beurteilt die Genauigkeit der Einteilungen eines Instruments 43
– erkennt die Orte wieder, in die er einmal eingeführt worden war;
  empfindet die Nähe der Körper 44
– empfindet die Wirkung der Sonne 44
– nimmt an astronomischen Beobachtungen teil 44
– seine Krankheit 45

– seine Unterhaltung mit einem Geistlichen 45
– sein Abschied von der Familie. Sein Tod 45, 49
Schamgefühl, den Blinden unbekannt 21
Schildkröte 46
Schönheit, was ist sie den Blinden zufolge? 19
Schreiben, bestimmt durch den Blinden 15
Seele, ihr Sitz einem Blinden zufolge 25
Simoneau, blindgeboren 11
Sinne, ihre wechselseitige Unterstützung 17, 20, 61
Sinn, innerer 25
Sokrates 51
Spiegel 63
– seine Definition durch einen Blinden 14
Sprache durch den Tastsinn 27
Sprechen, Schwierigkeit für die Blinden, sprechen zu lernen 19
Star 11
Stimme, Nuancen der 17
Symbole, Nutzen der 28
Symmetrie 13

Tacitus 38
Tastsinn, seine Vorteile 43, 60
– Grundform der Ideen für einen Blinden 25
Teiresias 45
Tiefe, Idee der 25
Tiere 17
Töne, Nuancen der 17

Unwissenheit, menschliche 71

Vernunft 17
Versuch über den Ursprung unserer Kenntnisse, zitiert 41, 57
Voltaire, Herr von 59
Vorzüge, überschätzte 17

Waage der Blinden 19
Wahrheiten, geometrische 71
Welt 49
Widersprüche der Sinne 14, 60
Wilde 60

Zirkel der Blinden 19

D'Alemberts Traum

I

Fortsetzung einer Unterhaltung zwischen d'Alembert und Diderot

D'Alembert: Ich gestehe: ein Wesen, das irgendwo existiert und doch keinem Punkt des Raums entspricht; ein Wesen, das nicht ausgedehnt ist und dennoch Ausdehnung einnimmt, das in jedem Teil dieser Ausdehnung voll und ganz enthalten ist, das wesensverschieden von der Materie und doch eins mit ihr ist, das sie begleitet und bewegt, ohne sich selbst zu bewegen, das auf sie wirkt und allen ihren Wandlungen unterworfen ist; ein Wesen, von dem ich nicht die geringste Idee habe, – ein Wesen von so widerspruchsvoller Natur ist schwer anzuerkennen. Wer es aber nicht anerkennt, der sieht sich vor neue Rätsel gestellt; denn wenn jenes Empfindungsvermögen, durch das Sie es ersetzen, letztlich eine allgemeine und wesentliche Eigenschaft der Materie ist, dann muß der Stein doch empfinden.

Diderot: Warum nicht?

D'Alembert: Es ist kaum glaubhaft.

Diderot: Ja, für den, der den Stein schneidet, behaut, zerkleinert, und ihn dabei nicht kreischen hört.

D'Alembert: Ich möchte von Ihnen gern erfahren, was für einen Unterschied Sie zwischen dem Menschen und der Statue, zwischen Marmor und Fleisch machen.

Diderot: Einen ziemlich geringen. Man macht ja Marmor aus Fleisch und Fleisch aus Marmor.

D'Alembert: Aber eins ist nicht das andere.

Diderot: Wie das, was Sie lebendige Kraft nennen, keine tote Kraft ist.[1]

---

[1] In seinem *Traité de dynamique* spricht d'Alembert in der Tat von den »berühmten lebendigen Kräften« (*Œuvres* Bd. I, S. 398), will sie aber auf die Klärung des mathematisch korrekten Verhältnisses von Kraft und Geschwindigkeit beschränken und sich ansonsten aus der Diskussion über sie heraushalten. D'Alembert präsentiert dort als die einfachsten Prinzipien der Mechanik diejenigen der Trägheitskraft, der Komposition der Kräfte und des Gleichgewichts (d.h. der wech-

D'Alembert: Ich verstehe Sie nicht.

Diderot: Ich will es Ihnen erklären. Die Beförderung eines Körpers von einem Ort zu einem anderen ist eigentlich keine Bewegung, sondern nur deren Wirkung. Die Bewegung ist gleichermaßen in dem beförderten Körper wie in dem unbeweglichen Körper.

D'Alembert: Diese Anschauungsweise ist neu.[2]

Diderot: Nichtsdestoweniger ist sie richtig. Beseitigen Sie das Hindernis, das sich der Ortsveränderung des unbeweglichen Körpers widersetzt, so kommt er an einen anderen Ort. Entziehen Sie durch ein plötzlich geschaffenes Vakuum die Luft, die den riesigen Eichenstamm dort umgibt, so dehnt sich das Wasser, das er enthält, plötzlich aus und zersprengt ihn in hunderttausend Splitter. Das gleiche, behaupte ich, gilt für Ihren eigenen Körper.

D'Alembert: Möglich. Doch welche Beziehung besteht zwischen der Bewegung und dem Empfindungsvermögen? Nehmen Sie etwa an, es gebe eine aktive Empfindlichkeit und eine inaktive Empfindlichkeit, wie es eine lebendige Kraft und eine tote Kraft gibt? Eine lebendige Kraft, die sich in der Auslösung einer Bewegung zeigt, und eine tote Kraft, die sich durch den Druck geltend macht; eine aktive Empfindlichkeit, die sich in gewissen, am Tier und vielleicht auch an der Pflanze wahrnehmbaren Tätigkeiten ausdrückt, und eine inaktive Empfindlichkeit, von der man sich durch den Übergang in den Zustand der aktiven Empfindlichkeit überzeugen könnte?

Diderot: Ausgezeichnet. Sie haben es ausgesprochen.

D'Alembert: Also hat die Statue nur eine inaktive Empfindlichkeit; doch der Mensch, das Tier, vielleicht sogar die Pflanze sind mit einer aktiven Empfindlichkeit versehen.

Diderot: Zweifellos besteht dieser Unterschied zwischen dem Marmorblock und dem Fleischgewebe; aber Sie begreifen wohl, daß es nicht der einzige ist.

selseitigen Aufhebung der Bewegung, wenn zwei Massen mit gleicher Kraft in entgegengesetzter Richtung wirken).

2 Es könnte sich hier um eine Anspielung auf die *Letters to Serena* handeln, die John Toland 1704 veröffentlichte und die 1768 erstmals ins Französische übersetzt wurden. Im fünften dieser Briefe verteidigt Toland die These, daß Aktivität eine der Materie ebenso wesentliche Eigenschaft wie Ausdehnung sei, und beruft sich u. a. auf Newtons Aussage, daß sich möglicherweise kein Körper im Universum in Ruhe befindet (vgl. S. 144 f. der deutschen Übersetzung von G. Wichmann, hg. von E. Pracht, Berlin 1959).

D'Alembert: Gewiß. So groß auch die Ähnlichkeit zwischen der äußeren Gestalt des Menschen und der Statue sein mag, so besteht doch keine Ähnlichkeit in ihrem inneren Bau. Der Meißel des geschicktesten Bildhauers bringt ja nicht einmal eine Epidermis zustande. Aber es gibt recht einfache Verfahren, um eine tote Kraft in lebendige Kraft umzuwandeln; das ist eine Erfahrung, die wir täglich wohl hundertmal mit unseren Augen machen können. Dagegen sehe ich nicht recht, wie man einen Körper aus dem Zustand der inaktiven Empfindlichkeit in den Zustand der aktiven Empfindlichkeit versetzen könnte.

Diderot: Weil Sie es nicht sehen wollen! Das ist doch eine ebenso alltägliche Erscheinung.

D'Alembert: Und worin besteht diese so alltägliche Erscheinung, wenn ich fragen darf?

Diderot: Ich will es Ihnen sagen, da Sie sich durch mich beschämen lassen wollen. Diese Erscheinung ist jedesmal gegeben, wenn Sie essen.

D'Alembert: Jedesmal, wenn ich esse!

Diderot: Ja; denn was tun Sie beim Essen? Sie heben die Hindernisse auf, die sich der aktiven Empfindlichkeit des Nahrungsmittels widersetzt haben. Sie assimilieren es sich; Sie machen Fleisch aus ihm; Sie animalisieren es; Sie machen es empfindungsfähig. Und was Sie an einem Nahrungsmittel vollbringen, kann ich, wann immer ich will, an Marmor vollbringen.

D'Alembert: Wie denn?

Diderot: Wie? Ich mache ihn genießbar.

D'Alembert: Marmor genießbar machen – das erscheint mir nicht leicht.

Diderot: Es ist meine Sache, Ihnen das Verfahren dafür anzugeben. Ich nehme die Statue, die Sie dort sehen, lege sie in einen Mörser, und mit kräftigen Stößen des Stampfers ...

D'Alembert: Sachte, wenn ich bitten darf! Das ist das Meisterwerk von Falconet. Auch wenn es nur eine Arbeit von Huez oder einem anderen wäre ...

Diderot: Dies macht Falconet nichts aus; die Statue ist bezahlt, und Falconet gibt doch sowenig auf gegenwärtiges Ansehen und gar nichts auf künftiges.[3]

---

3 Étienne Maurice Falconet (716-1791) war ein französischer Bildhauer, der nach einem ersten großen Erfolg mit der Statue *L'Amour menaçant* im Jahre 1755 natio-

D'Alembert: Gut, machen Sie Pulver daraus!

Diderot: Sobald der Marmorblock in feinsten Staub verwandelt ist, mische ich diesen Staub mit Humus oder Pflanzenerde, knete beides zusammen gut durch, begieße die Mischung und lasse sie vermodern – ein Jahr, zwei Jahre, hundert Jahre lang; auf die Zeit kommt es mir dabei nicht an. Sobald das Ganze sich in eine ziemlich homogene Masse, in Humus umgewandelt hat – wissen Sie, was ich da tue?

D'Alembert: Sicher essen Sie nicht Humus.

Diderot: Nein, aber es gibt ein Verbindungs- oder Ausgleichungsmittel zwischen dem Humus und mir, einen *latus,* wie Ihnen der Chemiker sagen würde.

D'Alembert: Und dieser *latus* ist wohl die Pflanze?

Diderot: Ganz richtig. Ich säe in den Humus Erbsen, Bohnen, Kohl und andere Gemüsepflanzen. Die Pflanzen nähren sich von der Erde, und ich nähre mich von den Pflanzen.

D'Alembert: Ob wahr oder nicht – mir gefällt dieser Übergang vom Marmor zum Humus, vom Humus zum Pflanzenreich und vom Pflanzenreich zum Tierreich, zum Fleisch.

Diderot: Ich mache also Fleisch oder, wie meine Tochter sagt, Seele – eine aktiv empfindliche Masse. Wenn ich das Problem, das Sie mir gestellt haben, auch nicht löse, so komme ich doch der Lösung sehr nahe; denn Sie werden mir doch zugestehen, daß es von einem Stück Marmor bis zu einem empfindenden Wesen viel weiter ist als von einem empfindenden Wesen zu einem denkenden.

D'Alembert: Das gebe ich zu. Trotz alledem ist das empfindungsfähige Wesen noch kein denkendes Wesen.

Diderot: Darf ich Ihnen, bevor wir einen Schritt weitergehen, die Geschichte eines der größten Mathematiker in Europa erzählen? Was war dieses hervorragende Wesen zuerst? Nichts.

D'Alembert: Wieso nichts? Aus nichts wird nichts.

---

nale und internationale Berühmtheit erlangte. Welches Hauptwerk hier gemeint sein könnte, ist unklar, noch mehr, wie Diderot oder d'Alembert es bei sich zu Hause haben konnte. In seinem Salon von 1765 schrieb Diderot über Falconet, es gebe kaum jemanden, der mehr auf die Unterstützung seiner Zeitgenossen und weniger auf die der Nachwelt Wert lege. Daraus entspann sich eine briefliche Diskussion zwischen Diderot und Falconet. Jean-Baptiste-Cyprien d'Huez (1729-1793) wurde 1763 in die Académie royale de peinture et de sculpture aufgenommen und unterrichtete dort Bildhauerei.

Diderot: Sie fassen dies zu wörtlich auf. Ich meine: bevor seine Mutter, das schöne und sündige Stiftsfräulein Tencin, das Pubertätsalter erreicht hatte und bevor der Soldat La Touche zum Jüngling wurde, waren die Teilchen, welche die ersten Ansätze zu meinem Mathematiker bilden sollten, in den jungen und schwachen Maschinen der beiden verstreut. Sie wurden mit der Lymphe filtriert, sie zirkulierten mit dem Blut, bis sie schließlich in die für ihre Vereinigung bestimmten Behälter, in die Geschlechtsteile seines Vaters und seiner Mutter wanderten. Jetzt ist dieser außergewöhnliche Keim schon gebildet; dann wird er, wie man allgemein annimmt, durch die Fallopschen Röhren[4] in die Gebärmutter befördert. Nun ist er durch eine lange Schnur schon mit der Gebärmutter verbunden, wächst also allmählich und nähert sich dem Zustand des Fötus. Endlich ist der Augenblick seines Austritts aus dem dunklen Gefängnis gekommen: jetzt ist er geboren. Dann wird er auf den Stufen der Kirche Saint-Jean-le-Rond ausgesetzt, die ihm den Namen gibt, und später aus dem Findelhaus abgeholt, der guten Glasermeisterin – Madame Rousseau – an die Brust gelegt und von ihr gestillt. Schließlich ist er groß an Körper und Geist: Literat, Mechaniker und Mathematiker.[5] Wie ist es soweit gekommen? Durch Essen und andere rein mechanische Verrichtungen. Die allgemeine Formel lautet in wenigen Worten: Iß, verdaue, scheide aus; *et fiat homo secundum artem*.[6] Und wer in der Akademie den Entwicklungsvorgang eines Menschen oder eines Tiers erklären wollte, könnte dabei nur materielle Agentien anführen; die aufeinanderfolgenden Wirkungen wären dabei diese: ein leibloses Wesen, ein empfindendes Wesen, ein denkendes Wesen, ein Wesen, welches das Problem des Vorrückens der Tagundnachtgleichen löst, ein erhabenes Wesen, ein bewunderungswürdiges Wesen, ein Wesen, das altert, verfällt, stirbt, sich auflöst und der Pflanzenerde zurückgegeben wird.

D'Alembert: Also glauben Sie nicht an die präexistenten Keime?[7]

---

4 D.h., die Eileiter.
5 Die Geschichte, die Diderot hier erzählt, ist diejenige d'Alemberts. Sie war, ebenso wie die Namen der Eltern, offenbar allgemein bekannt.
6 »und es entsteht kunstgerecht ein Mensch« (im Original lateinisch). Die Floskel scheint Diderots Erfindung zu sein, erinnert aber an die Wortwahl der lateinischen Bibel (*Vulgata*) in der Beschreibung der Schöpfung.
7 Damit ist die Annahme der Präformationslehre gemeint, das sich entwickelnde

Diderot: Nein.

D'Alembert: Oh, wie mich das freut!

Diderot: Diese These ist wider die Erfahrung und die Vernunft: wider die Erfahrung, weil man solche Keime im Ei und in den meisten jungen Tieren – also Tieren vor einem gewissen Lebensalter – vergeblich suchen würde, und wider die Vernunft, weil sie uns lehrt, daß die Teilbarkeit der Materie in der Natur eine Grenze hat, obwohl sie keine im Verstand hat, und weil es ihr widerstrebt, sich einen vollständig vorgebildeten Elefanten in einem Atom vorzustellen, in diesem Atom noch einen vollständig vorgebildeten Elefanten und so fort bis ins unendliche.

D'Alembert: Aber ohne diese präexistenten Keime ist die Urzeugung nicht zu begreifen.

Diderot: Die Frage, ob das Ei vor der Henne oder die Henne vor dem Ei dagewesen sei, bringt Sie nur deshalb in Verlegenheit, weil Sie annehmen, daß die Tiere ursprünglich so gewesen seien, wie sie gegenwärtig sind. Welche Torheit! Man weiß weder, wie sie gewesen sind, noch wie sie sein werden. Das unsichtbare Würmchen, das sich im Schlamm regt, ist vielleicht auf dem Weg zum Großtierzustand; das riesige Tier, das uns durch seine Größe erschreckt, ist vielleicht auf dem Weg zum Wurmzustand und vielleicht nur ein besonderes und vorübergehendes Produkt dieses Planeten.

D'Alembert: Was haben Sie da gesagt?

Diderot: Ich habe gesagt ... Aber das lenkt uns vom ersten Punkt unserer Diskussion ab.

D'Alembert: Was macht das aus? Wir werden auf ihn zurückkommen – oder auch nicht.

Diderot: Darf ich der Zeit um einige Jahrtausende vorauseilen?

D'Alembert: Warum nicht? Die Zeit bedeutet nichts für die Natur.

Diderot: Also sind Sie damit einverstanden, daß ich unsere Sonne erlöschen lasse?

D'Alembert: Ohne weiteres; sie ist ja nicht die erste, die erlischt.

Diderot: Was wird nach dem Erlöschen der Sonne eintreten? Die Pflanzen werden zugrunde gehen, die Tiere auch, und schon ist die Erde verödet und stumm. Zünden Sie dieses Gestirn wieder an,

Individuum sei bereits in voller Spezifikation im Samen bzw. Ei enthalten. Sie hatte seit dem 17. Jahrhundert in unterschiedlichen Lagern beträchtliche Plausibilität gewonnen und wurde u. a. von Malebranche und Leibniz vertreten.

so stellen Sie sogleich die notwendige Ursache einer unendlichen Reihe neuer Generationen wieder her. Allerdings wage ich dabei nicht zu entscheiden, ob im Lauf der Jahrhunderte unsere heutigen Pflanzen und Tiere wieder entstehen werden oder nicht.

D'Alembert: Warum sollten die gleichen Elemente, wenn sie sich nach ihrer Zerstreuung wieder vereinigen, nicht die gleichen Ergebnisse hervorbringen?

Diderot: Weil in der Natur zwar alles zusammenhängt, aber derjenige, der eine neue Erscheinung annimmt oder einen vergangenen Moment zurückholt, wieder eine neue Welt erschafft.

D'Alembert: Dies kann ein tiefer Denker wohl nicht leugnen. Doch um wieder zum Menschen zu kommen, da die allgemeine Ordnung doch verlangt hat, daß er entstehe: erinnern Sie sich, bitte, daß Sie mich beim Übergang vom empfindenden Wesen zum denkenden Wesen stehenließen.

Diderot: Dessen erinnere ich mich.

D'Alembert: Ich wäre Ihnen – offen gestanden – sehr dankbar, wenn Sie mir aus dieser Lage heraushälfen. Ich habe es ziemlich eilig – mit dem Denken.

Diderot: Und wenn mir dies nicht gelänge? Was würde daraus gegen eine ganze Kette unbestreitbarer Tatsachen herzuleiten sein?

D'Alembert: Nichts. Dadurch würden wir nur plötzlich aufgehalten.

Diderot: Und dürften wir dann, um weiterzukommen, ein in den Attributen widerspruchsvolles Agens, ein sinnloses und unverständliches Wort erfinden?

D'Alembert: Nein.

Diderot: Könnten Sie mir sagen, worin die Existenz eines empfindenden Wesens in bezug auf sich selbst besteht?

D'Alembert: In dem Bewußtsein, immer es selbst gewesen zu sein, vom ersten Moment seiner Reflexion bis zum gegenwärtigen Moment.

Diderot: Und worauf beruht dieses Bewußtsein?

D'Alembert: Auf dem Gedächtnis für seine Handlungen.

Diderot: Und ohne dieses Gedächtnis?

D'Alembert: Ohne dieses Gedächtnis hätte es kein Selbst.[8] Da es seine Existenz doch nur im Moment des Eindrucks empfände,

---

8 Im Original: »lui« (es).

so hätte es keine Geschichte seines Lebens. Sein Leben wäre eine ununterbrochene Folge von Empfindungen, die durch nichts verbunden wären.

Diderot: Ganz richtig. Und was ist das Gedächtnis? Woher kommt es?

D'Alembert: Von einer bestimmten Organisation, die bald stärker, bald schwächer wird und sich zuweilen völlig verliert.

Diderot: Wenn also ein Wesen, das empfindet und diese für das Gedächtnis geeignete Organisation besitzt, die empfangenen Eindrücke verbindet, durch diese Verbindung eine Geschichte bildet, die eben die Geschichte seines Lebens ist, und dadurch Selbstbewußtsein[9] gewinnt, so verneint, bejaht, folgert und denkt es.

D'Alembert: Dies leuchtet mir ein. Jetzt gibt es für mich nur noch eine Schwierigkeit.

Diderot: Sie täuschen sich; es gibt für Sie noch sehr viele Schwierigkeiten.

D'Alembert: Eine Hauptschwierigkeit, meine ich. Mir scheint nämlich, wir können immer nur an eine Sache auf einmal denken, aber um einen Satz – ich meine nicht jene riesigen Ketten von Vernunftschlüssen, die in ihren Bereich viele tausend Ideen einbeziehen, sondern einen einfachen Satz – zu bilden, müssen uns – sozusagen – wenigstens zwei Dinge gegenwärtig sein: der Gegenstand, den der Verstand vor Augen zu behalten scheint, während er sich mit der Eigenschaft beschäftigt, die er an dem Gegenstand bejahen oder verneinen wird.

Diderot: So denke ich auch. Ja, das ist es, was mich zuweilen veranlaßt hat, die Fasern unserer Organe mit empfindlichen, vibrierenden Saiten zu vergleichen. Die empfindliche, vibrierende Saite schwingt und klingt, wenn man an ihr gezupft hat, noch längere Zeit nach. Es ist eine solche Schwingung, eine solche Art von notwendiger Resonanz, die den Gegenstand vor Augen hält, während der Verstand sich mit der Eigenschaft befaßt, die dem Gegenstand zukommt. Aber die vibrierenden Saiten haben noch eine andere Eigentümlichkeit, nämlich die Eigentümlichkeit, andere Saiten zum Schwingen zu bringen, und ebenso ruft eine erste Idee eine zweite hervor, beide eine dritte, alle drei zusammen eine vierte und so fort, ohne daß man die Anzahl der wachgerufenen, miteinander

---

9 Im Original: »conscience de lui«.

verknüpften Ideen bei einem nachdenkenden oder in der Stille und Verborgenheit sich selbst belauschenden Philosophen begrenzen könnte. Dieses Instrument ist fähig zu erstaunlichen Sprüngen, und manchmal läßt eine wachgerufene Idee eine ihr harmonische Idee aufklingen, die von der ersten durch ein unfaßbares Intervall getrennt ist. Wenn diese Erscheinung bei inaktiven und unzusammenhängenden tönenden Saiten zu beobachten ist, warum sollte sie dann nicht auch bei lebenden und miteinander verbundenen Teilchen, bei zusammenhängenden, empfindungsfähigen Fasern stattfinden?

D'Alembert: Wenn dies nicht wahr ist, so ist es doch wenigstens sehr scharfsinnig. Aber man möchte beinahe annehmen, daß Sie dabei unversehens in die Klemme geraten, die Sie vermeiden wollten.

Diderot: Welche denn?

D'Alembert: Sie haben doch die Unterscheidung der zwei Substanzen im Visier.

Diderot: Das verhehle ich mir nicht.

D'Alembert: Wenn Sie jedoch die Sache genau betrachten, so machen Sie aus dem Verstand des Philosophen ein von dem Instrument verschiedenes Wesen, gleichsam einen Musiker, der auf die schwingenden Saiten hört und über ihre Konsonanz oder Dissonanz aussagt.

Diderot: Es ist möglich, daß ich Anlaß zu diesem Einwand gegeben habe, obgleich Sie ihn vielleicht nicht gegen mich erhoben hätten, wenn Sie den Unterschied zwischen dem Denkinstrument und dem Saiteninstrument in Betracht gezogen hätten. Das Denkinstrument ist empfindungsfähig, es ist gleichzeitig Musiker und Instrument. Als empfindendes Wesen wird es sich sofort des Tones bewußt, den es hervorbringt; als lebendes Wesen erinnert es sich dieses Tons. Indem diese organische Fähigkeit die Töne im lebenden Wesen verbindet, erzeugt und bewahrt sie die Melodie. Nehmen Sie an, das Klavier besitze Empfindungsvermögen und Gedächtnis, und sagen Sie mir, ob es dann die Weisen, die Sie auf seinen Tasten gespielt haben, nicht von selbst wiederholen wird. Wir sind doch Instrumente mit Empfindungsvermögen und Gedächtnis. Unsere Sinne sind soundso viele Tasten, die von der uns umgebenden Natur angeschlagen werden und sich oft auch von selbst anschlagen. Das ist meines Erachtens alles, was in einem

Klavier vorgeht, das so eingerichtet ist wie Sie und ich. Es findet ein Eindruck statt, der seine Ursache innerhalb oder außerhalb des Instrumentes hat, und es folgt eine Empfindung, die von diesem Eindruck herrührt; diese Empfindung dauert fort – denn es ist unmöglich, sich vorzustellen, daß sie in einem unteilbaren Moment entstünde und verginge. Dann folgen wieder ein Eindruck, der seine Ursache ebenfalls innerhalb oder außerhalb des Lebewesens hat, eine zweite Empfindung und Laute, die diese Empfindung durch natürliche oder üblich gewordene Töne bezeichnen.

D'Alembert: Ich verstehe. Wenn dieses empfindungsfähige und beseelte Klavier nun auch noch die Fähigkeit besäße, sich zu ernähren und fortzupflanzen, dann würde es leben und entweder aus sich selbst oder mit seinem Weibchen kleine Klaviere erzeugen – lebende und tönende kleine Klaviere.

Diderot: Zweifellos. Was ist denn – Ihrer Ansicht nach – anders bei einem Fink, einer Nachtigall, einem Musiker, einem Menschen? Und welchen anderen Unterschied finden Sie zwischen dem Zeisig und der Zeisigflöte? Sehen Sie das Ei hier? Damit kann man alle theologischen Schulen und alle Gotteshäuser auf der Erde aus den Angeln heben. Was ist dieses Ei? Ehe der Keim hineingebracht wird: eine empfindungslose Masse. Und was ist es nach dem Hineinbringen des Keims noch immer? Eine empfindungslose Masse; denn dieser Keim ist selbst nur ein inaktiver flüssiger Rohstoff. Wie aber kommt diese Masse zu einem anderen Bau, zu Empfindungsvermögen, zu Leben? Durch die Wärme. Wodurch wird die Wärme erzeugt? Durch die Bewegung. Was sind die aufeinanderfolgenden Wirkungen der Bewegung? Antworten Sie mir nicht, sondern nehmen Sie Platz; wir wollen sie genau beobachten, von Moment zu Moment. Da ist zuerst ein schwingender Punkt, dann ein Gewebe, das sich ausdehnt und färbt; ferner Fleisch, das sich bildet. Ein Schnabel, Flügelansätze, Augen, Pfoten erscheinen; eine gelbliche Masse wird ausgeschieden und erzeugt Eingeweide. Jetzt ist es ein Tier. Dieses Tier bewegt sich, zappelt, piepst; ich höre das Piepsen durch die Schale hindurch. Es bedeckt sich mit Flaum; es sieht. Das Gewicht seines schwankenden Kopfes drückt seinen Schnabel immer wieder gegen die Innenwand seines Gefängnisses. Nun ist sie durchbrochen. Es schlüpft aus, es geht, es fliegt, es regt sich auf, es läuft davon, es kommt wieder näher, es klagt, es leidet, es liebt, es begehrt, es genießt. Es hat alle Ihre Affekte. Alle Ihre Tätigkeiten übt es aus. Wollen Sie jetzt mit Descartes noch behaupten, es sei eine bloße Maschine für Nachahmungen? Dann werden die Kinder Sie auslachen und die Philosophen Ihnen erwidern: wenn dies eine Maschine sei, so seien Sie auch eine. Geben Sie jedoch zu, daß zwischen dem Tier und Ihnen ein Unterschied nur im organischen Bau besteht, so zeigen Sie Verstand und Vernunft, sind also auf dem richtigen Weg. Daraus muß man jedoch, im Gegensatz zu Ihnen, schlußfolgern, daß sich aus einer inaktiven Materie mit bestimmten Anlagen, sobald sie von einer anderen inaktiven Materie, von Wärme und Bewegung durchdrungen wird, alles gewinnen läßt: Empfindungsvermögen, Leben, Gedächtnis, Bewußtsein, Leidenschaften, Denken. Also bleibt Ihnen nichts anderes übrig, als sich für eine von zwei Auffassungen zu entscheiden: entweder sich vorzustellen, daß in der inaktiven Masse des Eies ein Element verborgen war, das die Entwicklung derselben abwartete, um sein Dasein zur Erscheinung zu bringen, oder anzunehmen, daß dieses unsichtbare Element zu einem bestimmten Zeitpunkt der Entwicklung heimlich durch die Schale eingedrungen ist. Was aber ist dieses Element? Nahm es Raum ein oder nicht? Woher kam es oder wie entwich es, ohne sich zu bewegen? Wo war es vorher? Was machte es dort oder anderswo? Wurde es im Moment des Bedürfnisses erst geschaffen? Existierte es schon vorher? Wartete es auf eine Wohnung? Wenn es homogen war, so war es materiell. Wenn es heterogen war, so begreift man weder seine Inaktivität vor der Entwicklung noch seine Wirksamkeit in dem entwickelten Tier. Hören Sie Ihre eigenen Worte, und Sie werden sich selbst bedauern; Sie werden einsehen, daß Sie auf den gesunden Menschenverstand deshalb verzichten, weil Sie eine einfache Voraussetzung, die alles erklärt, nämlich das Empfindungsvermögen als allgemeine Eigentümlichkeit der Materie oder als Produkt des organischen Baus, nicht anerkennen wollen. Und so stürzen Sie in einen Abgrund von Geheimnissen, Widersprüchen und Absurditäten.

D'Alembert: Eine Voraussetzung! Das möchten Sie gerne sagen. Doch wenn es sich dabei um eine dem Wesen nach mit der Materie unvereinbare Eigenschaft handelte?

Diderot: Woher wissen Sie, daß die Empfindlichkeit dem Wesen nach unvereinbar mit der Materie ist, obgleich Sie überhaupt kein Wesen kennen, weder das der Materie noch das der Empfindlichkeit? Verstehen Sie die Natur der Bewegung, ihr Dasein in einem

Körper und ihre Übertragung von einem Körper auf einen anderen etwa besser?

D'Alembert: Obgleich ich die Natur der Empfindlichkeit ebensowenig begreife wie die der Materie, sehe ich doch, daß die Empfindlichkeit eine einfache, einheitliche, unteilbare und mit einem teilbaren Subjekt oder Träger unvereinbare Eigenschaft ist.

Diderot: Metaphysisch-theologischer Schnickschnack! Wie? Sehen Sie denn nicht, daß alle Eigenschaften, alle wahrnehmbaren Gestalten, in welche die Materie gekleidet ist, dem Wesen nach unteilbar sind? Es gibt weder ein Mehr noch ein Weniger an Undurchdringlichkeit. Es gibt wohl die Hälfte eines runden Körpers, aber keine Halbrundung; es gibt wohl ein Mehr oder ein Weniger von Bewegung, aber keine Über- oder Unterbewegung; es gibt ebensowenig Halb-, Drittel- oder Viertelköpfe, -ohren und -finger wie Halb-, Drittel- oder Viertelgedanken. Wenn es im Weltall kein Molekül gibt, das einem anderen gleicht, und in einem Molekül keinen Punkt, der einem anderen gleicht, so müssen Sie zugeben, daß sogar das Atom mit einer Eigenschaft, mit einer unteilbaren Gestalt versehen ist. Ja, geben Sie zu, daß die Teilung unvereinbar mit der Wesenheit der Gestalten ist, weil sie diese zerstört. Seien Sie Physiker und erkennen Sie die Hervorbringung einer Wirkung an, sobald Sie diese hervorgebracht sehen, obwohl Sie den Zusammenhang zwischen Ursache und Wirkung nicht erklären können. Seien Sie Logiker und ersetzen Sie nicht eine Ursache, die da ist und alles erklärt, durch eine andere Ursache, die nicht zu begreifen und deren Zusammenhang mit der Wirkung noch weniger zu begreifen ist, die eine Unmenge von Schwierigkeiten hervorruft und keine von ihnen löst.

D'Alembert: Doch wenn ich Abstand von dieser Ursache nehme?

Diderot: Im Weltall, im Menschen, im Tier gibt es nicht mehr als eine Substanz. Die Zeisigflöte ist aus Holz, der Mensch ist aus Fleisch. Der Zeisig ist aus Fleisch, der Musiker ist aus einem Fleisch von anderem organischen Bau; aber beide haben den gleichen Ursprung, die gleiche Entstehung, die gleichen Funktionen und das gleiche Ende.

D'Alembert: Und wie wird bei Ihren zwei Klavieren die Übereinstimmung der Töne hergestellt?

Diderot: Da ein Lebewesen ein empfindliches Instrument ist und einem anderen völlig gleicht, wenn dieses den gleichen

Bau hat, mit den gleichen Saiten bezogen ist und durch Freude, Schmerz, Hunger, Durst, Krampf, Bewunderung und Schrecken in gleicher Weise bewegt wird, so ist es unmöglich, daß es am Pol andere Töne hervorbrächte als am Äquator. Deshalb können Sie feststellen, daß in allen toten und lebenden Sprachen die Interjektionen ungefähr gleich sind. Von dem Bedürfnis und von der Verwandtschaft muß man den Ursprung der üblichen Laute ableiten. Das empfindliche Instrument oder das Tier hat erfahren, daß beim Ausstoßen eines bestimmten Lautes eine bestimmte Wirkung außerhalb seiner selbst erfolgte, daß andere, ihm gleichende empfindliche Instrumente oder andere ähnliche Tiere sich näherten oder sich entfernten, etwas verlangten oder etwas anboten, es angriffen oder liebkosten, und diese Wirkungen haben sich in seinem Gedächtnis und im Gedächtnis der anderen mit der Bildung dieser Laute verbunden. Beachten Sie auch, daß es im Umgang der Menschen nur Geräusche und Handlungen gibt. Und um meinem System nun die volle Kraft zu geben: Beachten Sie schließlich, daß es derselben unüberwindlichen Schwierigkeit unterworfen ist, die Berkeley gegen die Existenz der Körper geltend gemacht hat. Es gab einen Augenblick des Wahns, in dem das empfindliche Klavier auf den Gedanken kam, es wäre das einzige Klavier, das es in der Welt gäbe, und die ganze Harmonie des Weltalls spiele sich in ihm ab.[10]

D'Alembert: Hierzu ist noch sehr viel zu sagen.

Diderot: Allerdings.

D'Alembert: So ist zum Beispiel nach Ihrem System nicht recht zu begreifen, wie wir Syllogismen bilden und wie wir Konsequenzen ziehen.

Diderot: Nicht wir ziehen sie. Sie werden alle von der Natur gezogen. Wir sagen nur zusammenhängende Erscheinungen aus, deren Zusammenhang entweder notwendig oder zufällig ist; Erscheinungen, die uns durch die Erfahrung bekannt sind: notwendig in der Mathematik, der Physik und anderen exakten Wissenschaften; kontingent in der Moral, der Politik und anderen auf Vermutungen aufgebauten Wissenschaften.

---

10 Berkeleys Idealismus wird von Diderot bekämpft; siehe dazu auch oben, S. 40 f. Hier macht er geltend, daß aus einer solchen idealistischen Perspektive sein Materialismus so wenig zu widerlegen ist wie der Idealismus selbst. Siehe zu dieser Bemerkung Kate Tunstall, »Eyes wide shut: Le Rêve de d'Alembert«, in J. Fowler (Hg.), *New Essays on Diderot*, Cambridge 2011, S. 141-157.

D'Alembert: Ist der Zusammenhang der Erscheinungen denn in dem einen Fall weniger notwendig als in dem anderen?

Diderot: Nein, aber die Ursache unterliegt so vielen besonderen und uns entgehenden Wandlungen, daß wir nicht unfehlbar auf die Wirkung rechnen können, die sich eigentlich aus ihr ergeben müßte. Die Gewißheit, die wir darüber haben, daß ein heftiger Mensch sich über eine Beleidigung aufregen wird, ist doch nicht die gleiche wie die Gewißheit, daß ein Körper, der einen kleineren anstößt, den letzteren in Bewegung setzt.

D'Alembert: Und die Analogie?

Diderot: Die Analogie ist auch in den kompliziertesten Fällen nur eine Dreisatzregel, die in dem empfindlichen Instrument vollzogen wird. Wenn auf eine bestimmte, uns bekannte Erscheinung in der Natur eine bestimmte andere, uns bekannte Erscheinung in der Natur folgt: wie wird dann die vierte Erscheinung sein, die auf eine dritte, entweder durch die Natur gegebene oder in Nachahmung der Natur erdachte Erscheinung folgt? Wenn die Lanze eines gewöhnlichen Kriegers sechs Fuß lang ist: wie lang wird dann die Lanze des Ajax sein? Wenn ich einen vierpfündigen Stein schleudern kann, müßte Diomedes einen Felsblock verrücken können. Die Schrittweiten der Götter und die Sprünge ihrer Pferde werden dem erdachten Verhältnis der Götter zum Menschen entsprechen. Von einer vierten harmonischen Saite, die drei anderen entspricht, erwartet das Tier die Resonanz, die immer in ihm selbst erfolgt, aber nicht immer in der Natur. Der Dichter kümmert sich wenig um dieses »nicht immer« und ist darum doch nicht weniger wahr. Anders ist es bei dem Philosophen. Er muß die Natur nachträglich befragen; denn wenn sie ihm – wie dies oft geschieht – eine Erscheinung bietet, die von der von ihm vermuteten Erscheinung völlig verschieden ist, so erkennt er daraus, daß die Analogie ihn irregeführt hat.

D'Alembert: Leben Sie wohl, mein Freund. Guten Abend und gute Nacht.

Diderot: Sie scherzen; aber auf Ihrem Ruhekissen werden Sie von diesem Gespräch träumen. Um so schlimmer für Sie, wenn es dabei keine Konsistenz bekommt; denn Sie werden dann genötigt sein, noch viel lächerlichere Hypothesen heranzuziehen.

D'Alembert: Sie täuschen sich. Als Skeptiker werde ich mich hinlegen, als Skeptiker werde ich aufstehen.

Diderot: Als Skeptiker! Ist man denn Skeptiker?

D'Alembert: Das ist allerhand! Wollen Sie etwa behaupten, ich sei kein Skeptiker? Und wer weiß das besser als ich?

Diderot: Einen Augenblick noch!

D'Alembert: Beeilen Sie sich, denn ich möchte früh schlafen gehen.

Diderot: Ich werde mich kurz fassen. Glauben Sie, daß es auch nur eine schon einmal diskutierte Frage gibt, bei der ein Mensch mit einem strengen, immer gleichbleibenden Vernunftmaßstab gleichzeitig dafür und dagegen sein kann?

D'Alembert: Nein, dies wäre Buridans Esel.[11]

Diderot: Trifft dies zu, dann gibt es keinen Skeptiker; denn mit Ausnahme der mathematischen Fragen, die nicht die geringste Ungewißheit zulassen, gibt es bei allen anderen Fragen ein Für und ein Wider. Die Waage ist also nie ausgeglichen, und es ist unmöglich, daß sie nicht nach der Seite neigt, auf der unserer Meinung nach die meiste Wahrscheinlichkeit ist.

D'Alembert: Aber vormittags sehe ich die Wahrscheinlichkeit zu meiner Rechten, und nachmittags ist sie zu meiner Linken.

Diderot: Das heißt, Sie sind vormittags dogmatisch dafür und nachmittags dogmatisch dagegen.

D'Alembert: Und abends, wenn ich mich dieses schnellen Wechsels meiner Urteile erinnere, glaube ich gar nichts mehr, weder das Vormittägliche noch das Nachmittägliche.

Diderot: Das heißt, Sie erinnern sich nicht mehr an das Übergewicht einer der beiden Anschauungen, zwischen denen Sie geschwankt haben. Ihnen erscheint dieses Übergewicht zu gering, um eine feste Meinung darauf zu begründen, und Sie ziehen es vor, sich nicht mehr mit so problematischen Themen zu beschäftigen, ihre Erörterung anderen zu überlassen und nicht weiter über sie zu disputieren.

D'Alembert: Möglich.

Diderot: Aber wenn irgend jemand Sie nun beiseite zöge, Ihnen freundlich auf den Zahn fühlte und Sie auf Ehre und Gewissen fragte, auf welcher der beiden Seiten Sie am wenigsten Schwierig-

---

11 Es geht um das dem Philosophen Johannes Buridan (14. Jahrhundert) zugeschriebene Gleichnis von einem Esel, der unschlüssig zwischen zwei gleich großen Heubündeln steht, weil er sich von jedem gleichmäßig angezogen fühlt. Dem Gleichnis zufolge wird er verhungern.

keiten finden: wären Sie dann wahrhaftig um eine Antwort verlegen? Würden Sie die Rolle von Buridans Esel spielen?

D'Alembert: Ich glaube – nein.

Diderot: Sehen Sie, lieber Freund, wenn Sie gründlich darüber nachdenken, so werden Sie finden, daß unsere wahre Meinung im Grunde nicht diejenige ist, in der wir niemals geschwankt haben, sondern diejenige, auf die wir am häufigsten zurückgekommen sind.

D'Alembert: Ich glaube, Sie haben recht.

Diderot: Ich auch. Guten Abend, mein Freund, und *memento quia pulvis es, et in pulverem reverteris.*[12]

D'Alembert: Das ist traurig.

Diderot: Aber notwendig. Gewähren Sie dem Menschen – ich sage nicht die Unsterblichkeit, sondern nur die doppelte Lebensdauer, und Sie werden sehen, was dabei herauskommt.

D'Alembert: Was soll dabei denn herauskommen? Doch was kümmert dies mich? Mag dabei herauskommen, was möglich ist. Ich will schlafen. Guten Abend.

II
D'Alemberts Traum

D'Alembert, Fräulein von l'Espinasse, der Arzt Bordeu

Bordeu: Nun, was gibt es Neues? Ist er krank?

Fräulein von l'Espinasse: Das fürchte ich. Er hat eine sehr unruhige Nacht hinter sich.

Bordeu: Ist er schon wach?

Fräulein von l'Espinasse: Noch nicht.

Bordeu (nachdem er zu d'Alemberts Bett gegangen ist und ihm den Puls und die Haut gefühlt hat): Es ist nichts Ernstes.

Fräulein von l'Espinasse: Meinen Sie?

Bordeu: Ich bürge dafür. Der Puls ist gut – nur etwas schwach – die Haut feucht – die Atmung leicht.

Fräulein von l'Espinasse: Bedarf er keiner Behandlung?

Bordeu: Durchaus nicht.

---

12 »Bedenke, daß du aus Staub bist und wieder zu Staub wirst.« Vgl. *Genesis* 3, 19.

Fräulein von l'Espinasse: Um so besser, denn er verabscheut Medikamente.

Bordeu: Ich auch. Was hat er gestern abend gegessen?

Fräulein von l'Espinasse: Er wollte nichts zu sich nehmen. Ich weiß nicht, wo er den Abend verbracht hat, aber er kam mit sorgenvoller Miene zurück.

Bordeu: Das ist ein leichter Fieberanfall, der keine Folgen haben wird.

Fräulein von l'Espinasse: Bei der Rückkehr zog er seinen Hausrock an, setzte die Nachtmütze auf und warf sich in einen Sessel, in dem er dann einschlief.

Bordeu: Schlaf ist überall gut; doch im Bett wäre unser Freund besser aufgehoben gewesen.

Fräulein von l'Espinasse: Er wurde böse auf Anton, als ihm dieser das gleiche sagte. Wir mußten ihm eine halbe Stunde lang zusetzen, um ihn ins Bett zu bringen.

Bordeu: So geht es mir jeden Tag, obgleich ich mich wohl fühle.

Fräulein von l'Espinasse: Als er endlich im Bett lag, ruhte er nicht wie gewöhnlich – er schläft sonst wie ein Kind –, sondern wälzte sich hin und her, streckte die Arme aus, schlug die Decke zurück und begann laut zu sprechen.

Bordeu: Was sagte er? Sprach er über Mathematik?

Fräulein von l'Espinasse: Nein; es sah ganz nach Fieberwahn aus. Anfangs war es ein wirres Gerede über schwingende Saiten und empfindliche Fasern. Mir erschien dies so verrückt, daß ich beschloß, ihn nachts nicht allein zu lassen. Da ich aber nicht wußte, was ich tun sollte, rückte ich einen kleinen Tisch ans Fußende seines Betts und fing an, alles aufzuschreiben, was ich von seinen Phantasien erfassen konnte.

Bordeu: Ein guter Einfall! Das sieht Ihnen ähnlich. Darf man es sehen?

Fräulein von l'Espinasse: Gern; aber ich will auf der Stelle sterben, wenn Sie aus irgend etwas klug werden.

Bordeu: Vielleicht doch.

Fräulein von l'Espinasse: Sind Sie bereit, Doktor?

Bordeu: Ja.

Fräulein von l'Espinasse: Hören Sie. »Ein lebender Punkt ... Nein, ich täusche mich. Zuerst nichts, dann ein lebender Punkt ... An diesen lebenden Punkt legt sich ein anderer an, dann noch einer, und durch diese aufeinanderfolgenden Anlagerungen entsteht ein Wesen, das *eines* ist, denn ich bin doch eines, daran kann ich nicht zweifeln ...« Während er dies sagte, betastete er sich überall. »Aber wie ist diese Einheit entstanden?« Ach, lieber Freund, sagte ich zu ihm, was kümmert Sie das? Schlafen Sie. – Er schwieg. Nach einer kurzen Pause fuhr er fort, als spräche er mit irgend jemand: »Hören Sie, Philosoph, ich sehe wohl ein Aggregat, ein Gewebe von empfindlichen kleinen Dingen ... aber ein Lebewesen! ... ein Ganzes, ein System, das *eines* ist, ein Selbst, welches das Bewußtsein seiner Einheit hat! das sehe ich nicht, nein, das nicht ...« Doktor, verstehen Sie dabei irgend etwas?

Bordeu: Alles – vortrefflich sogar.

Fräulein von l'Espinasse: Da können Sie von Glück reden ... »Meine Schwierigkeit kommt vielleicht von einer falschen Idee.«

Bordeu: Sagen *Sie* das?

Fräulein von l'Espinasse: Nein, der Träumende, jetzt fahre ich fort ... Eindringlich, als riefe er sich selbst an, fügte er hinzu: »Lieber Freund d'Alembert, geben Sie acht, Sie vermuten nur Kontiguität, wo doch Kontinuität besteht ... Ja, er ist so gewitzt, mir dies vorzuhalten ... Und die Entstehung dieser Kontinuität? Die wird ihn kaum in Verlegenheit bringen ... Wie ein Quecksilbertropfen in einem anderen Quecksilbertropfen aufgeht, so geht ein empfindliches, lebendes Molekül in einem anderen empfindlichen, lebenden Molekül auf ... Zuerst waren zwei Tropfen da, nach der Berührung ist nur noch einer da ... Vor der Assimilation waren zwei Moleküle da, nach der Assimilation ist nur noch eines da ... Der gemeinsamen Masse wird das Empfindungsvermögen gemeinsam ... Ja, warum nicht? ... Ich kann in Gedanken längs der tierischen Faser so viele Teile unterscheiden, wie ich will; doch bleibt die Faser kontinuierlich, zusammenhängend, *eine* ... ja, *eine* ... Die Berührung von zwei homogenen, völlig homogenen Molekülen bringt eben die Kontinuität zustande ... und dies ist der Fall der vollständigsten Vereinigung, Kohäsion, Verbindung und Identität, den man sich vorstellen kann ... Ja, Philosoph, falls diese Moleküle elementar und einfach sind; aber wenn es Aggregate, wenn es Zusammensetzungen sind? ... Die Verbindung wird trotzdem eintreten, folglich auch die Identität, die Kontinuität ... Und dann die gewöhnliche Wirkung und Rückwirkung ... Es steht fest, daß die Berührung von zwei lebenden Molekülen etwas ganz anderes ist als die Kontiguität, die Angrenzung von zwei inaktiven Massen ... Weiter, weiter! Vielleicht könnte man Ihnen mit Haarspaltereien zusetzen; aber damit gebe ich mich nicht ab; mir kommt es niemals darauf an, etwas auszusetzen ... Doch fahren wir fort. Ein Draht aus ganz reinem Gold – ja, ich erinnere mich, das ist der Vergleich, den er gezogen hat. Ein homogenes Geflecht, zwischen dessen Moleküle sich andere einschieben und vielleicht ein anderes homogenes Geflecht bilden; ein Gewebe aus empfindlicher Materie, eine Berührung, die assimiliert. Hier aktive Empfindlichkeit, dort inaktive, die sich wie die Bewegung überträgt; ganz abgesehen davon – wie er sehr gut bemerkt hat –, daß ein Unterschied zwischen der Berührung von zwei empfindlichen Molekülen und der Berührung von zwei unempfindlichen Molekülen bestehen muß ... Was für ein Unterschied könnte das sein? ... eine gewohnheitsmäßige Wirkung und Rückwirkung ... und diese Wirkung und Rückwirkung mit einem eigentümlichen Charakter ... Alles läuft also darauf hinaus, eine Art Einheit zu erzeugen, die nur in dem Lebewesen existiert ... Wahrhaftig, wenn dies auch nicht unbedingt Wahrheit ist, so kommt es ihr doch sehr nahe ...« Sie lachen, Doktor. Entdecken Sie darin überhaupt einen Sinn?

Bordeu: Sehr viel.

Fräulein von l'Espinasse: Also ist er nicht verrückt?

Bordeu: Durchaus nicht.

Fräulein von l'Espinasse: Nach dieser Präambel begann er zu rufen: »Fräulein von l'Espinasse! Fräulein von l'Espinasse!« – Was wünschen Sie? – »Haben Sie schon einmal ein Bienenvolk aus seinem Stock ausschwärmen sehen? ... Die Welt oder die allgemeine Masse der Materie ist der Bienenstock ... Haben Sie beobachtet, wie die Bienen am äußersten Ende eines Astes eine lange Traube von geflügelten Tierchen bilden, die alle mit den Füßen aneinanderhängen ... Diese Traube ist ein Wesen, ein Individuum, eine Art Tier ... Aber dann müßten solche Trauben sich doch alle gleichen ... Ja, wenn er dabei nur eine homogene Materie annähme ... Haben Sie sie beobachtet?« – Ja, ich habe sie beobachtet. – »Wirklich?« – Ja, lieber Freund, ich versichere es Ihnen doch. – »Wenn es nun einer dieser Bienen einfiele, die nächste Biene, an die sie sich gehängt hat, irgendwie zu kneifen: was würde dann Ihrer Meinung nach eintreten? Sagen Sie es doch.« – Ich habe keine Ahnung davon. – »Sagen Sie wenigstens ... Nun gut, Sie wissen es nicht; aber der Philosoph, der weiß es. Wenn Sie ihn einmal kennenlernen – und Sie werden ihn so oder so kennenlernen, denn das hat er mir versprochen –, dann wird er Ihnen erklären, daß diese Biene die folgende kneift, daß in der ganzen Traube so viele Empfindungen aufkommen, wie Tierchen da sind; daß das Ganze in Bewegung gerät und seine Lage und Gestalt ändert; daß ein Geräusch, ein leises Summen entsteht und daß derjenige, der noch nie beobachtet hat, wie eine solche Traube sich bildet, in die Versuchung kommen könnte, sie für ein Tier mit fünf- bis sechshundert Köpfen und tausend bis zwölfhundert Flügeln zu halten ...« Was sagen Sie nun, Doktor?

Bordeu: Nun, glauben Sie mir, dieser Traum ist großartig, und Sie haben gut daran getan, ihn aufzuschreiben.

Fräulein von l'Espinasse: Träumen Sie etwa auch?

Bordeu: So wenig, daß ich mich beinahe verpflichten möchte, Ihnen die Fortsetzung zu erzählen.

Fräulein von l'Espinasse: Ich bezweifle, ob Sie das können.

Bordeu: Sie bezweifeln es?

Fräulein von l'Espinasse: Ja.

Bordeu: Und wenn ich es fertigbringe?

Fräulein von l'Espinasse: Wenn Sie das fertigbringen, so verspreche ich Ihnen – ja, verspreche ich Ihnen, Sie für den größten Narren zu halten, den es in der Welt gibt.

Bordeu: Sehen Sie auf Ihre Aufzeichnungen und hören Sie mir zu: Der Mensch, der diese Traube für ein Tier hielte, würde sich täuschen. Doch ich nehme an, mein Fräulein, daß er noch mehr zu Ihnen sagte. Wollen Sie, daß er[13] vernünftiger urteilt? Wollen Sie die Bienentraube in ein einziges und einheitliches Tier verwandeln? Lösen Sie die Füße auf, an denen die Bienen sich festhalten, so machen Sie aus dem, was sich bisher nur berührt hat, etwas Zusammenhängendes. Zwischen diesem neuen Zustand der Traube und dem vorausgegangenen besteht sicher ein deutlicher Unterschied. Worin aber kann dieser Unterschied bestehen, wenn nicht darin, daß dies jetzt ein Ganzes ist, ein Tier, das eines ist, und daß es vorher nur eine Ansammlung von Tieren war? ... Alle unsere Organe ...

Fräulein von l'Espinasse: Oh, alle unsere Organe!

Bordeu: Für denjenigen, der die medizinische Wissenschaft ausgeübt und einige Beobachtungen gemacht hat ...

---

13 D. h. jener Mensch, der die Traube für ein Tier hält.

Fräulein von l'Espinasse: Wennschon!

Bordeu: Wieso? Für einen solchen Mann sind alle unsere Organe nur unterschiedliche »Lebewesen«, die das Kontinuitätsgesetz in allgemeiner Übereinstimmung, Einheit und Identität hält.

Fräulein von l'Espinasse: Ich bin verblüfft. Dies steht hier auch, fast Wort für Wort. Also kann ich jetzt vor aller Welt behaupten, es bestehe kein Unterschied zwischen einem wachenden Arzt und einem träumenden Philosophen.

Bordeu: Das war zu erwarten. Ist das alles?

Fräulein von l'Espinasse: Nicht doch; fehlgeschossen! Nach Ihren – nein, nach seinen Phantastereien sagte er zu mir: »Mein Fräulein?« – Ja, mein Freund. – »Kommen Sie näher ... noch näher ... Ich möchte Ihnen etwas vorschlagen.« – Was denn? – »Sehen Sie die Traube dort? Nehmen Sie jedenfalls an, sie sei da, wirklich und wahrhaftig da. Machen wir nun ein Experiment.« – Welches? – »Nehmen Sie Ihre Schere. Schneidet sie gut?« – Ausgezeichnet. – »Gehen Sie behutsam vor, ganz behutsam, und trennen Sie mir diese Bienen; aber geben Sie acht, daß Sie sie nicht in der Mitte des Körpers zerschneiden, sondern machen Sie den Schnitt genau an der Stelle, an der sie sich mit den Füßen assimiliert haben. Nur keine Angst, Sie werden sie zwar ein wenig verletzen, aber nicht töten ... Sehr gut, Sie sind geschickt wie eine Fee ... Sehen Sie, wie sie davonfliegen – jede nach ihrer Seite? Sie fliegen einzeln, zu zweien, zu dreien. Wie viele es sind! Wenn Sie mich gut verstanden haben – Sie haben mich doch verstanden?« – Durchaus. – »Nehmen Sie nun an ... nehmen Sie an ...« Wahrhaftig, Doktor, ich verstand sowenig von alldem, was ich aufschrieb; er sprach so leise, diese Stelle in meinem Manuskript ist so undeutlich, daß ich sie nicht lesen kann.

Bordeu: Ich werde nachhelfen, wenn Sie wollen.

Fräulein von l'Espinasse: Wenn Sie es können ...

Bordeu: Nichts ist leichter. Nehmen Sie an, diese Bienen wären so klein, so winzig, daß ihr organischer Bau immer der groben Schneide Ihrer Schere entginge: dann könnten Sie die Teilung doch beliebig weit treiben, ohne eine Biene zu töten, und dieses ganze Gebilde aus winzigen, mit dem bloßen Auge nicht wahrnehmbaren Bienen wäre eigentlich ein Polyp,[14] den Sie nur durch Zerquet-

---

14 Polypen werden in der *Encyclopédie* als eine »zoophytische«, d. h. zwischen Tieren und Pflanzen stehende Gattung bezeichnet. Der Artikel beschreibt außerdem die

schen vernichten könnten. Der Unterschied zwischen der Traube aus unmittelbar zusammenhängenden Bienen und der Traube aus einander berührenden Bienen ist genau der gleiche wie der Unterschied zwischen den gewöhnlichen Tieren, zum Beispiel uns, den Fischen usw., und Würmern, Schlangen und polypenartigen Tieren. Außerdem läßt diese ganze Theorie einige Modifikationen zu ... (Hier steht Fräulein von l'Espinasse plötzlich auf, geht zur Klingelschnur und zieht an ihr.) Leise, leise, Fräulein, Sie werden ihn aufwecken, und er hat Ruhe nötig.

Fräulein von l'Espinasse: Daran habe ich nicht gedacht. So verwirrt bin ich! (Zu dem eintretenden Diener:) Wer von euch hat den Doktor geholt?

Der Diener: Ich, gnädiges Fräulein.

Fräulein von l'Espinasse: Ist es lange her?

Der Diener: Ich bin vor knapp einer Stunde zurückgekommen.

Fräulein von l'Espinasse: Haben Sie nichts hingebracht?

Der Diener: Nein.

Fräulein von l'Espinasse: Kein Schriftstück?

Der Diener: Gewiß nicht.

Fräulein von l'Espinasse: Gut, Sie können gehen ... Ich werde nicht klug daraus. Sehen Sie, Doktor, ich hatte den Verdacht, daß Ihnen einer von ihnen mein Gekritzel überbracht habe.

Bordeu: Ich versichere Ihnen, daß es nicht so ist.

Fräulein von l'Espinasse: Jetzt, da ich Ihre Begabung kenne, werden Sie mir eine große Stütze in der Gesellschaft sein. Sein phantastischer Traum beschränkte sich nämlich nicht darauf.

Bordeu: Um so besser.

Fräulein von l'Espinasse: Also finden Sie nichts Fatales dabei?

Bordeu: Nicht im geringsten.

Fräulein von l'Espinasse: Er fuhr fort: »Nun gut, Philosoph, Sie stellen sich also allerlei Polypen vor, sogar menschliche Polypen ... Aber die Natur bietet uns keine.«

Bordeu: Er hatte eben keine Kenntnis von jenen zwei Mädchen, die am Kopf, an den Schultern, am Rücken, am Gesäß und an den Schenkeln zusammengewachsen waren, die in gegenseitiger Um-

---

neuesten Erkenntnisse über die Fortpflanzung bestimmter Polypen durch Knospung und Abschnürung. Wenn Diderot daraus entnommen hat, daß jeder abgetrennte Teil eines Polypen wieder ein Polyp sein kann, könnte er zum Schluß gekommen sein, daß ein solcher Polyp nur durch Zerquetschen zu vernichten ist.

klammerung bis zum Alter von zweiundzwanzig Jahren lebten und fast zu derselben Zeit starben, die eine wenige Minuten nach der anderen. Was hat er noch gesagt?

Fräulein von l'Espinasse: Verrücktes Zeug, wie man es nur in den Irrenhäusern zu hören bekommt. Er sagte: »Dies ist vorbei oder dies kommt noch. Übrigens, wer kennt den Zustand der Dinge auf den anderen Planeten?«

Bordeu: Vielleicht braucht man gar nicht so weit zu gehen.

Fräulein von l'Espinasse: »Auf dem Jupiter oder auf dem Saturn – menschliche Polypen! Männliche Wesen, die sich in männliche Wesen auflösen, und weibliche Wesen, die sich in weibliche Wesen auflösen – das ist spaßig ...« Dabei brach er in ein Gelächter aus, das mich erschreckte. »Daß der Mensch sich in unzählige Atommenschen auflöse, die man zwischen Papierbogen aufbewahren könnte – wie Eier von Insekten, die sich einspinnen, eine Zeitlang Puppen bleiben, dann ihre Hülle durchbrechen und als Schmetterlinge ausschlüpfen –, und daß aus den Überresten eines einzigen eine ganze Gesellschaft von Menschen gebildet, ein ganzes Reich von ihnen bevölkert werde: das ist eine durchaus erfreuliche Vorstellung ...« Hier wiederholte sich das schallende Gelächter. »Wenn der Mensch sich irgendwo in unzählige Menschlein auflöst, so hat man dort wohl weniger Abscheu vor dem Tod; denn der Verlust eines Menschen ist dort so leicht zu ersetzen, daß er wohl nur geringes Bedauern hervorruft.«

Bordeu: Diese närrische Annahme kommt der wirklichen Geschichte aller noch lebenden und aller künftigen Tierarten ziemlich nahe. Wenn sich der Mensch auch nicht in unzählige Menschlein auflöst, so löst er sich doch wenigstens in unzählige Tierchen auf, wobei es unmöglich ist, ihre Metamorphosen und ihren künftigen endgültigen Körperbau vorauszusehen. Wer weiß, ob dies nicht die Pflanzstätte einer zweiten Generation von Wesen ist, die von der jetzigen durch einen unbegreiflichen Zeitraum von Jahrhunderten und von mehreren Entwicklungsstufen getrennt ist?

Fräulein von l'Espinasse: Was murmeln Sie da vor sich hin, Doktor?

Bordeu: Nichts, gar nichts; ich habe eben meinerseits geträumt. Bitte, Fräulein, lesen Sie weiter.

Fräulein von l'Espinasse: »Bei reiflicher Überlegung ist mir freilich die Art und Weise, wie wir für Wiederbevölkerung sorgen, entschieden lieber«, fügte er hinzu. »Philosoph, Sie wissen doch, was dort oder anderswo geschieht; sagen Sie mir also, ob die Auflösung verschiedener Teile dort nicht Menschen von verschiedenem Charakter ergibt. Hirn, Herz, Brust, Füße, Hände, Genitalien ... Oh, wie vereinfacht dies doch die Moral! ... Ein geborener Mann, eine ehemalige Frau ...« Doktor, Sie erlauben mir doch, diese Stelle zu übergehen. – »Ein warmer Raum, ausgestattet mit kleinen Tüten, und auf jeder dieser Tüten eine Aufschrift: Krieger, Beamte, Philosophen, Dichter; Tüte für Höflinge, Tüte für lockere Mädchen, Tüte für Könige.«

Bordeu: Recht lustig und sehr verrückt! Da sieht man, was träumen heißt, und diese Vision bringt mich wieder auf einige ziemlich sonderbare Erscheinungen.

Fräulein von l'Espinasse: Dann murmelte er irgend etwas vor sich hin – ich weiß nicht was –, irgend etwas über Körner, über Fleischstückchen, die in Wasser aufgeweicht wurden, über verschiedene Tierarten, die er nacheinander entstehen und vergehen sah. Dabei ahmte er mit der rechten Hand das Rohr eines Mikroskops nach und mit der linken, glaube ich, die Öffnung eines Gefäßes. Er sah durch dieses Rohr in das Gefäß und sagte: »Voltaire mag darüber spotten, soviel er will, der Wurmseher[15] hat dennoch recht. Ich glaube dabei meinen Augen. Ich sehe sie. Wie viele es sind! Wie sie hin und her flitzen! Wie sie durcheinanderwimmeln!« Das Gefäß, in dem er so viele Generationen erblickte, deren Leben nur Augenblicke währte, verglich er mit dem Universum. Er sah in einem Wassertropfen die Geschichte der Welt. Diese Idee erschien ihm großartig; er meinte, sie entspräche durchaus der guten Philosophie, welche die großen Körper an den kleinen erforscht. Er sagte: »In dem Wassertropfen Needhams entsteht und vergeht alles in einem Augenblick. In der Welt dauert die gleiche Erscheinung etwas länger; aber was ist unsere Dauer im Vergleich zur Ewigkeit

---

15 Voltaire nannte in seinen 1765 veröffentlichten *Questions sur les miracles* den englischen römisch-katholischen Priester John Turberville Needham (1713-1781) spöttisch einen »anguillard« (Voltaire, *Œuvres complètes*, Paris: Garnier 1879, Bd. 25, S. 435). Voltaire hatte aus unter verschiedenen Pseudonymen verfaßten Briefen, Anmerkungen und Auszügen aus Needhams Schriften einen Briefwechsel über die Wunder verfaßt, in dem er sich auch mit Needhams vermeintlicher Entdeckung beschäftigte, daß aus Mehl spontan Würmer entstehen können. Für Needham sollte dies ein Indiz gegen die materialistische Hypothese sein, daß Leben nach physikalischen Gesetzen entstehen könne.

der Zeit? Weniger als der Wassertropfen, den ich mit der Spitze einer Nadel aufgenommen, im Vergleich zum grenzenlosen Raum, der mich umgibt. Eine unbestimmte Reihe von winzigen Lebewesen in dem Atom, das in Gärung ist, und ebenso eine unbestimmte Reihe von winzigen Lebewesen in dem anderen Atom, das man Erde nennt. Wer kennt die Tiergeschlechter, die uns vorausgegangen sind, und wer die Tiergeschlechter, die den unsrigen folgen werden? Alles verändert sich, alles vergeht, nur das All bleibt. Die Welt beginnt und endet unaufhörlich; sie ist in jedem Zeitpunkt an ihrem Anfang und an ihrem Ende; sie hat nie ein anderes Ende gehabt und wird nie ein anderes haben. In diesem unermeßlichen Urmeer der Materie gibt es kein Molekül, das einem anderen gliche, und kein Molekül, das sich auch nur einen Moment lang selber gliche. *Rerum novus nascitur ordo!*[16] So lautet die ewige Inschrift ...« Dann fügte er mit einem Seufzer hinzu: »Ach, wie nichtig sind unsere Gedanken, wie vergänglich unser Ruhm und wie armselig unsere ganze Arbeit, wie erbärmlich und beschränkt unsere Anschauungen! Es gibt nichts Solides außer Essen, Trinken, Leben, Lieben und Schlafen ... Fräulein l'Espinasse, wo sind Sie?« – Hier bin ich. – Da rötete sich sein Gesicht. Ich wollte ihm den Puls fühlen, aber er hatte die Hand versteckt – ich weiß nicht wo. Er schien einen Krampf zu haben. Sein Mund hatte sich halb geöffnet, sein Atem war beschleunigt; er stieß einen tiefen Seufzer aus und dann einen schwächeren, aber noch tieferen. Dann drehte er den Kopf auf dem Kissen um und schlief ein. Ich betrachtete ihn aufmerksam und war tief bewegt, ohne zu wissen warum; mein Herz klopfte heftig, aber nicht aus Angst. Nach einer Weile sah ich ein feines Lächeln um seine Lippen spielen. Er sagte ganz leise: »Auf einem Planeten, wo sich die Menschen nach der Art und Weise der Fische fortpflanzen würden, wo der Laich eines Mannes in Verbindung mit dem Laich einer Frau ... ja, da hätte ich wohl weniger Kummer ... Man darf nichts von dem verlieren, was noch seinen Nutzen haben kann. Fräulein von l'Espinasse, wenn man dies doch sammeln, es in einem Fläschchen aufbewahren und mor-

---

16 »Es entsteht eine neue Ordnung der Dinge«. Die lateinischen Worte spielen auf einen Vers aus Vergils vierter Ekloge an, in dem eine neue große Ordnung der Zeiten verkündet wird (»magnus ab integro saeculorum nascitur ordo«, V. 5). Was vermutlich auf Augustus gemünzt war, wurde seit der Spätantike als heidnische Ankündigung von Jesus Christus umgedeutet.

gen früh Needham senden könnte ...« Doktor! und das nennen Sie nicht Unvernunft?

Bordeu: In Ihrer Gegenwart gewiß.

Fräulein von l'Espinasse: Ob in meiner Gegenwart oder in meiner Abwesenheit, ist doch einerlei; Sie wissen nicht, was Sie reden. Ich hatte gehofft, der Rest der Nacht würde ruhig verlaufen.

Bordeu: So verhält es sich danach gewöhnlich.

Fräulein von l'Espinasse: Kein Gedanke! Gegen zwei Uhr morgens fing er wieder mit seinem Wassertropfen an, nannte ihn einen Mi-kro-

Bordeu: Mikrokosmos.

Fräulein von l'Espinasse: So lautet sein Ausdruck. Er bewunderte den Scharfsinn der Philosophen des Altertums. Er sagte oder ließ seinen Philosophen sagen, ich weiß nicht, wer von beiden es war: »Wenn Epikur damals, als er behauptete, die Erde enthielte die Keime zu allem und die tierische Gattung wäre das Produkt der Gärung, den Vorschlag gemacht hätte, ein Abbild von dem, was am Anfang der Zeit im großen geschehen war, im kleinen zu geben: was hätte man ihm dann wohl geantwortet? ... Sie aber haben dieses Abbild vor Augen und es lehrt Sie nichts? ... Wer weiß, ob die Gärung und ihre Produkte erschöpft sind? Wer weiß, in welchem Zeitpunkt der Aufeinanderfolge jener Tiergeschlechter wir uns jetzt befinden? Wer weiß, ob jener verkümmerte, nur vier Fuß große Zweifüßer, den man in der Nähe des Pols noch Mensch nennt, der diesen Namen aber bald verlieren würde, wenn er noch mehr verkümmerte, nicht das Abbild einer Art ist, die vergeht? Wer weiß, ob es bei allen Tierarten nicht ebenso ist? Wer weiß, ob nicht alles das Bestreben hat, sich in eine große, inaktive, unbewegliche Ablagerung zu verwandeln? Wer weiß, wie lange diese Inaktivität dauern wird? Wer weiß, welche neue Gattung später aus einer so großen Anhäufung von empfindlichen, lebenden Punkten wieder hervorgehen kann? Warum nicht ein einziges Tier? Was war der Elefant ursprünglich? Vielleicht ein riesiges Tier, so wie er uns jetzt erscheint, vielleicht nur ein Atom; denn beides ist gleich möglich; beides setzt nur die Bewegung und die verschiedenen Eigentümlichkeiten der Materie voraus ... Der Elefant, diese riesige Masse von organischem Bau, ein plötzliches Produkt der Gärung! Warum nicht? Der Unterschied zwischen diesem großen Vierfüßer und seiner Urmutter ist kleiner als der Unterschied zwischen dem Würmchen und dem Mehl-Molekül, das es hervorgebracht hat; aber das Würmchen ist nur ein Würmchen ... Das heißt, die Winzigkeit, die Ihnen seinen organischen Bau verbirgt, nimmt ihm das Wunderbare ... Das Wunder – das ist das Leben, das ist die Empfindlichkeit; doch dieses Wunder ist eigentlich kein Wunder mehr ... Da ich die inaktive Materie in den empfindlichen Zustand übergehen sah, darf mich nichts mehr in Erstaunen versetzen ... Wie unvergleichbar ist eine kleine Anzahl von Elementen, die in meiner hohlen Hand zur Gärung gebracht werden, doch mit jener riesigen Aufspeicherung von verschiedenen Elementen, die im Innern der Erde, auf ihrer Oberfläche, in der Tiefe des Meeres, im weiten Luftraum verstreut sind! ... Doch warum haben die Wirkungen aufgehört, obwohl die Ursachen noch bestehen? Warum sehen wir nicht mehr, wie der Stier sein Horn in die Erde bohrt, seine Füße gegen den Boden stemmt und sich anstrengt, seinen schweren Körper davon loszulösen? ... Lassen Sie die gegenwärtige Generation der noch lebenden Tiere vergehen; lassen Sie dann die große inaktive Ablagerung einige Millionen Jahrhunderte lang wirken. Vielleicht ist für die Erneuerung der Arten zehnmal mehr Zeit nötig, als für ihr Leben gegeben ist. Warten Sie ab und urteilen Sie nicht voreilig über die gewaltige Arbeit der Natur. Sie haben zwei große Erscheinungen, den Übergang aus dem Zustand der Inaktivität in den Zustand der Empfindlichkeit und die spontane Zeugung; das mag Ihnen genügen. Ziehen Sie daraus richtige Folgerungen und hüten Sie sich bei einer Ordnung der Dinge, bei der es weder groß noch klein, weder dauerhaft noch vergänglich im absoluten Sinne gibt, vor dem Trugschluß des Ephemeren ...« Doktor, was ist das – der Trugschluß des Ephemeren?

Bordeu: Das ist der Trugschluß eines vergänglichen Wesens, das an die Unsterblichkeit der Dinge glaubt.

Fräulein von l'Espinasse: Denken Sie an Fontenelle, der gesagt hat, nach dem Gedächtnis der Rose habe man nie einen Gärtner sterben sehen?

Bordeu: Richtig. Das ist witzig und tief zugleich.

Fräulein von l'Espinasse: Warum drücken sich Ihre Philosophen nicht mit solcher Anmut aus? Dann würden wir sie verstehen.

Bordeu: Offen gestanden – ich weiß nicht, ob dieser leichte Ton zu so schweren Themen paßt.

Fräulein von l'Espinasse: Was nennen Sie ein schweres Thema?

Bordeu: Nun, das allgemeine Empfindungsvermögen, die Entstehung des empfindenden Wesens, seine Einheit, der Ursprung der Tiere, ihre Lebensdauer und alle Fragen, die damit zusammenhängen.

Fräulein von l'Espinasse: Das nenne ich Verrücktheiten, von denen man träumen mag, wenn man schläft, aber mit denen ein Mensch von gesundem Verstand, sobald er wach ist, sich nie beschäftigen soll.

Bordeu: Und warum nicht, wenn ich fragen darf?

Fräulein von l'Espinasse: Weil manches dabei so klar ist, daß es überflüssig erscheint, den Grund dafür zu suchen, anderes so dunkel, daß man überhaupt nichts erkennen kann, und alles zusammen völlig nutzlos.

Bordeu: Glauben Sie, Fräulein, daß es gleichgültig ist, ob man eine höchste Intelligenz leugnet oder anerkennt?

Fräulein von l'Espinasse: Nein.

Bordeu: Glauben Sie, daß man sich über die höchste Intelligenz schlüssig werden kann, ohne zu wissen, woran man sich bei solchen Fragen wie der Ewigkeit der Materie und ihren Eigentümlichkeiten, der Unterscheidung der zwei Substanzen, der Natur des Menschen und der Erzeugung der Tiere halten soll?

Fräulein von l'Espinasse: Nein.

Bordeu: Also sind diese Fragen doch nicht so müßig, wie Sie meinten.

Fräulein von l'Espinasse: Aber was geht mich ihre Bedeutung an, wenn ich sie doch nicht klären kann?

Bordeu: Wie können Sie das wissen, wenn Sie sie nicht untersuchen? Aber darf ich fragen, welche Fragen Sie so klar finden, daß Ihnen die Untersuchung derselben überflüssig erscheint?

Fräulein von l'Espinasse: Nun, zum Beispiel die Fragen meiner Einheit, meines Ich. Wahrhaftig, mir scheint, daß man nicht so viele Worte zu verlieren braucht, um festzustellen, daß ich jedenfalls ich selbst bin, daß ich immer ich selbst gewesen bin und daß ich nie eine andere sein werde.

Bordeu: Zweifellos ist die Tatsache selbst klar, aber durchaus nicht der Grund der Tatsache, vor allem nicht nach der Hypothese derjenigen, die nur eine Substanz annehmen und die Entstehung des Menschen oder des Tiers überhaupt aus dem Zusammenkommen mehrerer empfindlicher Moleküle erklären. Jedes empfindliche Molekül hatte sein Ich vor dem Zusammenkommen. Doch wie hat es sein Ich verloren? Und wie ging aus allen diesen Verlusten das Bewußtsein des Ganzen hervor?

Fräulein von l'Espinasse: Mir scheint, die bloße, unmittelbare Berührung genügt schon. Das ist eine Erfahrung, die ich hundertmal gemacht habe ... Aber warten Sie einen Augenblick ... ich muß erst nachsehen, was hinter dem Vorhang dort geschieht ... er schläft ... Wenn ich meine Hand auf meinen Schenkel lege, fühle ich zuerst ganz deutlich, daß meine Hand nicht mein Schenkel ist; aber einige Zeit danach, sobald die Wärme in beiden gleich ist, unterscheide ich sie nicht mehr. Die Grenzen der zwei Körperteile gehen ineinander über, und es ist nur noch einer da.

Bordeu: Ja, bis man Sie in den einen oder den anderen sticht; dann tritt die Unterscheidung wieder ein. In Ihnen ist also irgend etwas, das erkennt, ob man Sie in die Hand oder in den Schenkel gestochen hat, und dieses Etwas ist nicht etwa Ihr Fuß, auch nicht Ihre verletzte Hand. Zwar leidet die Hand, aber etwas anderes weiß es und leidet dabei nicht.

Fräulein von l'Espinasse: Nun, ich glaube, das ist mein Kopf.

Bordeu: Ihr ganzer Kopf?

Fräulein von l'Espinasse: Nein. Warten Sie, Doktor, ich werde mich durch einen Vergleich verständlich machen. In Vergleichen besteht fast die ganze Vernunft der Frauen und der Dichter. Stellen Sie sich eine Spinne vor ...

D'Alembert: Wer ist da? Sind Sie es, Fräulein von l'Espinasse?

Fräulein von l'Espinasse: Still! Ruhig! ... (Die beiden schweigen eine Weile, dann sagt das Fräulein leise:) Ich glaube, er ist wieder eingeschlafen.

Bordeu: Nein, mir ist, als hörte ich etwas.

Fräulein von l'Espinasse: Sie haben recht. Ob er seinen Traum wohl fortsetzen wird?

Bordeu: Lauschen wir.

D'Alembert: Warum bin ich so? Weil ich so werden mußte ... Hier allerdings, aber anderswo? Am Pol, unter dem Äquator, auf dem Saturn? ... Wenn schon eine Entfernung von einigen tausend Meilen meine Art verändert: was wird dann ein Zwischenraum von einigen tausend Erddurchmessern bewirken? ... Und wenn alles ein allgemeiner Strom ist, wie ihn mir das Schauspiel des Universums überall zeigt: was werden dann hier und anderswo die Dauer und die Wandlung einiger Millionen Jahrhunderte nicht alles hervorbringen? Wer weiß, wie das empfindende und denkende Wesen auf dem Saturn ist? ... Aber gibt es auf dem Saturn überhaupt Empfinden und Denken? ... Warum nicht? ... Hat das empfindende und denkende Wesen auf dem Saturn vielleicht mehr Sinne als ich? ... Ach, wie unglücklich wäre dann der Saturnbewohner! ... Mehr Sinne, mehr Bedürfnisse.

Bordeu: Er hat recht. Die Organe schaffen die Bedürfnisse, und umgekehrt: die Bedürfnisse schaffen die Organe.

Fräulein von l'Espinasse: Doktor, phantasieren Sie auch?

Bordeu: Warum nicht? Ich sah aus zwei Stümpfen doch allmählich zwei Arme werden.

Fräulein von l'Espinasse: Sie lügen.

Bordeu: Richtig. Aber ich habe gesehen, wie dort, wo zwei Arme fehlten, zwei Schulterblätter allmählich länger wurden, sich zangenförmig bewegten und zwei Stümpfe bildeten.

Fräulein von l'Espinasse: Was für ein Wahnsinn!

Bordeu: Das ist Tatsache. Nehmen Sie an, es gebe eine lange Reihe von Geschlechtern ohne Arme, und nehmen Sie gleichzeitig beständige Anstrengungen an: dann können Sie beobachten, wie die zwei Seiten dieser Zange sich ausdehnen, immer weiter ausdehnen, sich auf dem Rücken kreuzen und wieder nach vorn kommen, wie sie sich an ihren äußersten Enden vielleicht fingerförmig ausbreiten und schließlich wieder Arme und Hände bilden. Die ursprüngliche Gestaltung verschlechtert oder verbessert sich, je nach der Notwendigkeit und den gewohnheitsmäßigen Funktionen. Wir gehen so wenig, arbeiten so wenig und denken so viel, daß ich nicht daran zweifle, daß der Mensch schließlich nur noch Kopf sein wird.

Fräulein von l'Espinasse: Kopf! Nur noch Kopf! Das ist sehr wenig. Ich hoffe, daß das tolle Liebesspiel ... Ach, Sie bringen mich auf höchst lächerliche Ideen.

Bordeu: Still!

D'Alembert: Ich bin nur deshalb so, weil ich so werden mußte. Verändern Sie das Ganze, so verändern Sie notwendig auch mich; aber das Ganze verändert sich ja unaufhörlich ... Der Mensch ist nur ein *gewöhnlicher* Effekt, das Ungeheuer nur ein *außergewöhnlicher;* beide sind gleich natürlich, gleich notwendig, beide auf gleiche Weise in die allgemeine Weltordnung hineingestellt ... Was ist dabei erstaunlich? Alle Wesen gehen im Kreislauf ineinander über, also auch alle Arten ... alles ist in unaufhörlichem Fluß ... Jedes Tier ist mehr oder weniger Mensch, jedes Mineral mehr oder weniger Pflanze, jede Pflanze mehr oder weniger Tier. In der Natur gibt es nichts Endgültiges ... Das Band des Paters Castel[17] ... Ja, Pater Castel, das ist gewissermaßen Ihr Band, sonst nichts. Jedes Ding ist mehr oder weniger ein beliebiges Ding, mehr oder weniger Erde, mehr oder weniger Wasser, mehr oder weniger Luft, mehr oder weniger Feuer, gehört also mehr oder weniger zu diesem Reich oder zu jenem – also ist kein Ding seiner Wesenheit nach ein eigentümliches Wesen ... Nein, zweifellos nicht, denn es gibt keine Eigenschaft, an der irgendein Wesen *nicht* teilhätte, und nur der verhältnismäßig mehr oder weniger hohe Grad einer Eigenschaft veranlaßt uns, sie einem Wesen ausschließlich zuzuschreiben ... Und ihr sprecht von Individuen, ihr armseligen Philosophen! Hört auf mit euren Individuen, antwortet mir: Gibt es in der Natur ein Atom, das einem anderen Atom genau gleicht? ... Nein ... Gebt ihr nicht zu, daß in der Natur alles zusammenhängt und daß es in der Kette keine Lücke geben kann? Was meint ihr also mit euren Individuen? Es gibt keine, nein, es gibt keine ... Es gibt nur ein großes Individuum, nämlich das Ganze. Zwar gibt es in diesem Ganzen – wie in einer Maschine, wie in irgendeinem Tier – einen Teil, den ihr so oder so bezeichnen werdet; doch wenn ihr diesen Teil des Ganzen als Individuum bezeichnet, so geschieht dies auf Grund einer Auffassung, die ebenso falsch ist, als ob ihr bei einem Vogel den Flügel oder eine Feder dieses Flügels als Individuum bezeichnen wolltet ... Und ihr sprecht von Wesenheiten, ihr armseligen Philosophen! Hört auf mit euren Wesenheiten! Betrachtet die allgemeine Masse! Oder wenn euer Vorstellungsvermögen zu beschränkt ist, um sie zu fassen, so betrachtet euren Uranfang und euer endgültiges Ende ... O Archytas, der du die Erdkugel gemessen hast, was bist du nun? Ein Häufchen Asche ... Was ist ein Wesen? ... Die Summe einer gewissen Anzahl von Tendenzen ... Kann ich denn etwas anderes sein als eine Tendenz? ... Nein, ich gehe doch einem Ende entgegen ... Und die Arten? ... Die Arten

---

17 Die Anspielung bezieht sich auf eine Idee des Jesuitenpaters Louis Bertrand Castel (1688-1757), der sich ein »Farbenklavier« für Taube ausgedacht hatte. Jeder auf der Klaviatur angeschlagene Ton sollte auf einem Band durch einen entsprechenden Farbton wiedergegeben werden. Diderot erwähnt es auch in seiner *Lettre sur les sourds et muets*.

sind nichts anderes als Tendenzen zu einem gemeinsamen, ihnen eigentümlichen Ende ... Und das Leben? ... Das Leben ist eine Reihe von Wirkungen und Rückwirkungen ... Solange ich lebe, übe ich Wirkungen und Rückwirkungen als Masse aus. Bin ich gestorben, so übe ich Wirkungen und Rückwirkungen in Molekülen aus ... Also sterbe ich nicht? ... Nein, zweifellos nicht in jenem Sinn, weder ich noch etwas anderes, was es auch sei ... Entstehen, leben und vergehen heißt die Gestalt wechseln ... Was aber bedeutet diese oder jene Gestalt? Jede Gestalt birgt das ihr eigene Glück und Unglück. Vom Elefanten bis zur Blattlaus ... von der Blattlaus bis zum empfindlichen, lebenden Molekül, dem Ursprung von allem, gibt es in der ganzen Natur keine Stelle, die nicht leidet oder genießt.

Fräulein von l'Espinasse: Er spricht nicht mehr.

Bordeu: Nein. Er hat einen großartigen Gedankenflug gemacht. Das ist sehr hohe Philosophie. Obgleich sie in diesem Augenblick erst ein Schema ist, glaube ich doch, daß ihre Wahrheit sich um so mehr erweisen wird, je weiter die menschlichen Erkenntnisse fortschreiten werden.

Fräulein von l'Espinasse: Und wir, wo sind wir stehengeblieben?

Bordeu: Wahrhaftig, ich erinnere mich dessen nicht mehr! Er hat mir so viele Erscheinungen in Erinnerung gerufen, während ich ihm zuhörte.

Fräulein von l'Espinasse: Warten Sie ... ich war gerade bei meiner Spinne ...

Bordeu: Ja, richtig.

Fräulein von l'Espinasse: Kommen Sie näher, Doktor. Stellen Sie sich eine Spinne im Mittelpunkt ihres Netzes vor. Bewegen Sie einen Faden, so sehen Sie das flinke Tier sofort herbeieilen. Und wenn die Fäden, die das Insekt aus seinem Innern spinnt und wieder einzieht, sobald es ihm beliebt, nun einen empfindlichen Teil desselben darstellten? ...

Bordeu: Ich verstehe Sie. Sie stellen sich in Ihrem Innern irgendwo, in einem verborgenen Winkel Ihres Kopfes, zum Beispiel in der sogenannten Hirnhaut, eine oder mehrere Stellen vor, mit denen alle längs der Fäden hervorgerufenen Empfindungen in Beziehung stehen.

Fräulein von l'Espinasse: Stimmt!

Bordeu: Sie könnten keine Idee haben, die richtiger wäre; aber sehen Sie nicht ein, daß es sich damit fast genauso verhält wie mit einer gewissen Bienentraube?

Fräulein von l'Espinasse: Ach, das ist wahr. Unwillkürlich habe ich den Nagel auf den Kopf getroffen.

Bordeu: Genau auf den Kopf, wie Sie gleich sehen werden. Wer den Menschen nur in der Gestalt kennt, die er uns bei der Geburt zeigt, hat nicht die geringste Idee von ihm. Sein Kopf, seine Füße, seine Hände, alle seine Glieder, alle seine Eingeweide, alle seine Organe, seine Nase, seine Augen, seine Ohren, sein Herz, seine Lunge, sein Darm, seine Muskeln, seine Knochen, seine Nerven, seine Häute sind eigentlich nur erste Ansätze zu einem Geflecht, das sich bildet, sich vergrößert, sich ausdehnt und eine Menge unsichtbarer Fäden entwickelt.

Fräulein von l'Espinasse: Da haben wir mein Netz! Und der Ausgangspunkt aller dieser Fäden ist meine Spinne.

Bordeu: Ausgezeichnet!

Fräulein von l'Espinasse: Wo aber sind die Fäden? Und wo sitzt die Spinne?

Bordeu: Die Fäden sind überall. An der Oberfläche Ihres Körpers gibt es keinen Punkt, zu dem sie nicht führen, und die Spinne ist untergebracht in einem Teil Ihres Kopfes, den ich Ihnen schon genannt habe, in der Hirnhaut, die man wohl nicht berühren kann, ohne die ganze Maschine lahmzulegen.

Fräulein von l'Espinasse: Aber sobald ein Stäubchen einen Faden des Spinnengewebes ins Schwanken bringt, erschrickt die Spinne; sie wird unruhig, läuft davon oder eilt herbei. Im Mittelpunkt wird sie unterrichtet über alles, was an irgendeiner beliebigen Stelle der großen Wohnung geschieht, die sie eingerichtet hat. Warum weiß ich nicht, was in meiner Wohnung – oder der Welt – geschieht, obwohl ich ein Bündel von empfindlichen Punkten bin, obwohl alles mich beeindruckt und ich alles beeindrucke?

Bordeu: Nun, weil die Eindrücke im Verhältnis der Entfernung von ihrem Ausgangspunkt schwächer werden.

Fräulein von l'Espinasse: Wenn jemand dem Ende eines langen Balkens einen ganz leichten Schlag versetzt, höre ich diesen Schlag, sobald ich mein Ohr an das andere Ende des Balkens lege. Würde dieser Balken mit einem Ende die Erde und mit dem anderen den Sirius berühren, so müßte die gleiche Wirkung hervorgebracht werden. Warum höre ich, obwohl alles zusammenhängt und aneinandergrenzt, also der Balken gewissermaßen existiert und etwas Reales ist, doch nicht, was in dem grenzenlosen, mich umgebenden Raum geschieht, zumal wenn ich darauf lausche?

Bordeu: Wer hat Ihnen denn gesagt, daß Sie es nicht mehr oder weniger hören? Aber die Entfernung ist so groß, der Eindruck ist so schwach und wurde unterwegs so oft gebrochen; Sie sind von so lauten und verschiedenartigen Geräuschen umgeben und benommen; das heißt, es befinden sich zwischen dem Saturn und Ihnen nur Körper, die sich berühren, und statt dessen wäre doch Kontinuität notwendig.

Fräulein von l'Espinasse: Das ist sehr schade.

Bordeu: Allerdings; sonst wären Sie Gott. Auf Grund Ihrer Identität mit allem Seienden in der Natur wüßten Sie alles, was geschieht, und wegen Ihres Gedächtnisses wüßten Sie alles, was geschehen ist.

Fräulein von l'Espinasse: Und auch, was geschehen wird?

Bordeu: Sie würden über die Zukunft Vermutungen anstellen, die der Wahrscheinlichkeit entsprächen, aber dem Irrtum unterworfen wären. Es wäre genauso, als wenn Sie erraten wollten, was in Ihrem Innern, in Ihrer Fußspitze oder am äußersten Ende Ihres Fußes oder Ihrer Hand eintreten wird.

Fräulein von l'Espinasse: Und wer hat Ihnen gesagt, daß diese Welt früher nicht auch ihre Hirnhaut hatte oder daß jetzt in irgendeinem verborgenen Winkel des Raums eine große oder kleine Spinne sitzt, deren Fäden sich überallhin erstrecken?

Bordeu: Niemand; geschweige denn, ob es eine solche Spinne überhaupt gegeben hat oder geben wird.

Fräulein von l'Espinasse: Wie? Könnte ein derartiger Gott …

Bordeu: Der einzige, der denkbar ist …

Fräulein von l'Espinasse: … einmal dagewesen sein oder noch kommen und wieder vergehen?

Bordeu: Zweifellos. Da er aber Materie im Weltall wäre, so wäre er ein Teil des Weltalls, also allen seinen Wandlungen unterworfen, und müßte daher altern und sterben.

Fräulein von l'Espinasse: Dabei kommt mir noch eine tolle Idee!

Bordeu: Ich erlasse es Ihnen, sie auszusprechen; ich kenne sie.

Fräulein von l'Espinasse: So? Worin besteht sie?

Bordeu: Sie sehen die Intelligenz mit besonders wirksamen Teilen der Materie verbunden – und damit die Möglichkeit zu allen erdenklichen Wundern. Diesen Gedanken haben andere auch gehabt.

Fräulein von l'Espinasse: Sie haben mich durchschaut, aber deshalb schätze ich Sie nicht höher. Sie müssen einen wunderlichen Hang zur Verrücktheit haben.

Bordeu: Zugegeben. Doch was ist an dieser Idee so schrecklich? Sie würde eine Epidemie der guten und bösen Geister bedeuten; die konstantesten Naturgesetze wären von natürlichen Agentien durchbrochen; unsere allgemeine Physik würde dadurch schwieriger werden, aber es gäbe keineswegs Wunder.

Fräulein von l'Espinasse: Wahrhaftig, man muß sehr vorsichtig sein, wenn man etwas behauptet oder abstreitet.

Bordeu: Sagen Sie ruhig: wer Ihnen eine derartige Erscheinung schildern würde, hätte Ähnlichkeit mit einem großen Lügner. Aber lassen wir nun alle diese imaginären Wesen sein, auch Ihre Spinne mit den unendlichen Gespinsten. Kommen wir wieder zu Ihrem Netz und seiner Entstehung.

Fräulein von l'Espinasse: Einverstanden.

D'Alembert: Fräulein, Sie haben Besuch. Wer plaudert da mit Ihnen?

Fräulein von l'Espinasse: Es ist der Doktor.

D'Alembert: Guten Tag, Doktor. Was machen Sie hier am frühen Morgen?

Bordeu: Das werden Sie schon erfahren. Schlafen Sie noch.

D'Alembert: Wahrhaftig, ich habe es nötig. Ich glaube, ich habe noch nie eine so unruhige Nacht verbracht. Sie gehen doch nicht, bevor ich aufgestanden bin?

Bordeu: Nein. Ich wette, Fräulein, Sie haben geglaubt, Sie hätten im Alter von zwölf Jahren die Hälfte und im Alter von vier Jahren ein Viertel Ihrer jetzigen Größe gehabt, seien als Fötus ganz klein und in den Geschlechtsteilen Ihrer Mutter verschwindend klein gewesen. Sie haben auch angenommen, Sie seien immer eine Frau in der Gestalt gewesen, die Sie heute haben, und so hätte allein das allmähliche Wachstum den ganzen Unterschied zwischen Ihrem ursprünglichen Zustand und Ihrem gegenwärtigen Zustand herbeigeführt.

Fräulein von l'Espinasse: Zugegeben.

Bordeu: Nichts ist jedoch so falsch wie diese Idee. Zuerst waren Sie nichts. Sie waren anfangs nur ein unsichtbarer Punkt, entstanden aus kleinsten Molekülen, die im Blut, in der Lymphe Ihres Vaters oder Ihrer Mutter verstreut waren; doch dieser Punkt wurde zu einem feinen Faden und dann zu einem Fadenbündel. Noch keine Spur von der anmutigen Gestalt, die Sie jetzt haben; Ihre Augen, diese schönen Augen, sahen irgendwelchen Augen ebensowenig ähnlich wie die Spitze einer Anemonenzwiebel etwa einer Anemone. Jede einzelne Keimfaser[18] des Fadenbündels verwandelt sich nun durch bloße Ernährung und durch seinen Aufbau[19] in ein besonderes Organ: abgesehen von den Organen, die die Keimfasern des Bündels hervorbringen, indem sie sich zu solchen umgestalten, ist das Bündel bloß ein empfindliches System. Wenn es in dieser Form bestehenbliebe, so wäre es empfänglich für alle Eindrücke, die sich auf das bloße Empfindungsvermögen beziehen, wie Kälte, Wärme, Süßes, Herbes. Diese aufeinanderfolgenden Eindrücke, alle verschiedenartig und auch verschieden an Intensität, würden in dem Bündel vielleicht das Gedächtnis, das Selbstbewußtsein und eine sehr beschränkte Vernunft erzeugen. Aber dieses bloße, einfache Empfindungsvermögen, dieser Gefühlssinn,[20] entwickelt sich in den Organen, die aus den einzelnen Keimfasern hervorgehen, sehr verschieden. Eine Keimfaser, die ein Ohr bildet, erzeugt eine Art Gefühlssinn – nämlich den Sinn für das, was wir Geräusch oder Laut nennen; eine andere, die den Gaumen bildet, erzeugt eine zweite Art Gefühlssinn – nämlich den Sinn für das, was wir Geschmack nennen; eine dritte, welche die Nase bildet und sie einrichtet, erzeugt eine dritte Art Gefühlssinn – nämlich den Sinn für das, was wir Geruch nennen; eine vierte, die ein Auge bildet, erzeugt eine vierte Art Gefühlssinn – nämlich den Sinn für das, was wir Farbe nennen.

Fräulein von l'Espinasse: Aber wenn ich Sie recht verstanden habe, sind diejenigen, die die Möglichkeit eines sechsten Sinnes,[21] eines veritablen Zwitters, leugnen, doch leichtfertig. Wer hat ihnen

---

18 Das Wort »brin«, das mehrere Bedeutungen – »Fäserchen«, »Sproß« usw. – hat, wurde hier mit »Keimfaser« übersetzt, weil darin der Begriff des »Organkeims« andeutungsweise enthalten ist (Anm. von Th. Lücke).
19 Im Original: »conformation«. Vermutlich ein Merkmal des Prozesses selbst, das aus der Materie selbst hervorgeht.
20 Im Original: »toucher«, also Tastsinn. Da hier aber eine allgemeine Empfindlichkeit gemeint zu sein scheint, ist die neutrale Übersetzung »Gefühlssinn« besser.
21 Gemeint ist eine zusätzliche Keimfaser, die zur Bildung des Zwitters führt.

denn gesagt, daß die Natur keineswegs ein Bündel mit einer eigenartigen Keimfaser bilden könnte, die dann ein uns unbekanntes Organ hervorbringen würde?

Bordeu: Oder ein Bündel mit den zwei Keimfasern, die bezeichnend für die zwei Geschlechter sind. Sie haben recht; es ist ein Vergnügen, mit Ihnen zu plaudern. Sie begreifen nicht nur, was man Ihnen sagt, Sie ziehen daraus auch Folgerungen mit einer Richtigkeit, die mich verblüfft.

Fräulein von l'Espinasse: Sie wollen mich wohl ermutigen, Doktor?

Bordeu: Nein, wahrhaftig, ich sage Ihnen nur, was ich denke.

Fräulein von l'Espinasse: Ich verstehe wohl den Zweck einiger Keimfasern des Bündels; aber was wird aus den anderen?

Bordeu: Und Sie glauben, daß eine andere Frau auch auf diese Frage gekommen wäre?

Fräulein von l'Espinasse: Sicher.

Bordeu: Eitel sind Sie wirklich nicht. Die übrigen Keimfasern bilden so viele andere Arten des Gefühlssinnes, wie Unterschiede zwischen den Organen und den Körperteilen bestehen.

Fräulein von l'Espinasse: Und wie nennt man sie? Ich habe noch nie von ihnen gehört.

Bordeu: Sie haben keinen Namen.

Fräulein von l'Espinasse: Warum nicht?

Bordeu: Weil zwischen den durch ihre Vermittlung erregten Empfindungen nicht so große Unterschiede bestehen wie zwischen den durch die Vermittlung der anderen Organe erregten Empfindungen.

Fräulein von l'Espinasse: Nehmen Sie im Ernst an, daß der Fuß, die Hand, die Schenkel, der Leib, der Magen, die Brust, die Lunge, das Herz ihre besonderen Empfindungen haben?

Bordeu: Ja, ich nehme dies an. Wenn ich den Mut dazu hätte, würde ich Sie fragen, ob unter den Empfindungen, die man nicht nennt ...

Fräulein von l'Espinasse: Ich verstehe. Nein, diese Empfindung ist ganz einzigartig, und das ist schade! Aber welchen Grund haben Sie für die Vielfältigkeit jener eher peinlichen als angenehmen Empfindungen, mit denen Sie uns beglücken wollen?

Bordeu: Der Grund dafür? Nun, wir unterscheiden sie doch größtenteils. Wenn diese unendliche Verschiedenartigkeit des

Gefühlssinnes nicht vorhanden wäre, wüßte man wohl, daß man Lust oder Schmerz empfindet, nicht aber, worauf man sie beziehen muß. Man müßte die Anschauung zu Hilfe nehmen. Es wäre nicht mehr eine Sache der Empfindung, sondern eine Sache der Erfahrung und der Beobachtung.

Fräulein von l'Espinasse: Wenn ich sagte, daß mir der Finger weh tut, und wenn man mich fragte, warum ich behaupte, es sei der Finger, der mir weh tut, so müßte ich antworten, daß ich dies nicht unmittelbar fühle, sondern daß ich Schmerz empfinde und zugleich sehe, daß mein Finger krank ist.

Bordeu: So ist es. Kommen Sie, ich muß Ihnen dafür einen Kuß geben!

Fräulein von l'Espinasse: Mit dem größten Vergnügen.

D'Alembert: Doktor, Sie küssen das Fräulein? Ihnen geht's ja gut!

Bordeu: Ich habe viel darüber nachgedacht, und mir schien, daß Ausgangspunkt und Fortpflanzung der Erschütterung allein nicht für eine so schnelle Urteilsbildung im Ursprung des Geflechts genügen würden.

Fräulein von l'Espinasse: Davon verstehe ich nichts.

Bordeu: Trotzdem gefällt mir Ihr Zweifel. Es kommt doch so häufig vor, daß wir natürliche Eigenschaften für erworbene Gewohnheiten halten, die fast so alt sind wie wir selbst.

Fräulein von l'Espinasse: Und umgekehrt.

Bordeu: Wie dem auch sei – Sie sehen, daß man bei einer Streitfrage, bei der es sich um die erste Entwicklungsstufe des Lebewesens handelt, den kürzeren zieht, wenn man seinen Blick und seine Reflexionen auf das entwickelte Lebewesen richtet. Man muß bis zu seinen ersten Ansätzen zurückgehen. Es ist also ratsam, vom gegenwärtigen organischen Bau abzusehen und sich in einen Zeitpunkt zurückzuversetzen, in dem man nur eine weiche, faserige, formlose, wurmähnliche Substanz war, die eher der Knolle und Wurzel einer Pflanze glich als einem Tier.

Fräulein von l'Espinasse: Wenn es Sitte wäre, splitterfasernackt durch die Straßen zu laufen, so wäre ich weder die erste noch die letzte, die sich dieser Sitte fügen würde. Machen Sie aus mir, was Sie wollen, wenn ich dabei nur etwas lerne. Sie haben mir gesagt, jede Keimfaser des Bündels bilde ein besonderes Organ. Welchen Beweis haben Sie dafür, daß es wirklich so ist?

Bordeu: Machen Sie in Gedanken das, was die Natur zuweilen macht; verstümmeln Sie das Bündel, nehmen Sie ihm eine seiner Keimfasern, zum Beispiel diejenige, die Augen bilden soll. Was glauben Sie, was dann geschieht?

Fräulein von l'Espinasse: Das Lebewesen wird vielleicht keine Augen haben.

Bordeu: Oder nur ein Auge in der Mitte der Stirn.

Fräulein von l'Espinasse: Dann ist es ein Kyklop.

Bordeu: Ja, ein Kyklop.

Fräulein von l'Espinasse: Also könnte der Kyklop recht gut kein Fabelwesen sein.

Bordeu: So gut, daß ich Ihnen einen zeigen werde, wenn Sie wollen.[22]

Fräulein von l'Espinasse: Wer aber kennt die Ursache dieser Abweichung?

Bordeu: Derjenige, der diese Mißbildung seziert hat und dabei nur einen Sehstrang fand. Machen Sie in Gedanken das, was die Natur zuweilen macht. Beseitigen Sie eine andere Keimfaser des Bündels, die Keimfaser, die die Nase bilden soll, so wird das Lebewesen keine Nase haben. Beseitigen Sie die Keimfaser, die das Ohr bilden soll, dann wird das Lebewesen keine Ohren oder nur ein Ohr haben, und der Anatom wird bei der Sezierung weder Geruchsstrang noch Gehörstrang finden, oder nur eins von beidem. Beseitigen Sie noch mehr Keimfasern, so wird das Tier keinen Kopf, keine Füße, keine Hände haben. Seine Lebensdauer wird kurz sein, aber es wird eine Zeitlang leben.

Fräulein von l'Espinasse: Gibt es Beispiele dafür?

Bordeu: Sicher. Aber das ist nicht alles. Verdoppeln Sie einige Keimfasern des Bündels, dann wird das Lebewesen zwei Köpfe, vier Augen, vier Ohren, drei Genitalien, drei Füße, vier Arme, sechs Finger an jeder Hand haben. Bringen Sie die Keimfasern aus ihrer natürlichen Lage, so werden die Organe eine verkehrte Lage haben: der Kopf wird in der Mitte der Brust liegen, die zwei Lungenflügel werden links und das Herz rechts sein. Kleben Sie zwei Keimfasern zusammen, so werden die Organe ineinander überge-

---

22 Buffon berichtet in seiner *Histoire naturelle* (Bd. 33 = Supp. IV, S. 580 f.) von einem 1766 geborenen Kind mit nur einem Auge in der Mitte der Stirn. Er zeigt dort auch eine Tafel, die nach einem Wachsabguß des nach nur wenigen Stunden gestorbenen Kindes angefertigt wurde. Der *Mercure de France* habe über dieses Kind berichtet; so könnte Diderot davon erfahren haben.

hen; die Arme werden am Körper angewachsen oder die Schenkel, die Beine und die Füße zusammengewachsen sein. Ja, Sie werden alle erdenklichen Mißbildungen bekommen.

Fräulein von l'Espinasse: Aber eine so komplizierte Maschine wie ein Lebewesen, ein Gebilde, das aus einem Pünktchen, aus einer gärenden Flüssigkeit, vielleicht auch aus zwei zufällig vermischten Flüssigkeiten entsteht – denn man weiß dabei kaum, was man tut; ein Gebilde, das über unendlich viele Entwicklungsstufen bis zu seiner Vollendung gelangt; ein Gebilde, dessen regelmäßige oder unregelmäßige Gestalt abhängt von einem Knäuel dünner, feiner und geschmeidiger Fäden, von einer Art Strang, in dem die kleinste Keimfaser weder geknickt noch zerrissen, noch verschoben sein, noch fehlen darf, wenn keine schlimmen Folgen für das Ganze eintreten sollen: ein derartiges Gebilde, so scheint mir, müßte sich an seinem Entstehungsort noch häufiger verknoten und verwickeln als das Seidengarn auf meiner Spule.

Bordeu: Tatsächlich leidet es dadurch viel mehr, als man annimmt. Man seziert eben nicht genug, und die Ideen über seine Entwicklung sind noch weit entfernt von der Wahrheit.

Fräulein von l'Espinasse: Gibt es bemerkenswerte Beispiele für solche eigenartige Mißbildungen außer den Buckligen und Lahmen, deren Verkrüppelung man auf irgendeinen Erbfehler zurückführen könnte?

Bordeu: Unzählige Beispiele. In der Pariser Charité starb vor kurzem an den Folgen einer Lungenentzündung ein erst fünfundzwanzig Jahre alter, in Troyes geborener Zimmermann namens Jean Baptiste Macé, bei dem die Brust- und Bauchorgane in verkehrter Lage waren, das Herz rechts – statt links wie bei Ihnen, die Leber links, der Magen, die Milz und die Bauchspeicheldrüse in der Bauchgegend rechts, die Pfortader auf der linken Seite der Leber, obwohl sie gewöhnlich auf der rechten Leberseite liegt; die gleiche Verlagerung fand sich auch bei dem langen Darmkanal; die Nieren, die nebeneinander über den Lendenwirbeln lagen, bildeten eine Hufeisenform. Und da erzählt man uns noch von den Endursachen!

Fräulein von l'Espinasse: Das ist sonderbar.

Bordeu: Wenn Jean Baptiste Macé verheiratet war und Kinder hatte ...

Fräulein von l'Espinasse: ... nun, Doktor, dann ...

Bordeu: ... dann werden diese Kinder die normale Körperbildung haben. Aber einer ihrer Enkel wird in hundert Jahren – denn solche Unregelmäßigkeiten erfahren Unterbrechungen – vielleicht auf den abnormen Körperbau seines Vorfahren zurückkommen.

Fräulein von l'Espinasse: Und woher kommen diese Unterbrechungen, diese Sprünge?

Bordeu: Wer kann das wissen? Beim Zeugen eines Kindes ist man zu zweien, wie Sie wissen. Vielleicht hebt einer der Mitwirkenden den Fehler des anderen auf, und das fehlerhafte Geflecht entsteht erst dann wieder, wenn der Abkömmling der mißgestalteten Rasse vorherrscht und die Gestaltung des Geflechts bestimmt. Das Fadenbündel bedingt die primäre, ursprüngliche Verschiedenheit aller Tierarten. Die Abweichungen vom Fadenbündel einer Art führen zu allen möglichen Mißbildungen dieser Art.

Nach langem Schweigen erwacht Fräulein von l'Espinasse aus ihren Träumereien und reißt den Doktor aus den seinigen durch die folgende Frage: Mir fällt etwas ganz Verrücktes ein.

Bordeu: Was denn?

Fräulein von l'Espinasse: Vielleicht ist der Mann nur die Mißbildung der Frau oder die Frau nur die Mißbildung des Mannes.

Bordeu: Diese Idee wäre Ihnen wohl schon früher gekommen, wenn Sie gewußt hätten, daß die Frau alle Körperteile des Mannes hat und daß der einzige Unterschied darin besteht, daß ein Beutel das eine Mal nach außen heraushängt und das andere Mal nach innen gestülpt ist; daß ein weiblicher Fötus einem männlichen täuschend ähnlich ist; daß der Teil, der die Täuschung verursacht, bei dem weiblichen Fötus so weit zurückgeht, wie der innere Beutel sich ausdehnt, aber nie so weit, daß er seine ursprüngliche Form verliert; daß er diese Form im kleinen behält; daß er zu den gleichen Bewegungen fähig und gleichzeitig Anreiz der Wollust ist; daß er seine Eichel und seine Vorhaut hat und daß an seinem Ende ein Punkt auffällt, der fast so aussieht, als sei er die Öffnung einer Harnröhre, die sich geschlossen hat; daß beim Mann zwischen dem After und dem Hodensack ein Zwischenraum liegt, den man Damm nennt, und zwischen dem Hodensack und dem Ende des Glieds eine Naht, die das Abbild einer zusammengenähten Schamöffnung zu sein scheint; daß die Frauen, die eine stark ausgeprägte Klitoris besitzen, Bartwuchs haben; daß die Eunuchen dagegen keinen Bartwuchs haben, daß ihre Schenkel stärker, ihre Hüften breiter, ihre Knie runder werden und daß sie beim allmählichen Verlust des für ein Geschlecht bezeichnenden Körperbaus zu der für das andere Geschlecht charakteristischen Körperbildung zu kommen scheinen. Diejenigen unter den Arabern, die durch das fortwährende Reiten entmannt werden, verlieren den Bart, bekommen eine schrille Stimme, kleiden sich wie Frauen, setzen sich zu ihnen auf die Wagen, kauern sich auf den Boden, um Wasser zu lassen, und machen die Sitten und Bräuche der Frauen nach ... Aber jetzt sind wir sehr weit von unserem eigentlichen Gegenstand. Kehren wir zu unserem lebenden Fadenbündel zurück.

D'Alembert: Ich glaube, Sie erzählen dem Fräulein von l'Espinasse Zoten.

Bordeu: Sobald man wissenschaftlich spricht, muß man Fachausdrücke gebrauchen.

D'Alembert: Sie haben recht. Solche Ausdrücke rufen keine unanständigen Nebenideen hervor. Fahren Sie fort, Doktor. Sie haben dem Fräulein also gesagt, daß die Gebärmutter nichts anderes sei als ein umgestülpter, von außen nach innen gekehrter Hodensack. Bei diesem Vorgang seien die Hoden aus dem Beutel, der sie umschloß, ausgestoßen und in der Körperhöhle rechts und links verteilt worden. Die Klitoris sei ein männliches Glied im kleinen; doch bei der Frau werde dieses männliche Glied um so kleiner, je größer die Gebärmutter oder der umgestülpte Hodensack werde, und ...

Fräulein von l'Espinasse: Ja, schon gut; schweigen Sie und mischen Sie sich nicht ein.

Bordeu: Verstehen Sie, Fräulein, man muß bei der allgemeinen Frage nach unseren Empfindungen, die alle nur Ergebnisse eines mannigfaltig entwickelten Gefühlssinnes sind, von den Formen absehen, die das Geflecht nach und nach annimmt, und sich an das Geflecht selbst halten.

Fräulein von l'Espinasse: Jeder Faden des empfindlichen Geflechts kann der ganzen Länge nach verletzt oder gereizt werden. Die Lust oder der Schmerz ist hier oder dort, an dieser oder jener Stelle in irgendeinem der langen Ausläufer[23] meiner Spinne. Ja, ich komme immer wieder auf meine Spinne zurück. Die Spinne ist nämlich der gemeinsame Ursprung aller dieser Ausläufer und be-

---

23 Im Original: »patte«, wörtlich: Beine. Fräulein von l'Espinasse verbindet in ihrem Bild die Beine der Spinne mit den Fäden des Netzes zu »Ausläufern«.

zieht auf diese oder jene Stelle Schmerz oder Lust, ohne dies zu spüren.

Bordeu: Das heißt: die ständige, unveränderliche Beziehung[24] aller Eindrücke auf diesen gemeinsamen Ursprung bildet die Einheit des Lebewesens.

Fräulein von l'Espinasse: Das heißt: das Gedächtnis für alle diese aufeinanderfolgenden Eindrücke bildet bei jedem Tier die Geschichte seines Lebens und seines Selbst.

Bordeu: Das heißt: das Gedächtnis und der Vergleich, die sich notwendig aus allen diesen Eindrücken ergeben, führen zum Denken und zum Schlußfolgern.

Fräulein von l'Espinasse: Und dieser Vergleich erfolgt – wo?

Bordeu: Im Ursprung des Geflechts.

Fräulein von l'Espinasse: Aber dieses Geflecht ...

Bordeu: ... hat in seinem Ursprung keinen Sinn, der ihm eigen wäre: es sieht nicht, hört nicht, leidet nicht. Es wird geschaffen und ernährt; es entspringt aus einer weichen, unempfindlichen, inaktiven Substanz, die ihm als Kissen dient und auf der es ruht, achtgibt, urteilt und entscheidet.

Fräulein von l'Espinasse: Es leidet nicht?

Bordeu: Nein. Der geringste Eindruck[25] unterbricht seine Achtsamkeit; dann fällt das Lebewesen in den Zustand des Todes. Heben Sie diesen Eindruck auf, so kehrt das Lebewesen zu seinen Funktionen zurück und lebt wieder auf.

Fräulein von l'Espinasse: Woher wissen Sie das? Hat man irgendwann nach Belieben einen Menschen sterben und wieder aufleben lassen?

Bordeu: Ja.

Fräulein von l'Espinasse: Wie denn?

Bordeu: Ich will es Ihnen sagen. Das ist eine kuriose Geschichte. La Peyronie,[26] den Sie vielleicht noch gekannt haben, wurde einmal

---

24 Im Original: »rapport«, das auch »Bericht« bedeuten kann. Bordeus Antwort kann also auch i. S. einer stetigen Berichterstattung an den gemeinsamen Ursprung aufgefaßt werden.

25 »Eindruck« (im Original: »impression«) ist hier durchaus wörtlich zu verstehen, als physisch ausgeübter Druck (vgl. dazu auch die folgende Geschichte des Patienten von la Peyronie).

26 François de la Peyronie (1678-1747) wurde 1721 von Ludwig XV. zum Ersten Chirurgen berufen.

zu einem Kranken gerufen, der einen heftigen Schlag auf den Kopf bekommen hatte. Der Patient fühlte den Puls im Kopf schlagen. Der Chirurg bezweifelte nicht, daß im Gehirn ein Abszeß entstanden war und daß kein Augenblick zu verlieren wäre. Er rasiert den Patienten und trepaniert. Die Spitze des Instruments trifft genau die Mitte des Abszesses. Der Eiterherd war reif. Er holt den Eiter heraus, er reinigt den Abszeß durch eine Einspritzung. Während er die Injektion macht, schließt der Patient die Augen; seine Glieder sind reglos, ohne jede Bewegung, ohne das geringste Lebenszeichen. Sobald er die Injektion auspumpt und den Ursprung des Geflechts vom Gewicht und Druck der eingespritzten Flüssigkeit befreit, öffnet der Patient wieder die Augen, bewegt sich, spricht, empfindet, kommt wieder zu sich und lebt.

Fräulein von l'Espinasse: Das ist sonderbar. Wurde dieser Patient wieder gesund?

Bordeu: Ganz gesund. Sobald er geheilt war, überlegte, dachte und schlußfolgerte er. Ja, er hatte denselben Geist, denselben Verstand, denselben Scharfsinn, obgleich er ein Stück seines Gehirns verloren hatte.

Fräulein von l'Espinasse: Dieser Schiedsrichter in unserem Kopf ist ein höchst sonderbares Wesen.

Bordeu: Manchmal täuscht er sich selbst. Er ist gewohnheitsmäßigen Vorurteilen unterworfen. So empfindet man Schmerzen in einem Glied, obgleich man es nicht mehr hat. Man kann ihn täuschen, wann immer man will. Legen Sie zwei Finger kreuzweise aufeinander, berühren Sie mit ihnen eine kleine Kugel, und er wird behaupten, es seien zwei Kugeln.

Fräulein von l'Espinasse: Das heißt: er ist wie alle Richter der Welt; er bedarf der Erfahrung, sonst verwechselt er die Empfindung der Eiseskälte mit der des Feuers.

Bordeu: Er macht noch ganz andere Sachen. Er gibt dem Individuum einen fast unbegrenzten Umfang, oder er konzentriert sich fast zu einem Punkt.

Fräulein von l'Espinasse: Ich verstehe Sie nicht.

Bordeu: Was begrenzt Ihre wirkliche Ausdehnung, das eigentliche Bereich Ihres Empfindungsvermögens?

Fräulein von l'Espinasse: Mein Gesichtssinn und mein Gefühlssinn.

Bordeu: Ja, am Tage. Was aber begrenzt es nachts, in der Dunkelheit, vor allem dann, wenn Sie an etwas Abstraktes denken, und auch am Tage, falls Ihr Geist beschäftigt ist?

Fräulein von l'Espinasse: Nichts. Ich existiere dann gleichsam in einem Punkt; ich höre beinahe auf, Materie zu sein; ich empfinde nur noch mein Denken; es gibt für mich keinen Ort mehr, auch keine Bewegung, keinen Körper, keine Entfernung, keinen Raum. Für mich ist die Welt null und nichtig, und ich bin nichts für die Welt.

Bordeu: Dies ist die äußerste Grenze der Konzentration Ihrer Existenz; doch ihre ideelle Ausdehnung kann grenzenlos sein. Sobald die eigentliche Grenze Ihres Empfindungsvermögens überschritten wird, sei es dadurch, daß Sie sich zusammennehmen, sich in sich selbst verdichten, oder dadurch, daß Sie sich entfalten, weiß man nicht mehr, wohin dies führen kann.

Fräulein von l'Espinasse: Sie haben recht, Doktor. Im Traum hatte ich schon oft das Gefühl ...

Bordeu: ... wie Kranke bei einem Gichtanfall ...

Fräulein von l'Espinasse: ... daß ich riesengroß würde ...

Bordeu: ... daß Ihr Fuß bis an den Baldachin Ihres Bettes reichte ...

Fräulein von l'Espinasse: ... daß meine Arme und Beine sich unendlich verlängerten und mein übriger Körper einen entsprechenden Umfang annahm. Ja, der Enkelados der Sage schien nur ein Zwerg und Ovids Amphitrite, deren Arme einen gewaltigen Gürtel rings um die Erde bildeten,[27] nur eine Zwergin im Vergleich zu mir, während ich in den Himmel wuchs und die zwei Hemisphären umfaßte.

Bordeu: Ausgezeichnet! Ich aber kannte eine Frau, bei der sich das Phänomen in umgekehrtem Sinn vollzog.

Fräulein von l'Espinasse: Was! Sie wurde nach und nach kleiner, sie schrumpfte zusammen?

Bordeu: Bis sie sich so klein wie eine Stecknadel vorkam! Sie sah, hörte, schlußfolgerte, urteilte; sie hatte eine tödliche Angst, daß sie sich selbst verlieren könnte; sie zitterte bei Annäherung der kleinsten Gegenstände; sie wagte nicht, sich von der Stelle zu rühren.

---

27 Enkelados war einer der Giganten der griechischen Mythologie; das die Landmasse umfassende Weltmeer wird von Ovid in den *Metamorphosen* I, 14 Amphitrite genannt.

Fräulein von l'Espinasse: Das ist ein seltsamer Traum – sehr schlimm, sehr unangenehm.

Bordeu: Sie träumte nicht; es war eine Begleiterscheinung des Ausbleibens der Menstruation.

Fräulein von l'Espinasse: Behielt sie diese winzige, beinahe unsichtbare Frauengestalt lange?

Bordeu: Eine Stunde, vielleicht auch zwei, dann nahm sie nach und nach ihren natürlichen Umfang wieder an.

Fräulein von l'Espinasse: Und der Grund für diese wunderlichen Empfindungen?

Bordeu: Im natürlichen und ruhigen Zustand haben die Fäserchen des Bündels eine gewisse Spannung oder Spannkraft, eine normale Wirksamkeit,[28] die die reale oder imaginäre Ausdehnung des Körpers abgrenzt. Ich sage »reale oder imaginäre Ausdehnung«, weil diese Spannung oder Spannkraft, diese Wirksamkeit veränderlich ist, also unser Körper nicht immer denselben Umfang hat.

Fräulein von l'Espinasse: Also unterliegen wir im Physischen wie im Moralischen wohl der Möglichkeit, uns für größer zu halten, als wir sind?

Bordeu: Die Kälte macht uns kleiner, die Wärme dagegen größer, und ein bestimmtes Individuum kann sich zeitlebens für größer halten, als es in Wirklichkeit ist. Wenn die Masse des Bündels zufällig in heftige Erregung gerät; wenn die Fäserchen sich aufrichten; wenn die Unmenge ihrer äußersten Enden über ihre gewöhnliche Grenze hinausstrebt, dann werden der Kopf, die Füße, die anderen Glieder, ja alle Punkte der Oberfläche des Körpers in eine unermeßliche Entfernung gebracht, und deshalb kommt das Individuum sich riesig vor. Die entgegengesetzte Erscheinung tritt ein, sobald die Empfindungslosigkeit, die Apathie, die Inaktivität von den äußersten Enden der Fäserchen ausgeht und allmählich bis zum Ursprung des Bündels vordringt.

Fräulein von l'Espinasse: Ich begreife, daß diese Ausdehnung sich nicht ermessen läßt, und ich begreife auch, daß diese von den äußersten Enden der Fäserchen ausgegangene Empfindungslosigkeit, diese Apathie, diese Inaktivität, diese Erstarrung, nachdem sie einen gewissen Fortschritt gemacht, zum Stillstand kommen kann …

---

28 Im Original: »une certain tension, un ton, une énergie habituelle«.

Bordeu: Wie bei La Condamine.[29] Das Individuum hat dann ein Gefühl, als ob es Ballons unter den Füßen hätte.

Fräulein von l'Espinasse: Es existiert außerhalb der Grenze seines Empfindungsvermögens, und wenn es allerseits in solche Apathie gehüllt wäre, würde es uns einen lebenden kleinen Menschen in der Hülle eines Toten darstellen.

Bordeu: Ziehen Sie daraus die Folgerung, daß das Lebewesen, das in seinem Ursprung nur ein Punkt war, noch nicht weiß, ob es wirklich etwas mehr ist. Aber kommen wir wieder zum Thema.

Fräulein von l'Espinasse: Zu welchem?

Bordeu: Zur Trepanation des Chirurgen La Peyronie ... Da haben wir, glaube ich, genau das, was Sie von mir verlangt haben: das Beispiel eines Menschen, der abwechselnd lebte und starb ... Aber es gibt ein noch besseres Beispiel.

Fräulein von l'Espinasse: Was könnte dies wohl sein?

Bordeu: Die Verwirklichung der Sage von Kastor und Pollux – Zwillinge, von denen der eine starb, sobald der andere lebte, und der andere starb, sobald der erste lebte.

Fräulein von l'Espinasse: Eine schöne Bescherung! Dauerte sie lange?

Bordeu: Die Dauer dieser Existenz betrug zwei Tage. Diese Zeitspanne teilten die beiden mehrere Male gleichmäßig unter sich auf, so daß auf jeden ein Tag des Lebens und ein Tag des Totseins kam.

Fräulein von l'Espinasse: Ich fürchte, Doktor, Sie mißbrauchen meine Leichtgläubigkeit ein wenig. Nehmen Sie sich in acht! Wenn Sie mich auch nur einmal täuschen, glaube ich Ihnen nie mehr.

Bordeu: Lesen Sie hin und wieder die *Gazette de France*?

Fräulein von l'Espinasse: Nie, obwohl sie das Meisterwerk von zwei geistreichen Männern sein soll.[30]

Bordeu: Lassen Sie sich die Ausgabe vom 4. September dieses Jahres geben, und Sie werden feststellen, daß in Rabastens, Diözese von Alby, zwei Mädchen Rücken an Rücken geboren wurden.

---

29 Charles Marie de La Condamine (1701-1774) war ein französischer Entdeckungsreisender. In seinem Brief an Sophie Volland vom 25. November 1760 berichtet Diderot, daß La Condamine während geographischer Vermessungen in Quito sein Gehör verloren habe.

30 Die *Gazette de France* war eine wöchentlich erscheinende Zeitschrift mit offiziellen Nachrichten aus der Politik. Die »zwei geistreichen Männer« dürften F. Arnaud und J.B. Suard sein, die die Zeitschrift seit 1762 herausgaben.

An den untersten Lendenwirbeln, am Gesäß und in der Unterleibsgegend waren sie zusammengewachsen. Man konnte die eine nicht aufrecht halten, ohne daß der Kopf der anderen nicht nach unten hing. Wenn sie lagen, sahen sie einander an. Ihre Schenkel waren zwischen ihre Rümpfe gebogen, ihre Beine nach oben gestreckt. An der kreisförmigen Stelle, an der sie mit dem Unterleib zusammengewachsen waren, konnte man ihr Geschlecht erkennen, und an dem rechten Schenkel der einen, der dem linken Schenkel der Schwester entsprach, war in einer Vertiefung ein kleiner After, durch den der Kot abfloß.

Fräulein von l'Espinasse: Das ist eine höchst sonderbare Spezies.

Bordeu: Die beiden nahmen Milch, die man ihnen in einem Löffel reichte, zu sich. Sie lebten, wie ich Ihnen schon gesagt, zwölf Stunden. Die eine wurde bewußtlos, sobald die andere erwachte; die andere war tot, solange die erste lebte. Die erste Bewußtlosigkeit der einen und die erste Lebenszeit der anderen dauerten vier Stunden; die Perioden der Bewußtlosigkeit und der Rückkehr ins Leben, die folgten, waren kürzer. Beide starben in demselben Augenblick. Man beobachtete, daß auch ihr Nabel bald eine Vorwärtsbewegung, bald eine Rückwärtsbewegung machte; er ging bei derjenigen zurück, die bewußtlos wurde, und trat bei derjenigen hervor, die ins Leben zurückkehrte.

Fräulein von l'Espinasse: Und was sagen Sie zu diesem Wechsel von Leben und Tod?

Bordeu: Vielleicht nichts Triftiges. Da man aber alles durch die Brille des eigenen Systems sieht und ich keine Ausnahme von der Regel machen will, so meine ich: es handelt sich dabei um ein Phänomen, das ganz ähnlich ist wie das bei dem Mann, den Lapeyronie trepaniert hat, aber auf zwei zusammengewachsene Wesen verteilt. Die Netze dieser zwei Mädchen hatten sich so eng verflochten, daß sie eine Wirkung und Rückwirkung aufeinander ausübten. Sobald bei der einen der Ursprung des Netzes überwog, zog er das Netz der anderen mit, die sofort bewußtlos wurde. Das Gegenteil trat ein, sobald das Netz der letzteren das gemeinsame System beherrschte. Bei dem trepanierten Patienten La Peyronies wurde durch das Gewicht der Flüssigkeit ein Druck von oben nach unten ausgeübt, bei den Zwillingen in Rabastens durch die Spannung einer gewissen Anzahl von Fäden des Netzes ein Druck von unten nach oben. Bestätigt wird diese Vermutung durch die wechselnde Vor- und

Rückwärtsbewegung des Nabels, das Hervortreten bei derjenigen, die ins Leben zurückkehrte, und das Zurückgehen bei derjenigen, die starb.

Fräulein von l'Espinasse: Das sind eben zwei miteinander verbundene Seelen.

Bordeu: Ja, ein Lebewesen, das auf Grund seines Strukturprinzips doppelte Sinnesorgane und ein doppeltes Bewußtsein hat ...

Fräulein von l'Espinasse: ... aber in ein und demselben Moment nur ein Bewußtsein besitzt. Wer weiß, was geschehen wäre, wenn dieses Wesen am Leben geblieben wäre?

Bordeu: Was für eine Übereinstimmung hätte dann die gemeinsame Erfahrung aller Momente des Lebens, das heißt der allerengste Verkehr, den man sich vorstellen kann, zwischen diesen zwei Gehirnen hergestellt!

Fräulein von l'Espinasse: Doppelte Sinnesorgane, doppeltes Gedächtnis, doppelte Einbildungskraft, doppelte Betätigung: die eine Hälfte des Wesens beobachtet, liest, denkt nach, während die andere Hälfte ausruht; doch übernimmt diese Hälfte dieselben Funktionen, sobald seine Gefährtin müde ist. Also ein Doppelleben eines Doppelwesens.

Bordeu: Ob dies wohl möglich ist? Da die Natur aber mit der Zeit alles herbeiführt, was möglich ist, wird sie irgendwann wohl auch ein so seltsam zusammengesetztes Wesen hervorbringen.

Fräulein von l'Espinasse: Wie arm wären wir im Vergleich zu einem solchen Wesen!

Bordeu: Warum denn? Schon in einem einfachen Verstand bestehen so viele Ungewißheiten, Widersprüche, Verrücktheiten, daß ich wirklich nicht weiß, was bei einem doppelten Verstand herauskommen würde ... Aber es ist bereits halb elf Uhr, und ich höre in der Vorstadt einen Kranken nach mir rufen.

Fräulein von l'Espinasse: Wäre es denn so gefährlich für ihn, wenn Sie ihn nicht besuchten?

Bordeu: Vielleicht weniger gefährlich, als wenn ich ihn besuche. Wenn die Natur es ohne mich nicht schafft, wird es uns sehr schwerfallen, es gemeinsam zu schaffen; doch ohne ihre Hilfe werde ich es ganz gewiß nicht schaffen.

Fräulein von l'Espinasse: Bleiben Sie doch.

D'Alembert: Nur noch ein Wort, Doktor; dann entlasse ich Sie zu Ihrem Patienten. Nach all den Wandlungen, die ich im Lauf meines Lebens durchgemacht habe, besitze ich jetzt vielleicht nicht mehr eines von den Molekülen, die ich bei der Geburt mitgebracht habe. Warum bin ich dennoch »ich« in bezug auf die anderen und in bezug auf mich selbst?

Bordeu: Dies haben Sie uns beim Träumen erklärt.

D'Alembert: Habe ich denn geträumt?

Fräulein von l'Espinasse: Die ganze Nacht! Es sah so sehr nach Fiebertraum aus, daß ich heute morgen den Doktor holen ließ.

D'Alembert: Und all das wegen der Ausläufer unserer Spinne, die sich von selbst bewegten, die Spinne rege hielten und das Tier zum Sprechen brachten! Und was sagte das Tier?

Bordeu: Wegen des Gedächtnisses, sagte es, sei es ein Selbst für die anderen und für sich selbst. Und wegen der Langsamkeit der Wandlungen, möchte ich hinzufügen: Wenn Sie vom Jünglingsalter plötzlich in das Greisenalter gekommen wären, so wären Sie in diese Welt geworfen worden wie im ersten Moment Ihrer Geburt; Sie wären nicht Sie selbst gewesen, weder für die anderen noch für sich selbst, und die anderen wären für Sie nicht diese anderen gewesen. Alle Beziehungen wären vernichtet gewesen; die ganze Geschichte Ihres Lebens wäre für mich ebenso dunkel und verworren gewesen wie die ganze Geschichte meines Lebens für Sie. Woher hätten Sie denn wissen können, daß dieser über seinen Stock gebeugte Mann mit den erloschenen Augen, der sich so mühsam dahinschleppte und der sich innerlich noch weniger glich als äußerlich, derselbe Mann war wie jener, der einst so leicht dahinschritt, der sehr schwere Lasten von einem Ort zum andern trug und der zu den tiefgründigsten Betrachtungen ebenso fähig war wie zu den angenehmsten oder den anstrengendsten Betätigungen? Sie hätten Ihre eigenen Werke nicht verstanden, hätten weder sich selbst noch irgendeinen anderen wiedererkannt, noch hätte irgend jemand Sie wiedererkannt; die ganze Welt hätte ja anders ausgesehen. Bedenken Sie doch: der Unterschied zwischen Ihnen bei der Geburt und Ihnen im Jünglingsalter war geringer, als er zwischen Ihnen als Jüngling und Ihnen als dem plötzlich gealterten Mann gewesen wäre. Bedenken Sie ferner: obwohl Ihre Geburt und Ihre Kindheit durch eine ununterbrochene Aufeinanderfolge von Empfindungen verbunden waren, machten die ersten drei Jahre Ihrer Existenz doch nicht die Geschichte Ihres Lebens aus. Was hätte Ihnen denn Ihre Jugendzeit bedeutet, wenn sie überhaupt nicht mit Ihrem Alter verbunden gewesen wäre? Der alte d'Alembert hätte dann nicht die geringste Erinnerung an den jungen d'Alembert gehabt.

Fräulein von l'Espinasse: In der Bienentraube gäbe es dann nicht eine Biene, die Zeit gehabt hätte, sich den Geist des Ganzen anzueignen.

D'Alembert: Was sagen Sie da?

Fräulein von l'Espinasse: Ich meine, der mönchische Geist bleibt nur deshalb erhalten, weil der Mönchsorden sich immer wieder erneuert. Wann immer ein neuer Mönch eintritt, findet er hundert alte Klosterbrüder, die ihn dazu anhalten, so zu denken und zu fühlen wie sie. Fliegt eine Biene davon, so tritt an ihre Stelle in der Traube eine andere, die bald über alles unterrichtet ist.

D'Alembert: Ach, Schluß jetzt mit Ihren Mönchen und Bienen, Ihrer Traube und Ihrem Kloster! Sie phantasieren!

Bordeu: Nicht in solchem Grad, wie Sie wohl glauben. Wenn es auch in einem Lebewesen nur ein Bewußtsein gibt, so gibt es in ihm doch zahllose Willen. Jedes Organ hat seinen eigenen Willen.

D'Alembert: Wie bitte?

Bordeu: Ich meine, der Magen verlangt Nahrungsmittel, obgleich der Gaumen keine verlangt, und die Verschiedenheit des Gaumens und Magens von dem ganzen Lebewesen besteht darin, daß das Lebewesen weiß, was es will, während der Magen und der Gaumen etwas wollen, ohne es zu wissen. Das bedeutet, daß der Magen und der Gaumen sich zueinander ungefähr so verhalten wie der Mensch zum Vieh. Die Bienen verlieren zwar ihr Bewußtsein, behalten aber ihre Gelüste oder Willen. Die Fleischfaser ist ein einfaches Lebewesen, der Mensch ist ein zusammengesetztes Lebewesen. Aber heben wir uns dieses Thema für ein anderes Mal auf. Dem Menschen vermag doch schon ein viel geringeres Ereignis als ein plötzlicher Kräfteverfall das Selbstbewußtsein zu nehmen. Ein Sterbender empfängt mit tiefer Frömmigkeit die Sakramente, beichtet seine Sünden, bittet seine Frau um Verzeihung, umarmt seine Kinder, läßt seine Freunde kommen, spricht mit seinem Arzt, befiehlt seinen Dienern, diktiert seinen Letzten Willen, bringt seine Angelegenheiten in Ordnung, und all das mit dem gesündesten Urteil, mit voller Geistesgegenwart. Er wird wieder gesund, erholt sich und hat nicht die geringste Idee von alldem, was er während seiner Krankheit gesagt oder getan hat. Dieser Zeitabschnitt, manchmal ein sehr langer, ist aus seinem Leben verschwunden. Es gibt sogar Fälle, in denen Personen die abgebrochenen Gespräche oder Handlungen fortgesetzt haben, sobald der plötzliche Krankheitsanfall vorbei war.

D'Alembert: Ich erinnere mich, wie in einem Seminar einmal ein mit seinem Wissen protzender Schulmeister von einem Kapuziner, den er verachtet hatte, sozusagen hereingelegt wurde. Er – hereingelegt! Und von wem? Von einem Kapuziner! Und in welcher Frage? In der Frage der »entfernten Möglichkeit«! Bei jener scholastischen Lehre, in die er sich zeitlebens vertieft hatte! Und unter welchen Umständen? Vor einer großen Versammlung, vor seinen Schülern! Er glaubt seine Ehre verloren. Sein Kopf arbeitet nun an diesen Ideen so angestrengt, daß er schließlich in eine Lethargie fällt, die ihm alle bisher erworbenen Kenntnisse nimmt.

Fräulein von l'Espinasse: Das war doch ein Glück.

D'Alembert: Wahrhaftig, Sie haben recht. Der gesunde Menschenverstand war ihm geblieben; doch hatte er alles vergessen. Man lehrte ihn wieder sprechen und lesen, und er starb, sobald er wieder einigermaßen buchstabieren konnte. Dieser Mann war kein Analphabet; man erkannte ihm sogar eine gewisse Beredsamkeit zu.

Fräulein von l'Espinasse: Da der Doktor Ihre Geschichte gehört hat, muß er auch noch meine hören. Ein junger Mann von achtzehn bis zwanzig Jahren, an dessen Namen ich mich nicht erinnere …

Bordeu: Es handelt sich um einen Herrn von Schullemberg aus Winterthur; aber er war damals erst fünfzehn oder sechzehn Jahre alt …

Fräulein von l'Espinasse: Dieser Jüngling stürzte so unglücklich, daß er eine heftige Gehirnerschütterung davontrug.

Bordeu: Was nennen Sie eine heftige Gehirnerschütterung? Er fiel von einem Heuboden herunter, erlitt dabei einen Schädelbruch und war sechs Wochen lang bewußtlos.

Fräulein von l'Espinasse: Wie dem auch sei – wissen Sie, was für eine Folge dieser Unfall hatte? Die gleiche wie bei Ihrem Schulmeister! Er vergaß alles, was er wußte; er glaubte sich in das Kindesalter zurückversetzt; er erlebte eine zweite Kindheit, eine ziemlich lange; er war furchtsam und zaghaft; er hatte seinen Spaß an Spielsachen. Wenn er etwas angerichtet hatte und man ihn auszankte, verkroch er sich in einen Winkel. Er bat um Erlaubnis, wenn er ein kleines oder großes Geschäft zu verrichten hatte. Man lehrte ihn lesen und schreiben. Ach, ich vergaß, Ihnen zu sagen, daß er auch das Gehen wieder lernen mußte. Er wurde aber wieder zum Mann, und zwar zu einem tüchtigen Manne, und hinterließ ein naturgeschichtliches Werk.

Bordeu: Es handelt sich um Stiche, um Zulyers Insektentafeln, nach dem Linnéschen System. Ich kannte diese Geschichte schon; sie ist in der Schweiz vorgekommen, im Kanton Zürich, und es gibt zahlreiche ähnliche Fälle. Bringt man den Ursprung des Bündels in Unordnung, so verändert man das Lebewesen. Es scheint, daß es dort als Ganzes seinen Sitz hat, obgleich es manchmal die Verzweigungen beherrscht, manchmal aber auch von diesen beherrscht wird.

Fräulein von l'Espinasse: Dann unterliegt das Lebewesen dem Despotismus oder der Anarchie.

Bordeu: Despotismus! Sehr gut ausgedrückt! Der Ursprung des Bündels befiehlt und alles übrige gehorcht. Das Lebewesen ist Herr seiner selbst – *mentis compos.*[31]

Fräulein von l'Espinasse: Der Anarchie aber unterliegt es, wenn alle Stränge des Geflechts gegen ihr Oberhaupt rebellieren und wenn es keine höchste Gewalt mehr gibt.

Bordeu: Vortrefflich! Bei heftigen Ausbrüchen der Leidenschaft, bei Wahnsinnsanfällen, bei unmittelbaren Gefahren – wann immer der Herr alle Kräfte seiner Untertanen auf einen bestimmten Punkt lenkt, zeigt auch das schwächste Lebewesen eine unglaubliche Kraft.

Fräulein von l'Espinasse: Auch bei hysterischen Zuständen, einer Art Anarchie, die uns Frauen besonders eigen ist.

Bordeu: Dies ist das Widerspiel einer schwachen Verwaltung, wobei jeder die Gewalt an sich reißen will. Ich kenne nur ein Mittel dagegen; seine Anwendung ist schwierig, aber zuverlässig. Es heißt: der Ursprung des empfindlichen Geflechtes, der Teil, der das Selbst bildet, muß durch einen heftigen Beweggrund veranlaßt werden, seine Gewalt wiederzugewinnen.

Fräulein von l'Espinasse: Was tritt dann ein?

Bordeu: Entweder gewinnt er sie wirklich wieder, oder das Lebewesen geht zugrunde. Wenn ich Zeit hätte, würde ich Ihnen hierzu noch zwei sonderbare Begebenheiten erzählen.

---

31 »seiner Sinne mächtig«.

Fräulein von l'Espinasse: Die Besuchszeit ist doch schon vorbei, Doktor, und Ihr Patient erwartet Sie nicht mehr.

Bordeu: Man darf wirklich nur dann zu Ihnen kommen, wenn man nichts zu tun hat; denn man kommt so leicht nicht wieder los.

Fräulein von l'Espinasse: Ein ehrlicher Stoßseufzer! Aber wo bleiben Ihre Geschichten?

Bordeu: Für heute müssen Sie sich mit der folgenden zufriedengeben: Eine Frau geriet einmal, nach einer Niederkunft, in den Zustand der furchtbarsten Hysterie: Wein- und Lachkrämpfe, Erstickungsanfälle, Zuckungen, Anschwellungen des Halses, düsteres Schweigen, gellende Schreie, ja alle Übel, die es gibt. Dies dauerte mehrere Jahre. Sie war damals leidenschaftlich verliebt und glaubte zu bemerken, daß ihr Geliebter, ihrer Krankheit überdrüssig, sich von ihr zu lösen begann. Da beschloß sie, gesund zu werden oder zugrunde zu gehen. Es entstand in ihr ein Konflikt, eine Art Bürgerkrieg, wobei bald der Herr den Sieg davontrug, bald die Untertanen. Wenn zufällig die Wirkung der Stränge des Geflechts gleich der Gegenwirkung ihres Ursprungs war, fiel die Kranke wie tot um. Man brachte sie in ihr Bett, in dem sie stundenlang völlig reglos lag, fast ohne Leben. Ein anderes Mal kam sie mit Ermüdungserscheinungen davon, mit allgemeinem Kräfteverfall, mit einer Erschöpfung, die endgültig zu sein schien. Sie verharrte sechs Monate in diesem Zustand des Kampfes mit sich selbst. Der Aufruhr ging stets von den Strängen aus; sie fühlte ihn kommen. Beim ersten Anzeichen stand sie auf, lief umher und setzte sich den größten körperlichen Anstrengungen aus. Sie lief treppauf, treppab; sie sägte Holz; sie grub den Boden um. Das Organ ihres Willens, der Ursprung des Bündels, stemmte sich. Sie sagte sich: Siegen oder sterben! Nach unzähligen Siegen und Niederlagen blieb das Oberhaupt schließlich Sieger, und die Untertanen wurden so gehorsam, daß bei dieser Frau, obgleich sie allerlei häuslichen Kummer und verschiedene Krankheiten durchgemacht hatte, von Hysterie keine Rede mehr sein konnte.

Fräulein von l'Espinasse: Das ist tapfer, aber ich glaube, ich hätte genauso gehandelt.

Bordeu: Ja, weil Sie ebenso leidenschaftlich lieben würden, wenn Sie sich verliebten, und weil Sie standhaft sind.

Fräulein von l'Espinasse: Ich verstehe. Standhaft ist man, wenn der Ursprung des Geflechtes, sei es durch Erziehung, aus Gewohnheit oder infolge des Körperbaus, die Stränge beherrscht; schwach dagegen, sobald er von ihnen beherrscht wird.

Bordeu: Daraus lassen sich noch sehr viele andere Folgerungen ziehen.

Fräulein von l'Espinasse: Zuerst Ihre zweite Geschichte, bitte; dann können Sie Ihre Folgerungen ziehen.

Bordeu: Eine junge Frau hatte sich zu Seitensprüngen herbeigelassen. Eines Tages faßte sie jedoch den Entschluß, der Sinnenlust ihre Tür zu verschließen. Da fühlte sie sich verlassen, wurde melancholisch und hysterisch. Sie ließ mich kommen. Ich gab ihr den Rat, die Lebensweise einer Bäuerin anzunehmen, tagsüber den Boden umzugraben, auf Stroh zu schlafen und von trockenem Brot zu leben. Diese Kur behagte ihr nicht. Nun gut, sagte ich ihr, gehen Sie auf Reisen. Sie machte eine Reise durch Europa und fand auf den Landstraßen ihre Gesundheit wieder.

Fräulein von l'Espinasse: Zwar ist darin nicht das enthalten, was Sie sagen wollten; aber gleichviel, kommen wir nun zu Ihren Schlußfolgerungen.

Bordeu: Sie würden kein Ende nehmen.

Fräulein von l'Espinasse: Um so besser. Fangen Sie ruhig an.

Bordeu: Ich habe dazu nicht den Mut.

Fräulein von l'Espinasse: Warum nicht?

Bordeu: Weil man bei dem Tempo, mit dem wir vorgehen, alles nur oberflächlich streift und nichts gründlich erfaßt.

Fräulein von l'Espinasse: Was macht das? Wir schriftstellern nicht, wir plaudern.

Bordeu: Wenn zum Beispiel der Ursprung des Bündels alle Kräfte herbeiruft, wenn das ganze System sozusagen zurückgeht, was meiner Meinung nach bei dem Menschen eintritt, sobald er tief nachdenkt, und ebenso bei dem Fanatiker, der den Himmel offen sieht, bei dem Wilden, der inmitten der Flammen singt, also in der Ekstase, in der willkürlichen oder unwillkürlichen Entrücktheit …

Fräulein von l'Espinasse: Nun?

Bordeu: Nun, dann wird das Lebewesen unempfindlich. Es existiert nur noch in einem Punkt. Zwar habe ich nicht gesehen, wie der Priester von Kalamä, von dem der heilige Augustin spricht, dermaßen entrückt war, daß er glühende Kohlen nicht mehr fühlte. Ich habe auch nicht beobachtet, wie auf dem Scheiterhaufen die Wilden ihren Feinden zulächeln, sie beleidigen und sie auf Foltern bringen, die noch raffinierter sind als die Foltern, die man sie erdulden läßt. Ich habe nicht gesehen, wie im Zirkus die Gladiatoren beim Sterben noch an die Anmut und an die Leibeserziehung dachten. Trotzdem glaube ich all diese Dinge, weil ich mit eigenen Augen eine ebenso außergewöhnliche Leistung gesehen habe.

Fräulein von l'Espinasse: Bitte, Doktor, erzählen Sie mir davon. Ich bin wie die Kinder, ich liebe wunderbare Geschichten, und wenn sie der Menschheit zur Ehre gereichen, fällt es mir nur selten ein, ihre Wahrheit zu bestreiten.

Bordeu: In einer kleinen Stadt der Champagne, in Langres,[32] lebte ein guter Pfarrer namens le Moni oder de Moni; er war von der Wahrheit der Religion tief durchdrungen. Er wurde von einem Gallenleiden befallen und mußte operiert werden. Der Tag wird festgesetzt. Der Chirurg, seine Gehilfen und ich begeben uns zu ihm. Er empfängt uns mit heiterer Miene, entkleidet sich und legt sich hin. Man will ihn festbinden; doch er weigert sich. »Geben Sie mir nur die Lage, die notwendig ist«, sagt er. Man bringt ihn in die richtige Lage. Da bittet er um ein großes Kruzifix, das sich am Fußende seines Bettes befindet; man gibt es ihm, er nimmt es in die Arme und preßt seinen Mund darauf. Man schreitet zur Operation; er bleibt dabei unbeweglich liegen, verliert keine Träne und keinen Seufzer. So wurde er von dem Gallenstein befreit, ohne daß er es merkte.

Fräulein von l'Espinasse: Großartig! Trotzdem zweifeln Sie daran, daß der Märtyrer, dem man die Brustknochen mit einem Steinhagel brach, den Himmel offen sah?

Bordeu: Wissen Sie, wie Ohrenschmerzen sind?

Fräulein von l'Espinasse: Nein.

Bordeu: Um so besser für Sie. Es sind die allergrausamsten Schmerzen.

Fräulein von l'Espinasse: Noch schlimmer als Zahnschmerzen, die ich leider kenne?

Bordeu: Gar kein Vergleich! Ein Philosoph unter Ihren Freunden wurde schon vierzehn Tage lang davon geplagt, als er eines Morgens zu seiner Frau sagte: »Ich fühle mich nicht mehr stark genug, dies den ganzen Tag auszuhalten ...« Er dachte, sein letztes Mittel bestünde darin, den Schmerz künstlich zu betäuben.

---

32 Langres war die Heimatstadt Diderots. Doch ist es Bordeu, der erzählt, und Bordeu stammte aus der Provinz Béarn im äußersten Südwesten Frankreichs.

Nach und nach vertiefte er sich in eine metaphysische oder mathematische Frage so sehr, daß er sein Ohr vergaß. Man brachte ihm das Essen; er aß, ohne sich dessen bewußt zu sein. Er hielt bis zur Schlafenszeit durch, ohne zu leiden. Der schreckliche Schmerz überwältigte ihn erst wieder, als die geistige Anstrengung aufhörte, aber nun mit unerhörter Heftigkeit, entweder weil die Anstrengung das Leiden tatsächlich gesteigert hatte oder weil die Erschöpfung es noch unerträglicher machte.

Fräulein von l'Espinasse: Nach einem solchen Zustand muß man von Müdigkeit tatsächlich erschöpft sein. So geht es zuweilen auch dem Mann dort nebenan.

Bordeu: Das ist gefährlich; er sollte vorsichtig sein.

Fräulein von l'Espinasse: Das predige ich ihm unaufhörlich, aber er hört nicht darauf.

Bordeu: Er beherrscht sich nicht mehr. Das kommt von seiner Lebensweise; er muß daran zugrunde gehen.

Fräulein von l'Espinasse: Dieser Ausspruch beängstigt mich.

Bordeu: Was beweist diese Erschöpfung, diese Übermüdung? Daß die Fäserchen des Bündels nicht untätig gewesen sind, sondern daß in dem ganzen System eine heftige Spannung in Richtung auf ein gemeinsames Zentrum eingetreten ist.

Fräulein von l'Espinasse: Und wenn diese heftige Spannung oder Bestrebung nun anhält, wenn sie zur Gewohnheit wird?

Bordeu: Dann kommt es zu einem »Tick«, einer Störung im Ursprung des Bündels; das Lebewesen wird verrückt, beinahe rettungslos verrückt.

Fräulein von l'Espinasse: Warum denn?

Bordeu: Weil eine Störung des Ursprungs anders wirkt als die Störung eines Fäserchens. Der Kopf kann wohl den Füßen befehlen, aber der Fuß nicht dem Kopf, und der Ursprung wohl einem der Fäserchen, aber das Fäserchen nicht dem Ursprung.

Fräulein von l'Espinasse: Und worin besteht der Unterschied, wenn ich fragen darf? Ja, warum denke ich nicht an jeder Stelle? Mir hätte diese Frage schon früher einfallen sollen.

Bordeu: Weil das Bewußtsein nur an einer Stelle ist.

Fräulein von l'Espinasse: Schnell gesagt!

Bordeu: Es kann eben nur an einer Stelle sein, in dem gemeinsamen Zentrum aller Empfindungen, dort, wo das Gedächtnis ist, dort, wo die Vergleiche angestellt werden. Jedes Fäserchen ist doch nur empfänglich für eine bestimmte Anzahl von Eindrücken, von aufeinanderfolgenden, aber isolierten Empfindungen ohne Gedächtnis. Der Ursprung ist für alle empfänglich; er ist ihr Register, er bewahrt die Erinnerung an sie oder eine dauernde Empfindung, und das Lebewesen ist von seinem ersten Entwicklungsstadium an gewöhnt, sein Selbst auf diesen Ursprung zu beziehen, sich dort ganz und gar festzulegen und dort zu existieren.

Fräulein von l'Espinasse: Und wenn mein Finger nun Gedächtnis besitzen könnte ...

Bordeu: Dann würde Ihr Finger denken.

Fräulein von l'Espinasse: Was ist überhaupt Gedächtnis?

Bordeu: Die Eigentümlichkeit des Zentrums, der spezifische, dem Ursprung des Geflechtes eigene Sinn – wie das Sehvermögen die Eigentümlichkeit des Auges ist. Daß das Gedächtnis nicht im Auge sitzt, ist nicht erstaunlicher als die Tatsache, daß der Gesichtssinn nicht im Ohr sitzt.

Fräulein von l'Espinasse: Doktor, Sie weichen meinen Fragen aus, anstatt sie zu beantworten.

Bordeu: Ich weiche keineswegs aus, ich sage Ihnen, was ich weiß, und ich wüßte noch mehr, wenn mir die organische Struktur des Ursprungs unseres Geflechtes ebensogut bekannt wäre wie die der Fäserchen; das heißt, wenn ich eine ebenso gute Möglichkeit gehabt hätte, diesen Ursprung zu beobachten. Aber obgleich ich noch im unklaren über die hier vorliegenden besonderen Erscheinungen bin, weiß ich doch vortrefflich Bescheid über die allgemeinen Erscheinungen.

Fräulein von l'Espinasse: Und diese allgemeinen Erscheinungen sind ...?

Bordeu: Vernunft, Urteilskraft, Einbildungskraft, Wahnsinn, Schwachsinn, Roheit, Instinkt.

Fräulein von l'Espinasse: Ich verstehe. Alle diese Eigenschaften sind nur Folgen des ursprünglichen oder durch Gewohnheit erworbenen Verhältnisses zwischen dem Ursprung des Geflechts und seinen Verzweigungen.

Bordeu: Ausgezeichnet! Ist der Ursprung oder der Stamm im Verhältnis zu den Zweigen zu stark, so entstehen Dichter, Künstler, Phantasten, Zauderer, Schwärmer, Verrückte. Ist er zu schwach, so entstehen, wie wir sagen, Rohlinge oder Unmenschen. Ist das ganze System schlaff, weich, kraftlos, so entstehen Schwachsinnige. Ist das ganze System kraftvoll, in innerem Einklang und wohlgeordnet, so entstehen scharfsinnige Denker, Philosophen, Weise.

Fräulein von l'Espinasse: Je nach dem ausschlaggebenden, vorherrschenden Zweig entwickelt sich bei den Tieren der Instinkt und bei den Menschen der Geist verschieden. Beim Hund herrscht der Geruchssinn vor, beim Fisch der Gehörsinn, beim Adler der Gesichtssinn; d'Alembert ist Mathematiker, Vaucanson Maschinenbauer, Grétry Musiker, Voltaire Dichter. Verschiedene Wirkungen, sonst nichts. Sie ergeben sich daraus, daß eine Keimfaser des Bündels stärker ist als irgendeine andere und als die gleiche Keimfaser in gleichartigen Wesen ...

Bordeu: ... und aus zwingenden Gewohnheiten. Der Greis, der noch Frauen liebt, und Voltaire, der noch Tragödien schreibt ...

Hier versinkt der Doktor in tiefes Nachdenken.

Fräulein von l'Espinasse: Doktor, Sie träumen!

Bordeu: Das ist wahr.

Fräulein von l'Espinasse: Wovon träumen Sie?

Bordeu: Von Voltaire.

Fräulein von l'Espinasse: Wie bitte?

Bordeu: Ich meine, wie große Männer entstehen.

Fräulein von l'Espinasse: Wie entstehen sie denn?

Bordeu: So wie die Sensibilität ...

Fräulein von l'Espinasse: Sensibilität?

Bordeu: Nun, die überaus große Beweglichkeit gewisser Stränge des Geflechts ist doch die Haupteigenschaft der mittelmäßigen Wesen.

Fräulein von l'Espinasse: Aber Doktor, was für eine Blasphemie!

Bordeu: Darauf war ich gefaßt. Aber was ist ein sensibles Wesen überhaupt? Ein Wesen, das der Willkür des Zwerchfells[33] ausgeliefert ist. Hat ein ergreifendes Wort das Ohr oder eine sonderbare Erscheinung das Auge getroffen, so entsteht plötzlich ein Aufruhr im Innern; alle Fäserchen des Bündels geraten in Bewegung; der Schauder verbreitet sich, der Schrecken greift um sich, die Tränen fließen, die Seufzer ersticken, die Stimme versagt; der Ursprung

---

33 In den *Éléments de physiologie* heißt es, daß es eine »sehr bemerkenswerte Sympathie« zwischen dem Gehirn und dem Zwerchfell gebe: »Wenn sich das Zwerchfell heftig verkrampft, leidet der Mensch und ist betrübt; wenn der Mensch leidet und betrübt ist, verkrampft sich das Zwerchfell heftig; Zwerchfell, Gehirn – wenig bekannte Organe« (OC Bd. XVII, S. 503).

des Bündels weiß nicht, was los ist; keine Kaltblütigkeit, keine Vernunft, keine Urteilskraft, kein Instinkt, kein Ausweg mehr.

Fräulein von l'Espinasse: Darin erkenne ich mich.

Bordeu: Wenn ein großer Mann unglücklicherweise diese Veranlagung von der Natur empfangen hat, wird er unablässig bemüht sein, sie abzuschwächen, sie zu beherrschen, Herr seiner inneren Bewegungen zu werden und dem Ursprung des Bündels seine ganze Macht zu erhalten. Dann beherrscht er sich in den größten Gefahren und urteilt kühl, aber vernünftig. Nichts von dem, was seinen Absichten dienen und ihn ans Ziel bringen kann, entgeht ihm. Schwerlich kann man ihn verblüffen. Mit fünfundvierzig Jahren ist er ein großer König, ein großer Minister, ein großer Politiker, ein großer Künstler, vor allem ein großer Schauspieler, ein großer Philosoph, Dichter, Musiker oder Arzt. Er ist Herr über sich selbst und seine ganze Umgebung. Er hat keine Angst vor dem Tod; denn die Angst ist doch, wie ein Stoiker erhaben gesagt hat, gleichsam ein Henkel, an dem der Starke den Schwachen packt, um ihn zu führen, wohin er will. An sich selbst hat er diese Handhabe längst zerbrochen und sich gleichzeitig von aller Tyrannei der Welt befreit. Die sensiblen Wesen oder die Toren befinden sich auf der Bühne, er selbst sitzt im Zuschauerraum; er ist also der Weise.

Fräulein von l'Espinasse: Gott bewahre mich vor der Gesellschaft dieses Weisen!

Bordeu: Weil Sie sich nicht bemüht haben, ihm ähnlich zu werden, empfinden Sie bald große Leiden, bald starke Freuden, verbringen Ihr Leben mit Lachen und Weinen und bleiben immer nur ein Kind.

Fräulein von l'Espinasse: Damit finde ich mich ab.

Bordeu: Und dabei hoffen Sie, glücklicher zu sein?

Fräulein von l'Espinasse: Das weiß ich nicht.

Bordeu: Liebes Fräulein, diese allzu hoch gepriesene Fähigkeit, die zu nichts Großem führt, kann in starkem Maße wohl kaum ohne Schmerz und in geringem Maße wohl kaum ohne Verdruß betätigt werden. Entweder gähnt man dabei, oder man ist berauscht. Sie geben sich ohne Maß der Empfindung einer köstlichen Musik hin; Sie lassen sich von einer ergreifenden Szene bezaubern. Da zieht sich Ihr Zwerchfell zusammen, das Vergnügen ist vorbei, und Ihnen bleibt nur ein beklemmendes Gefühl, das den ganzen Abend anhält.

Fräulein von l'Espinasse: Wenn ich die herrliche Musik oder die ergreifende Szene aber nur unter dieser Bedingung genießen kann?

Bordeu: Irrtum! Auch ich kann genießen und bewundern, leide aber nie, es sei denn an Leibschmerzen. Ich empfinde reines Vergnügen; dennoch ist mein Tadel viel strenger, mein Lob schmeichelhafter und besonnener. Gibt es eine schlechte Tragödie für Seelen, die so unbeständig sind wie die Ihrige? Wie oft haben Sie sich beim Lesen eines Stückes nicht der Begeisterung geschämt, die Sie im Theater empfunden hatten, und umgekehrt!

Fräulein von l'Espinasse: Das ist mir allerdings passiert.

Bordeu: Eigentlich steht es nicht einem sensiblen Wesen wie Ihnen, sondern einem ruhigen und kühlen Wesen wie mir zu, zu sagen: »Das ist wahr, das ist gut, das ist schön ...« Stärken wir den Ursprung des Geflechtes! Das ist alles, was wir bestenfalls tun können. Wissen Sie, daß es hierbei ums Leben geht?

Fräulein von l'Espinasse: Ums Leben, Doktor, das ist schlimm.

Bordeu: Ja, ums Leben. Es gibt keinen Menschen, der nicht schon einmal des Lebens überdrüssig gewesen wäre. Ein einziges Erlebnis genügt, um dieses Gefühl in ein unwillkürliches und gewohntes Gefühl zu verwandeln. Trotz der Zerstreuungen, der mannigfachen Vergnügen, der guten Ratschläge der Freunde und der eigenen Bemühungen leiten die Fäserchen dann hartnäckig schädliche Erschütterungen zum Ursprung des Bündels weiter. Vergeblich wehrt der Unglückliche sich dagegen, das Weltbild verfinstert sich für ihn; er trägt sich mit düsteren Ideen, die ihn nicht verlassen, und nimmt sich schließlich das Leben.

Fräulein von l'Espinasse: Doktor, Sie machen mir angst.

D'Alembert (der aufgestanden ist, in Hausrock und Nachtmütze): Und was meinen Sie zum Schlaf, Doktor? Das ist doch etwas Gutes.

Bordeu: Der Schlaf, jener Zustand, in dem das ganze Geflecht aus Ermüdung oder aus Gewohnheit erschlafft und unbeweglich bleibt, aber jeder Strang des Geflechtes – wie bei der Krankheit – sich von selbst bewegt und zum gemeinsamen Ursprung eine Menge von Empfindungen weiterleitet, die oft widerspruchsvoll, unzusammenhängend und verworren sind, manchmal aber auch so zusammenhängend, fortlaufend und wohlgeordnet, daß der Mensch im wachen Zustand nicht mehr Vernunft, Beredsamkeit und Vorstellungskraft besitzen könnte, und manchmal so heftig, so lebhaft, daß der Mensch beim Erwachen im Zweifel über die Realität des Vorgangs ist ...

Fräulein von l'Espinasse: Nun, der Schlaf ...?

Bordeu: ... ist ein Zustand des Lebewesens, bei dem kein Zusammenhang mehr besteht; jede Zusammenarbeit, jede Unterordnung hört auf. Der Herr ist gewissermaßen der Willkür seiner Vasallen sowie der entfesselten Energie seiner eigenen Aktivität ausgeliefert. Hat der Sehstrang sich von selbst bewegt, so sieht der Ursprung des Geflechtes etwas. Er hört etwas, sobald der Hörstrang einen Reiz auf ihn ausübt. Zwischen beiden besteht nur noch Wirkung und Rückwirkung. Dies ist eine Folge der Eigenschaft, die ihren Sitz im Zentrum hat, des Gesetzes der Kontinuität und der Gewohnheit. Geht die Wirkung von der Lustfaser aus, welche die Natur für die Erregung der Liebeslust und für die Fortpflanzung der Gattung bestimmt hat, so ist der Effekt der Rückwirkung im Ursprung des Bündels die Erweckung eines Bildes des geliebten Wesens. Wird dieses Bild dagegen zuerst im Ursprung des Bündels hervorgerufen, so sind die Folgen der Rückwirkung eine Anspannung der Lustfaser, eine Aufwallung und ein Erguß der Samenflüssigkeit.

D'Alembert: Demnach gibt es einen ansteigenden Traum und einen absteigenden Traum. Einen solchen habe ich heute Nacht gehabt. Wie er verlaufen ist, weiß ich freilich nicht.

Bordeu: Im wachen Zustand reagiert das Geflecht auf die Eindrücke, die es vom äußeren Gegenstand empfängt. Im Schlaf veranlaßt die Betätigung der ihm eigenen Empfindlichkeit all das, was sich in ihm abspielt. Es gibt keine Ablenkung im Traum; daher dessen Lebhaftigkeit. Dies ist fast immer die Folge einer starken Erregung, ganz ähnlich wie bei einem vorübergehenden Krankheitsanfall. Der Ursprung des Geflechtes ist dabei in unendlich verschiedener Weise bald aktiv und bald passiv; daher der Mangel an Ordnung. Manchmal sind die Vorstellungen jedoch ebenso zusammenhängend, ebenso klar und deutlich wie bei einem Lebewesen, das in den Anblick der Natur versunken ist. Der Traum ist dann nur das Abbild dieses wiedererweckten Anblicks; daher seine Wahrheitstreue, daher auch die Unmöglichkeit, ihn vom Zustand des Wachseins zu unterscheiden. Keine Wahrscheinlichkeit spricht für den einen Zustand mehr als für den andern; es gibt kein anderes Mittel zum Erkennen der Täuschung als die Erfahrung.

Fräulein von l'Espinasse: Ist die Erfahrung denn immer möglich?

Bordeu: Nein.

Fräulein von l'Espinasse: Wenn mir der Traum das Bild eines Freundes, den ich verloren habe, so wahrheitsgetreu zeigt, als ob dieser Freund noch lebte; wenn er mit mir spricht und wenn ich ihn höre; wenn ich ihn anfasse und er auf meine Hände den Eindruck der Körperlichkeit macht; wenn beim Erwachen meine Seele von Zärtlichkeit und Trauer erfüllt ist und meine Augen von Tränen überströmen; wenn meine Arme noch nach der Stelle ausgestreckt sind, wo er mir erschienen ist, – was bürgt mir dann dafür, daß ich ihn nicht wirklich gesehen, gehört und berührt habe?

Bordeu: Seine Abwesenheit. Doch wenn es unmöglich ist, das Wachsein vom Schlaf zu unterscheiden: wer kann dann die Dauer des Schlafs ermessen? Ist dieser ruhig, so stellt er eine ausgelöschte Zeitspanne zwischen dem Augenblick des Schlafengehens und dem Augenblick des Aufstehens dar. Ist er unruhig, so dauert er zuweilen scheinbar jahrelang. In dem ersten Fall hört wenigstens das Selbstbewußtsein völlig auf. Könnten Sie mir wohl einen Traum nennen, den man noch nie gehabt hat und auch nie haben wird?

Fräulein von l'Espinasse: Ja. Daß man ein anderer ist ...

D'Alembert: In dem zweiten Fall dagegen hat man nicht nur das Selbstbewußtsein, sondern auch das Bewußtsein des eigenen Willens und der eigenen Freiheit. Worin besteht diese Freiheit, dieser Wille des Träumenden?

Bordeu: Worin? Er besteht beim Träumenden wie beim Wachenden im letzten Antrieb der Begierde und der Abneigung, im Endergebnis all dessen, was man von der Geburt bis zu dem Moment, den man erlebt, gewesen ist. Und ich bezweifle, ob der feinsinnigste Geist hierbei auch nur den geringsten Unterschied wahrnehmen könnte.

D'Alembert: Meinen Sie?

Bordeu: Das fragen *Sie* mich, obwohl Sie sich so tiefen Spekulationen hingegeben und zwei Drittel Ihres Lebens damit verbracht haben, mit offenen Augen zu träumen – und zu handeln, ohne es zu wollen? Ja, ohne es zu wollen; ebensowenig wie im Traum. Sie gaben im Traum Befehle und Anordnungen, und man gehorchte Ihnen; Sie waren unzufrieden oder befriedigt, spürten einen Widerspruch, stießen auf Hindernisse, regten sich auf, liebten, haßten, tadelten, gingen und kamen. Im Lauf Ihrer Meditationen aber waren Sie jeden Morgen, sobald Ihre Augen sich öffneten, wieder von der Idee besessen, die Sie am Abend vorher beschäftigt hatte; Sie zogen sich an, setzten sich an Ihren Tisch, dachten nach, zeichneten Figuren, stellten Berechnungen an, aßen zu Mittag, nahmen Ihre Kombinationen wieder auf, verließen zuweilen den Tisch, um sie nachzuprüfen, sprachen mit anderen, gaben Ihrem Diener Befehle, aßen zu Abend, legten sich hin und schliefen ein, ohne die geringste Willenshandlung ausgeführt zu haben. Sie waren nur ein Punkt; Sie handelten wohl, aber ohne es zu wollen. Will man denn von selbst etwas? Der Wille entspringt immer einem inneren oder äußeren Beweggrund, irgendeinem gegenwärtigen Eindruck, irgendeiner Erinnerung an die Vergangenheit, irgendeiner Leidenschaft, irgendeinem Zukunftsplan. Nach alledem möchte ich Ihnen hinsichtlich der Freiheit nur noch etwas sagen: die letzte unserer Handlungen ist stets die notwendige Wirkung einer einheitlichen Ursache, und die sind wir selbst: etwas sehr Kompliziertes – und doch *eines*.

Fräulein von l'Espinasse: Eine notwendige Wirkung?

Bordeu: Zweifellos. Versuchen Sie, sich die Veranlassung einer anderen Handlung unter der Voraussetzung vorzustellen, daß das handelnde Wesen dasselbe ist.

Fräulein von l'Espinasse: Er hat recht. Da ich so handle, ist derjenige, der anders handeln kann, nicht mehr ich. Behaupten, daß ich in dem Moment, in dem ich etwas tue oder sage, noch etwas anderes tun oder sagen könne, hieße behaupten, daß ich zugleich ich und ein anderer sei. Aber das Laster und die Tugend, Doktor? Die Tugend, dieses Wort, das in allen Sprachen so heilig ist, diese Idee, die bei allen Völkern so sehr verehrt wird?

Bordeu: Man muß sie durch die Idee vom guten Handeln und ihr Gegenteil durch die vom schlechten Handeln ersetzen. Man wird glücklich oder unglücklich geboren; dann wird man unwiderstehlich von dem allgemeinen Strom mitgerissen, der den einen zum Ruhm und den anderen zur Schmach führt.

Fräulein von l'Espinasse: Und die Selbstachtung, das Schamgefühl, die Reue?

Bordeu: Kindereien! Sie beruhen auf der Unkenntnis und der Eitelkeit eines Wesens, das sich selbst das Verdienst oder die Schuld an einem notwendigen Moment zuschreibt.

Fräulein von l'Espinasse: Und die Belohnungen und Strafen?

Bordeu: Das sind nur Mittel zur Besserung des wandelbaren Wesens, das man böse nennt, und zur Ermutigung des anderen, das man gut nennt.

Fräulein von l'Espinasse: Hat diese ganze Lehre nicht etwas Gefährliches?

Bordeu: Ist sie wahr oder unwahr?

Fräulein von l'Espinasse: Ich halte sie für wahr.

Bordeu: Das heißt, Sie denken, daß die Unwahrheit ihre Vorteile und die Wahrheit ihre Nachteile hat.

Fräulein von l'Espinasse: So denke ich.

Bordeu: Ich auch. Doch die Vorteile der Unwahrheit sind augenblickliche und die der Wahrheit ewige. Die unangenehmen Folgen der Wahrheit, wenn sie solche hat, vergehen schnell, während die unangenehmen Folgen der Unwahrheit erst mit ihr aufhören. Untersuchen Sie die Wirkungen der Unwahrheit im Kopf des Menschen und auf seine Handlungsweise. Entweder hat sich in seinem Kopf die Unwahrheit irgendwie mit der Wahrheit verbunden; dann ist seine Denkweise falsch. Oder er ist fest und folgerichtig an die Unwahrheit gebunden; dann irrt er. Nun, welche Handlungsweise können Sie erwarten, wenn ein Kopf entweder inkonsequent in den Schlüssen oder konsequent in den Irrtümern ist?

Fräulein von l'Espinasse: Der zweite Fehler ist weniger verachtenswert, aber vielleicht mehr zu fürchten als der erste.

D'Alembert: Richtig! So ist denn alles auf Empfindungsvermögen, Gedächtnis und organische Bewegungen zurückgeführt. Dies entspricht ganz meiner Anschauung. Aber die Einbildungskraft und die Abstraktionen?

Bordeu: Die Einbildungskraft ...

Fräulein von l'Espinasse: Halt, einen Augenblick, Doktor. Fassen wir kurz zusammen: Nach Ihren Prinzipien, so scheint mir, könnte ich durch eine Reihe rein mechanischer Operationen das größte Genie der Erde in eine unorganische Fleischmasse verwandeln, der man dabei nur die momentane Empfindlichkeit lassen würde; dann könnte man diese formlose Fleischmasse von der tiefsten Stufe des Stumpfsinns, die man sich vorstellen kann, wieder bis zur Stufe des genialen Menschen entwickeln. Die eine dieser zwei Erscheinungen würde eintreten, wenn man den Urstrang verstümmelte, eine gewisse Anzahl seiner Keimfasern entfernte und das übrige in Unordnung brächte, und die umgekehrte Erscheinung, sobald man in den Strang die Keimfasern, die man herausgelöst hat, wieder einfügen und das Ganze einer glücklichen Entwicklung überlassen würde. Ein Beispiel: Nehme ich Newton die zwei Gehörfasern, so hat er nicht mehr die Empfindung für Töne; nehme ich ihm die Geruchsfasern, so fehlt ihm die Empfindung für Gerüche; beseitige ich die Sehfasern, so hat er keine Empfindung für Farben, und entferne ich die Gaumenfasern, so fehlt ihm die Geschmacksempfindung. Wenn ich nun auch noch die anderen Fasern beseitige oder sie in Unordnung bringe, so ist es für immer aus mit dem organischen Bau des Gehirns, mit dem Gedächtnis, der Urteilskraft, den Begierden, den Abneigungen, den Leidenschaften, dem Willen, dem Selbstbewußtsein. Da ist nur noch eine formlose Masse, die nichts anderes behalten hat als Leben und Empfindlichkeit.

Bordeu: Zwei fast identische Eigenschaften. Das Leben ist eine Eigenschaft des Aggregats, die Empfindlichkeit eine Eigenschaft des Elements.

Fräulein von l'Espinasse: Nehme ich diese Masse und setze ihr die Geruchsfasern wieder ein, so kann sie riechen; tue ich dasselbe mit den Gehörfasern, so kann sie hören; mit den Sehfasern, so kann sie sehen, und mit den Gaumenfasern, so kann sie schmecken. Wenn ich den Rest des Strangs entwirre, so gebe ich den andern Fasern Raum zur Entwicklung und sehe das Gedächtnis, die Vergleiche, die Urteilskraft, die Vernunft, die Begierden, die Abneigungen, die natürliche Begabung, das Talent wieder entstehen und habe schließlich meinen genialen Menschen wieder vor mir, und all das ohne Vermittlung irgendeines nicht erkennbaren heterogenen Agens.

Bordeu: Ausgezeichnet! Halten Sie sich daran, alles andere ist nur Geschwätz ... Aber die Abstraktionen und die Einbildungskraft? Die Einbildung ist das Gedächtnis für Formen und Farben. Der Anblick einer Szene, eines Gegenstandes, stimmt notwendig das empfindliche Instrument auf bestimmte Weise; dann stimmt es sich entweder von selbst oder wird durch eine fremde Ursache gestimmt. Also schwingt es innen oder tönt außen wider, erinnert sich schweigend der Eindrücke, die es empfangen hat, oder bringt sie durch gebräuchliche Laute zum Ausdruck.

D'Alembert: Aber die Wiedergabe ist verzerrt; sie läßt Einzelheiten weg oder fügt solche hinzu, entstellt die Tatsachen oder läßt sie schöner erscheinen, und die empfindlichen Instrumente in der Nähe empfangen Eindrücke, die zwar Eindrücke von dem tönenden Instrument sind, aber nicht der Eindruck von dem Vorgang, der sich abgespielt hat.

Bordeu: Das ist wahr. Die Wiedergabe ist historisch oder poetisch.

D'Alembert: Wie aber kommt das Erdichtete oder Unwahre in die Wiedergabe?

Bordeu: Durch die Ideen, die einander hervorrufen, und zwar deshalb hervorrufen, weil sie stets verbunden gewesen sind. Da Sie sich die Freiheit genommen haben, das Lebewesen mit einem Klavier zu vergleichen, darf ich die Erzählung des Dichters wohl mit dem Gesang vergleichen.

D'Alembert: Das ist gerecht.

Bordeu: Jeder Gesang beruht auf einer Tonleiter. Diese Tonleiter hat ihre Intervalle. Außerdem hat jede Saite ihre harmonischen Töne, die wiederum harmonische Zwischentöne haben. So werden Übergangsmodulationen in die Melodie gebracht, und dadurch wird der Gesang reicher und umfassender. Die bloße Tatsache ist ein gegebenes Motiv, das jeder Musiker auf seine Weise empfindet.

Fräulein von l'Espinasse: Warum machen wir durch diese Bildersprache die Frage so verzwickt? Ich würde einfach sagen: Da jeder seine eigenen Augen hat, sieht und erzählt jeder anders. Jede Idee ruft andere Ideen hervor, und man hält sich je nach seiner Denkweise oder seinem Charakter entweder an die Ideen, die die Tatsache genau wiedergeben, oder führt in sie andere, gleichzeitig hervorgerufene Ideen ein. Ich würde behaupten, daß man die Wahl zwischen diesen Ideen hat. Ich würde auch behaupten ..., daß dieses Sujet allein, bei gründlicher Behandlung, ein ganzes Buch ergeben könnte.

D'Alembert: Sie haben recht. Dies soll mich freilich nicht hindern, den Doktor zu fragen, ob er fest überzeugt ist, daß eine Form, die keinem Ding in der Wirklichkeit gleicht, auch niemals in der Einbildung entstehen und keinesfalls in einer Erzählung auftauchen könnte.

Bordeu: Dies glaube ich. Der ganze Wahn dieser Fähigkeit ist auf das Talent jener Scharlatane zurückzuführen, die aus mehreren zerlegten Lebewesen ein wunderliches Wesen zusammensetzten, das man in der Natur nie gesehen hat.

D'Alembert: Und die Abstraktionen?

Bordeu: Es gibt keine Abstraktionen; es gibt nur gewohnheitsmäßige Auslassungen, sogenannte Ellipsen, die die Behauptungen allgemeiner und die Sprache knapper und bequemer machen. Die Zeichen der Sprache haben doch zur Entstehung der abstrakten Wissenschaften geführt. Eine mehreren Handlungen gemeinsame Eigenschaft erzeugte die Wörter Laster und Tugend; eine mehreren Wesen gemeinsame Eigenschaft erzeugte die Wörter Häßlichkeit und Schönheit. Zuerst sagte man: ein Mensch, ein Pferd, zwei Lebewesen; dann sagte man: eins, zwei, drei. So entstand nach und nach die ganze Lehre von den Zahlen. Man gewinnt durch ein abstraktes Wort keine Vorstellung *(idée)*. Zuerst bemerkte man an allen Körpern drei Dimensionen: Länge, Breite, Tiefe; dann beschäftigte man sich mit jeder dieser Dimensionen, und so entstanden alle mathematischen Wissenschaften. Jede Abstraktion ist nur ein Zeichen ohne Vorstellung. Man schloß die Vorstellung aus, indem man das Zeichen, das Merkmal, von dem körperlichen Gegenstand trennte, und nur wenn man das Zeichen wieder mit dem körperlichen Gegenstand verbindet, wird die Wissenschaft wieder eine Lehre von den Vorstellungen. Daher tritt bei Gesprächen und in Schriften so häufig das Bedürfnis nach Beispielen auf. Wenn Sie nach einer langen Aneinanderreihung von Zeichen ein Beispiel verlangen, fordern Sie von dem Sprechenden eigentlich nichts anderes, als daß er dem Schwall seiner Laute Inhalt, Form, Realität und Vorstellung gebe, indem er seine Empfindungen in Beziehung zu diesen Lauten setzt.

D'Alembert: Ist Ihnen das ganz klar, Fräulein?

Fräulein von l'Espinasse: Noch lange nicht; aber der Doktor wird sich wohl noch klarer ausdrücken.

Bordeu: Das können Sie gut sagen! Aber ich will nicht behaupten, daß an dem, was ich gesagt habe, nicht noch einiges zu verbessern und vieles zu ergänzen wäre; aber es ist schon halb zwölf, und ich habe heute mittag eine Konsultation im Marais-Viertel.

D'Alembert: Knappere und bequemere Sprache! Versteht man sich dann überhaupt noch, Doktor, und wird man noch verstanden?

Bordeu: Fast alle Gespräche sind doch nur Berichte ... Ich weiß nicht, wo ich meinen Spazierstock gelassen habe ... Man hat dabei im Geist keine Vorstellung ... Und mein Hut ...? Schon aus dem einfachen Grund, weil kein Mensch einem anderen völlig gleicht, verstehen wir nie genau und werden wir nie genau verstanden. Bei allem gibt es ein Mehr und ein Weniger. Immer bleibt unsere Ausdrucksweise hinter der Empfindung zurück oder geht über sie hinaus. Man bemerkt sehr viele Unterschiede in den Urteilen; es gibt tausendmal mehr, als man bemerkt und glücklicherweise bemerken kann ... Leben Sie wohl, leben Sie wohl.

Fräulein von l'Espinasse: Ein Wort noch, bitte.

Bordeu: Heraus damit! Schnell!

Fräulein von l'Espinasse: Erinnern Sie sich an die Sprünge, von denen Sie gesprochen haben?

Bordeu: Ja.

Fräulein von l'Espinasse: Glauben Sie, daß sowohl bei den Toren wie bei den Männern von Geist solche Sprünge im Lauf der Generationen vorkommen?

Bordeu: Warum nicht?

Fräulein von l'Espinasse: Um so besser für unsere Urenkel. Vielleicht kommt wieder einmal ein Henri Quatre.

Bordeu: Vielleicht ist er schon wieder da.

Fräulein von l'Espinasse: Doktor, Sie sollten doch zu uns zum Mittagessen kommen.

Bordeu: Ich werde mein möglichstes tun, verspreche es aber nicht; Sie müssen es nehmen, wie es kommt.

Fräulein von l'Espinasse: Bis zwei Uhr werden wir auf Sie warten.

Bordeu: Einverstanden.

III
Fortsetzung des vorhergehenden Gesprächs

Fräulein von l'Espinasse, Bordeu

(Gegen zwei Uhr ist der Doktor zurückgekommen. D'Alembert war unterdessen fortgegangen, um auswärts zu speisen, und der Doktor fand sich allein mit Fräulein von l'Espinasse. Das Essen wurde aufgetragen. Bis zum Nachtisch sprachen sie über ziemlich belanglose Dinge.)

Fräulein von l'Espinasse (nachdem die Diener sich entfernt haben): Kommen Sie, Doktor, trinken Sie ein Glas Malaga; dann müssen Sie mir eine Frage beantworten, die mir schon hundertmal durch den Kopf gegangen ist und die ich nur an Sie zu richten wage.

Bordeu: Vorzüglich, dieser Malaga... Und Ihre Frage?

Fräulein von l'Espinasse: Wie denken Sie über die Mischung der Arten?

Bordeu: Wahrhaftig, die Frage ist ebensogut. Ich denke, die Menschen haben dem Zeugungsakt stets große Bedeutung beigemessen, und zwar mit Recht; doch mit ihren bürgerlichen und religiösen Gesetzen bin ich nicht zufrieden.

Fräulein von l'Espinasse: Was haben Sie daran auszusetzen?

Bordeu: Daß man sie ohne Billigkeit, ohne Zweckmäßigkeit und ohne jede Rücksicht auf die Natur der Dinge und den öffentlichen Nutzen geschaffen hat.

Fräulein von l'Espinasse: Versuchen Sie, sich klarer auszudrükken.

Bordeu: Das ist meine Absicht ... Aber warten Sie ... (Er sieht auf seine Uhr.) Ich habe noch eine gute Stunde Zeit für Sie; ich werde schnell vorgehen, und dies wird uns genügen. Wir sind allein, Sie sind nicht prüde, Sie werden nicht auf den Gedanken kommen, daß ich es absichtlich an einer Achtung fehlen lasse, die ich Ihnen schuldig bin. Wie immer Sie meine Ideen beurteilen werden, ich hoffe meinerseits, daß Sie daraus keine Schlüsse gegen die Ehrbarkeit meiner Sitten ziehen werden.

Fräulein von l'Espinasse: Ganz gewiß nicht. Aber Ihre Einleitung beunruhigt mich.

Bordeu: Dann wollen wir lieber das Thema wechseln.

Fräulein von l'Espinasse: Nicht doch; fahren Sie ruhig fort. Einer Ihrer Freunde, der auf der Suche nach Gatten für mich und meine zwei Schwestern war, hat der jüngsten einen Sylvan, der ältesten einen großen Verkündigungsengel und mir einen Schüler des Diogenes geschenkt; er kannte uns eben alle drei sehr gut. Doch sprechen Sie durch die Blume, Doktor, ein wenig durch die Blume.

Bordeu: Selbstverständlich, soweit das Sujet und mein Beruf es zulassen.

Fräulein von l'Espinasse: Das wird Ihnen keine besondere Mühe machen ... Aber hier ist Ihr Kaffee ... Nehmen Sie Ihren Kaffee.

Bordeu (nachdem er den Kaffee ausgetrunken hat): Ihre Frage betrifft die Physik, die Moral und die Poesie.

Fräulein von l'Espinasse: Die Poesie?

Bordeu: Zweifellos. Die Kunst, nichtexistierende Wesen nach dem Vorbild der existierenden Wesen zu schaffen, ist wahre Poesie. Diesmal darf ich statt Hippokrates wohl Horaz zitieren. Dieser Dichter oder Versemacher sagt irgendwo:[34] *Omne tulit punctum qui miscuit utile dulci:* das höchste Verdienst besteht darin, das Angenehme mit dem Nützlichen zu verbinden. Die Vollkommenheit besteht in der Verknüpfung dieser zwei Momente. In der ästhetischen Ordnung soll die angenehme *und* nützliche Handlung den ersten Rang einnehmen; den zweiten können wir dem *nur* Nützlichen nicht versagen; der dritte kommt dem *nur* Angenehmen zu, und auf den untersten Rang werden wir die Handlung verweisen, die weder Vergnügen noch Gewinn bringt.

Fräulein von l'Espinasse: Bisher kann ich Ihrer Ansicht sein, ohne zu erröten. Doch wohin wird uns dies führen?

Bordeu: Das werden Sie gleich sehen. Liebes Fräulein, könnten Sie mich darüber aufklären, welchen Gewinn oder welches Vergnügen die Keuschheit und die strenge Enthaltsamkeit dem Individuum, das sie ausübt, oder der Gesellschaft bringen?

Fräulein von l'Espinasse: Offen gestanden – weder Gewinn noch Vergnügen.

Bordeu: Trotz des großartigen Lobes, das der Fanatismus an sie vergeudet hat, und trotz der bürgerlichen Gesetze, die sie schützen, werden wir sie also von der Liste der Tugenden streichen und zugeben, daß es nichts gibt, was so albern, so lächerlich, so unsinnig, so schädlich, so verächtlich und, abgesehen vom wirklich Bösen, so schlimm ist wie diese zwei seltenen Eigenschaften …

Fräulein von l'Espinasse: Dem kann man zustimmen.

Bordeu: Vorsicht! Ich warne Sie. Gleich werden Sie den Rückzug antreten.

Fräulein von l'Espinasse: Wir weichen nie zurück.

Bordeu: Und die Akte der solitären Befriedigung?

Fräulein von l'Espinasse: Nun?

Bordeu: Nun, die bereiten dem Individuum wenigstens Vergnügen. Also ist unser Prinzip falsch, oder …

Fräulein von l'Espinasse: Aber Doktor!

Bordeu: Ja, liebes Fräulein, und zwar aus dem einfachen Grund,

---

34 In der *Ars poetica* v. 343.

weil solche Akte ebenso belanglos sind, aber nicht ebenso unfruchtbar. Das ist doch ein Bedürfnis, und selbst wenn man nicht durch das Bedürfnis dazu getrieben würde, wäre es immerhin eine angenehme Sache. Ich wünsche, daß man sich wohl befinde; ich wünsche dies unbedingt, verstehen Sie? Ich tadle jeden Exzeß; aber in einem solchen Gesellschaftszustand wie dem unsrigen, ganz abgesehen vom Temperament und von den schädlichen Folgen der strengen Enthaltsamkeit, besonders für junge Menschen, kommen hundert vernünftige Überlegungen auf eine unvernünftige: schlechte Vermögensverhältnisse und Angst vor bitterer Reue unter den Männern, Furcht vor Schande bei den Frauen – Überlegungen, die ein unglückliches Geschöpf, das vor Sehnsucht und Unbehagen beinahe vergeht, oder einen armen Teufel, der nicht weiß, an wen er sich wenden soll, dazu bringen, sich nach der Art und Weise des Kynikers zu behelfen. Würde Cato, der einem Jüngling in dem Augenblick, da dieser das Haus einer Buhlerin betreten wollte, zurief: »Mut, mein Sohn ...«,[35] ihm heute nur noch dieselben Worte zurufen? Würde er nicht vielmehr, wenn er ihn allein auf frischer Tat ertappte, sofort hinzufügen: das ist besser, als die Frau des Nächsten zu verführen oder seine Ehre und seine Gesundheit aufs Spiel zu setzen? ... Ach was! Weil mir die Umstände das größte Glück nehmen, das man sich vorstellen kann, nämlich das Glück, meine Sinnlichkeit mit der Sinnlichkeit, meine Trunkenheit mit der Trunkenheit, meine Seele mit der Seele einer Gefährtin meiner Wahl zu vereinigen und mich in ihr und mit ihr fortzupflanzen, und weil ich meine Handlungsweise nicht durch den Nutzen heiligen kann, deshalb soll ich mir einen notwendigen und köstlichen Augenblick versagen? Bei Vollblütigkeit läßt man sich einen Aderlaß machen. Was liegt an der Beschaffenheit des überflüssigen Saftes, an seiner Farbe und an der Weise, durch die man sich von ihm befreit? In einem Fall des Unbehagens ist er genauso überflüssig wie in dem anderen. Und wenn man ihn aus seinen Behältern herauspumpte, in der ganzen Maschine verteilte und auf einem anderen, längeren, schwierigeren und gefährlicheren Weg ausschiede, wäre er dann nicht auch verloren? Die Natur duldet nichts Unnützes. Warum sollte ich schuldig sein, wenn ich nachhelfe, sobald sie mich durch die unzweideutigsten Symptome zur Hilfe ruft? Wir

---

35 Vgl. Horaz, *Satiren* I, 2, v. 31f.

wollen die Natur niemals herausfordern, ihr aber nötigenfalls Hilfe leisten. In der Entsagung und Untätigkeit sehe ich nur Torheit und versäumtes Vergnügen. Leben Sie enthaltsam, wird man mir sagen; arbeiten Sie sich müde. Oh, ich verstehe: ich soll mich um ein Vergnügen bringen, soll mir Mühe geben, ein fremdes Vergnügen auszuschließen. Fein ausgedacht!

Fräulein von l'Espinasse: Kindern darf man diese Lehre freilich nicht verkünden.

Bordeu: Den anderen auch nicht. Sie gestatten mir doch eine aus der Luft gegriffene Annahme? Nehmen wir an, Sie hätten eine Tochter, ein braves und unschuldiges, vielleicht allzu braves und unschuldiges Mädchen. Sie befindet sich in dem Alter, in dem das Temperament sich entwickelt; ihr Geist gerät dadurch in Verwirrung, die Natur hilft ihr nicht: Sie lassen mich kommen. Ich erkenne sofort, daß alle jene Symptome, die Sie beängstigen, nur von dem Überfluß und der Zurückhaltung der Samenflüssigkeit herrühren; ich mache Sie darauf aufmerksam, daß Ihre Tochter von einer Tollheit bedroht ist, die leicht verhütet, zuweilen aber nicht geheilt werden kann; ich nenne Ihnen das Abhilfemittel. Was werden Sie dann tun?

Fräulein von l'Espinasse: Um Ihnen die Wahrheit zu sagen, ich glaube – aber dieser Fall kommt ja gar nicht vor ...

Bordeu: Täuschen Sie sich nicht. Er ist nicht selten und würde häufig vorkommen, wenn die Freiheit unserer Sitten es nicht verhütete ... Wie dem auch sei: es hieße allen Anstand mit Füßen treten, hieße den abscheulichsten Verdacht auf sich ziehen und ein Verbrechen gegen die Gesellschaft begehen, wenn man solche Prinzipien verbreiten wollte. Sie sind ja so nachdenklich?

Fräulein von l'Espinasse: Ja, ich überlege hin und her, ob Sie jemals in die Lage gekommen sind, Müttern eine so strengvertrauliche Mitteilung zu machen.

Bordeu: Sicher.

Fräulein von l'Espinasse: Und welche Entscheidung haben diese Mütter getroffen?

Bordeu: Die richtige, die vernünftige Entscheidung! Alle – ohne Ausnahme ... Trotzdem würde ich auf der Straße nicht den Hut vor einem Manne ziehen, der in dem Verdacht stünde, meine Lehre in die Tat umzusetzen. Mir würde es genügen, daß man ihn einen Ehrlosen nennt. Doch wir plaudern hier unter vier Augen, ohne

Zeugen und ohne Folgen; und hinsichtlich meiner Philosophie möchte ich Ihnen das gleiche sagen wie Diogenes, der zu einem züchtigen jungen Athener, gegen den er – völlig nackt – zum Ringkampf antrat, sagte: »Fürchte nichts, mein Sohn, ich bin nicht so schlecht wie jener dort!«

Fräulein von l'Espinasse: Ich sehe, Doktor, worauf Sie hinauswollen, und ich wette ...

Bordeu: Ich wette nicht mit Ihnen, denn Sie würden gewinnen. Ja, mein Fräulein, das ist meine Ansicht.

Fräulein von l'Espinasse: Was denn? Daß man sich im Gehege seiner Art einschließen soll? Oder daß man es verlassen soll?

Bordeu: Richtig!

Fräulein von l'Espinasse: Sie sind ein Ungeheuer.

Bordeu: Nein, nicht ich. Ungeheuerlich ist entweder die Natur oder die Gesellschaft. Hören Sie, Fräulein, ich lasse mich nicht durch Worte einschüchtern, und ich drücke mich deshalb so freimütig aus, weil ich moralisch sauber bin und die Reinheit meiner Sitten nirgends einen Angriffspunkt bietet. Ich frage Sie also: wenn zwei Handlungen ausschließlich auf die Sinnenlust beschränkt sind und lediglich Vergnügen bereiten können, ohne zu nutzen, wenn aber die eine von ihnen nur demjenigen Vergnügen macht, der sie vollzieht, während die andere das Vergnügen auf ein männliches oder weibliches Wesen derselben Gattung überträgt (denn das Geschlecht, ja sogar die Funktion des Geschlechts spielt dabei keine Rolle): wofür wird der gesunde Menschenverstand sich dann entscheiden?

Fräulein von l'Espinasse: Diese Fragen sind zu hoch für mich.

Bordeu: Ach! Nachdem Sie einige Minuten lang wie ein Mann gedacht haben, greifen Sie nun wieder zu Ihrer Haube und Ihren Röcken und werden wieder Frau. Meinen Respekt! Dann muß man Sie wohl als solche behandeln ... Erledigt! ... Über Madame du Barry[36] verliert man jetzt kein Wort mehr ... Sie sehen, alles kommt wieder in Ordnung. Man glaubte, der ganze Hof würde

---

36 Marie-Jeanne Bécu, Comtesse du Barry (1743-1793), arbeitete zunächst als Näherin, später als Kurtisane. Um sie hoffähig zu machen, ließ der Graf Jean-Baptiste du Barry falsche Dokumente über eine adlige Abstammung ausstellen und verheiratete sie mit seinem Bruder, so daß sie zur Comtesse du Barry wurde. Diese Ereignisse fanden 1768 statt; im April 1769 wurde sie dann offiziell bei Hofe eingeführt. Dort stieg sie rasch zur Mätresse von König Louis XV. auf.

auf den Kopf gestellt werden; doch der hohe Herr handelte als vernünftiger Mann: *Omne tulit punctum* ... Er behielt die Frau, die ihm Vergnügen macht, und den Minister, der ihm nützt ... Aber Sie hören mir nicht zu ... Wo sind Ihre Gedanken?

Fräulein von l'Espinasse: Bei jenen Verbindungen, die mir alle widernatürlich erscheinen.

Bordeu: Alles, was ist, kann weder widernatürlich noch unnatürlich sein; ich nehme davon nicht einmal die freiwillige Keuschheit und Enthaltsamkeit aus. Diese wären allerdings die größten Verbrechen gegen die Natur, wenn man gegen die Natur fehlen könnte, und die größten Verbrechen gegen die Gesellschaftsgesetze eines Landes, wenn man in ihm die Handlungen auf einer anderen Waage als der Waage des Fanatismus und des Vorurteils abwöge.

Fräulein von l'Espinasse: Ich komme wieder zu Ihren verwünschten Syllogismen und finde dabei keinen Mittelweg. Man muß entweder alles leugnen oder alles anerkennen ... Doch hören Sie, Doktor, es ist wohl am anständigsten und einfachsten, den Morast zu überspringen und wieder zu meiner ersten Frage zu kommen. Wie denken Sie über die Mischung der Arten?

Bordeu: Wir brauchen gar keinen Sprung zu machen; wir waren doch bei diesem Thema. Bezieht sich Ihre Frage auf das Physische oder auf das Moralische?

Fräulein von l'Espinasse: Auf das Physische, nur auf das Physische.

Bordeu: Um so besser. Doch die Frage nach dem Moralischen ging voraus, und Sie müssen sie entscheiden. Also ...

Fräulein von l'Espinasse: Einverstanden ... Zweifellos ist dies eine Voraussetzung, aber ich möchte ... daß Sie die Ursache von der Wirkung trennen. Lassen wir die häßliche Ursache weg.

Bordeu: Das heißt, Sie befehlen mir, am Ende anzufangen. Da Sie es wünschen, will ich Ihnen sagen, daß es wegen unserer Kleinlichkeit, unserer Scheu, unserer Gesetze und unserer Vorurteile noch sehr wenig abgeschlossene Experimente gibt; daß man nicht weiß, welche Paarungen völlig fruchtlos wären, in welchen Fällen das Nützliche sich mit dem Angenehmen verbinden würde, was für Arten man sich von mannigfachen und kontinuierlichen Versuchen versprechen könnte, ob die Faune[37] wirkliche Wesen oder

---

37 Faune hier im Sinne der Satyrn der griechischen Mythologie, die oft als Mischwesen z. B. zwischen Menschen und Pferden dargestellt wurden.

Fabelwesen sind, ob man die Maultierrassen nicht auf hunderterlei Weise vervielfältigen könnte und ob diejenigen, die wir kennen, wirklich unfruchtbar sind. Doch eine seltsame Geschichte, die Ihnen unzählige Gebildete als wahr bestätigen werden, die aber unwahr ist, besagt, daß man im Hühnerhof des Erzherzogs gesehen habe, wie ein schamloses Kaninchen als Hahn für zwanzig schamlose Hennen diente, die sich damit abfanden. Diese Leute werden Ihnen auch erzählen, man hätte ihnen Kücken mit einer Art Fell gezeigt, die aus diesem bestialischen Akt hervorgegangen seien. Sie können sich denken, daß man sie ausgelacht hat.

Fräulein von l'Espinasse: Aber was verstehen Sie unter kontinuierlichen Versuchen?

Bordeu: Ich meine, daß der Kreislauf der Wesen in Stufen erfolgt, daß die Anpassung der Wesen stets der Vorbereitung bedarf, daß man also, um Erfolg bei solchen Experimenten zu haben, von unten anfangen und zuerst darauf hinarbeiten müßte, die Lebewesen durch gleiche Lebensweise einander näherzubringen.

Fräulein von l'Espinasse: Schwerlich wird man einen Menschen dazu bringen, Gras zu essen.

Bordeu: Wohl aber dazu, häufig Ziegenmilch zu trinken, und ebenso die Ziege, sich von Brot zu nähren. Die Ziege habe ich aus ganz persönlichen Erwägungen gewählt.

Fräulein von l'Espinasse: Was für Erwägungen?

Bordeu: Sie sind recht kühn! Das – das heißt: wir könnten auf solche Weise eine kräftige, kluge, unermüdliche und flinke Rasse züchten und dann aus ihr ausgezeichnete Diener machen.

Fräulein von l'Espinasse: Vortrefflich, Doktor. Mir ist, als sehe ich hinter der Kutsche Ihrer Herzoginnen schon fünf oder sechs impertinente Ziegenmenschen in Livree hertraben, und dies macht mir Spaß.

Bordeu: Dann würden wir unsere Brüder wohl nicht mehr durch den Zwang zu Tätigkeiten erniedrigen, die ihrer und unserer nicht würdig sind.

Fräulein von l'Espinasse: Noch besser.

Bordeu: Dann würden wir auch in unseren Kolonien den Menschen nicht mehr auf die Stufe eines Lasttiers hinabdrücken.

Fräulein von l'Espinasse: Flink, Doktor, gehen Sie an die Arbeit und machen Sie uns Ziegenmenschen.

Bordeu: Und das wollen Sie unbedenklich zulassen?

Fräulein von l'Espinasse: Halt, mir kommt doch ein Bedenken. Wahrscheinlich wären Ihre livrierten Ziegenmenschen entsetzlich zügellos.

Bordeu: Für ihre Moral garantiere ich Ihnen nicht.

Fräulein von l'Espinasse: Es wird dann keine Sicherheit mehr für die anständigen Frauen geben; Ihre Ziegenmenschen werden sich endlos vermehren; schließlich wird nichts anderes übrigbleiben, als sie zu töten oder ihnen zu gehorchen. Ich will es nicht mehr; nein, ich will es nicht mehr. Halten Sie inne.

Bordeu (im Gehen): Und dann die Frage ihrer Taufe ...

Fräulein von l'Espinasse: Dies gäbe einen schönen Tumult in der Sorbonne!

Bordeu: Haben Sie im Park des Königs den Orang-Utan im Glaskäfig gesehen, der wie ein in der Wüste predigender heiliger Johannes aussieht?

Fräulein von l'Espinasse: Ja, ich habe ihn gesehen.

Bordeu: Der Kardinal Polignac[38] sagte einmal zu ihm: »Sprich, und ich taufe dich.«

Fräulein von l'Espinasse: Leben Sie wohl, Doktor. Vernachlässigen Sie uns nicht wieder eine Ewigkeit, wie gewöhnlich, und denken Sie zuweilen daran, daß ich Sie schrecklich gern habe. Ach, wenn man wüßte, was für Abscheulichkeiten Sie mir erzählt haben!

Bordeu: Ich bin ganz sicher, daß Sie darüber schweigen werden.

Fräulein von l'Espinasse: Verlassen Sie sich nicht darauf! Ich höre doch nur zu, weil es mir Vergnügen macht, alles weiterzuerzählen. Ein Wort noch; dann komme ich zeitlebens nicht mehr darauf zurück.

Bordeu: Was gibt es noch?

Fräulein von l'Espinasse: Diese abscheulichen Neigungen – woher kommen die eigentlich?

Bordeu: Stets von einer Unzulänglichkeit des Körperbaus bei Jünglingen und von der Verdorbenheit des Geistes bei Greisen; in Athen vom Reiz der Schönheit, in Rom vom Mangel an Frauen, in Paris von der Angst vor der Lustseuche. Leben Sie wohl.

Ende.

---

38 Kardinal Melchior de Polignac (1661-1741).

Nachtrag zu »Bougainvilles Reise« oder Gespräch zwischen A und B über die Unsitte, moralische Ideen an gewisse physische Handlungen zu knüpfen, zu denen sie nicht passen.

At quanto meliora monet, pugnantiaque istis,
Dives opis natura suae, tu si modo recte
Dispensare velis, ac non fugienda petendis
Immiscere! Tuo vitio rerumne labores,
Nil referre putas?

[Viel besser, so ganz anders als dein Treiben ist es, was die Natur dir rät, die reichlich Mittel hat, dich zu befriedigen; recht haushalten mußt du nur damit, darfst nicht durcheinanderbringen, was man meiden, was man wünschen soll. Meinst du, es macht nichts aus, ob du selbst oder das Schicksal es verschuldet, was du leidest?

Horaz, *Satiren*, 1. Buch, 2. Satire, Vers 73 ff. – Übersetzung von W. Schöne/H. Färber.]

I
Beurteilung der Reise Bougainvilles

A: Jener prachtvolle Sternenhimmel, unter den wir gestern zurückgekehrt sind und der uns einen schönen Tag zu verbürgen schien, hat sein Versprechen nicht gehalten.

B: Wie können Sie das wissen?

A: Der Nebel ist so dicht, daß er uns die Aussicht auf die nahen Bäume nimmt.

B: Das ist wahr. Aber wenn dieser Nebel, der im unteren Teil der Atmosphäre doch nur deshalb bleibt, weil sie genügend Feuchtigkeit enthält, auf den Boden zurückfällt?

A: Und wenn er im Gegenteil die feuchte Schicht durchdringt, aufsteigt und die obere Region erreicht, in der die Luft weniger dicht und vielleicht, wie die Chemiker sagen, nicht gesättigt ist?

B: Man muß abwarten.

A: Was tun Sie unterdessen?

B: Ich lese.

A: Noch immer diese Reise von Bougainville?[1]

B: Noch immer.

A: Aus diesem Mann werde ich nicht klug. Das Studium der Mathematik, das eine geruhsame, sitzende Lebensweise voraussetzt, hat seine Jugendzeit ausgefüllt, und plötzlich geht er von einem zurückgezogenen und nachdenklichen Dasein zu dem tätigen, mühsamen, unsteten und gedankenlosen Beruf eines Reisenden über.

B: Durchaus nicht. Wenn das Schiff nur ein schwimmendes Haus ist und wenn Sie in Betracht ziehen, wie der Seefahrer, in einem ziemlich engen Raum eingeschlossen und selbst unbeweglich, unermeßliche Räume durchquert, so werden Sie wohl einsehen, daß er auf einer Planke die Reise um die Erde macht, wie wir beide eine Weltreise hier auf Ihrem Parkett machen.

A: Eine andere offensichtliche Ungereimtheit ist der Widerspruch zwischen dem Charakter dieses Mannes und seinem Unternehmen. Bougainville hat eine gewisse Vorliebe für gesellschaftliche Zerstreuungen; er liebt die Frauen, das Theater, delikate Mahlzeiten; er überläßt sich dem Strudel der Welt ebenso bereitwillig wie der Unbeständigkeit des Elements, auf dem er sich hat hin und her werfen lassen. Er ist liebenswürdig und heiter, das heißt ein echter Franzose, einerseits belastet mit einer Abhandlung über die Differential- und Integralrechnung und andererseits mit einer Reise um die Erde.

B: Er handelt wie alle Welt. Er zerstreut sich, nachdem er sich gesammelt hat, und sammelt sich, nachdem er sich zerstreut hat.

A: Was halten Sie von seiner Reise?

B: Soweit ich sie nach einer ziemlich oberflächlichen Lektüre beurteilen kann, möchte ich ihre Vorteile in drei Hauptpunkte zusammenfassen: eine bessere Kenntnis unserer alten Wohnstät-

---

1 Es geht um das Buch *Voyage autour du monde par la frégate du Roi La Boudeuse et la flûte L'Étoile; en 1766, 1767, 1768 et 1769* von Louis-Antoine de Bougainville (1729-1811). Der Reisebericht wurde 1771 in Paris veröffentlicht. Diderot hatte für Grimms *Correspondance Littéraire* eine Zusammenfassung verfaßt, die dort aber nicht aufgenommen wurde (vgl. OC Bd. XII, S. 499). Material aus dieser Zusammenfassung verwendet er im ersten Teil des Nachtrags. Bougainville war vor seiner Weltreise mit der Schrift *Traité du calcul intégral pour servir de suite à l'analyse des infiniment-petits* (1754) als Mathematiker bekannt geworden und wurde 1756 Mitglied der Royal Society in London.

te und ihrer Bewohner, mehr Sicherheit auf den Meeren, die er mit dem Lot in der Hand durchsegelt hat, und mehr Genauigkeit auf unseren geographischen Karten. Bougainville brach mit den notwendigen Kenntnissen und den für solche Zwecke geeigneten Fähigkeiten auf: philosophische Anschauungsweise, Mut, Wahrhaftigkeit; er besaß Scharfblick, der die Gegenstände schnell erfaßt und die Beobachtungszeit verkürzt, Umsicht und Ausdauer; er hatte den Wunsch, viel zu sehen, sich aufzuklären und zu bilden; Kenntnisse in Mathematik, Mechanik, Geometrie, Astronomie und eine gewisse Beschlagenheit in Naturkunde.

A: Und sein Stil?

B: Ungekünstelt, sachlich, einfach und klar, besonders für den, der die Seemannssprache beherrscht.

A: Sein Weg war lang?

B: Ich habe ihn auf dem Globus hier eingezeichnet. Sehen Sie diese rot punktierte Linie …?

A: … die von Nantes ausgeht …?

B: … und bis zur Magellanstraße läuft, in den Stillen Ozean kommt, sich zwischen den Inseln durchwindet, die den riesigen Archipel zwischen den Philippinen und Neu-Holland bilden, Madagaskar und das Kap der Guten Hoffnung berührt, durch den Atlantischen Ozean verläuft, an den Küsten Afrikas entlang, und ihren Endpunkt dort erreicht, wo der Seefahrer sich eingeschifft hat.

A: Er hat viel durchgemacht!

B: Jeder Seefahrer setzt sich freiwillig den Gefahren der Luft, des Feuers, der Erde und des Wassers aus. Aber Bougainville: nachdem er monatelang zwischen Meer und Himmel, zwischen Tod und Leben geschwebt hat, nachdem er von Stürmen umhergetrieben worden ist, nachdem er von der Gefahr bedroht war, durch Schiffbruch, Krankheit, Brot- und Wassermangel zugrunde zu gehen, bricht er nach dem Scheitern seines Schiffs – ein Unglücklicher, beinahe vergehend vor Erschöpfung und Elend – zu den Füßen eines Unmenschen zusammen, der ihm die dringend notwendige Hilfe unerbittlich verweigert oder ihn lange darauf warten läßt. Das ist eine große Härte!

A: Ein sträfliches Verbrechen.

B: Einer jener unglücklichen Zufälle, mit dem der Reisende nicht gerechnet hat …

A: … und nicht zu rechnen brauchte. Ich habe bisher geglaubt, die europäischen Mächte schickten als Kommandanten in ihre überseeischen Besitzungen nur rechtschaffene Seelen, hilfsbereite Männer, Personen voll Menschlichkeit, fähig des Mitgefühls ...

B: Das ist wohl ihre geringste Sorge!

A: Sonderbare Dinge stehen in dieser Reisebeschreibung von Bougainville.

B: Höchst sonderbare.

A: Versichert er nicht, daß die wilden Tiere sich dem Menschen nähern und die Vögel sich auf ihm niederlassen, solange sie die Gefahr solcher Zutraulichkeit nicht kennen?

B: Dies haben vor ihm schon andere gesagt.

A: Wie erklärt er das Dasein gewisser Tiere auf Inseln, die von jedem Festland durch schrecklich weite Meeresräume getrennt sind? Wer hat den Wolf, den Fuchs, den Hund, den Hirsch, die Schlange dort hingebracht?

B: Er erklärt nichts, sondern stellt nur die Tatsache fest.

A: Und Sie – wie erklären Sie dies?

B: Wer kennt die Urgeschichte unseres Erdballs? Wie viele Landstriche, die jetzt voneinander getrennt sind, hingen früher zusammen? Die einzige Erscheinung, auf die man irgendeine Vermutung stützen könnte, ist die Richtung des Meeresstroms, der sie getrennt hat.

A: Wieso?

B: Man hält sich dabei an die allgemeine Gestalt der losgerissenen Teile. Irgendwann werden wir uns zu unserem Vergnügen mit dieser Forschung beschäftigen, wenn es Ihnen recht ist. Doch vorerst – sehen Sie die Insel hier, die man Insel der Lanzenreiter nennt?[2] Bei der Betrachtung des Ortes, den sie auf dem Globus einnimmt, fragt sich wohl jeder: Wer hat Menschen dorthin versetzt? Was für eine Verbindung hatten sie früher mit anderen Menschen? Was wird aus ihnen, wenn sie sich auf einer Fläche vermehren, die nur einen Durchmesser von einer Meile hat?

A: Sie vernichten sich gegenseitig, sie fressen einander auf; deshalb gab es vielleicht ein sehr frühes und ganz natürliches Urzeitalter der Menschenfresserei von insularem Ursprung.

B: Oder die Vermehrung ist dort durch irgendein abergläubi-

---

2 Es handelt sich um eine Insel im Tuamotu-Archipel (heute Akiaki). Bougainville sah auf der winzigen Insel mit Lanzen bewaffnete Männer und verzichtete darauf, dort zu landen.

sches Gebot eingeschränkt; das Kind wird im Schoß seiner Mutter vielleicht durch Fußtritte von einer Priesterin vernichtet ...

A: Oder der geopferte Mensch stirbt unter dem Messer eines Priesters. Vielleicht greift man auch zur Kastrierung der Männer ...

B: Oder zur Infibulation der Frauen. Daher so viele Bräuche von seltsamer und doch notwendiger Grausamkeit, deren Ursache im Dunkel der Zeiten verlorengegangen ist und den Philosophen viel Kopfzerbrechen macht. Wir beobachten ja immer wieder, daß übernatürliche, göttliche Einrichtungen gefestigt und verewigt werden, wenn sie sich im Lauf der Zeit in bürgerliche und nationale Gesetze verwandeln, und daß bürgerliche und nationale Gesetze sanktioniert werden und dadurch zu übernatürlichen, göttlichen Geboten entarten.

A: Das ist eine besonders verhängnisvolle Wiedergeburt.

B: Eine Faser mehr, eine zusätzliche Faser in der Fessel, die man uns anlegt.

A: War Bougainville nicht in Paraguay zur Zeit der Jesuitenvertreibung?

B: Ja.

A: Was sagt er darüber?

B: Weniger, als er darüber sagen könnte, aber immerhin genug, um uns zu zeigen, daß jene grausamen Spartaner im schwarzen Rock ihre Indianersklaven behandelten wie die Lakedämonier ihre Heloten. Sie hatten sie zu unablässiger Arbeit verurteilt; sie mästeten sich auf Kosten ihres Schweißes, sie ließen ihnen kein Recht auf Eigentum; sie hielten sie in der Verdummung des Aberglaubens, forderten von ihnen tiefe Verehrung, gingen unter ihnen mit der Peitsche in der Hand umher und schlugen unterschiedslos jedes Alter und jedes Geschlecht. Hundert Jahre später wäre ihre Vertreibung unmöglich geworden, oder sie hätte Anlaß zu einem langen Krieg zwischen jenen Mönchen und dem Herrscher gegeben, dessen Autorität sie nach und nach abgeschüttelt hätten.

A: Und jene Patagonier, von denen Doktor Maty und La Condamine, Mitglied unserer Akademie, soviel Aufhebens gemacht haben?[3]

B: Das sind gute Menschen, die auf Sie zueilen und Sie umarmen, mit dem Ruf: »Tschaua!« Stark, kräftig, allerdings nicht

3 Zwischen 1764 und 1770 gab es eine Kontroverse über die Körpergröße der Patagonier, an der französische und englische Gelehrte beteiligt waren.

größer als fünf Fuß und fünf bis sechs Zoll. Enorm ist nur ihre Beleibtheit, die Dicke ihrer Köpfe und die Plumpheit ihrer Glieder. – Doch wie könnte ein Mensch, dem der Sinn für das Wunderbare angeboren ist, jener Sinn, der alles um sich herum übertreibt, den Gegenständen ihre richtige Proportion lassen, da er doch gewissermaßen den Weg rechtfertigen muß, den er zurückgelegt hat, und auch die Mühe, die er sich gemacht hat, um in der Ferne solche Gegenstände zu sehen?

A: Und wie denkt er über den Wilden?

B: Von der täglichen Abwehr wilder Tiere, so scheint es, rührt der grausame Charakter her, den man zuweilen an ihm bemerkt. Harmlos und sanft ist er überall, wo nichts seine Ruhe und Sicherheit stört. Jeder Krieg entsteht aus einem gemeinsamen Anspruch auf das gleiche Eigentum. Der zivilisierte Mensch hat mit dem zivilisierten Menschen einen gemeinsamen Anspruch auf den Besitz eines Feldes, wenn jeder der beiden ein Ende desselben bewohnt, und dieses Feld wird dann ein Gegenstand des Streites zwischen ihnen.

A: Und der Tiger hat mit dem Wilden einen gemeinsamen Anspruch auf den Besitz eines Waldes. Dies ist der allererste Anspruch und die Ursache der ältesten Kriege … Haben Sie den Tahitianer gesehen, den Bougainville an Bord genommen und in unser Land gebracht hatte?

B: Den habe ich gesehen. Er hieß Aoturu. Als er zum erstenmal wieder Land erblickte, hielt er es für das Vaterland der Reisenden, entweder weil man ihn über die Länge der Reise getäuscht hatte oder weil er verständlicherweise durch die scheinbar geringe Entfernung zwischen dem Gestade, das er bewohnte, und der Gegend, wo – von jenem Gestade aus gesehen – der Himmel an den Horizont zu grenzen scheint, irregeführt wurde und die wirkliche Ausdehnung der Erde nicht kannte. In seinem Geist war der gemeinsame Besitz der Frauen so fest begründet, daß er auf die erste Europäerin, die ihm begegnete, zustürzte und sich allen Ernstes anschickte, ihr die in Tahiti übliche Aufmerksamkeit zu erweisen. Er langweilte sich bei uns. Da das tahitianische Alphabet die Buchstaben b, c, d, f, g, q, x, y und z nicht hat, konnte er unsere Sprache nie sprechen lernen; sie bot seinen ungeschmeidigen Organen allzu viele fremde Artikulationen und neue Laute. Stets hatte er Heimweh nach seiner Insel, und das wundert mich nicht. Bougainvilles Reisebeschreibung ist die einzige, die mir Zuneigung zu einem anderen Land als dem meinigen eingeflößt hat. Bis zu dieser Lektüre hatte ich gedacht, man fühle sich nirgends so wohl wie in der Heimat; ja, ich glaubte, dies gelte für jeden Bewohner der Erde – eine natürliche Wirkung der Anziehungskraft des Heimatbodens, die mit den Annehmlichkeiten zusammenhängt, die man dort genießt und die man nicht mit derselben Gewißheit anderswo wiederfinden kann.

A: Wie, Sie meinen, kein Pariser sei davon überzeugt, daß in der römischen Campagna ebensogut Ähren wachsen wie auf den Feldern der Beauce?

B: Offen gestanden: nein. Bougainville hat Aoturu zurückgeschickt, nachdem er für die Bezahlung der Reisekosten und für die Sicherheit seiner Rückfahrt gesorgt hatte.

A: O Aoturu, wie froh wirst du sein, wenn du deine Mutter, deinen Vater, deine Brüder, deine Schwestern, deine Geliebten, deine Landsleute wiedersiehst! Was wirst du ihnen von uns sagen?

B: Nur wenig, und sie werden es nicht glauben.

A: Warum nur wenig?

B: Weil er nur wenig begriffen hat und in seiner Sprache keine passenden Ausdrücke für die Dinge findet, von denen er eine ungefähre Idee hat.

A: Und warum werden sie ihm nicht glauben?

B: Weil sie beim Vergleichen ihrer Sitten mit den unsrigen eher Aoturu für einen Lügner halten werden als uns für so verrückt.

A: Wirklich?

B: Daran zweifle ich nicht. Das Leben der Wilden ist doch so einfach, und unsere Gesellschaften sind so komplizierte Maschinen! Der Tahitianer steht dem Anfang der Welt, der Europäer ihrem Greisenalter so nahe! Der Abstand, der ihn von uns trennt, ist größer als der Abstand zwischen dem neugeborenen Kind und dem Menschen in der Auflösung des Alters. Er versteht nichts von unseren Bräuchen und Gesetzen oder sieht in ihnen nur Fesseln, die in hundertlei Formen gekleidet sind: Fesseln, die nur Empörung und Verachtung in einem Wesen hervorrufen können, in dem das Freiheitsgefühl das tiefste aller Gefühle ist.

A: Würden Sie etwas geben auf dieses Märchen von Tahiti?

B: Das ist kein Märchen; und Sie würden an der Wahrhaftigkeit Bougainvilles nicht zweifeln, wenn Sie den Nachtrag zu seiner Reisebeschreibung gelesen hätten.

A: Und wo ist dieser Nachtrag zu finden?

B: Auf dem Tisch dort.

A: Wollen Sie ihn mir nicht anvertrauen?

B: Nein; aber wir können ihn zusammen durchlesen, wenn Sie wollen.

A: Sicher will ich das. Sehen Sie, jetzt fällt der Nebel, und das Blau des Himmels dringt allmählich durch. Mir scheint, es ist mein Los, Ihnen gegenüber immer unrecht zu haben, sogar in Kleinigkeiten. Ich muß wohl recht gutmütig sein, um Ihnen eine so konstante Überlegenheit immer wieder zu verzeihen!

B: Hier, nehmen Sie und lesen Sie. Übergehen Sie diese Einleitung, die nichts zu bedeuten hat, und beginnen Sie gleich mit der Abschiedsrede, die einer der Häuptlinge der Insel vor unseren Reisenden gehalten hat. Sie wird Ihnen einen ungefähren Begriff von der Beredsamkeit dieser Menschen geben.

A: Wie konnte Bougainville diese Abschiedsrede überhaupt verstehen, da sie doch in einer ihm unbekannten Sprache gehalten wurde?

B: Das werden Sie erfahren.

II
Die Abschiedsrede des Greises

Es ist ein Greis, der spricht.[4] Er war Vater einer großen Familie. Bei der Ankunft der Europäer ließ er verachtungsvolle Blicke auf sie fallen, ohne Erstaunen, Furcht oder Neugierde zu zeigen. Sie näherten sich ihm; er kehrte ihnen den Rücken zu und zog sich in seine Hütte zurück. Sein Schweigen und seine Besorgnis verrieten nur zu deutlich seine Gedanken. Im stillen trauerte er über die entschwundenen schönen Tage seines Landes. Bei der Abfahrt Bougainvilles, als die Bewohner in Massen zum Ufer eilten, sich an seinen Kleidern festhielten, seine Gefährten in die Arme schlos-

---

4 Ein Vorbild für diese Figur findet sich bei Bougainville (*Voyage autour du monde ...*, S. 192). Er berichtet vom greisen, aber keineswegs gebrechlichen Vater des Häuplings, in dessen Haus die Franzosen nach ihrer Ankunft geführt worden seien. Anders als seine Landsleute ließ er sich von den Europäern in keiner Weise beeindrucken. Den Abschied der Franzosen schildert Bougainville dagegen als eine tränenreiche und herzliche Szene (ebd., S. 207 f.).

sen und weinten, trat dieser Greis mit strenger Miene vor und sagte:

»Weint, unglückliche Tahitianer, weint ruhig; aber weint über die Ankunft und nicht über die Abfahrt dieser ehrgeizigen und bösen Menschen. Eines Tages werdet ihr sie besser erkennen. In der einen Hand das Holzscheit, das ihr am Gürtel des Mannes dort befestigt seht, und in der anderen das Schwert, das an der Hüfte des andern dort hängt, – so werden sie eines Tages wiederkommen, um euch in Ketten zu legen, euch niederzumachen oder euch ihren Ausschweifungen und Lastern zu unterwerfen. Eines Tages werdet ihr unter ihnen dienen, ebenso verdorben, niedrig und unglücklich wie sie. Doch ich habe einen Trost; ich bin am Ende meines Weges und werde das Unheil, das ich euch verkünde, nicht mehr erleben. Ach, Tahitianer, liebe Freunde, ihr hättet wohl ein Mittel, um einer so verhängnisvollen Zukunft zu entgehen; aber ich würde lieber sterben, als es euch anzuraten. Mögen sie sich entfernen und weiterleben!« Dann wandte er sich an Bougainville und fügte hinzu: »Und du, Häuptling jener Räuber, die dir gehorchen, entferne dich mit deinem Schiffe schnell von unserem Gestade. Wir sind unschuldig, wir sind glücklich, und du kannst unserem Glück nur schaden. Wir folgen dem reinen Trieb der Natur; du aber hast versucht, seine Eigenart in unseren Gemütern auszulöschen. Hier gehört alles allen; du aber hast uns irgendeinen Unterschied von Mein und Dein – ich weiß nicht welchen – gepredigt. Unsere Töchter und unsere Frauen gehören uns allen; du hast dieses Vorrecht mit uns geteilt, hast in ihnen aber fremde Leidenschaften entfacht, rasende Leidenschaften. Sie wurden in deinen Armen toll, du wurdest in ihren Armen grausam. Sie fingen an, sich gegenseitig zu hassen; ihr brachtet euch ihretwegen um, und sie kehrten zu uns zurück, aber befleckt mit eurem Blut. Wir sind frei; du aber hast nun in unserem Boden den Vorwand für unsere künftige Versklavung vergraben. Du bist weder ein Gott noch ein Dämon. Wer gibt dir also das Recht, andere zu Sklaven zu machen? Oru, du verstehst doch die Sprache der Männer dort; sage uns allen, so wie du es mir gesagt, was sie auf diese Metallplatte geschrieben haben: *Dieses Land gehört uns.* Dir gehört dieses Land? Und warum? Weil du es betreten hast? Wenn eines Tages ein Tahitianer an eurer Küste landete und in einen eurer Felsen oder in die Rinde eines eurer Bäume ritzte: *Dieses Land gehört den Bewohnern von Tahiti* – was würdest du davon halten? Du bist der Stärkere! Doch was bedeutet das? Als man dir etwas von dem verächtlichen Kram nahm, mit dem dein Schiff beladen ist, da tobtest du und nahmst Rache. In diesem Augenblick plantest du im Grunde deines Herzens schon den Raub eines ganzen Landes. Du bist kein Sklave; du würdest lieber den Tod erleiden, als Sklave zu werden, und willst uns doch versklaven! Du glaubst also, der Tahitianer könne seine Freiheit nicht verteidigen und sterben? Derjenige, den du in Besitz nehmen willst wie ein Stück Vieh, der Tahitianer, ist dein Bruder. Beide seid ihr Söhne der Natur. Welches Recht hast du über ihn, wenn er kein Recht über dich hat? Du bist hergekommen. Haben wir uns auf dich gestürzt? Haben wir dein Schiff geplündert? Haben wir dich gefangengenommen und den Pfeilen unserer Feinde ausgesetzt? Haben wir dich gezwungen, auf unseren Feldern mit unseren Tieren zu arbeiten? Wir haben unser Ebenbild in dir geachtet. Laß uns unsere Sitten; sie sind vernünftiger und ehrlicher als deine Sitten. Wir wollen das, was du unsere Unwissenheit nennst, nicht gegen dein unnützes Wissen eintauschen. Alles, was wir brauchen und was gut ist, besitzen wir ja. Sind wir verachtenswert, weil wir es nicht fertiggebracht haben, überflüssige Bedürfnisse zu erfinden? Wenn wir hungrig sind, haben wir etwas zu essen. Wenn wir frieren, haben wir etwas, womit wir uns bekleiden können. Du hast unsere Hütten betreten. Was fehlt dort – deiner Ansicht nach? Treibe das, was du die Annehmlichkeiten des Lebens nennst, soweit du willst; aber erlaube verständigen Wesen, haltzumachen, wenn sie bei Fortsetzung ihrer mühsamen Anstrengungen nur eingebildete Güter erlangen könnten. Wenn du uns überredest, die enge Grenze des Bedürfnisses zu überschreiten, wann werden wir dann aufhören zu arbeiten? Wann werden wir genießen? Wir haben die Summe unserer jährlichen und täglichen Mühen möglichst klein gehalten, weil unserer Meinung nach nichts der Ruhe vorzuziehen ist. Kehre in dein Land zurück, rege und plage dich dort, soviel du willst; aber laß uns in Ruhe. Rede uns weder deine künstlichen Bedürfnisse noch deine trügerischen Tugenden ein. Sieh diese Männer an; sieh doch, wie aufrecht, wie gesund und kräftig sie sind. Sieh diese Frauen an; sieh doch, wie aufrecht, wie gesund, blühend und schön sie sind. Nimm diesen Bogen, er gehört mir; rufe einen, zwei, drei, ja vier von deinen Kameraden zu Hilfe, und versucht dann gemeinsam, ihn zu spannen. Ich kann ihn allein spannen. Ich pflüge den

Boden, ersteige das Gebirge, dringe in den Urwald vor, lege in der Ebene eine Meile in weniger als einer Stunde zurück. Deine jungen Gefährten hatten große Mühe, mir zu folgen, und ich bin doch über neunzig Jahre alt. Wehe dieser Insel, wehe den lebenden Tahitianern und allen kommenden Tahitianern, seitdem du uns besucht hast! Wir kannten nur eine Krankheit, nämlich diejenige, zu der Mensch, Tier und Pflanze verurteilt sind: das Alter. Du aber hast uns eine andere gebracht; du hast unser Blut verseucht.[5] Vielleicht müssen wir nun mit unseren eigenen Händen unsere Töchter, Frauen und Kinder ausrotten, sowohl diejenigen, die mit deinen Frauen zusammengekommen sind, als auch diejenigen, die mit deinen Männern verkehrt haben. Unsere Felder werden mit jenem unreinen Blut getränkt sein, das aus deinen Adern in unsere eigenen übergegangen ist; oder unsere Nachkommen werden verurteilt sein, jenes Übel zu nähren und fortzupflanzen, das du auf ihre Väter und Mütter übertragen hast, und werden es weiter vererben. Unglücklicher, du bist schuld an den verheerenden Folgen, welche die verhängnisvolle Umarmung deiner Leute noch haben wird, oder an den Morden, die wir begehen werden, um eine weitere Vergiftung zu verhüten. Du sprichst von Verbrechen? Kannst du dir ein Verbrechen vorstellen, das größer wäre als das deinige? Welche Strafe trifft in deiner Heimat denjenigen, der seinen Nächsten tötet? Der Tod durch das Schwert! Welche Strafe trifft in deiner Heimat den Elenden, der ihn vergiftet? Der Tod durch das Feuer! Vergleiche deine Schandtat mit der letzteren und sage uns, du Vergifter von Völkern, welche Todesstrafe du selbst verdienst. Noch vor kurzem gab die junge Tahitianerin sich den leidenschaftlichen Regungen und glühenden Umarmungen des jungen Tahitianers ohne weiteres hin. Ungeduldig wartete sie darauf, daß ihre Mutter – ermächtigt durch das heiratsfähige Alter – sie entschleiere und ihren Busen entblöße. Sie war stolz darauf, Begierden zu erregen und die verliebten Blicke des Unbekannten, aber auch ihrer Eltern und ihres Bruders auf sich zu ziehen. Ohne Furcht und Scham, in unserer Gegenwart, inmitten eines Kreises von unschuldigen Ta-

---

5 Nach der Abfahrt der Franzosen von Tahiti machten sich bei einigen Besatzungsmitgliedern Geschlechtskrankheiten bemerkbar. Bougainville vermutete, daß die Engländer, die ein Jahr vor Bougainville (nämlich 1767) unter der Leitung von S. Wallis bereits auf Tahiti gelandet waren, die Krankheiten dort eingeschleppt hatten (*Voyage autour du monde ...*, S. 241 f.).

hitianern, beim Klang der Flöten und bei Tänzen, nahm sie die Liebkosungen desjenigen hin, für den ihr junges Herz und der heimliche Ruf ihrer Sinnlichkeit sie bestimmten. Mit dir ist die Vorstellung des Verbrechens, mit dir die Gefahr der Krankheit zu uns gekommen. Unsere Genüsse, früher so hold, sind jetzt von Reue und Angst begleitet. Der Mann in Schwarz, der neben dir steht und mir zuhört, hat zu unseren Jünglingen gesprochen. Ich weiß nicht, was er unseren Mädchen eingeredet hat; aber seitdem zögern unsere Jünglinge und erröten unsere Mädchen. Verstecke dich, wenn du willst, im dunklen Wald mit der verdorbenen Gefährtin deiner Freuden; aber gewähre den guten und einfältigen Tahitianern das Recht, sich ohne Scham fortzupflanzen, unter freiem Himmel und am hellen Tag. Könntest du denn durch ein ehrlicheres und größeres Gefühl jenes Gefühl ersetzen, das wir ihnen eingeflößt haben und das sie beseelt? Sie nehmen an, der Augenblick sei gekommen, Volk und Familie durch einen neuen Staatsbürger zu bereichern, und sie rühmen sich dessen. Sie essen, um zu leben und zu wachsen; sie wachsen heran, um sich zu vermehren, und finden dabei weder Laster noch Schande. Vernimm die Fortsetzung deiner Schandtaten! Kaum hattest du dich den Tahitianern gezeigt, da wurden sie zu Dieben. Kaum warst du bei uns gelandet, da dampfte der Boden von Blut. Den Tahitianer, der dir entgegenlief, der dich empfing, der dich begrüßte mit dem Ruf: »Tajo – Freund, Freund« – den habt ihr getötet. Und warum habt ihr ihn getötet? Weil ihn das Glitzern deiner kleinen Schlangeneier[6] verführt hatte! Er gab dir seine Früchte, bot dir seine Frau und seine Tochter an, trat dir seine Hütte ab; du aber hast ihn getötet wegen einer Handvoll glitzernder Körner, die er dir genommen, ohne dich darum zu bitten.[7] Und die Menge dort oben? Beim Donner deiner Mordwaffe wurde sie von Entsetzen gepackt und floh in die Berge.

---

6 Gemeint sind wohl Glasperlen. Die Tahitianer scheinen insbesondere an Nägeln interessiert gewesen zu sein; für ihre Hilfe bei den Arbeiten der Franzosen wurden sie mit Nägeln bezahlt (*Voyage autour du monde* …, S. 197).

7 Bougainville berichtet von kleineren Diebstählen der Tahitianer. Gleich zu Beginn wurde eine Pistole gestohlen, aber von den Tahitianern freiwillig zurückgebracht; diese Gerechtigkeit habe ihn beeindruckt (*Voyage autour du monde* …, S. 194). Er berichtet auch davon, daß einer der Tahitianer durch einen Franzosen getötet wurde; es sei ihm nicht gelungen, die genaueren Umstände dieses »schändlichen Mordes« aufzuklären (ebd., S. 199).

Doch glaube mir, sie wäre schon bald zurückgekommen; ja, glaube mir: wenn ich nicht gewesen wäre, würdet ihr alle in einem Augenblick umgekommen sein. Ach, warum habe ich sie beschwichtigt, warum habe ich sie zurückgehalten? Warum halte ich sie auch jetzt noch zurück? Ich weiß es wirklich nicht; denn du verdienst kein Mitleid, du hast eine grausame Seele, die nie Mitleid gespürt hat. Auf unserer Insel seid ihr umhergewandert, du und deine Leute. Man hat dich geachtet, du hast alles genossen. Auf deinem Weg stießest du weder auf Schranken noch auf Ablehnung. Man lud dich ein, du nahmst Platz; man breitete vor dir den ganzen Reichtum des Landes aus. Wünschtest du dir junge Mädchen? Mit Ausnahme derjenigen, die noch nicht das Recht haben, ihr Gesicht und ihren Busen zu zeigen, führten dir die Mütter alle anderen unverhüllt vor. Schon warst du im Besitz solch eines zarten Opfers der Gastfreundschaft. Man streute für euch beide Blätter und Blumen auf den Boden; die Musikanten stimmten ihre Instrumente; nichts störte eure Wonne, nichts hinderte die Ungezwungenheit eurer Liebkosungen. Man sang das Hochzeitslied, jenes Lied, das dich aufforderte, Mann zu sein, und unsere Tochter, Frau zu sein: hingebungsvolle, sinnliche Frau. Man tanzte um euer Lager herum. Doch als du aus den Armen jener Frau kamst, nachdem du an ihrer Brust die süßeste Trunkenheit empfunden, da gingst du hin, um ihren Bruder, ihren Freund, vielleicht sogar ihren Vater zu töten. Du hast noch Schlimmeres getan! Schau dorthin; sieh dir jenen Pferch an, der von Pfeilen starrt. Die Waffen, die bisher nur unsere Feinde bedroht haben, siehst du nun auf unsere eigenen Kinder gerichtet. Betrachte die unglücklichen Gefährtinnen unserer Freuden; sieh ihre Trauer, sieh den Schmerz ihrer Väter, sieh die Verzweiflung ihrer Mütter. Da sind sie nun dazu verurteilt, entweder durch unsere Hand zu sterben oder an dem Übel zugrunde zu gehen, das du ihnen gebracht hast. Entferne dich, falls deine grausamen Augen sich nicht noch am Schauspiel des Todes ergötzen wollen! Ja, entferne dich, geh! Möge das Meer, das dich auf der Herfahrt verschont hat, seine Schuld sühnen und uns rächen, indem es dich verschlingt vor deiner Heimkehr! Ihr aber, Tahitianer, sollt nun in eure Hütten zurückkehren. Ja, ihr alle. Diese nichtswürdigen Fremden sollen bei ihrer Abfahrt nichts anderes hören als die brüllende See und nur sehen, wie die tobende Brandung einen öden Strand rein wäscht.«

Sobald er zu Ende gesprochen hatte, verschwand die Menge der Eingeborenen. Tiefes Schweigen herrschte auf der ganzen Insel. Längs der Küste hörte man nur das Brausen des Windes und das Rauschen der Wogen. Es war, als hätten die Luft und das Meer, beide empfänglich für die Stimme des Alten, sich angeschickt, ihm zu gehorchen.

B: Nun, was halten Sie davon?

A: Mir erscheint diese Rede sehr ungestüm; doch unter irgend etwas unbegreiflich Schroffem und Wildem, so scheint mir, entdecke ich europäische Ideen und Redewendungen.

B: Bedenken Sie doch, daß es sich dabei um eine Übersetzung aus dem Tahitianischen ins Spanische und aus dem Spanischen ins Französische handelt.[8] Der Greis hatte jenen Oru, den er in seiner Rede anruft, nachts in seiner Hütte aufgesucht, in welcher der Gebrauch der spanischen Sprache seit undenklicher Zeit erhalten geblieben war. Oru hatte in Spanisch die Ansprache des Greises aufgeschrieben, und Bougainville hatte eine Abschrift in der Hand, während der Greis seine Rede hielt.

A: Jetzt verstehe ich nur zu gut, warum Bougainville dieses Fragment weggelassen hat. Aber das ist nicht alles, und meine Neugier auf alles übrige ist nicht gering.

B: Was nun folgt, interessiert Sie vielleicht weniger.

A: Das macht nichts.

B: Es handelt sich um ein Gespräch zwischen dem Schiffskaplan und einem Inselbewohner.

A: Oru?

B: Richtig. Als Bougainvilles Schiff sich Tahiti näherte, wurde eine Unmenge von ausgehöhlten Baumstämmen ins Wasser geworfen. Im Nu war sein Schiff von ihnen umgeben. Wohin er auch blickte, überall sah er Kundgebungen der Überraschung und des Wohlwollens. Man warf ihm Vorräte zu, streckte ihm die Arme entgegen, hielt sich an Tauen fest, kletterte an Planken empor. Seine Schaluppe hatte sich indes gefüllt. Man rief zum Ufer hinüber, von dem die Rufe erwidert wurden; die Inselbewohner strömten alle herbei. Jetzt sind sie schon an Land. Man ergreift die Männer

---

8 Diderot greift hier darauf zurück, daß Tahiti möglicherweise bereits 1606 zum ersten Mal von Europäern betreten wurde, nämlich von einer spanischen Flotte unter der Führung des Portugiesen de Quiros.

der Schiffsbesatzung, man teilt sie auf; jeder führt seinen Gast in seine Hütte. Die Männer hielten sie umschlungen, die Frauen streichelten ihnen die Wangen. Versetzen Sie sich in diese Szene; seien Sie in Gedanken Zeuge dieses Schauspiels der Gastfreundschaft und sagen Sie mir, wie Sie das Menschengeschlecht finden.

A: Großartig!

B: Doch ich hätte beinahe vergessen, Ihnen ein ziemlich merkwürdiges Vorkommnis zu erzählen. Plötzlich wurde diese Szene des Wohlwollens und der Menschlichkeit durch das Geschrei eines laut um Hilfe rufenden Mannes gestört. Es war der Diener eines Offiziers von Bougainville. Junge Tahitianer hatten sich auf ihn gestürzt und ihn zu Boden geworfen, sie zogen ihn aus und schickten sich an, ihm eine eigenartige Höflichkeit zu erweisen.

A: Was! Diese einfachen Eingeborenen, diese Wilden, so gut, so rechtschaffen …?

B: Irrtum! Dieser Diener war eine als Mann verkleidete Frau. Obwohl sie von der Besatzung während der langen Überfahrt nicht erkannt worden war, errieten die Tahitianer doch ihr Geschlecht auf den ersten Blick. Sie stammte aus Burgund, hieß Barré, war weder häßlich noch hübsch und sechsundzwanzig Jahre alt. Nie war sie aus ihrem Dorf herausgekommen; doch ihr erster großer Traum war eine Reise um die Welt. Stets bewies sie Anstand und Mut.[9]

A: Solche schwachen Körper bergen zuweilen recht starke Seelen.

III

Unterhaltung zwischen dem Schiffskaplan und Oru

B: Bei der Aufteilung, welche die Tahitianer mit Bougainvilles Schiffsbesatzung vornahmen, wurde der Kaplan dem guten Oru zugeteilt. Die beiden, der Kaplan und der Tahitianer, waren ungefähr gleich alt, fünfunddreißig bis sechsunddreißig Jahre. Oru hatte damals nur seine Frau und drei Töchter namens Asto, Palli und Thia. Sie entkleideten ihn, wuschen ihm Gesicht, Hände und Füße, und setzten ihm ein bekömmliches, einfaches Mahl vor. Als

---

9 Daß sich eine Frau, als Mann verkleidet, an Bord von Bougainvilles Schiff befunden hat, erwähnt Bougainville in seinem Reisebericht, ebenso wie die Anekdote, die Diderot hier einfügt (l. c., S. 253 f.).

er gerade schlafen gehen wollte, tauchte Oru, der mit seiner Familie hinausgegangen war, wieder auf, führte seine Frau und seine drei Töchter nackt zu ihm[10] und sagte: »Du hast zu Abend gegessen, du bist jung, du fühlst dich wohl. Wenn du allein schläfst, wirst du schlecht schlafen; der Mann bedarf nachts einer Gefährtin an seiner Seite. Hier ist meine Frau, dort sind meine Töchter. Wähle diejenige, die dir gefällt. Doch wenn du mir einen Gefallen erweisen willst, dann wirst du meiner jüngsten Tochter den Vorzug geben, weil sie noch keine Kinder hat.«

Die Mutter fügte hinzu: »Oh, ich habe keinen Grund, mich zu beklagen, wohl aber die arme Thia! Es liegt nicht an ihr ...«

Der Kaplan antwortete, seine Religion, sein Stand, die guten Sitten und die Ehrbarkeit erlaubten ihm nicht, solche Angebote anzunehmen.

»Ich weiß nicht«, erwiderte Oru, »was das Ding ist, das du Religion nennst, aber ich muß es für schlecht halten. Es verbietet dir doch den Genuß eines harmlosen Vergnügens, zu dem die Natur, die hohe Gebieterin, uns alle auffordert; es verhindert, daß du einem Wesen deinesgleichen das Leben schenkst; daß du einen Dienst erweist, um den Vater, Mutter und Töchter dich bitten; daß du dich einem Gastgeber, der dich gut aufgenommen hat, erkenntlich zeigst und ein Volk reicher machst, indem du es um eine Person vermehrst. Ich weiß ebensowenig, was das Ding ist, das du Stand nennst; aber deine erste Pflicht ist, Mensch zu sein und dankbar zu sein. Ich schlage dir nicht vor, Orus Sitten in dein Land einzuführen; aber Oru, dein Gastgeber und dein Freund, bittet dich inständig, den Sitten von Tahiti entgegenzukommen. Sind die Sitten von Tahiti besser oder schlechter als eure Sitten? Diese Frage ist leicht zu entscheiden. Hat das Land, in dem du geboren bist, mehr Menschen, als es ernähren kann? In diesem Fall sind deine Sitten weder schlechter noch besser als die unsrigen. Kann es mehr Menschen ernähren, als es hat, so sind unsere Sitten besser als die deinigen. Was die Ehrbarkeit betrifft, die du mir entgegenhältst, so verstehe ich dich. Ich gestehe, daß ich unrecht habe, und bitte dich um Verzeihung. Ich verlange nicht, daß du deiner Gesundheit schaden sollst. Wenn du müde bist, mußt du ruhen; aber dann,

---

10 Bougainville berichtet in der Tat von einer solchen Form der Gastlichkeit, die die Tahitianer den Franzosen zuteil werden ließen (*Voyage autour du monde ...*, S. 197 f.).

so hoffe ich, wirst du uns nicht mehr betrüben. Sieh doch, wieviel Kummer du auf all den Gesichtern hier verbreitet hast. Die Meinigen fürchten, daß du an ihnen Mängel bemerkt hast, die ihnen deine Verachtung zuziehen. Aber würde dir, wenn es so wäre, nicht die Freude genügen, eine meiner Töchter unter ihren Gefährtinnen und ihren Schwestern auszuzeichnen und ein gutes Werk zu tun? Sei großmütig!

Der Kaplan: Das ist doch nicht der Grund. Sie sind alle vier gleich schön, aber meine Religion – aber mein Stand!

Oru: Sie gehören mir, und ich biete sie dir an. Sie gehören sich selbst und schenken sich dir. Worin die Gewissensreinheit, die dir das Ding »Religion« und das Ding »Stand« gebieten, auch bestehen mag, du kannst sie doch unbedenklich hinnehmen. Ich mißbrauche meine Gewalt nicht. Sei überzeugt, ich kenne und achte die Rechte der Person.

Hier gibt der wahrheitsliebende Kaplan zu, daß die Vorsehung ihn noch nie einer so schweren Versuchung ausgesetzt hatte. Er war jung, er wurde unruhig, er quälte sich; er wandte seine Blicke von den anmutigen Bittstellerinnen ab, richtete sie wieder auf sie, erhob seine Hände und seine Augen zum Himmel. – Thia, die jüngste, umfaßte seine Knie und sagte: »Fremder, mache meinem Vater, meiner Mutter und mir selbst keinen Kummer! Zeichne mich in der Hütte und unter meinen Angehörigen aus; erhebe mich auf die Stufe meiner Schwestern, die mich verspotten. Asto, die älteste, hat schon drei Kinder; Palli, die zweite, hat zwei, und Thia noch keines! Fremdling – guter Fremdling, weise mich doch nicht ab! Mache mich zur Mutter; gib mir ein Kind, damit ich es eines Tages an der Hand, neben mir, in Tahiti herumführen kann, damit man es in neun Monaten an meiner Brust ruhen sieht, damit ich etwas habe, worauf ich stolz sein kann, und damit es einen Teil meiner Mitgift bilde, sobald ich aus der Hütte meines Vaters in eine andere ziehe. Vielleicht habe ich mit dir mehr Glück als mit unseren jungen Tahitianern. Wenn du mir diese Gunst gewährst, werde ich dich nie vergessen. Ich werde dich mein ganzes Leben lang segnen, werde deinen Namen auf meinen Arm und auf den Arm deines Sohnes schreiben. Stets werden wir ihn freudig aussprechen. Und wenn du dieses Gestade verläßt, sollen meine guten Wünsche dich über die Meere begleiten, bis du wieder in deinem Lande angekommen bist.«

Der naive Kaplan erzählt, daß sie ihm die Hände drückte, ihn mit ausdrucksvollen Blicken so rührend ansah und weinte; daß ihr Vater, ihre Mutter und ihre Schwestern sich entfernten; daß er mit ihr allein blieb und am nächsten Morgen mit dem Ausruf: »Aber meine Religion, aber mein Stand ...« neben diesem jungen Mädchen erwachte, das ihn mit Zärtlichkeiten überhäufte und den Vater, die Mutter und die Schwestern, als sie morgens an ihr Lager traten, aufforderte, in seine Danksagungen einzustimmen. Asto und Palli, die hinausgegangen waren, kamen mit den Speisen des Landes, Getränken und Früchten, zurück; sie umarmten ihre Schwester und wünschten ihr alles Gute. Alle frühstückten zusammen. Dann sagte Oru, sobald er mit dem Kaplan allein war: »Ich sehe, meine Tochter ist zufrieden mit dir, und deshalb danke ich dir. Aber könntest du mich lehren, was das Wort Religion bedeutet, das du so oft und mit soviel Schmerz wiederholt hast?« Der Kaplan antwortete nach kurzem Nachdenken: »Wer hat deine Hütte und die Geräte in ihr gemacht?«

Oru: Ich selbst.

Kaplan: Nun gut; doch wir glauben, daß diese Welt und alles, was sie enthält, das Werk eines Schöpfers ist.

Oru: Er hat also Hände, Füße, einen Kopf?

Kaplan: Nein.

Oru: Wo wohnt er?

Kaplan: Überall.

Oru: Auch hier?

Kaplan: Hier auch.

Oru: Wir haben ihn nie gesehen.

Kaplan: Man sieht ihn nicht.

Oru: Ein sonderbarer Vater! Sehr teilnahmslos! Sicher ist er schon alt, mindestens so alt wie sein Werk.

Kaplan: Er altert überhaupt nicht. Er sprach schon zu unseren Vorfahren, gab ihnen Gesetze, schrieb ihnen vor, wie er geehrt werden sollte, gebot ihnen gewisse Handlungen als gut und verbot ihnen andere als schlecht.

Oru: Ich verstehe. Und eine dieser Handlungen, die er ihnen als schlecht verboten hat, besteht wohl darin, mit einer Frau oder einem Mädchen zu schlafen? Warum hat er dann zwei Geschlechter geschaffen?

Kaplan: Damit sie sich vereinigen, aber nur unter gewissen Bedingungen, nach der Ausübung bestimmter Zeremonien, denen zufolge ein Mann nur einer Frau und eine Frau nur einem Mann gehört.

Oru: Für das ganze Leben?

Kaplan: Ja, für das ganze Leben.

Oru: Wenn es also vorkäme, daß eine Frau mit einem anderen Mann als ihrem eigenen oder ein Mann mit einer anderen Frau als seiner eigenen schliefe ... aber das kommt sicher nicht vor; denn da er, der Schöpfer, immer zugegen ist und da ihm dies mißfällt, so weiß er es zu verhindern.

Kaplan: Nein, er läßt es geschehen. So sündigen sie gegen das Gebot Gottes – denn so nennen wir den großen Schöpfer –, verstoßen gegen das Gesetz des Landes und begehen ein Verbrechen.

Oru: Es würde mir leid tun, wenn ich dich durch meine Worte verletzte; aber ich möchte dir, wenn du es erlaubst, meine Meinung sagen.

Kaplan: Sprich.

Oru: Diese sonderbaren Vorschriften finde ich wider Natur und Vernunft, also dazu angetan, die Verbrechen zu vermehren und jeden Augenblick den alten Schöpfer zu erzürnen, der ohne Hände, ohne Kopf und ohne Werkzeuge alles geschaffen hat, der überall ist, den man aber nirgendwo sieht, der heute und morgen lebt, aber um keinen Tag älter wird, der befiehlt, dem man aber nicht gehorcht, der verhindern kann und doch nicht verhindert. Wider die Natur sind solche Gebote, weil sie voraussetzen, daß ein freies, empfindendes und denkendes Wesen das Eigentum eines anderen, ihm gleichen Wesens werden könne. Worauf soll dieses Recht begründet sein? Siehst du nicht ein, daß man in deinem Lande das, was keine Empfindung, keinen Gedanken, keine Begierde und keinen Willen hat, was man also aufgeben, nehmen, behalten, austauschen kann, ohne daß es leidet und klagt, mit dem verwechselt hat, was weder ausgetauscht noch erworben werden kann, was Freiheit, Willen, Begierde hat, was sich sowohl für einen Augenblick als für immer hingeben oder versagen kann, was klagt und leidet, was also kein Wechsel werden kann, ohne daß man seinen Charakter vergißt und die Natur vergewaltigt? Dies widerspricht dem allgemeinen Gesetz der Dinge. Erscheint dir irgend etwas anderes so unvernünftig wie ein Gebot, das die Veränderung ausschließt, die in uns liegt; das eine Beständigkeit erheischt, die nicht in uns liegen kann, und das die Freiheit von Mann und Frau vergewaltigt, indem es beide für immer aneinander fesselt? Erscheint dir irgend etwas so sinnlos wie eine Treue, die den launischsten aller Genüsse auf ein und dasselbe Geschöpf beschränkt, und ein Schwur der Unwandelbarkeit zwischen zwei Wesen von Fleisch und Blut, sei es unter einem Himmel, der nicht einen Augenblick lang derselbe bleibt, sei es in Höhlen, die einzustürzen drohen, am Fuß eines Felsens, der zu Staub zerfallen wird, unter einem Baum, der einmal bersten wird, oder auf einem wankenden Stein? Glaube mir, ihr habt die Lage des Menschen schlimmer gemacht als die des Tiers. Ich weiß nicht, welche Bewandtnis es mit deinem großen Schöpfer hat; aber ich bin froh, daß er nicht zu unseren Vätern gesprochen hat, und ich wünsche, daß er auch nicht zu unseren Kindern spreche; denn er könnte ihnen zufällig dieselben Torheiten sagen, und sie wären vielleicht so töricht, ihm zu glauben. Gestern, beim Abendessen, hast du uns etwas von Richtern und Priestern erzählt. Ich weiß nicht, wie sie beschaffen sind, diese Personen, die du Richter und Priester nennst und deren Gewalt euer Verhalten bestimmt; aber sage mir: Sind sie Herren über Gut und Böse? Können sie bewirken, daß aus Recht Unrecht und aus Unrecht Recht wird? Hängt es von ihnen ab, das Gute an schädliche Handlungen und das Böse an unschädliche oder nützliche Handlungen zu knüpfen? Dies kannst du wohl nicht annehmen, denn unter dieser Bedingung gäbe es weder Wahr noch Unwahr, weder Gut noch Böse, weder Schön noch Häßlich; es sei denn, daß es deinem großen Schöpfer, deinen Richtern und deinen Priestern gefiele, es dafür zu erklären. Jeden Augenblick müßtest du Idee und Verhalten ändern. An einem Tag würde man im Auftrag eines deiner drei Herren zu dir sagen: »Töte«, und du wärest dann gewissensmäßig verpflichtet zu töten. An einem anderen Tag, bei dem Gebote: »Stiehl« wärest du genötigt zu stehlen. Bei dem Gebote: »Iß nicht von dieser Frucht« würdest du nicht wagen, sie zu essen, und bei dem Gebote: »Ich verbiete dir dieses Gemüse oder dieses Tier« würdest du dich hüten, sie zu berühren. Es gibt nichts Gutes, das man verbieten, und nichts Böses, das man befehlen dürfte. Und wozu würdest du gezwungen sein, wenn deine drei Herren, nicht recht einig untereinander, auf den Einfall kämen, dir dieselbe Sache zugleich zu gestatten, zu gebieten und zu verbieten – was meiner Ansicht nach oft vorkommen muß? In diesem Fall müßtest du dich mit dem Richter verfeinden, um dem Priester zu gefallen, müßtest den großen

Schöpfer erzürnen, um den Richter zufriedenzustellen, und deiner Natur entsagen, um dich dem großen Schöpfer gefällig zu erweisen. Und weißt du, was dabei herauskommen wird? Nun, du wirst sie alle drei verachten, wirst weder Mensch noch Staatsbürger, noch Gläubiger sein, sondern gar nichts; du wirst zerfallen sein mit allen Formen der Autorität, zerfallen auch mit dir selbst, böse, von deinem Herzen gequält, von deinen unvernünftigen Herren verfolgt und unglücklich, so wie ich dich gestern abend sah, als ich dir meine Töchter und meine Frau zuführte und du riefst: »Aber meine Religion, aber mein Stand!« Willst du immer und überall wissen, was gut und was böse ist, so halte dich an die Natur der Dinge und der Handlungen, an deine Beziehungen zu Wesen deinesgleichen, an den Einfluß deines Verhaltens auf deinen besonderen Nutzen und auf das allgemeine Wohl. Du befindest dich in einem Wahn, wenn du glaubst, es gebe im Weltall, sei es über dir oder unter dir, irgend etwas, das die Gesetze der Natur erweitern oder einschränken kann. Der ewige Wille der Natur ist, daß das Gute dem Bösen und das allgemeine Wohl dem besonderen Wohl vorgezogen werde. Du magst das Gegenteil befehlen, aber man wird dir nicht gehorchen. Durch Furcht, Strafe und Reue wirst du nur die Zahl der Missetäter und der Unglücklichen vermehren, das Gewissen zerstören, den Geist verderben; keiner wird noch wissen, was er tun und was er lassen solle. Unruhig im Zustand der Unschuld, ruhig bei der Missetat, haben alle auf ihrem Weg den Leitstern verloren. Antworte mir aufrichtig: schläft in deinem Lande, angesichts der ausdrücklichen Befehle deiner drei Gesetzgeber, ein Jüngling niemals ohne ihre Erlaubnis mit einem Mädchen?

Kaplan: Ich würde lügen, wenn ich dir dies versichern wollte.

Oru: Gibt die Frau, die geschworen hat, nur ihrem Mann zu gehören, sich niemals einem anderen hin?

Kaplan: Nichts kommt häufiger vor.

Oru: Deine Gesetzgeber mögen einschreiten oder nicht. Wenn sie einschreiten, gleichen sie wilden Tieren, welche die Natur anfallen. Schreiten sie nicht ein, so sind sie Dummköpfe, die ihre Autorität durch ein nutzloses Verbot nur der Verachtung ausgeliefert haben.

Kaplan: Die Schuldigen, die der Strenge der Gesetze entgehen, werden durch allgemeine Mißbilligung bestraft.

Oru: Das heißt, daß die Gerechtigkeit durch den Unverstand des ganzen Volkes ausgeübt wird und daß die Gesetze durch die Torheit der Meinung ersetzt werden.

Kaplan: Das entehrte Mädchen findet keinen Mann mehr.

Oru: Entehrt! Warum entehrt?

Kaplan: Die treulose Frau wird mehr oder weniger verachtet.

Oru: Verachtet! Warum denn?

Kaplan: Den Jüngling nennt man einen elenden Verführer.

Oru: Elend! Verführer! Warum denn?

Kaplan: Der Vater, die Mutter und der Sohn sind untröstlich. Der flatterhafte Gatte gilt für einen Wüstling. Der betrogene Gatte teilt die Schande seiner Frau.

Oru: Was für ein abscheuliches Gewebe von Widersinnigkeiten enthüllst du mir da! Dabei sagst du mir noch nicht alles; denn sobald man sich erlaubt hat, mit den Ideen von Eigentum und Gerechtigkeit nach Belieben zu verfahren, den Dingen willkürlich ihren Charakter zu nehmen oder zu geben, Gut und Böse mit den Handlungen zu verbinden oder von ihnen zu trennen, ohne etwas anderes als die eigene Laune zu befragen, tadelt, beschuldigt, verdächtigt und tyrannisiert man sich gegenseitig; man ist neidisch und eifersüchtig, betrügt sich und verletzt sich, verbirgt sich und tarnt sich, belauert und ertappt sich, zankt und lügt. Töchter hintergehen ihre Eltern, Männer ihre Frauen, Frauen ihre Männer; Mädchen – ja, ich zweifle nicht daran –, Mädchen erwürgen ihre Kinder; argwöhnische Väter verachten und vernachlässigen ihre Kinder; Mütter trennen sich von ihnen und überlassen sie ihrem Schicksal; kurz, Verbrechen und Ausschweifung zeigen sich in allen möglichen Formen. Ich weiß all das, als ob ich unter euch gelebt hätte. Dies ist so, weil es so sein muß, und deine Gesellschaft, deren großartige Ordnung euer Anführer rühmt, ist nur eine Bande von Heuchlern, die heimlich die Gesetze mit Füßen treten, oder eine Schar von Unglücklichen, die selbst zu Werkzeugen ihrer Qualen werden, indem sie sich den Gesetzen unterwerfen, oder ein Haufen von Dummköpfen, bei denen das Vorurteil die Stimme der Natur völlig erstickt hat, oder eine Masse von verkümmerten Wesen, bei denen die Natur nicht mehr ihre Rechte geltend machen kann.

Kaplan: Es sieht fast so aus. Aber heiratet ihr denn überhaupt nicht?

Oru: Doch, wir heiraten.

Kaplan: Worin besteht bei euch die Ehe?

Oru: In der Zustimmung, dieselbe Hütte zu bewohnen und in demselben Bett zu schlafen, solange wir uns dort wohl fühlen.
Kaplan: Und wenn ihr euch nicht mehr wohl fühlt?
Oru: Dann trennen wir uns.
Kaplan: Was wird dabei aus euren Kindern?
Oru: Ach, Fremdling, deine letzte Frage enthüllt mir vollends das tiefe Elend deines Landes. Erfahre, lieber Freund, daß bei uns die Geburt eines Kindes immer ein Glück bedeutet und sein Tod stets ein Grund für Trauer und Tränen ist. Ein Kind ist ein kostbares Gut, weil es ein Mensch werden soll; deshalb pflegen wir es auch weitaus mehr als unsere Pflanzen und Tiere. Ein Junge, der zur Welt kommt, gibt Anlaß zur Freude im Heim und in der Öffentlichkeit. Er bedeutet einen Zuwachs an Wohlstand für die Hütte und an Kraft für das Volk, bedeutet mehr Arme und Hände für Tahiti; wir erblicken in ihm einen Bauern, einen Fischer, einen Jäger, einen Krieger, einen Gatten, einen Vater. Zieht eine Frau aus der Hütte ihres Mannes wieder in die ihrer Eltern, so nimmt sie die Kinder mit, die sie als Mitgift mitgebracht hat. Man teilt die Kinder auf, die während des Zusammenlebens geboren worden sind, und tauscht, soweit dies möglich ist, die Knaben gegen die Mädchen aus, so daß jedem ungefähr eine gleiche Zahl von Mädchen und Knaben bleibt.
Kaplan: Kinder fallen doch lange zur Last, bevor sie Dienste leisten.
Oru: Für ihren Unterhalt und für den Unterhalt der Alten bestimmen wir ein Sechstel aller Früchte unseres Landes; überall kommt ihnen diese Abgabe zu. Du siehst: je größer die Familie des Tahitianers ist, desto reicher ist er.
Kaplan: Ein Sechstel?
Oru: Ja, das ist ein sicheres Mittel, die Bevölkerungszunahme zu fördern und die Achtung vor dem Alter und das Interesse an der Erhaltung der Kinder zu wecken.
Kaplan: Heiraten eure Paare zuweilen wieder?
Oru: Sehr oft. Doch die kürzeste Zeit einer Ehe dauert von einem Neumond bis zum anderen.
Kaplan: Außer wenn die Frau schwanger ist; dann dauert das Zusammenleben doch wenigstens neun Monate?
Oru: Du irrst dich. Die Vaterschaft sowie die Abgabe folgt dem Kinde überallhin mit.

Kaplan: Du hast mir von Kindern erzählt, die eine Frau ihrem Mann als Mitgift zuführt ...

Oru: Freilich. So hat meine älteste Tochter drei Kinder. Sie können schon laufen, sind gesund, sind schön, und versprechen kräftig zu werden. Sobald sie Lust zum Heiraten bekommt, nimmt sie die Kinder mit; es sind ja ihre Kinder. Ihr Mann nimmt diese freudig auf, und seine Frau wäre ihm noch lieber, wenn sie ein viertes erwartete.

Kaplan: Von ihm?

Oru: Von ihm oder von einem anderen. Je mehr Kinder unsere Töchter haben, desto begehrter sind sie. Je kräftiger und stärker unsere Söhne sind, desto reicher sind sie. Sosehr wir darauf bedacht sind, die einen vor Annäherungsversuchen des Mannes und die anderen vor dem Verkehr mit der Frau zu bewahren, bevor sie das Alter der Fruchtbarkeit erreicht haben, so sehr ermahnen wir sie, Kinder zu zeugen, sobald die Söhne mannbar und die Töchter heiratsfähig sind. Du kannst dir nicht vorstellen, was für einen wichtigen Dienst du meiner Tochter Thia erwiesen hast, als du ihr ein Kind schenktest. Jetzt wird ihre Mutter nicht mehr bei jedem Neumond zu ihr sagen: Ach, Thia, woran denkst du? Du wirst überhaupt nicht schwanger. Du bist neunzehn Jahre alt, du solltest schon zwei Kinder haben und hast noch keines. Wer wird sich mit dir belasten? Wenn du deine Jugendzeit so vergeudest, was wirst du dann im Alter tun? Thia, du mußt irgendein Gebrechen haben, das die Männer von dir fernhält. Bessere dich, mein Kind. In deinem Alter war ich schon dreimal Mutter.

Kaplan: Welche Vorsichtsmaßnahmen ergreift ihr, um eure heranwachsenden Töchter und Söhne zu behüten?

Oru: Das ist der Hauptgegenstand der häuslichen Erziehung und der wichtigste Punkt der öffentlichen Sitten. Unsere Jünglinge tragen bis zu ihrem zweiundzwanzigsten Lebensjahr, also noch zwei oder drei Jahre nach der Geschlechtsreife, ein langes Gewand und eine dünne Kette um die Lenden. Vor dem heiratsfähigen Alter würden unsere Mädchen es nicht wagen, ohne weißen Schleier auszugehen. Das Abnehmen der Kette und das Ablegen des Schleiers sind Vergehen, die selten begangen werden, weil wir die Kinder rechtzeitig über die schlimmen Folgen aufklären. Aber sobald der junge Mann seine volle Kraft gewonnen hat, sobald die Zeichen der Mannbarkeit beständig sind und sobald der häufige Erguß und die Beschaffenheit der Samenflüssigkeit uns Gewißheit geben; sobald das junge Mädchen welkt, sich langweilt und reif dazu ist, Begierden zu hegen, solche einzuflößen und sie vorteilhaft zu befriedigen, nimmt der Vater seinem Sohn die Kette ab und beschneidet ihm den Nagel am Mittelfinger der rechten Hand. Die Mutter entschleiert ihre Tochter. Der eine darf nun um eine Frau werben und sich von ihr umwerben lassen; die andere darf öffentlich mit unverschleiertem Gesicht und entblößtem Busen umhergehen und die Liebkosungen eines Mannes hinnehmen oder zurückweisen. Allerdings weist man vorher sowohl den Jüngling als das Mädchen darauf hin, welche Mädchen und welche Jünglinge sie bevorzugen sollten. Ein großes Fest ist der Tag der Mündigerklärung eines Mädchens oder eines Jünglings. Handelt es sich um ein Mädchen, so versammeln sich am Abend vorher die jungen Männer in der Umgebung der Hütte, und während der ganzen Nacht erklingt Gesang und Musik. Bei Tagesanbruch wird sie von ihrem Vater und ihrer Mutter zu einem abgegrenzten Platz geführt, wo man tanzt und Kämpfe im Springen, Ringen und Laufen veranstaltet. Man zeigt ihr den nackten Mann von allen Seiten und in allen Stellungen. Handelt es sich um einen Jüngling, so besorgen die jungen Mädchen in seiner Gegenwart die Veranstaltungen und Ehrungen des Festes und enthüllen seinen Blicken die nackte Frau ohne Vorbehalt und Geheimnis. Der Rest der Feierlichkeit vollzieht sich auf einem Lager aus Laub, wie du es nach deiner Landung bei uns gesehen hast. Bei Einbruch der Dunkelheit kehrt das Mädchen in die Hütte seiner Eltern zurück oder zieht in die Hütte des Erwählten um und bleibt dort, solange es ihr gefällt.

Kaplan: Also ist dieses Fest wohl ein Hochzeitsfest? Ja oder nein?
Oru: Du sagst es.
A: Was sehe ich hier am Rand?
B: Eine Randbemerkung des guten Kaplans. Er meint, die Vorschriften der Eltern über die Wahl der Jünglinge und der Mädchen seien sehr verständig und zeugten von recht feinen und nützlichen Beobachtungen; dennoch habe er diesen Katechismus weggelassen, weil er so verdorbenen und oberflächlichen Menschen wie uns nur unverzeihlich frei erscheinen würde. Allerdings, fügt er hinzu, lasse er nicht ohne Bedauern gewisse Einzelheiten weg, aus denen man zweierlei ersehen könnte: erstens, wie weit ein Volk, das sich unaufhörlich mit einem wichtigen Gegenstand beschäftigt, in seinen

Forschungen auch ohne die Hilfe der Physik und der Anatomie kommen kann, und zweitens, wie verschieden in einem Land, in dem man die Gestalt auf das Vergnügen eines Augenblicks bezieht, und bei einem Volk, bei dem sie nach einem beständigeren Nutzen eingeschätzt wird, die Ideen von der Schönheit sind. Dort gehören zur Schönheit ein blendendweißer Teint, eine hohe Stirn, große Augen, feine und zarte Gesichtszüge, ein schlanker Wuchs, ein kleiner Mund, kleine Hände, ein kleiner Fuß ... Hier fällt fast keiner dieser Züge ins Gewicht. Die Frau, an der alle Blicke hängen und die von der Begierde verfolgt wird, ist hier diejenige, die viele Kinder verspricht (wie die Frau des Kardinals Ossat): tüchtige, gescheite, mutige, gesunde und kräftige Kinder. Es gibt kaum etwas Gemeinsames zwischen der Venus von Athen und der Venus von Tahiti; die eine ist buhlende Venus, die andere fruchtbare Venus. Eine Tahitianerin sagte einmal geringschätzig zu einer anderen Frau des Landes: »Du bist schön, gebierst aber häßliche Kinder. Ich bin häßlich, gebäre aber schöne Kinder, und mich ziehen die Männer vor.«

Nach dieser Randbemerkung des Kaplans fährt Oru fort.

A: Bevor er seine Erzählung aufnimmt, möchte ich Sie um etwas bitten, nämlich mir von dem Abenteuer zu erzählen, das sich in Neuengland ereignet hat.[11]

B: Hier ist es: Eine junge Frau, Miss Polly Baker, zum fünften Mal schwanger, wurde vor das Gericht von Connecticut geführt, in der Nähe von Boston. Das Gesetz verurteilt alle Frauen, die den Titel der Mutter nur der Zügellosigkeit verdanken, zu einer Geldstrafe oder einer körperlichen Bestrafung, falls sie die Geldstrafe nicht bezahlen können. Miss Polly hielt ihren Richtern folgende Rede, als sie den Raum betrat, in dem alle versammelt waren: »Erlauben Sie mir, meine Herren, einige Worte an sie zu richten. Ich bin eine arme und unglückliche Frau, ich habe keine Mittel, um einen Anwalt für meine Verteidigung zu bezahlen, und ich werde Sie nicht lange

---

11 Die folgende Passage mit der Erzählung von Polly Baker (bis zum Wiedereinsatz des Gesprächs zwischen Oru und dem Kaplan) findet sich nicht in allen Manuskripten des *Supplement*, wohl aber in jenem in Leningrad, auf das sich die Herausgeber der neuen Gesamtausgabe hauptsächlich stützen (vgl. OC Bd. XII, S. 503; Übersetzung des Hg.). In diesem Manuskript steht vor dem Wiedereinsatz des Gesprächs eine eigene Numerierung (»IV«); der unten S. 191 mit »IV« bezifferte Abschnitt erhält dort die Nummer »V«.

aufhalten. Ich bilde mir nicht ein, daß Sie im Urteil, das Sie aussprechen werden, vom Gesetz abrücken werden; zu hoffen wage ich, daß Sie die Güte haben, für mich um die Wohltaten der Regierung zu bitten und zu erreichen, daß sie mir die Geldstrafe erläßt. Es ist nun das fünfte Mal, daß ich vor Ihnen aus dem gleichen Grund erscheine; zwei Mal habe ich aufwendige Geldstrafen bezahlt, zwei Mal habe ich eine öffentliche und beschämende Bestrafung erlitten, weil ich nicht zahlen konnte. Das mag dem Gesetz entsprechen; ich bestreite es keineswegs; aber manchmal gibt es ungerechte Gesetze, und man setzt sie außer Kraft, manchmal sind sie auch zu streng, und die gesetzgebende Macht kann von ihrer Anwendung absehen. Ich wage zu behaupten, daß jenes Gesetz, das mich verurteilt, zugleich ungerecht an sich und mit gegenüber zu streng ist. Ich habe nie jemanden dort, wo ich lebe, beleidigt, und ich fordere meine Feinde – wenn ich denn welche habe – auf, zu beweisen, daß ich je das geringste Unrecht gegen einen Mann, eine Frau, ein Kind getan habe. Erlauben Sie mir, für einen Moment zu vergessen, daß das Gesetz existiert, und ich begreife nicht, welches mein Verbrechen sein könnte; ich habe fünf schöne Kinder zur Welt gebracht, unter Gefahr für mein Leben, ich habe sie mit meiner Milch ernährt, ich habe sie durch meine Arbeit unterstützt, und ich hätte mehr für sie getan, wenn ich nicht Strafen zu zahlen gehabt hätte, die mir die Mittel dazu genommen haben. Ist es ein Verbrechen, die Zahl der Untertanen seiner Majestät zu erhöhen, in einem Landstrich, dem es an Bewohnern mangelt? Ich habe keinen Ehemann seiner Frau weggenommen, keinen jungen Mann zu Ausschweifungen verführt; nie hat man mich solch verwerflicher Vorgänge angeklagt, und wenn jemand sich über mich beklagt, dann kann es nur der Minister sein, dem ich keine Ehegebühren gezahlt habe. Aber ist das meine Schuld? Ich appelliere an Sie, meine Herren: sicherlich unterstellen Sie mir genug an gesundem Menschenverstand, um überzeugt zu sein, daß ich den ehrenwerten Stand der Ehefrau der schändlichen Situation vorgezogen hätte, in der ich bis heute lebe. Ich habe mir immer gewünscht, und wünsche es mir noch immer, zu heiraten, und fürchte mich nicht zu sagen, daß ich den Anstand, den Fleiß und die Sparsamkeit hätte, die einer Ehefrau gebühren, so wie ich ihre Fruchtbarkeit habe. Wer wollte behaupten, ich würde mich weigern, mich für einen solchen Stand zu entscheiden? Ich habe dem ersten und einzigen Antrag, der mir gemacht wurde, zugestimmt, ich war noch Jungfrau; ich hatte die Einfältigkeit, meine Ehre einem Mann anzuvertrauen, der sie nicht im geringsten hatte, er machte mir mein erstes Kind und verließ mich. Dieser Mann, Sie alle kennen ihn, ist derzeit Beamter wie Sie und nimmt an Ihrer Seite Platz; ich hatte gehofft, er würde heute im Gericht erscheinen und er hätte zu meinen Gunsten Ihr Mitgefühl erregt, zu Gunsten einer Unglücklichen, die es nur durch ihn ist; ich wäre unfähig gewesen, ihn zum Erröten zu bringen, indem ich daran erinnert hätte, was zwischen uns geschehen ist. Habe ich unrecht, mich über die Ungerechtigkeit der Gesetze zu beklagen? Die erste Ursache meines unsoliden Lebens, mein Verführer, ist zu einer Machtstellung und zu Ehren erhoben worden durch eben die Regierung, die mein Unglück durch Peitsche und Schande bestraft. Man mag mir antworten, daß ich die Vorschriften der Religion überschritten habe; wenn mein Vergehen eines gegen Gott ist, lassen Sie ihm die Sorge, mich zu bestrafen; Sie haben mich schon aus der Gemeinschaft der Kirche ausgeschlossen, genügt das nicht? Warum fügen Sie der Qual der Hölle, die ihrer Meinung nach mich in jener Welt erwartet, die Geldstrafen und die Peitsche in dieser Welt hinzu? Vergeben Sie mir diese Überlegungen, meine Herren; ich bin kein Theologe, aber ich habe Mühe zu glauben, daß es ein großes Verbrechen sei, Kinder das Licht der Welt erblicken zu lassen, die Gott mit unsterblichen Seelen ausgestattet hat und die ihn anbeten. Wenn Sie Gesetze erlassen, die die Natur der Handlungen verändern und aus ihnen Verbrechen machen, richten Sie sie gegen die Junggesellen, deren Zahl jeden Tag zunimmt, die Verführung und Schande in die Familien bringen, die die jungen Frauen täuschen, wie ich es war, und die sie zwingen, in dem Stand der Schande zu leben, in dem ich lebe, inmitten einer Gesellschaft, die sie zurückweist und verachtet. Sie sind es, die die öffentliche Ruhe stören; dies sind die Verbrechen, die mehr als meines die Aufmerksamkeit der Gesetze verdienen.«

Diese Rede hatte die Wirkung, die Miss Baker erwartete; ihre Richter erließen ihr die Geldstrafe und die Züchtigung an ihrer Stelle. Ihr Verführer, von dem Geschehen unterrichtet, verspürte Reue über sein früheres Verhalten und wollte es wiedergutmachen; zwei Tage später heiratete er Miss Baker und machte aus jener, die er fünf Jahre zuvor zu einer Prostituierten gemacht hatte, eine ehrbare Frau.[12]

---

12 Diderot faßt hier eine Geschichte zusammen, die eine Erfindung von Benjamin

A: Ist das nicht eine Geschichte, die Sie erfunden haben?
B: Nein.
A: Ich bin beruhigt.
B: Ich weiß nicht, ob nicht der Abbé Raynal das Ereignis und die Rede in seiner *Geschichte der beiden Indien* berichtet.[13]
A: Exzellentes Werk, und von einer Redeweise, die sich von den anderen so unterscheidet, daß man vermutet hat, er habe fremde Hände beschäftigt.
B: Das ist ungerecht.
A: Oder eine Bosheit. Man zerstückelt den Lorbeer, der den Kopf eines großen Mannes bekränzt, und man zerstückelt ihn so sehr, daß nicht ein Blatt übrigbleibt.
B: Aber die Zeit versammelt die Blätter wieder und stellt den Kranz wieder her.
A: Doch der Mann ist tot, er hat unter dem Unrecht gelitten, das er von seinen Zeitgenossen erfahren hat, und er kann die Wiedergutmachung nicht mitbekommen, die er von der Nachwelt erhält.
Oru: Wie beglückend ist für ein junges Mädchen und seine Eltern der Augenblick, in dem die Schwangerschaft festgestellt wird! Sie erhebt sich, eilt herbei, legt Mutter und Vater die Arme um den Hals. Unter lebhaften Kundgebungen gegenseitiger Freude verkündet sie dieses Ereignis und erfahren es die anderen. »Mutter, lieber Vater, umarmt mich; ich bin schwanger!« – »Ist das wirklich wahr?« – »Unbedingt.« – »Und von wem ist es?« – »Von einem gewissen ...«
Kaplan: Wie kann sie den Vater ihres Kindes nennen?
Oru: Warum soll sie es nicht wissen? Mit der Dauer der Liebe verhält es sich bei uns wie mit der Dauer der Ehe; sie dauert wenigstens von einem Neumond bis zum folgenden.

Franklin war und von ihm am 15. April 1747 in London im *General Advertiser* veröffentlicht wurde.
13 Es geht um die *Histoire philosophique et politique des établissements et du commerce des Européens dans les deux Indes* von Guillaume-Thomas François Raynal (1713-1796), die zum ersten Mal 1770 erschien, verboten wurde, 1774 in einer neuen Auflage herausgebracht wurde, wiederum verboten wurde, um 1780 in einer noch radikaleren Fassung erneut zu erscheinen. Laut Grimm soll Raynal mehrere Mitautoren gehabt haben; die besten Partien des Werks stammten von Diderot. Diderot reagiert auf diese Kritik an Raynal mit seinem *Lettre apologétique de l'abbé Raynal à monsieur Grimm* von 1781.

Kaplan: Und diese Regel wird stets gewissenhaft beachtet?
Oru: Das sollst du selbst beurteilen. Erstens ist die Zeit zwischen zwei Neumonden doch nicht lang. Wenn aber zwei Männer einen wohlbegründeten Anspruch auf die Vaterschaft an einem Kinde erheben, dann gehört es nicht mehr der Mutter.
Kaplan: Wem gehört es dann?
Oru: Demjenigen der beiden, dem sie es geben will. Das ist ihr einziges Vorrecht. Da ein Kind aber an sich ein Gegenstand des Interesses und des Reichtums ist, so begreifst du wohl, daß bei uns unzüchtige Frauen selten sind und daß die Jünglinge sie fliehen.
Kaplan: Also gibt es bei euch auch unzüchtige Frauen? Das beruhigt mich.
Oru: Wir haben sogar mehr als eine Art. Aber du lenkst mich von meinem Gegenstand ab. Wenn eines unserer Mädchen schwanger und der Vater des Kindes ein schöner, gut gewachsener, tapferer, gescheiter und arbeitsamer junger Mann ist, dann ruft die Hoffnung, daß das Kind die Tugenden seines Vaters erben wird, neuen Jubel hervor. Unsere Tochter schämt sich nur einer schlechten Wahl. Du mußt begreifen, welchen Wert wir auf Gesundheit, Schönheit, Kraft, Fleiß und Mut legen; du mußt auch begreifen, warum sich bei uns die Vorrechte des Blutes, ohne daß wir uns einmischen, ewig erhalten müssen. Da du verschiedene Länder bereist hast, so sage mir, ob du in irgendeinem so viele schöne Männer und Frauen gesehen hast wie in Tahiti. Sieh mich an. Wie findest du mich? Nun, es gibt hier zehntausend Männer, die größer und ebenso kräftig sind, aber nicht einen, der tapferer ist als ich. Darum machen die Mütter oft ihre Töchter aufmerksam auf mich.
Kaplan: Aber welches von all den Kindern, die du außerhalb deiner Hütte gezeugt haben magst, fällt dir zu?
Oru: Das vierte, ganz gleich, ob Junge oder Mädchen. Bei uns ist eine Zirkulation von Männern, Frauen und Kindern, aber auch von Fäusten und Armen jeglichen Alters und Berufes entstanden, die eine ganz andere Bedeutung hat als die Zirkulation eurer Waren, die nur das Produkt der Arme und Fäuste sind.
Kaplan: Ich verstehe. Welche Bewandtnis hat es mit den schwarzen Schleiern, die mir zuweilen aufgefallen sind?
Oru: Ein Kennzeichen der Unfruchtbarkeit, sei sie nun die Folge eines Geburtsfehlers oder des vorgerückten Alters. Die Frau, die diesen Schleier ablegt und sich unter die Männer mischt, gilt als

unzüchtig; der Mann, der diesen Schleier lüftet und sich der Unfruchtbaren nähert, gilt ebenfalls als unzüchtig.

Kaplan: Und die grauen Schleier?

Oru: Ein Kennzeichen der periodischen Krankheit. Die Frau, die diesen Schleier ablegt und sich unter die Männer mischt, gilt als unzüchtig; der Mann, der ihn lüftet und sich der Kranken nähert, gilt ebenfalls als unzüchtig.

Kaplan: Habt ihr Strafen für solche Unzucht?

Oru: Keine andere als die Mißbilligung.

Kaplan: Darf ein Vater mit seiner Tochter, eine Mutter mit ihrem Sohn, ein Bruder mit seiner Schwester, ein Gatte mit der Frau eines anderen schlafen?

Oru: Warum nicht?

Kaplan: Die Buhlerei mag hingehen, aber die Blutschande, aber der Ehebruch!

Oru: Was meinst du mit deinen Worten, mit »Buhlerei«, »Blutschande«, »Ehebruch«?

Kaplan: Verbrechen, ungeheure Verbrechen! Für eines von ihnen wird man in meinem Land verbrannt.

Oru: Ob man in deinem Land dafür verbrannt wird oder nicht, kümmert mich wenig. Du wirst die Sitten in Europa doch nicht an denen in Tahiti messen, also die Sitten in Tahiti auch nicht an denen deines Landes. Wir brauchen einen zuverlässigeren Maßstab. Und was soll dieser Maßstab sein? Kennst du einen anderen als das allgemeine Wohl und den besonderen Nutzen? Sage mir nun, inwiefern dein Verbrechen »Blutschande« diesen zwei Zwecken unserer Handlungen widerspricht. Du täuschst dich, mein Freund, wenn du glaubst, alles sei erledigt, sobald ein Gesetz veröffentlicht, ein schimpfliches Wort gefunden, eine Todesstrafe verhängt ist. Antworte mir doch: was verstehst du unter »Blutschande«?

Kaplan: Aber Blutschande ...

Oru: Blutschande ...? Hat dein großer Meister ohne Kopf, ohne Hände und ohne Werkzeuge vor sehr langer Zeit die Welt geschaffen?

Kaplan: Nein.

Oru: Schuf er das ganze Menschengeschlecht auf einmal?

Kaplan: Nein. Er schuf nur eine Frau und einen Mann.

Oru: Hatten sie Kinder?

Kaplan: Sicher.

Oru: Nehmen wir an, diese ersten Eltern hätten nur Töchter gehabt und ihre Mutter wäre zuerst gestorben, oder sie hätten nur Söhne gehabt und die Frau hätte ihren Gatten verloren ...

Kaplan: Du bringst mich in Verlegenheit. Aber du magst sagen, was du willst, die Blutschande ist und bleibt ein abscheuliches Verbrechen! Sprechen wir von etwas anderem.

Oru: Das könnte dir passen! Aber ich schweige so lange, bis du mir gesagt hast, worin das abscheuliche Verbrechen »Blutschande« eigentlich besteht.

Kaplan: Nun gut! Ich gebe zu, die Blutschande verletzt vielleicht in keinem Punkte die Natur; aber genügt es nicht, daß sie die Staatsordnung gefährdet? Was würde aus der Sicherheit eines Staatsoberhauptes und aus der Ruhe eines Staates werden, wenn ein ganzes Volk – ein Volk von mehreren Millionen Menschen – um ungefähr fünfzig Familienväter geschart wäre?

Oru: Schlimmstenfalls gäbe es dann dort, wo heute nur eine große Gesellschaft besteht, fünfzig kleine Gesellschaften, dafür aber mehr Glück und ein Verbrechen weniger.

Kaplan: Indessen nehme ich an, daß auch hier ein Sohn nur selten mit seiner Mutter schläft.

Oru: Nur wenn er große Achtung vor ihr hat und eine so starke Zuneigung zu ihr fühlt, daß er den Altersunterschied vergißt und eine vierzigjährige Frau einem neunzehnjährigen Mädchen vorzieht.

Kaplan: Und der Verkehr der Väter mit den Töchtern?

Oru: Der kommt kaum häufiger vor, es sei denn, daß die Tochter häßlich und wenig begehrt ist. In diesem Fall bemüht sich ihr Vater, wenn er sie liebt, ihr die notwendige Mitgift an Kindern zu verschaffen.

Kaplan: Dies bringt mich auf die Vermutung, daß in Tahiti das Los der Frauen, welche die Natur benachteiligt hat, nicht glücklich ist.

Oru: Das beweist mir, daß du keine hohe Meinung von der Großmut unserer jungen Männer hast.

Kaplan: Die Geschwisterehe dagegen – das bezweifle ich nicht – ist weit verbreitet ...

Oru: ... und wird freudig gebilligt.

Kaplan: Nach deinen Worten müßte diese Leidenschaft, die in unseren Ländern so viele Verbrechen und Übel hervorruft, bei euch ganz ungefährlich sein.

Oru: Fremdling, dir fehlt es an Urteilskraft und an Gedächtnis. An Urteilskraft, weil man überall, wo ein Verbot besteht, in die Versuchung kommen muß, das Verbotene zu tun und es auch tut; an Gedächtnis, weil du dich nicht mehr dessen erinnerst, was ich dir gesagt habe. Wir haben verkommene alte Frauen, die nachts ohne ihren schwarzen Schleier ausgehen und Männer empfangen, obwohl aus ihrer Paarung nichts hervorgehen kann. Werden sie erkannt oder überrascht, so ist Verbannung nach dem Norden der Insel oder Versklavung ihre Strafe. Wir haben auch frühreife Mädchen, die ohne das Wissen ihrer Eltern ihren weißen Schleier ablegen (für sie haben wir einen verschlossenen Raum in unserer Hütte); junge Männer, die ihre Kette vor Ablauf der ihnen von der Natur und dem Gesetz vorgeschriebenen Zeit ablegen (dafür tadeln wir ihre Eltern); Frauen, denen die Zeit der Schwangerschaft zu lang erscheint; Frauen und Mädchen, die nicht gewissenhaft genug sind, um ihren grauen Schleier zu tragen. Doch in der Tat messen wir allen diesen Verfehlungen keine große Bedeutung bei, und du kannst dir kaum vorstellen, wie rein die Vorstellung von dem persönlichen oder öffentlichen Reichtum in Verbindung mit der Vorstellung von der Bevölkerungszunahme unsere Sitten gerade in dieser Hinsicht macht.

Kaplan: Verursacht die Leidenschaft von zwei Männern für dieselbe Frau oder die Zuneigung von zwei Frauen oder zwei Mädchen zu demselben Mann keine Mißhelligkeiten?

Oru: Ich habe noch keine vier Beispiele dafür gesehen. Die Wahl der Frau oder die Wahl des Mannes beendet alles. Die Vergewaltigung durch einen Mann würde ein schweres Vergehen bedeuten; doch bedarf es in diesem Fall erst der öfentlichen Klage, und sehr selten erhebt ein Mädchen oder eine Frau eine solche Klage. Dagegen ist mir aufgefallen, daß unsere Frauen weniger Mitleid mit häßlichen Männern haben als unsere Jünglinge mit benachteiligten Frauen, und wir bedauern dies nicht.

Kaplan: Wie ich sehe, kennt ihr kaum Eifersucht; aber dafür müssen die Gattenliebe und die Mutterliebe, zwei so starke und wohltuende Gefühle, bei euch – wenn nicht unbekannt, so doch ziemlich schwach sein.

Oru: Wir haben sie durch ein anderes Gefühl ersetzt, das viel allgemeiner, wirksamer und beständiger ist: das Interesse. Lege die Hand aufs Gewissen und laß dieses Prahlen mit der Tugend sein, die zwar unaufhörlich auf den Lippen deiner Gefährten ist, aber nicht in ihren Herzen wohnt. Sage mir, ob es in irgendeinem Land einen Vater gibt, der – wenn ihn das Schamgefühl nicht zurückhielte – nicht lieber sein Kind als sein Vermögen verlöre, oder einen Mann, der nicht lieber seine Frau verlöre als alle Bequemlichkeit seines Lebens. Sei überzeugt, daß der Mensch, wann immer ihm an der Erhaltung seines Nächsten ebensoviel liegt wie an seinem Bett, an seiner Gesundheit, seiner Ruhe, seiner Hütte, seinen Früchten, seinen Feldern, für den anderen all das tun wird, was ihm möglich ist. Hier nässen Tränen das Lager eines leidenden Kindes; hier werden Mütter während ihrer Krankheit gepflegt; hier schätzt man eine fruchtbare Frau, eine heiratsfähige Tochter, einen erwachsenen Jüngling; hier kümmert man sich um ihr Fortkommen, weil ihre Erhaltung immer einen Zuwachs an Wohlstand und ihr Verlust immer eine Abnahme an Wohlstand bedeutet.

Kaplan: Ich fürchte sehr, daß dieser Wilde recht hat. In unseren Ländern läßt der arme Bauer, der seine Frau schindet, um sein Roß zu schonen, sein Kind ohne Hilfe sterben und ruft den Arzt nur zu seinem Ochsen.

Oru: Ich verstehe nicht recht, was du soeben gesagt hast; aber mache bei der Rückkehr in dein so wohlgesittetes Vaterland den Versuch, bei euch den Antrieb des Interesses einzuführen; dann wird man den Wert des neugeborenen Kindes und die Bedeutung der Bevölkerungszunahme erkennen. Soll ich dir ein Geheimnis enthüllen? Aber gib acht, daß es dir nicht entschlüpft. Ihr kommt zu uns: wir überlassen euch unsere Frauen und Töchter; ihr wundert euch darüber; ihr bezeigt uns dafür eine Dankbarkeit, die uns zum Lachen bringt; ihr dankt uns dafür, obgleich wir dir und deinen Gefährten die allerhöchste Abgabe auferlegen. Wir verlangten von dir kein Geld; wir stürzten uns nicht auf deine Waren; wir verachteten deine Erzeugnisse; aber unsere Frauen und Töchter kamen zu dir und entzogen deinen Adern Blut. Wenn du eines Tages fortgehst, wirst du uns Kinder hinterlassen. Ist diese Abgabe, die von deiner Person, von deiner eigenen Substanz erhoben wurde, deiner Ansicht nach nicht ebensoviel wert wie eine andere? Und wenn du ihren Wert ermessen willst, so stelle dir vor, daß du zweihundert Meilen weit die Küste entlangwandern müßtest und daß man alle zwanzig

Meilen von dir eine solche Abgabe fordern würde. Wir haben sehr viel Brachland; uns fehlen Fäuste und Arme; wir haben sie von dir verlangt. Wir müssen Verluste gutmachen, wie sie durch Seuchen entstehen, und haben dich benutzt, um die Leere auszufüllen, die sie hinterlassen werden. Wir müssen nahe Feinde bekämpfen, brauchen Krieger dafür und haben dich gebeten, sie uns zu verschaffen. Die Zahl unserer Frauen und Töchter ist zu groß im Verhältnis zur Zahl der Männer; deshalb haben wir dich zur Mitarbeit herangezogen. Unter diesen Frauen und Töchtern waren einige, von denen wir keine Kinder bekommen konnten, und die überließen wir zuerst eurer Umarmung. Wir müssen einem Nachbarn, der uns bedrückt, eine Abgabe an Männern entrichten. Du und deine Kameraden werden uns davon entbinden; denn in fünf oder sechs Jahren werden wir ihm eure Söhne schicken, wenn sie nicht soviel taugen wie unsere eigenen. Obwohl wir kräftiger und gesünder sind als ihr, haben wir doch bemerkt, daß ihr uns an Intelligenz übertrefft, und so haben wir einige unserer schönsten Frauen und Töchter sofort dazu bestimmt, den Samen einer Rasse zu empfangen, die besser ist als die unsere. Dies ist ein Versuch, den wir unternommen haben und der uns vielleicht gelingen wird.[14] Wir haben aus dir und deinen Leuten den einzigen Vorteil gezogen, den wir aus euch ziehen konnten. Und glaube mir: so wild wir auch sind, so gut können wir doch rechnen. Geh, wohin du willst; du wirst immer einen finden, der ebenso schlau ist wie du. Er wird dir immer nur das geben, was ihm nicht nützt, und von dir stets das verlangen, was für ihn nützlich ist. Wenn er dir ein Stück Gold für ein Stück Eisen bietet, so geschieht dies nur deshalb, weil er keinen Wert auf das Gold legt und das Eisen schätzt. Doch sage mir: warum bist du nicht so gekleidet wie die anderen? Was bedeutet dieser lange Überwurf, der dich vom Kopf bis zu den Füßen einhüllt, und dieser spitze Sack, den du auf die Schultern fallen läßt oder über die Ohren ziehst?

Kaplan: Das bedeutet, daß ich so, wie du mich siehst, in eine Gesellschaft von Männern eingetreten bin, die man in meinem

---

14 Diderot war nicht der einzige, der mit solchen Gedanken spielte. In seiner Schrift *Venus physique* plädiert Pierre Louis Moreau de Maupertuis (1698-1759) für die Verbesserung der Menschen und die Vermischung ihrer Rassen; 1756 veröffentlichte der französische Arzt Charles-Augustin Vandermonde (1727-1762) seinen *Essai sur la maniere de perfectionner l'escpece humaine*, in dem er sich gleichfalls für die Vermischung der Menschenrassen ausspricht.

Land Mönche nennt. Ihr heiligstes Gelübde ist, keine Frau zu berühren und keine Kinder zu zeugen.

Oru: Was tut ihr dann?

Kaplan: Nichts.

Oru: Und eine solche Faulheit, die allerschlimmste Faulheit, duldet dein Richter?

Kaplan: Er tut noch mehr; er achtet sie und verschafft ihr Achtung.

Oru: Mein erster Gedanke war, daß euch die Natur, irgendein Unglück oder ein grausamer Streich die Fähigkeit entzogen hätte, euresgleichen zu zeugen, und daß man euch aus Mitleid doch lieber am Leben ließ, als euch zu töten. Aber, Mönch, meine Tochter hat mir gesagt, du seist ein Mann, seist ebenso kräftig wie ein Tahitianer, und sie hoffe, daß deine wiederholten Umarmungen nicht fruchtlos seien. Nun verstehe ich, warum du gestern abend gerufen hast: »Aber meine Religion, aber mein Stand!« Könntest du mir noch erklären, was der Grund jener Gunst oder Achtung ist, die euch die Obrigkeit gewährt?

Kaplan: Ich kenne ihn nicht.

Oru: Du weißt doch zumindest, aus welchem Grund du, ein Mann, dich freiwillig dazu verurteilt hast, kein Mann zu sein.

Kaplan: Es wäre zu umständlich und auch zu schwierig, dir dies zu erklären.

Oru: Und hält der Mönch immer dieses Gelübde der Unfruchtbarkeit?

Kaplan: Nein.

Oru: Das wußte ich doch sofort. Habt ihr auch weibliche Mönche?

Kaplan: Ja.

Oru: Sind sie ebenso brav wie die männlichen Mönche?

Kaplan: Noch mehr von der Welt abgeschlossen, verkümmern sie und kommen vor Langerweile um.

Oru: So rächt sich das Vergehen gegen die Natur! Ach, was für ein garstiges Land! Wenn dort alles so eingerichtet ist, wie du mir sagst, seid ihr barbarischer als wir.

Der gute Kaplan erzählt, er habe den Rest des Tages damit verbracht, auf der Insel umherzustreifen und die Hütten zu besichtigen. Abends, nach dem Essen, hätten der Vater und die Mutter ihn gebeten, mit ihrer zweiten Tochter zu schlafen. Palli hätte sich ihm ebenso unverhüllt gezeigt wie Thia, und er hätte während der Nacht wieder mehrere Male gerufen: »Aber meine Religion, aber mein Stand!« In der dritten Nacht hätten ihn an der Seite von Asta, der ältesten, die gleichen Gewissensbisse gequält, und aus Anstand hätte er der Frau seines Gastgebers schließlich die vierte Nacht geschenkt.

IV

Fortsetzung des Zwiegesprächs zwischen A und B

A: Ich schätze diesen höflichen Mönch.

B: Ich dagegen schätze weitaus mehr die Sitten der Tahitianer und die Worte Orus.

A: Obgleich sie etwas zurechtgemacht, etwas europäisiert erscheinen.

B: Daran zweifle ich nicht. – An dieser Stelle bedauert der gute Kaplan die Kürze seines Aufenthaltes in Tahiti, aber auch die Schwierigkeit, die Bräuche eines Volkes besser kennenzulernen, das so klug war, sich mit der Mittelmäßigkeit zu begnügen, oder so glücklich, eine Gegend zu bewohnen, in der die Fruchtbarkeit ihm eine lange Periode des Schlummers gewährleistete, so rege, um für die Befriedigung der unbedingt notwendigen Lebensbedürfnisse zu sorgen, und zugleich so gleichmütig, daß seine Unschuld, seine Ruhe und seine Glückseligkeit keinen allzu schnellen Fortschritt seiner Kenntnisse zu befürchten hatten. Schlecht erschien dort nach der öffentlichen Meinung und nach dem Gesetz nur das, was von Natur aus schlecht war. Gemeinsam wurden die Arbeiten bewältigt und die Ernten eingebracht. Die Bedeutung des Wortes »Eigentum« war sehr eng begrenzt. Die Liebesleidenschaft, die auf ein einfaches körperliches Bedürfnis begrenzt war, rief dort nicht solche Mißhelligkeiten hervor wie bei uns. Die ganze Insel bot das Bild einer einzigen großen Familie, wobei die Hütten den verschiedenen Gemächern in einem unserer großen Häuser entsprachen. Zum Schluß beteuert er, daß er die Tahitianer immer in Erinnerung behalten werde, daß er in die Versuchung gekommen sei, seine Kleider auf das Schiff zu werfen und den Rest seiner Tage unter den Tahitianern zu verbringen, und daß er befürchte, er werde noch oft bereuen, dies nicht getan zu haben.

A: Sehen wir von diesem Lob ab. Welche nützlichen Folgerungen können wir überhaupt aus den sonderbaren Bräuchen und Sitten eines nicht zivilisierten Volkes ziehen?

B: Nun, ich finde: sobald irgendwelche äußeren Ursachen, wie zum Beispiel die Notwendigkeit, die Unfruchtbarkeit des Bodens zu überwinden, den Scharfsinn des Menschen angeregt haben, führt ihn diese Anregung weit über das Ziel hinaus, und sobald die Grenze des Bedürfnisses überschritten ist, wird man auf den grenzenlosen Ozean der Hirngespinste hinausgetrieben, dem man sich nicht mehr zu entziehen vermag. Möge der glückliche Tahitianer also dort haltmachen, wo er jetzt ist! Ich finde auch, daß es auf unserer Erde, mit Ausnahme jenes entlegenen Winkels, nirgendwo Gesittung gegeben hat und vielleicht auch niemals anderswo geben wird.

A: Was verstehen Sie denn unter Gesittung?

B: Darunter verstehe ich eine allgemeine Unterwerfung unter gute oder schlechte Gesetze und ein entsprechendes Verhalten. Sind die Gesetze gut, so sind die Sitten gut. Sind die Gesetze schlecht, so sind die Sitten schlecht. Werden die Gesetze, gute oder schlechte, nicht befolgt – und das ist der schlimmste Zustand einer Gesellschaft –, so gibt es gar keine Sitten. Doch wie sollen die Gesetze befolgt werden, wenn sie sich widersprechen? Gehen Sie schnell die Geschichte der Jahrhunderte und der Völker des Altertums und der Neuzeit durch; dann werden Sie die Menschen immer drei Gesetzen, dem Naturgesetz, dem Staatsgesetz und dem Religionsgesetz, unterworfen finden und feststellen, daß sie diese drei Gesetze abwechselnd brechen mußten, weil sie nie übereinstimmten. Daher kam es, daß bisher in keinem Land irgend jemand ein wirklicher Mensch, ein wirklicher Staatsbürger oder ein wirklich gläubiger Mensch war – auch nicht in unserem Lande, wie Oru ganz richtig vermutet hat.

A: Und daraus werden Sie zweifellos folgern, daß das Religionsgesetz vielleicht überflüssig wird, wenn man die Moral auf die ewigen Beziehungen zurückführt, die zwischen den Menschen bestehen, und daß das Staatsgesetz nur der Ausdruck des Naturgesetzes sein soll.

B: Ja, und zwar unter der Strafe, daß man sonst die Zahl der Bösen vermehrt, anstatt Gute zu schaffen.

A: Oder wenn man es für notwendig hält, alle drei Gesetze zu behalten, dann dürfen die zwei anderen nur genaue Abbilder des

Naturgesetzes sein, das wir auf dem Grunde unseres Herzens geschrieben in die Welt mitbringen und das immer das stärkste sein wird.

B: Das stimmt nicht ganz. Bei der Geburt bringen wir nur eine Ähnlichkeit des Körperbaus mit anderen Wesen mit, die gleichen Bedürfnisse, die Neigung zu gleichen Freuden und eine gemeinsame Abneigung gegen gleiche Leiden. Dies macht den Menschen doch zu dem, was er ist, und darauf muß die ihm entsprechende Moral beruhen.

A: Das ist nicht einfach.

B: Nein, das ist so schwierig, daß ich wohl annehmen könnte, das wildeste Volk der Erde, das tahitianische, das sich genau an das Naturgesetz gehalten hat, komme einer guten Gesetzgebung näher als irgendein zivilisiertes Volk.

A: Ihm fällt es ja leichter, sich seiner allzu weitgehenden Naturwüchsigkeit zu entledigen, als uns, umzukehren und unsere Mißbräuche zu beseitigen.

B: Besonders die Mißbräuche, die mit der Vereinigung von Mann und Frau zusammenhängen.

A: Möglich. Aber wir wollen von vorn anfangen. Befragen wir ruhig die Natur und sehen wir unvoreingenommen zu, was sie uns antwortet.

B: Einverstanden.

A: Existiert die Ehe in der Natur?

B: Verstehen Sie unter Ehe den Vorzug, den ein Weibchen einem Männchen vor allen anderen Männchen oder ein Männchen einem Weibchen vor allen anderen Weibchen gibt, also eine gegenseitige Bevorzugung, derzufolge eine mehr oder weniger beständige Vereinigung zustande kommt, welche die Art durch die Individuen fortpflanzt, so existiert die Ehe in der Natur.

A: Ich denke wie Sie; denn diese Bevorzugung ist nicht nur bei der menschlichen Gattung zu bemerken, sondern auch bei allen anderen Tierarten. Dafür zeugt jenes Rudel von Männchen, die im Frühling auf unseren Feldern ein und dasselbe Weibchen verfolgen, unter denen aber nur eines das Begattungsrecht erwirbt. Und das Liebesspiel?

B: Verstehen Sie unter Liebesspiel die mannigfaltigen, starken oder zarten Reize, welche die Leidenschaft dem Männchen oder dem Weibchen verleiht, um jenen Vorzug zu gewinnen, der zu dem köstlichsten, wichtigsten und allgemeinsten Genuß führt, so existiert das Liebesspiel in der Natur.

A: Ich denke wie Sie. Dafür zeugt die Verschiedenartigkeit jener Finessen, die das Männchen anwendet, um dem Weibchen zu gefallen, und das Weibchen, um die Leidenschaft des Männchens zu erregen und seine Zuneigung zu fesseln. Und das Kokettieren?

B: Das ist eine Lüge, die darin besteht, eine Leidenschaft vorzutäuschen, die man nicht empfindet, und einen Vorzug zu versprechen, den man nicht gewähren wird. Das kokettierende Männchen foppt das Weibchen; das kokettierende Weibchen foppt das Männchen. Ein perfides Spiel, das zuweilen zu den schlimmsten Katastrophen führt; ein lächerliches Getue, wobei der Betrüger und der Betrogene gleichermaßen durch den Verlust der kostbarsten Augenblicke ihres Lebens bestraft werden.

A: Also existiert das Kokettieren – Ihrer Ansicht nach – nicht in der Natur?

B: Das behaupte ich nicht.

A: Und die Beständigkeit?

B: Darüber könnte ich Ihnen nichts Besseres sagen als das, was Oru dem Kaplan gesagt hat. Wie bedauernswert ist die bloße Einbildung von zwei Kindern, die sich selbst nicht kennen und die der Rausch eines Augenblicks blind macht gegenüber der Vergänglichkeit all dessen, was sie umgibt!

A: Und die Treue, diese seltene Erscheinung?

B: In unseren Ländern meist nur eine fixe Idee, eine Folter für den anständigen Mann und die anständige Frau; in Tahiti eine Grille.

A: Und die Eifersucht?

B: Die Leidenschaft eines bedürftigen und gierigen Tiers, das fürchtet, entbehren zu müssen; ein Gefühl, das des Menschen nicht würdig ist; eine Folge unserer falschen Sitten und der Ausdehnung des Eigentumsrechts auf einen freien, empfindenden, denkenden und wollenden Gegenstand.

A: Also existiert die Eifersucht – Ihrer Ansicht nach – nicht in der Natur?

B: Das behaupte ich nicht. Laster und Tugend, alles existiert gleichermaßen in der Natur.

A: Der Eifersüchtige ist finster.

B: Wie der Tyrann, weil er sich dessen bewußt ist.

A: Und die Schamhaftigkeit?

B: Sie zwingen mir da einen Vortrag über Liebesmoral auf! Der Mensch will bei seinen Genüssen weder gestört noch abgelenkt werden. Dem Liebesgenuß folgt eine Ermattung, die ihn der Willkür seines Feindes ausliefern könnte. Das ist alles, was an der Schamhaftigkeit vielleicht natürlich ist; der Rest ist künstlich. – In einem dritten Stück, das ich Ihnen nicht vorgelesen habe, erwähnt der Kaplan, daß der Tahitianer bei unwillkürlichen Regungen, die in ihm durch die Nähe seiner Frau hervorgerufen werden, nie schamrot wird, auch nicht im Kreis seiner Töchter, und daß die letzteren zuweilen zusehen, zwar erregt, aber nie verlegen. Sobald die Frau Eigentum des Mannes wurde und der heimliche Besitz eines Mädchens als Raub betrachtet wurde, entstanden die Begriffe »Schamhaftigkeit«, »Zurückhaltung«, »Anstand« – imaginäre Tugenden und Laster. Mit einem Wort: man wollte eben zwischen den zwei Geschlechtern Schranken errichten, die verhindern, daß sie sich gegenseitig zur Übertretung der ihnen auferlegten Gesetze verlocken, und die oft das Gegenteil bewirken, weil sie die Phantasie entflammen und die Begierden reizen. Wenn ich sehe, wie man Bäume in der Umgebung unserer Schlösser gepflanzt hat und wie ein Halstuch den Busen einer Frau verhüllt und zugleich hervorhebt, so ist mir, als bemerkte ich einen heimlichen Drang zur Rückkehr in den Urwald und einen Ruf nach der ursprünglichen Freiheit unserer alten Erde. Der Tahitianer würde uns fragen: Warum versteckst du dich? Wessen schämst du dich? Tust du denn etwas Böses, wenn du dem höchsten Drange der Natur nachgibst? Mann, gib dich ungezwungen, wenn du gefällst. Frau, wenn dir dieser Mann zusagt, so empfange ihn mit der gleichen Ungezwungenheit.

A: Ereifern Sie sich nicht. Obwohl wir wie gesittete Menschen anfangen, hören wir doch meistens wie der Tahitianer auf.

B: Ja, diese üblichen Vorspiele verbrauchen das halbe Leben eines geistvollen Menschen.

A: Zugegeben. Doch was macht das aus, wenn dadurch jener gefährliche Eifer des menschlichen Geistes, gegen den Sie vorhin protestiert haben, um so mehr abgeschwächt wird? Ein Philosoph unserer Zeit hat auf die Frage, warum die Männer den Frauen den Hof machen, nicht aber die Frauen den Männern, geantwortet, es sei doch natürlich, den Teil zu bitten, der immer gewähren könne.

B: Stets erschien mir diese Begründung eher witzig als stichhaltig. Die Natur – die schamlose Natur, wenn Sie wollen – treibt unterschiedslos ein Geschlecht zum anderen. Und im rohen und wilden Zustand des Menschseins, den man sich zwar vorstellen kann, der aber vielleicht nirgendwo existiert ...

A: Auch nicht in Tahiti?

B: Nein. In einem solchen Zustand wird der Abstand, der einen Mann von einer Frau trennt, wahrscheinlich von dem verliebteren Teil überwunden. Sie erwarten, fliehen, verfolgen, meiden, bedrängen und wehren sich doch nur deshalb, weil die Leidenschaft – ungleich in ihren Fortschritten – auf beide nicht mit gleicher Kraft wirkt. Daher kommt es, daß die Wollust auf der einen Seite um sich greift, sich verzehrt und erlischt, während sie sich auf der anderen Seite erst regt, und daß beide Seiten dann darüber traurig sind. Dies ist ein wahrheitsgetreues Bild des Vorgangs, der sich zwischen zwei jungen, noch unbefangenen und völlig unschuldigen Geschöpfen abspielt. Doch wenn die Frau aus Erfahrung oder durch Erziehung die mehr oder weniger grausamen Folgen eines so köstlichen Augenblicks kennt, so zittert ihr Herz bei der Annäherung des Mannes. Das Herz des Mannes zittert dabei überhaupt nicht; seine Sinne gebieten, und er gehorcht. Auch die Sinne der Frau sprechen, doch hat sie Angst, ihnen Gehör zu schenken. Es ist Sache des Mannes, sie von ihrer Angst abzulenken, sie trunken zu machen, sie zu verführen. Der Mann behält seinen vollen Naturtrieb zur Frau. Der Naturtrieb der Frau zum Mann, würde ein Mathematiker sagen, steht im direkten Verhältnis zur Leidenschaft und im umgekehrten zur Angst. In unseren Gesellschaften wird dieses Verhältnis noch komplizierter durch eine Menge von verschiedenartigen Elementen, die fast alle dazu beitragen, die Scheu des einen Geschlechts zu vermehren und die Zeit seiner Verfolgung durch das andere zu verlängern. Das ist eine Art Taktik, bei der die Verteidigungskräfte und die Angriffsmittel sich auf gleicher Linie bewegen. Man hat den Widerstand der Frau sanktioniert und die Gewalttätigkeit des Mannes mit Schande bedacht – eine Gewalttätigkeit, die in Tahiti nur ein leichtes Vergehen bedeutet, in unseren Staaten aber zum Verbrechen wird.

A: Aber wie kam es dahin, daß ein Akt, dessen Ziel so erhaben ist und zu dem uns die Natur durch die stärkste Lockung auffordert, daß dieses größte, köstlichste und harmloseste Vergnügen die ergiebigste Quelle unserer Verderbtheit und unserer Übel bildete?

B: Dies hat Oru dem Kaplan doch wenigstens zehnmal zu verstehen gegeben. Hören Sie es also noch einmal und versuchen Sie es zu behalten. Das kommt von der Tyrannei des Mannes, der den Besitz der Frau in ein Eigentum verwandelt hat; von den Bräuchen und Sitten, welche die eheliche Verbindung unnötig mit Bedingungen belastet haben; von den Staatsgesetzen, welche die Ehe von unzähligen Formalitäten abhängig machen; von dem Charakter unserer Gesellschaft, in der Vermögens- und Standesunterschiede die Grenze zwischen dem Schicklichen und dem Unschicklichen gezogen haben; von einem seltsamen Widerspruch, der in allen Gesellschaften auftritt, sobald die Geburt eines Kindes, die doch immer als ein Zuwachs an Reichtum für die Nation zu betrachten ist, immer häufiger und gewisser eine Zunahme an Armut für die Familie bedeutet; von den politischen Absichten der Herrscher, die in allen Dingen nur auf das eigene Interesse und die eigene Sicherheit Rücksicht nehmen; und von den religiösen Einrichtungen, welche die Namen Laster und Tugend an Handlungen geknüpft haben, auf die der Begriff der Moralität nicht anwendbar ist. – Wie weit sind wir doch von der Natur und vom Glück entfernt! Die Herrschaft der Natur kann nicht aufgehoben werden. So sehr man sie auch durch die Aufrichtung von Hindernissen bekämpfen mag, so besteht sie dennoch unverändert weiter. Schreibt so oft, wie ihr wollt, auf eherne Tafeln (um einen Ausdruck des weisen Mark Aurel zu gebrauchen): »Die bloß Lust erzeugende Reibung von zwei Körperteilen ist ein Verbrechen«; dann wird das Menschenherz zwar zwischen der in eurer Inschrift enthaltenen Drohung und der Heftigkeit seiner Neigungen aufgerieben werden, aber dieses ungebärdige Herz wird nie aufhören, sein Recht zu verlangen, und hundertmal werden im Laufe des Lebens eure furchtbaren Lettern vor unseren Augen verschwinden. Meißelt in Marmor: »Du sollst weder vom Vogel Ixos noch vom Vogel Greif essen; du sollst nur dein Weib kennen; du sollst deine Schwester nicht begatten!«[15] Doch ihr dürft dabei nicht vergessen, die Strafen im Verhältnis zur Widersinnigkeit eurer Verbote zu verschärfen; ihr werdet also unmenschlich werden und werdet es trotzdem nicht fertigbringen, mir meine Natur zu nehmen.

15 Eine Anspielung auf das 5. Buch Mose (Deuteronomium) 14, 11ff., wo u. a. verboten wird, den Greif und den Milan (griech. iktin) zu essen.

A: Wie kurz würde das Völkergesetz sein, wenn man es dem Naturgesetz aufs genaueste nachbildete! Wie viele Irrtümer und Laster blieben dann dem Menschen erspart!

B: Wollen Sie die kurzgefaßte Geschichte unseres ganzen Elends erfahren? So lautet sie: Es gab einmal einen natürlichen Menschen. In das Innere dieses Menschen hat man einen künstlichen Menschen eingeschmuggelt, und so ist im verborgenen eine Art Bruderkrieg entstanden, der das ganze Leben hindurch dauert. Bald ist der natürliche Mensch stärker, bald wird er von dem künstlichen, dem moralischen Menschen überwältigt, und in jedem Fall wird das bedauernswerte Monstrum hin und her gerissen, gepeinigt, gefoltert, gerädert. Unaufhörlich klagt es, stets fühlt es sich unglücklich, entweder weil eine falsche Begeisterung für Ehre und Ruhm es hinreißt und berauscht oder weil eine falsche Schmach es beugt und niederhält. Doch es gibt außergewöhnliche Umstände, die den Menschen zu seiner ursprünglichen Einfachheit zurückführen.

A: Not und Krankheit, zwei große Teufelsbeschwörer!

B: Sie haben sie genannt. Ja, was wird dann aus all jenen herkömmlichen Tugenden? In der Not kennt der Mann keine Reue, in der Krankheit die Frau keine Scham.

A: Dies habe ich auch bemerkt.

B: Aber eine andere Erscheinung ist Ihnen wohl erst recht nicht entgangen; ich meine, daß die Wiederkehr des künstlichen, moralischen Menschen – Schritt für Schritt – den Übergangsstufen vom Krankheitszustand zum Genesungszustand und vom Genesungszustand zum Gesundheitszustand folgt. Sobald die Unpäßlichkeit aufhört, fängt der innere Kampf wieder an, und zwar meistens zum Nachteil des Störenfrieds.

A: Das ist wahr. Ich selbst habe gespürt, daß der natürliche Mensch während der Genesung eine unheimliche Gewalt über den künstlichen, moralischen Menschen hat. Aber sagen Sie mir zum Schluß: soll man den Menschen zivilisieren oder ihn seinem Instinkt überlassen?

B: Erwarten Sie eine klare Antwort?

A: Zweifellos.

B: Wenn Sie sein Tyrann werden wollen, so zivilisieren Sie ihn! Vergiften Sie ihn, so gut Sie können, mit einer naturwidrigen Moral; legen Sie ihm alle möglichen Fesseln an; stören Sie seine Bewegungen durch tausenderlei Hindernisse; zwingen Sie ihm Phantome auf, die ihm Angst einjagen; sorgen Sie dafür, daß der Kampf im verborgenen unaufhörlich fortdauert und der natürliche Mensch immer unter den Füßen des moralischen Menschen gefesselt bleibt. Wollen Sie ihn frei und glücklich sehen, so mischen Sie sich nicht in seine Angelegenheiten! Es gibt so viele unvorhergesehene Zwischenfälle, die ihn ins Licht oder ins Verderben führen können. Und seien Sie ein für allemal überzeugt: jene weisen Gesetzgeber haben Sie nicht um Ihretwillen so geformt und gemodelt, wie Sie jetzt sind, sondern allein zum eigenen Vorteil. Ich berufe mich dabei auf alle staatlichen, bürgerlichen und religiösen Einrichtungen. Untersuchen Sie diese gründlich: ich müßte mich sehr täuschen, wenn Sie dabei nicht fänden, daß die Menschheit von Jahrhundert zu Jahrhundert immer wieder in jenes Joch gezwängt wird, das ihr aufzuerlegen eine Handvoll Schurken beschlossen hat. Mißtrauen Sie demjenigen, der Ordnung schaffen will. Ordnung schaffen heißt immer, sich zum Herrn der anderen machen, indem man ihnen Schranken setzt. Und die Kalabresen sind fast die einzigen, denen die Schmeichelei der Gesetzgeber noch keinen Eindruck gemacht hat.

A: Wie? Ihnen gefällt die Anarchie in Kalabrien?

B: Ich berufe mich auf die Erfahrung und wette, daß die Barbarei der Kalabresen weniger Schaden anrichtet als unsere Gesittung. Wie viele kleine Niederträchtigkeiten wiegen doch bei uns die Abscheulichkeit einiger großer Verbrechen auf, um die man soviel Lärm macht! Ich betrachte die nichtzivilisierten Menschen als eine Menge von zerstreuten einzelnen Triebfedern. Wenn einige dieser Federn zufällig zusammenstießen, so würde die eine oder die andere zweifellos zerbrechen, vielleicht auch auf beiden Seiten. Um dieses Unglück zu verhüten, sammelte ein Individuum von tiefer Weisheit und erhabenem Geist diese Federn und setzte aus ihnen eine Maschine zusammen, und in dieser Maschine, der sogenannten Gesellschaft, waren alle Federn derart angeordnet, daß sie unaufhörlich Wirkungen und Gegenwirkungen ausübten und dadurch immer gespannt blieben. In einem Staate, in dem bestimmte Gesetze bestanden, zerbrachen an einem Tag mehr Federn als unter der Anarchie der Natur in einem Jahr. Doch welcher Krach, welche Verwüstung, welche Massenzerstörung von kleinen Triebfedern trat ein, sobald zwei, drei oder gar vier dieser riesigen Maschinen heftig zusammenstießen!

A: Also ziehen Sie den rohen, wilden Naturzustand wohl vor?

B: Wahrhaftig, ich würde nicht wagen, diese Frage zu entscheiden; doch ich weiß, man hat schon oft gesehen, wie der Stadtmensch auf alles verzichtete und in den Wald zurückkehrte, aber noch nie, daß der Waldmensch ein Gewand anlegte und sich in der Stadt niederließ.

A: Mir ist schon oft der Gedanke gekommen, daß die Summe des Guten und des Schlechten zwar von Individuum zu Individuum schwanke, aber das Glück oder Unglück einer ganzen Tierart eine Grenze habe, die sie nicht überschreiten kann, und daß alle unsere Leistungen uns letzten Endes vielleicht ebensoviel Nachteil wie Vorteil bringen. So hätten wir uns denn geplagt, um die zwei Glieder einer Gleichung zu vergrößern, zwischen denen eine ewige, notwendige Gleichheit besteht. Doch ich bezweifle nicht, daß die durchschnittliche Lebensdauer des zivilisierten Menschen länger ist als die durchschnittliche Lebensdauer des Wilden.

B: Und wenn die Dauer einer Maschine nun kein richtiger Maßstab für ihre mehr oder weniger große Leistung ist? Was würden Sie daraus folgern?

A: Ich sehe, Sie sind im Grunde doch geneigt, anzunehmen, die Menschen seien um so schlechter und unglücklicher, je zivilisierter sie sind.

B: Ich will nicht alle Länder der Welt durcheilen, sondern Sie nur darauf hinweisen, daß Sie die Lage des Menschen nur in Tahiti glücklich und nur in einem kleinen Winkel Europas erträglich finden werden. Da haben argwöhnische, auf ihre eigene Sicherheit bedachte Herren sich bemüht, den Menschen in jenem Zustand zu halten, den Sie Verdummung nennen.

A: In Venedig etwa?

B: Warum nicht? Sie werden doch nicht bestreiten, daß es nirgendwo weniger Einsicht, weniger künstliche Moral und weniger imaginäre Laster und Tugenden gibt.

A: Auf das Lob dieser Regierungsweise war ich nicht gefaßt.

B: Ich lobe sie doch nicht. Ich mache Sie nur aufmerksam auf eine Art Entschädigung für die Knechtschaft – eine Entschädigung, die alle Reisenden wahrgenommen und gepriesen haben.

A: Eine traurige Entschädigung!

B: Möglich. Die alten Griechen ächteten denjenigen, der auf Merkurs Saitenspiel eine weitere Saite eingespannt hatte.[16]

16 Diderot spielt hier möglicherweise auf die Geschichte des Musikers Phrynis

A: Und dieses Verbot ist eine blutige Satire auf ihre ersten Gesetzgeber. Die erste Saite hätte man zerschneiden müssen.

B: Sie haben mich verstanden. Wo immer ein Saitenspiel ist, da sind auch Saiten. Solange die natürlichen Begierden verfänglich wirken, müssen Sie mit bösen Frauen rechnen.

A: Solchen wie der Reymer.

B: Auch mit abscheulichen Männern.

A: Solchen wie Gardeil.

B: Und mit Unglücklichen ohne eigenes Verschulden.

A: Solchen wie Tanié, dem Fräulein von la Chaux, dem Ritter Desroches und der Frau von la Carlière.[17] Es steht fest, daß man in Tahiti vergeblich nach Beispielen für eine solche Verderbtheit wie die der zwei Erstgenannten und für ein solches Unglück wie das der drei Letztgenannten suchen würde. Was also tun? Sollen wir zur Natur zurückkehren? Oder sollen wir uns den Gesetzen unterwerfen?

B: Wir werden gegen die unvernünftigen Gesetze reden, bis

---

aus dem 5. Jh. v. Chr. an. Er hatte die Zahl der Saiten der Kithara von sieben auf neun erhöht. Plutarch *(Leben des Agis* 10,4) berichtet, daß ein spartanischer Ephore namens Ekprepes zwei solcher Kitharai mit der Axt zerschlagen habe.

17 Die hier genannten Personen entstammen Diderots Erzählungen *Dies hier ist kein Märchen* und *Von der Unbeständigkeit des öffentlichen Urteils über unsere persönlichen Handlungen oder Frau von la Carlière.* Diderot hatte sie zusammen mit dem *Nachtrag* in einem Brief an Grimm vom 7. Oktober 1772 als »trois contes« zusammengefaßt (vgl. OC Bd. XII, S. 499). In der ersten wird zunächst berichtet, wie ein gewisser Tanié, unrettbar in Frau Reymer verliebt, von ihr ohne Skrupel ausgenutzt wird; sodann, wie Fräulein von la Chaux für ihren Geliebten Gardeil Familie, Vermögen und Ehre aufgibt, um ihm als Übersetzerin zu helfen, aber von Gardeil verlassen wird, sobald sie ihm nicht mehr nützlich ist. Die zweite Erzählung schildert eine komplexe Konstellation: Frau von la Carlière, von einer ersten Ehe enttäuscht, ließ ihren zweiten Mann, dem für Affairen bekannten Ritter Desroches, vor den Familien und Freunden unbedingte Treue schwören. Zwei Jahre geht die Ehe gut, die beiden haben ein Kind. Dann aber beginnt Desroches wieder eine Affaire; Frau von la Carlière erfährt durch Zufall davon und vollzieht, gleichfalls vor den Freunden und Familien, eine absolute und unwiderrufliche Trennung. Die weiteren Folgen sind katastrophal: Das Kind stirbt, weil die Mutter zu schwach ist, um es weiter zu säugen, und es die Milch einer Amme nicht verträgt; die Mutter von Frau de la Carlière stirbt, schließlich auch sie selbst; Desroches vegetiert im Elend vor sich hin. Als weiteren Faktor bringt Diderot hier die öffentliche Meinung ins Spiel: Erscheint im allgemeinen Urteil zuerst die Härte der Reaktion von Frau de la Carlière übertrieben, wird mehr und mehr Desroches zum Alleinschuldigen für alles Unglück gemacht.

man sie ändert, und uns ihnen für die Zwischenzeit unterwerfen. Wer eigenmächtig ein schlechtes Gesetz übertritt, ermächtigt jeden anderen, auch gute Gesetze zu übertreten. Ist man mit Verrückten verrückt, so hat man weniger Unannehmlichkeiten, als wenn man ganz allein vernünftig ist. Rufen wir uns selbst und den anderen immer wieder zu, daß man Schande, Strafe und Schmach an Handlungen geknüpft hat, die an sich harmlos sind; aber begehen wir sie nicht, denn Schande, Strafe und Schmach sind die allergrößten Übel. Verhalten wir uns wie jener gute Kaplan, der in Frankreich Mönch war, in Tahiti dagegen Wilder.

A: Man ziehe den Rock des Landes an, das man besucht, und bewahre den Rock des Landes auf, aus dem man stammt.

B: Vor allem wollen wir äußerst ehrlich und aufrichtig gegenüber schwachen Geschöpfen sein, die uns nur dann glücklich machen können, wenn sie auf die kostbarsten Vorteile unserer Gesellschaften verzichten. – Und was ist unterdessen aus dem dichten Nebel geworden?

A: Er ist gefallen.

B: Steht es uns heute abend, nach dem Essen, noch frei, auszugehen oder hierzubleiben?

A: Dies hängt wohl mehr von den Frauen ab als von uns.

B: Immer wieder die Frauen! Man kann wirklich keinen Schritt machen, ohne daß sie einem über den Weg laufen.

A: Wie wäre es, wenn wir ihnen die Unterhaltung zwischen dem Schiffskaplan und Oru vorläsen?

B: Was würden sie – Ihrer Ansicht nach – wohl dazu sagen?

A: Ich habe keine Ahnung.

B: Und was würden sie dabei denken?

A: Wahrscheinlich das Gegenteil von dem, was sie sagen würden.

Alexander Becker, Nachwort

Diderot und das Experiment des Naturalismus

I Aufklärung und Naturalismus

1784, im Todesjahr Diderots, veröffentlichte Immanuel Kant seine berühmte Antwort auf die Frage »Was ist Aufklärung?« Aufklärung, so heißt es dort, sei der Ausgang des Menschen aus selbstverschuldeter Unmündigkeit, aus der Unfähigkeit, sich seines Verstandes ohne fremde Anleitung zu bedienen.[1] Kants Formel wurde zur klassischen Definition der Aufklärung – doch erscheint sie wie das wohlgesetzte Echo einer Passage, die Diderot knapp 30 Jahre zuvor an eher versteckter Stelle veröffentlicht hatte. In seinem Artikel »Eclectisme« für die *Encyclopédie* schreibt er über den Eklektiker, dieser sei »ein Philosoph, der das Vorurteil, die Tradition, die Vorrechte des Alters, die allseitige Übereinstimmung, die Autorität – in einem Wort: alles, was die Menge der Geister unterjocht – niedertrampelt, der selbst zu denken wagt, der zurückgeht auf die klarsten Prinzipien, sie prüft, sie diskutiert, und nichts akzeptiert, wenn es nicht auf dem Zeugnis seiner Erfahrung und seiner Vernunft beruht.«[2]

Beide Formulierungen stehen für das gleiche Verständnis von Aufklärung: fähig zu werden, Urteile über Wahrheit und Falschheit aus eigener Autorität, aus eigenem Wissen und eigener Überlegung heraus zu fällen. Diderots Beschreibung macht vielleicht noch ein wenig klarer als Kants Formel, daß der Ausgang aus der Unmündigkeit immer auch ein Ausgang aus Unwissenheit ist, aber auch Kant setzt seiner Definition das Horazische »Sapere aude!«[3] – wage zu wissen! – hinzu. Die Aufklärung ist demnach ein *epistemisches Projekt*: Sie ist die Suche nach einem Wissen, das klar, das heißt: in seinem Ursprung und seiner Struktur durchschaubar ist.

---

1 Immanuel Kant, »Beantwortung der Frage: Was ist Aufklärung?«, zuerst erschienen in der *Berlinischen Monatsschrift*, Dezember 1784, hier wiedergegeben nach dem Bd. 9 der Ausgabe von Kants *Werken* durch W. Weischedel, Wiesbaden 1964, S. 53.

2 *Encyclopédie ou Dictionnaire raisonné des sciences, des arts et des métiers*, Bd. 5, Paris 1755, S. 270. (Übers. A.B.)

3 Horaz, *Epistulae* I, 2, 40. Diderot zitiert in seinem Artikel über die Eklektiker übrigens auch einen Vers aus Horaz' Briefen: »nullius addictus iurare in verba magistri« (I, 1, 14; »keinem Meister verpflichtet, auf seine Worte zu schwören«, in der Übersetzung von Hans Färber).

Dieses Verständnis von Aufklärung hat viele Vorzüge. Es erscheint inhaltlich neutral, da es keinerlei Vorgaben über die Inhalte der Urteile macht; das verleiht ihm Universalität, macht es anwendbar auf alle Gegenstände, Zeiten und Kulturen. Es ist auch historisch angemessen: Ein großer Teil dessen, was philosophisch im 18. Jahrhundert, im »Zeitalter der Aufklärung«, passierte, zielte darauf, die Möglichkeiten des Wissens zu erkunden. Dies gilt insbesondere für die von Großbritannien ausgehende Strömung des Empirismus, die zu klären versuchte, was auf das Fundament der sinnlichen Erfahrung gestellt und damit legitimer Gegenstand von Wissen werden kann und was nicht. Die sinnliche Erfahrung erschien dabei als die der Idee der Aufklärung kongeniale Basis des Wissen, ist sie doch in zweifacher Weise allgemein: jedem Menschen in gleicher Weise verfügbar und Quelle von allem, was wir in unserem Bewußtsein antreffen. Und nicht zuletzt paßt das epistemische Verständnis von Aufklärung zu jenem Unternehmen, mit dem heute noch am ehesten der Namen Diderot verbunden wird, nämlich zur monumentalen *Encyclopédie ou Dictionnaire raisonné des sciences, des arts et des métiers*, die von 1751 bis 1772 in 17 Text- und 11 Tafelbänden erschien. In noch nie dagewesenem Umfang sammelte sie das Wissen über alle nur denkbaren Gegenstandsbereiche und machte es einem allgemeinen Publikum zugänglich, auf daß es sich in mündiger Weise ein Urteil bilden könne.[4]

In Frankreich allerdings hatte die Aufklärung noch einen anderen Akzent. Dort – genauer: bei Diderot und jenen Philosophen,

[4] Voltaire überliefert eine berühmte Anekdote über die *Encyclopédie*: Eines Tages kam am Hofe von Louis XV. das Gespräch auf den Puder, mit dem die Damen sich die Wangen röteten. Madame de Pompadour beklagte, es sei doch eine Schande, nicht zu wissen, was man da jeden Tag auf sein Gesicht auftrage; und der Herzog von Vallière meinte, wenn der König nicht die *Encyclopédie* verboten hätte, könnte man sich leicht von dieser Unwissenheit befreien. Der König rechtfertigte sein Verbot zwar damit, daß die *Encyclopédie* die für das Königreich Frankreich gefährlichste Sache der Welt sei, doch wollte er Vallières Behauptung nachprüfen und ließ ein Exemplar der *Encyclopédie* kommen, das er in seiner Kammer verschlossen hielt. Selbstverständlich fand man den entsprechenden Artikel und konnte sich nicht nur über die Zusammensetzung des gegenwärtig in Frankreich verwendeten Puders informieren, sondern auch über das in Spanien oder dem antiken Rom verwendete. »Was für ein schönes Buch!«, habe daraufhin Madame de Pompadour ausgerufen: »Sire, haben Sie gar dieses Magazin nützlicher Dinge konfisziert, um es als einziger zu besitzen und der einzig Wissende in Ihrem Königreich zu sein?« (*Œuvres de Voltaire*, ed. Garnier, Bd. 29, Paris 1879, S. 325).

die ihm mehr oder weniger nahe standen, wie Holbach, Helvetius oder auch LaMettrie – stand die Ausarbeitung einer naturalistisch-monistischen Sicht der Welt im Mittelpunkt. Ausgehend vom antiken Materialismus, arbeiteten sie daran, entsprechend den neuen wissenschaftlichen Erkenntnissen eine Theorie zu entwickeln, die alles, was es gibt, als Bestandteil einer einheitlichen, und zwar körperlichen Natur verständlich machte – darunter auch und in erster Linie den Menschen als empfindendes, wertendes, denkendes und soziales Wesen.

Für diese besondere Ausrichtung der Aufklärung in Frankreich läßt sich eine einfache Begründung finden. Denn dort war die Kirche das größte Hindernis für die Befreiung aus Unmündigkeit und Unwissenheit. Sie erhob einen exklusiven Wissensanspruch auf einen die Natur transzendierenden, aber zugleich alles dominierenden Gegenstandsbereich, zu dem Gott und die menschlichen Seelen gehörten. Für einen monistischen Naturalismus zu kämpfen hieß, die Existenz eines solchen transzendenten Gegenstandsbereichs zu bestreiten; und da so dem kirchlichen Anspruch auf ein besonderes Wissen der Boden entzogen wurde, hieß es zugleich, für Mündigkeit zu kämpfen.

Blickt man auf die gegenwärtige Rezeption der Aufklärungsphilosophie, fällt auf, daß dieser französische Naturalismus kaum noch präsent ist, während sich die britischen Autoren und selbstverständlich Kant ungebrochener Aufmerksamkeit erfreuen. Angesichts der aktuellen Popularität des Naturalismus mag dies überraschen, doch gibt es dafür eine ganze Reihe von Erklärungen. Eine könnte darauf verweisen, daß der Kampf um einen monistischen Naturalismus in Frankreich an eine besondere historische Konstellation geknüpft war und folglich in dem Maße an Relevanz verlor, in dem die Kirche den Prozeß der Aufklärung nicht mehr ernsthaft behindern konnte. Eine zweite Erklärung könnte sich auf das Selbstverständnis jeder naturalistischen Philosophie berufen: Wenn sie alles aus der Natur heraus erklären will, muß sie sich am Stand der naturwissenschaftlichen Erkenntnis orientieren. Und obgleich sich Diderot darum bemüht hatte, auf dem Stand *seiner* Zeit zu sein, erscheinen viele seiner Überlegungen *heute* als haltlose Spekulationen, die bestenfalls noch philosophiehistorische Aufmerksamkeit verdienen.

Beide Erklärungen münden in die Frage, warum man sich

heutzutage eigentlich noch mit dem französischen Naturalismus des 18. Jahrhunderts und mit Diderot im besonderen beschäftigen sollte. Doch erscheinen mir die negativen Antworten, die sie suggerieren, voreilig.

Die zweite Erklärung trifft zwar ins Mark einer jeden naturalistischen Philosophie. Wenn nämlich alles, was es gibt, als Teil der Natur und damit aus solchen Prinzipien heraus verständlich sein soll, die die grundlegenden Prinzipien der Natur sind, dann scheint auf lange Sicht kein Gegenstandsbereich für eine nicht-empirische Disziplin wie die Philosophie übrigzubleiben: Denn die Prinzipien der Natur sind Gegenstand der empirisch arbeitenden Naturwissenschaften. Diderot war sich über dieses Problem im klaren; ich werde darauf zurückkommen, wie er damit umgegangen ist. Doch ein Vorbehalt läßt sich schon an dieser Stelle anbringen. Wenn man den Naturalismus mit Blick auf den Menschen ernst nimmt, dann sind die größten Herausforderungen die Einbettung der Empfindungsfähigkeit bzw. des Bewußtseins und der Moral in die Natur. Hier scheint es mir fair zu sagen, daß uns die Fortschritte der Naturwissenschaften seit dem 18. Jahrhundert nicht sehr viel weiter gebracht haben, und es überrascht daher nicht, daß prominente zeitgenössische Autoren wie David Chalmers die von Diderot gewählte Lösung weiterhin als seriösen Kandidaten für eine naturalistische Theorie des Bewußtseins handeln.[5] Diderots Überlegungen haben somit ihre Aktualität keineswegs eingebüßt.

Auf die erste Erklärung zu antworten heißt die Frage zu stellen,

---

[5] Es ist die Position, die Chalmers als »type-F monism« bezeichnet: »Typ-F-Monismus ist die Ansicht, daß Bewußtsein durch intrinsische Eigenschaften grundlegender physikalischer Entitäten konstituiert wird, d. h. durch die kategorialen Basen grundlegender physikalischer Dispositionen. Dieser Ansicht zufolge sind phänomenale oder protophänomenale Eigenschaften auf der grundlegenden Ebene der physikalischen Realität angesiedelt und liegen in gewisser Weise der physikalischen Realität selbst zugrunde.« (David Chalmers, *The Character of Consciousness*, Oxford 2010, S. 133, Übers. A.B.). Vgl. auch Chalmers' Diagnose der generellen Problemstellung S. 17: »Ich schlage vor, daß eine Theorie des Bewußtseins Erfahrung als grundlegend betrachten sollte. Wir wissen, daß eine Theorie des Bewußtseins die Hinzufügung von *irgend etwas* Grundlegendem zu unserer Ontologie erforderlich macht, da alles, was zur physikalischen Theorie gehört, mit der Abwesenheit von Bewußtsein vereinbar ist.« Ein anderer moderner Vertreter dieser Auffassung ist Galen Strawson (vgl. etwa seinen Aufsatz »Realistic Monism. Why Physicalism entails Panpsychism« in: ders. et al, *Consciousness and its Place in Nature. Does Physicalism entail Panpsychism?*, Exeter 2006, S. 3-30).

inweit die Projekte von Aufklärung und monistischem Naturalismus miteinander verknüpft sind. Die Philosophiegeschichte des 18. Jahrhunderts zeigt, daß eine solche Verknüpfung nicht zwingend ist, denn immerhin ist aus der Aufklärung auch die Transzendentalphilosophie hervorgegangen, die ihrem Selbstverständnis nach gewiß nicht naturalistisch ist. Aber es gibt im Rahmen des Empirismus einen prominenten Zeugen für einen gleichsam fließenden Übergang von einem epistemischen zu einem naturalistischen Verständnis der Aufklärung: nämlich David Hume.

Hume war einerseits der radikalste Vertreter des aufklärerischen Empirismus. Niemand hat so konsequent wie er alles vermeintliche Wissen daraufhin geprüft, ob und in welcher Form es aus der sinnlichen Erfahrung hervorgehen kann. Da er dabei auch vor Grundpfeilern unseres Weltbilds wie dem Glauben an kausale Zusammenhänge nicht haltmachte, wurde er als Skeptiker oder gar als Zerstörer des Empirismus rezipiert. Doch hat sich im Laufe der Zeit herausgestellt, daß eine Deutung, die Hume ausschließlich als Empirist oder gar Skeptiker versteht, zu kurz greift.[6] Hume beschreibt sein philosophisches Programm als den Versuch, »to anatomize human nature in a regular manner«.[7] Gewiß geht es für Hume hier auch um die methodische Gemeinsamkeit mit den Naturwissenschaften als empirischen Wissenschaften. So gelesen, würde er allein auf einen methodischen Naturalismus zielen: Die richtige wissenschaftliche Methode sei die Methode der Naturwissenschaften. Doch die Metapher »anatomize« ist mehr als eine Metapher. Sie deutet an, daß der menschliche Geist nicht nur methodisch einem Körper angeglichen wird, daß die Rede von einer »human nature« mehr bedeutet als die Rede von einem »menschlichen Wesen«: Sie weist darauf hin, daß wir den Menschen als ein *natürliches Wesen*, als Bestandteil einer einheitlichen Natur auffassen sollten.

Hume versucht zwar, allen Inhalt unseres Bewußtseins auf sinnlich gewonnene Eindrücke zurückzuführen, und folgt damit dem empiristischen Programm, ein Weltbild aus der Binnenperspektive der bewußten Erfahrung zu konstruieren. Aber er kann nicht

---

6 Zu den verschiedenen Deutungen von Humes Philosophie vgl. den Überblick von Lambert Wiesing in *David Hume: Eine Untersuchung über den menschlichen Verstand*, hg. und kommentiert von L. Wiesing, Frankfurt/M. 2007, S. 427-441.

7 »An Abstract of A Treatise on Human Nature«, in: David Hume, *An Enquiry Concerning Human Understanding*, hg. von E. Steinberg, Indianapolis 1993, S. 127.

gänzlich auf Prinzipien verzichten, die nicht selbst Eindrücken entsprechen, denn diese Prinzipien handeln davon, was wir mit den Eindrücken *tun*. Da ist beispielsweise das Prinzip, daß Ideen Bilder von Eindrücken sind; das Assoziationsprinzip, das uns Ideen miteinander verknüpfen läßt; sodann unsere Neigung zum Urteilen; und nicht zuletzt unsere Neigung, notwendige Verknüpfungen zwischen Ereignissen in der Welt anzunehmen. Zu erwähnen wäre hier auch die für Hume grundlegende Annahme, daß unser bewußtes Erleben sich aus einzelnen Eindrücken und Ideen zusammensetzt – eine Annahme, die keineswegs evident ist, denn wir finden niemals einzelne und isolierte Empfindungen in unserem Bewußtsein vor.

All diese Prinzipien beschreibt Hume in einer Weise, die sie zu natürlichen Prinzipien macht.[8] Und das ist kein Zufall: Denn wie soll man solche Prinzipien ausweisen? Es gibt nur drei Möglichkeiten: entweder, man verzichtet darauf, sie überhaupt zu rechtfertigen, und faßt sie, obzwar Beschreibungen, quasi als Axiome auf. Dieser Weg dürfte für Hume allzu nahe an einer dogmatischen Setzung gewesen sein. Oder man versucht sich an einer transzendentalen Begründung, wie Kant sie vorgelegt hat. Oder aber man versucht, sie in eine allgemeine Beschreibung des Menschen als natürliches Wesen einzubetten. Das kann, aber es muß nicht ihre Reduktion auf Aussagen über die materielle Beschaffenheit des Men-

---

8 Vgl. *A Treatise of Human Understanding*, hg. von L. A. Selby-Bigge, Oxford 1888, S. 7 zum »copy principle«: »Ideen erzeugen Bilder ihrer selbst in neuen Ideen; doch da wir annehmen, daß die ersten Ideen von Eindrücken herstammen, bleibt es wahr, daß alle unsere einfachen Ideen direkt oder indirekt aus ihren entsprechenden Eindrücken hervorgehen. Dies nun ist das erste Prinzip, das ich in der Wissenschaft der menschlichen Natur aufstelle [...]«; S. 12 f. zum Assoziationsprinzip: »Hier gibt es eine Art von Anziehungskraft [attraction], die – wie sich zeigen wird – in der mentalen Welt so außergewöhnliche Wirkungen hat wie in der natürlichen [...]«, S. 183 zur Neigung zum Urteilen: »Durch eine absolute und unkontrollierbare Notwendigkeit hat die Natur uns bestimmt zu urteilen ebenso wie zu atmen und zu empfinden [...]«; S. 166 zur Neigung, notwendige Verknüpfungen anzunehmen: »Entweder haben wir gar keine Idee der Notwendigkeit, oder Notwendigkeit ist nichts anderes als die Bestimmung des Denkens, von Ursachen zu Wirkungen und von Wirkungen zu Ursachen überzugehen, entsprechend der Verbindung, die wir erfahren haben.« (Übers. A.B.) Zwar bemüht sich Hume, die Idee der Notwendigkeit auf einen eigenen Eindruck zurückzuführen; doch mißlingt dieser Versuch. Vgl. dazu Barry Stroud, *Hume*, London 1977, S. 88 und S. 225.

schen implizieren. Angenommen, man hat Brückenprinzipien, die das Erleben mit einer physiologischen Basis verknüpfen, dann kann man sich damit begnügen, daß die resultierenden Prinzipien sich in kohärenter Weise in die Theorie des menschlichen Körpers einbetten lassen. Das hieße beispielsweise zu zeigen, daß die Tendenz zur Assoziation oder die Verstärkung von Assoziationen hin zu einem Eindruck von Notwendigkeit physiologisch möglich sind. Das genügt, um die Rede von der »menschlichen Natur« erklärungskräftig werden zu lassen.

Hinzu kommt die Frage, warum die Eindrücke und Ideen, die wir erleben, überhaupt etwas mit der Außenwelt zu tun haben sollen. Heute würde man sagen: weil sie etwas in der Welt *repräsentieren*. Ein klarer Begriff der Repräsentation stand jedoch Hume nicht zur Verfügung (und ebensowenig Diderot[9]). Auch der Naturalismus kann diesen Begriff zwar nicht aus einfacheren Begriffen ableiten, aber er kann immerhin eine natürliche Beziehung zwischen den Eindrücken und der Welt anbieten, da die bewußten Eindrücke eine materielle Seite haben, die mit der Welt, die sie repräsentieren, kausal verknüpft ist.

Der Naturalismus erweist sich so als eine Option, das Projekt der Aufklärung, verstanden als den Versuch, zu eigenen Urteilen auf der Basis von selbständig ausweisbarem Wissen zu gelangen, zu vervollständigen. Wählt man diese Option, wird die Aufklärung zur Aufforderung, an einem Bild des Menschen zu arbeiten, das sich in die Beschreibung der übrigen Natur einfügen läßt, das in allen Teilen durch Erfahrung korrigierbar ist und das den Menschen als ein Ding ernst nimmt, das fühlt und wertet, spekuliert und phantasiert, liebt und Staaten bildet. Und genau dies war das Programm, das Diderot mit seinem monistischen Naturalismus verfolgt hat.[10]

Selbstverständlich kann man Diderots Philosophie unter vielen Perspektiven betrachten. Sie ist ein Glied in der langen Geschichte des Materialismus vom antiken Atomismus bis hin zum aktuellen

---

9 Siehe dazu allerdings unten, S. 248.
10 Philipp Blom hat dieses Ziel von Diderots Philosophie auf eine wunderbar knappe und treffende Formel gebracht: »ein klarsichtiges und gelassenes Erkennen unseres Platzes in der Natur als hochintelligente, empathisch veranlagte Primaten.« (Philipp Blom, *Böse Philosophen. Ein Salon in Paris und das vergessene Erbe der Aufklärung*, München 2011, S. 18).

Naturalismus; sie ist Teil einer polemischen Konstellation im Kampf um Weltbilder, einer Konstellation, die im westlichen Europa überholt zu sein scheint, die aber andernorts, etwa in Gestalt der Kreationismusdebatte, nach wie vor aktuell ist; sie ist eine Facette der vielfältigen Faszination des 18. Jahrhunderts für die Natur, die die Religion als Basis der Moral ablösen sollte. Doch am lohnendsten scheint mir der Versuch, Diderots Philosophie systematisch ernst zu nehmen und zu prüfen, welchen Beitrag sie zur systematischen Arbeit an einem naturalistischen Bild des Menschen leisten kann. Natürlich steht dieses Unternehmen unter dem Vorbehalt, daß die überholten naturwissenschaftlichen Grundlagen, von denen Diderot ausgeht, manche seiner Überlegungen obsolet machen oder wie naive Spekulationen erscheinen lassen. Doch abgesehen davon, daß wir unsere eigene Position hier nicht überschätzen sollten, kann man von Diderot lernen, was es heißen kann, Naturalist zu sein. Denn Diderot verfolgt das monistisch-naturalistische Weltbild mit einer auch heute seltenen Radikalität und Konsequenz in Bereiche hinein, die zum Intimsten unseres Selbstverständnisses gehören. Wo er auf Widersprüche stößt, die für ihn nicht zu schlichten waren, scheut er sich nicht, sie offenzulegen. Und möglicherweise ist er auch bereit, Folgerungen aus seiner theoretischen Haltung für seine Position als Autor zu ziehen. Dabei vergißt er nie den hypothetischen Charakter seiner Überlegungen. Seine Philosophie ist ein Experiment auf den Naturalismus – und zwar ein Experiment, das den Experimentator nicht aus der Gefahrenzone heraushält.

In den folgenden Abschnitten dieses Nachworts stelle ich die in diesem Band versammelten Schriften Diderots der Reihe nach vor. Aus den Schwerpunkten der Texte ergibt sich daraus eine grobe thematische Abfolge von der Erkenntnistheorie (*Brief über die Blinden*) über die Metaphysik (*D'Alemberts Traum*) bis zur Moral (*Nachtrag zu »Bougainvilles Reise«*). Dabei ist es mein Ziel, für die Lektüre einen Leitfaden bereitzustellen, der die Texte unter der Perspektive eines systematischen Beitrags zum Naturalismus erschließen soll. Es ist klar, daß dieser Faden manche Passage in den Texten übergehen und viele ihrer Aspekte außer acht lassen muß; ebenso klar ist, daß es nicht der einzig mögliche Faden ist, den man durch die Texte legen kann.

Ich habe versucht, auch auf die besondere Gestaltung, die Diderot den Texten gegeben hat, Rücksicht zu nehmen. Diderot war unter anderem ein brillanter Schriftsteller; das merkt man seinen Texten an, die bei aller Beiläufigkeit, die sie an den Tag legen, sorgfältig komponiert sind. Aber auch hier ist ein einschränkender Hinweis nötig: Diderots Texte sind oft nicht streng durchargumentiert; sie wirken manchmal gar rhapsodisch, als ob der Autor zufälligen Launen folgte. Wo immer es mir sinnvoll schien, habe ich versucht, Zusammenhänge herzustellen und den Eindruck des Zufälligen zu vermindern, der hermeneutischen Maxime folgend, dem Autor so viel Gestaltungswillen zu unterstellen wie möglich. Doch eine solche Maxime deckt sich womöglich nicht mit jenem Konzept der Rolle des Autors, das sich aus Diderots Philosophie ergibt. Insofern ist der Kommentar systematischer als der Text. Darum die Warnung, die Kommentargestalt nicht für ein Konzentrat des Textes zu halten und die Diderotsche Eleganz und Leichtigkeit nicht durch die Umständlichkeit und Schwere eines Kommentars zu ersetzen.

II Aufklären, ohne zu sehen: der *Brief über die Blinden, zum Gebrauch für die Sehenden*

Die Einleitung des Briefes

Diderots *Brief über die Blinden* beginnt mit der Evokation einer Szene, die man als Urszene der Aufklärung betrachten könnte: ein Blinder wird sehend gemacht. Es geht um die Operation eines angeborenen oder durch Krankheit in der Kindheit entstandenen grauen Stars; solche Operationen wurden im 18. Jahrhundert des öfteren durchgeführt und waren Gegenstand großer, emotional unterlegter öffentlicher Aufmerksamkeit.[11] Die Symbolkraft solcher Ereignisse ist enorm: Denn hier wird nicht nur jemand dazu in die Lage versetzt, sich mit eigenen Augen aus der Dunkelheit zu befreien, das Licht zu gewinnen, sich aufzuklären – das französische Wort »lumière« steht bekanntlich nicht nur für das Licht, sondern auch für die Aufklärung –; mehr noch: Was in der Bibel als Wunder beschrieben wurde, steht nun in der Macht der Menschen und kann hier und jetzt erlebt werden.

Diderot[12] bringt diese Szene allerdings in einer merkwürdigen

[11] Siehe dazu Kate Tunstall, *Blindness and Enlightenment*, London 2011, Kapitel 1.
[12] Tunstall (*Blindness and Enlightenment*, Kapitel 2) weist darauf hin, daß diese

Weise ins Spiel. Denn er eröffnet seinen Brief damit, daß es ihm nicht gelungen sei, der Adressatin seines Briefs, seinen Freunden und ihm selbst Eintritt zu einer solchen Operation zu verschaffen und sie so zu Augenzeugen der Szene zu machen. Ihnen ist also gleichsam das Sehen verweigert worden. Man könnte meinen, hier ginge es nur um eine Stichelei gegen den berühmten Herrn Réaumur, der die Operation organisiert hatte (der Chirurg war der preußische Arzt Hillmer). Réaumur vertrat in seinen biologischen Schriften eine deistische Naturauffassung und stand als Direktor der Académie Royale in Konkurrenz zu dem Diderot nahestehenden Buffon.[13] Aber Diderot schlägt einen grundsätzlicheren Ton an: Vom Experiment, von der Operation des Blinden, sei ohnehin kaum Belehrung zu erwarten, wohl aber von der Diskussion mit den Freunden (S. 11). Diese Bemerkung wirkt wie eine Umkehrung der »Urszene der Aufklärung«: Denn sagt Diderot hier nicht, daß es nicht auf den Gebrauch der Sinne, nicht auf die Augenzeugenschaft ankomme, sondern auf das Nachdenken?

Das Thema der Augenzeugenschaft spielt im *Brief über die Blinden* noch auf andere Weise eine wichtige Rolle. Einen großen Teil des Briefes nehmen die Berichte über zwei Blinde ein, den namenlosen »Blinden von Puiseaux« und den blinden Mathematik-Professor Saunderson aus Cambridge. Beide Berichte werden direkt oder indirekt als Augenzeugenberichte präsentiert. Beim Blinden von Puiseaux ist es Diderot selbst, der aus erster Hand berichten kann, weil er ihn zusammen mit seinen Freunden besucht hat; bei Saunderson ist es der Bericht eines Herrn Inchlif, der die letzten Stunden von Saunderson selbst miterlebt und protokolliert hat. Nun gibt es bezüglich dieses Herrn Inchlif ein Problem: Denn seine Existenz ist zweifelhaft.[14] Sollte sich Diderot diese Figur aber ausgedacht haben, dann ist selbstverständlich auch der vermeintli-

> Zuordnung der Autorenschaft bereits ein Akt der Interpretation ist, da der Brief selbst nur mit »***« unterzeichnet ist. Es mag allerdings sein, daß dies im Zusammenhang mit der anonymen Veröffentlichung des Briefs zu sehen ist. An der Autorenschaft Diderots gab es für die Zeitgenossen jedenfalls keinen Zweifel; wie aus den Polizeiakten hervorgeht, war der Brief in der Tat der Grund für Diderots Inhaftierung (vgl. OC Bd. IV, S. 6).

13 Auf Buffon wird angespielt, wenn Diderot berichtet, der Blinde von Puiseaux habe im Jardin du Roi Vorträge über Botanik gehört. Der Jardin du Roi stand unter Buffons Leitung.
14 Siehe dazu die Erläuterungen oben S. 50, Anm. 21.

che Augenzeugenbericht fingiert. Wie steht es um den Blinden von Puiseaux? Diderot nennt zwar seinen Namen nicht, aber er macht ausführliche Angaben über sein Leben. Doch kommentiert er diese Angaben mit der Bemerkung, er wollte damit klarmachen, daß der Blinde von Puiseaux keine Phantasiegestalt sei (S. 12). Ist es nicht diese Bemerkung, die den Leser erst auf die Idee bringt, Diderot könne sich den Besuch ebenso wie die Figur ausgedacht haben? Die Frage, ob es den Blinden von Puiseaux und William Inchlif gegeben hat, kann nicht eindeutig beantwortet werden, aber es scheint mir nicht übertrieben, zu sagen, daß Diderot beim Leser ein Gefühl der Unsicherheit erzeugt. Die natürliche Reaktion auf dieses Gefühl wäre wohl der Wunsch, selbst Augenzeuge gewesen sein zu können, um sich von der Wahrheit oder Falschheit der Berichte überzeugen zu können. Ist es also doch entscheidend, sich seiner Augen bedienen zu können? Im Untertitel des Briefs kündigt Diderot eine Lehre für die Sehenden an. Die ersten Signale, die Diderot gibt, sind verwirrend: Will er auf ein Lob oder eine Kritik des Sehens hinaus?

Zum Aufbau des Briefes

Der Brief ist lang, er bringt eine Fülle von Material und Themen, und er könnte bei der ersten Lektüre als recht ungeordnetes Sammelsurium erscheinen, zumal Diderot selbst zweimal (S. 43 und S. 65) auf seine Neigung zu Abschweifungen hinweist. Doch ist der Aufbau des Briefes recht übersichtlich (und auch die vermeintlichen Abschweifungen werden sich als wohlplaziert erweisen). Er gliedert sich in fünf Teile: Dem kurzen Prolog (S. 11) folgt die Erzählung vom Besuch beim Blindgeborenen von Puiseaux (S. 12-23). Mit einer allgemeinen Erörterung der Frage, welche Vorstellungen Blinde und Sehende von geometrischen Figuren haben, leitet Diderot das Referat über die Mathematik von Saunderson ein (S. 23-45). Andere, nämlich metaphysische Themen sind Gegenstand des Gesprächs zwischen Saunderson und dem Vikar Holmes, das der bereits erwähnte William Inchlif aufgezeichnet haben soll (S. 45-49). Der Brief wird abgeschlossen durch eine längere Erörterung des damals in der Philosophie meistdiskutierten Themas rund um das Phänomen der Blindheit, nämlich der sogenannten »Frage von Molyneux« (S. 53-70). Der irische Gelehrte Molyneux hatte die

Frage aufgeworfen, ob ein Blinder, der nach einer Operation sehen kann, in der Lage sei, Kugel und Würfel – die er zuvor durch Tasten zu unterscheiden gelernt hatte – nun allein durch das Sehen richtig zu identifizieren. Da dies eine Frage war, die empirische Überprüfbarkeit versprach (denn solche Operationen wurden ja nun tatsächlich durchgeführt), kehrt der Brief mit diesem Schlußthema in gewisser Weise zu seinem Ausgangspunkt zurück.

Der Besuch beim Blinden von Puiseaux

Die Schilderung des Besuchs beim Blinden von Puiseaux dient dazu, die Welt, und das heißt zunächst: die Alltagswelt, eines Blinden vorzustellen. Wir erfahren, wie Blinde ihren Haushalt führen, wie sie Nadeln einfädeln, wie sie die Eigenschaften und den Ort von Körpern einschätzen und wie sie die Menschen in ihrer Umgebung unterscheiden. Diderot löst sich dabei von der Neigung, Blinde primär als defizitär, als Menschen, denen etwas fehlt, zu präsentieren; er versucht vielmehr, einen Eindruck von der Normalität der Welt eines Blinden zu geben.[15] All dies mag anekdotisch wirken, aber es hat einen systematisch wichtigen Aspekt. Wir erfahren nämlich, daß es den Blinden durchaus gelingt, ein in sich geschlossenes und funktionierendes Weltbild aufzubauen, das es ihnen erlaubt, auch Erklärungen für Dinge zu finden, die jenseits ihrer Erfahrungsmöglichkeiten liegen (wie etwa Augen). In gewisser Weise leben die Blinden in einer anderen Welt als die Sehenden. Diderot zieht daraus aber keine radikalen relativistischen Konsequenzen. Im großen und ganzen leben Blinde und Sehende in einer gemeinsamen Welt der Dinge und ihrer Eigenschaften, so daß eine Übersetzung zwischen den Vorstellungen der Blinden und denen der Sehenden möglich ist; darum kann auch der Blinde die Sprache der Sehenden lernen – eine Tatsache, die aus empiristischer Sicht keineswegs selbstverständlich ist.[16] Doch der Blinde erfährt die Dinge und Eigenschaften auf eine andere Weise und entwickelt so auch andere Vorstellungen davon. In manchen Bereichen macht sich dies deutlicher bemerkbar: Die Schönheit einer Ordnung, die

---

15 In diesem Sinne mag auch das Motto zu verstehen sein, das Diderot dem Brief vorangestellt hat (s. o., S. 11, Anm. 1).
16 Denn den sprachlichen Zeichen müssen aus der Wahrnehmung stammende Ideen als Bedeutung zugeordnet werden. Vgl. o., S. 20.

bloß für das Auge da ist, ist für den Blinden irrelevant; er wird die Ordnung immer unter dem Gesichtspunkt der Nützlichkeit betrachten, auch wenn er das Wort »Schönheit« richtig (d. h.: nach der Art der Sehenden) zu gebrauchen lernen kann, sofern Schönheit mit Symmetrie zu tun hat und Symmetrie nicht nur sichtbar, sondern auch tastbar ist (S. 13). Augen sind Sinnesorgane; das hat der Blinde gelernt. Doch wie sie funktionieren, kann er sich nur in Analogie zu den ihm bekannten Sinnen vorstellen (S. 15). Wie gelangt der Blinde zu einer Vorstellung von Gott? Gott ist nicht sichtbar; also muß diese Vorstellung Resultat eines »Vernunftschlusses« (*raisonnement*) sein. Aber dieser Vernunftschluß muß von sinnlichen Erfahrungen ausgehen. Deisten haben hier Erfahrungen der wahrnehmbaren Wunder der Natur eingesetzt. Doch kann das für den Blinden gleichermaßen eine Prämisse sein, von der aus er auf die Existenz Gottes schließen kann? Für Blinde sind jedenfalls ganz andere Dinge wunderbar als für Sehende. Er käme vielleicht nie auf die Idee, die Sonne anzubeten, aber ein Spiegel beruht auf einer für ihn unerklärlichen Fernwirkung.

Moralisches Handeln schließlich – gemeint ist hier vor allem altruistisches Handeln – geht beim Blinden wie beim Sehenden von Wahrnehmungen aus, die eine Idee vom Schmerz eines anderen und in uns Mitleid (*commisération*) hervorrufen. Doch der Blinde hat einen Sinn weniger und wird darum weniger derartige Wahrnehmungen haben. Das verleitet Diderot zur drastischen Behauptung, Blinde seien »im allgemeinen inhuman« (S. 21) – eine Behauptung, die er später bedauern wird.[17] Doch sollte man diese Behauptung nicht von der Anmerkung trennen, die Diderot seinen Überlegungen zur Moral der Blinden folgen läßt. Denn für die Sehenden gilt im Prinzip dasselbe: Leid, das sie nicht oder nur aus großer Entfernung und undeutlich sehen, affiziert sie nicht.

In dieser Anmerkung läßt Diderot eine andere Art von Vergleich zwischen Sehenden und Blinden aufscheinen, die später noch eine wichtige Rolle spielen wird: ein Vergleich, der auf der Überlegung beruht, ob die Sehenden nicht den Blinden ähnlicher sind, als sie glauben. Dieser Gedanke klingt auch in den Bemerkungen zu den Wundern an: Wenn Deisten Wunder zum Ausgangspunkt einer ontologischen Schlußfolgerung (nämlich auf die Existenz Gottes)

---

17 Siehe dazu oben, S. 21, Anm. 8.

machen möchten, dann müssen sie diese Wunder zu Wundern in einem absoluten, standpunktunabhängigen Sinn erklären. Könnte es nicht aber sein, daß es Wesen mit anderer sensorischer Ausstattung gibt, für die das, was uns wunderbar erscheint, so selbstverständlich ist wie für uns der Spiegel, der doch für die Blinden ein Wunder ist? Könnte es nicht sein, daß die Sehenden mit einer eigenen Blindheit geschlagen sind, von der sie so wenig eine Vorstellung haben, wie sich der Blinde vorstellen kann, was es heißt zu sehen? Im gleichen Sinne dürfte eine Mahnung zu verstehen sein, die Diderot an anderer Stelle in die Schilderung des Gesprächs mit dem Blinden von Puiseaux einfügt. Dort geht es darum, daß der Blinde – überraschend für Sehende – sich offenbar gar nicht als defizitäres Wesen betrachtet, sondern womöglich eine höhere Meinung von seinen Fähigkeiten hat als von denen der Sehenden (S. 17). Den Sehenden mag das als Fehleinschätzung erscheinen; doch zeigt sich hier nicht lediglich eine allgemeine Neigung, die eigenen Vorteile zu über- und die eigenen Mängel zu unterschätzen? Eine Neigung, die im empiristischen Kontext zur Warnung führt, den eigenen sinnlichen Zugang zur Welt nie für den bestmöglichen oder gar für vollständig zu halten.

Die Geometrie der Blinden

Der zweite Abschnitt des Briefs beginnt mit einer thematischen Zäsur – Moral und Metaphysik der Blinden werden beiseite gelassen und Themen angesprochen, die mit den aktuellen Debatten rund um die Staroperationen zu tun haben sollen (S. 23). Welcher Zusammenhang gemeint ist, bleibt unklar (wie auch die mit »Erste Frage« eröffnete Aufzählung keine Fortsetzung findet). Die neuen Themen entstammen der Geometrie und Mathematik; vielleicht hat Diderot dabei an Molyneux' Frage gedacht, bei der es ja auch um einfache geometrische Körper geht. Auf jeden Fall bereitet Diderot damit auch den Auftritt der zweiten wichtigen Figur seines Briefes vor, nämlich des blinden Mathematikers Saunderson – der dann allerdings eher durch die Hintertür eintritt (vgl. S. 28[18]), bevor er Zug um Zug als Person vorgestellt wird.

Diderots Überlegungen zu Beginn des Abschnitts kreisen um

[18] Insofern konterkariert die moderne Praxis, den Auftritt des Namens mit einer erläuternden Fußnote zu versehen, womöglich Diderots Textstrategie.

die Frage, wie Blinde zur Vorstellung ausgedehnter Gegenstände kommen; Diderot unterscheidet hier nicht zwischen ein-, zwei- oder dreidimensionaler Ausdehnung. Sehende haben damit keine Schwierigkeiten, da viele Seheindrücke gleichzeitig und in einer bestimmten Anordnung erfahren werden: so gelingt es, Linien, Flächen und Räume »auf einem Blick« zu erfassen. Die Tastempfindung scheint dazu aber nicht in der Lage; sie scheint auf einen Punkt, nämlich die Fingerspitze, konzentriert und beschränkt. Darum muß der Blinde eine Linie sukzessiv erfassen; die Einbildungskraft, die »nichts anderes ist als die Fähigkeit, sich Empfindungen von fühlbaren Punkten in Erinnerung zu rufen und sie zu verbinden ...« (S. 26), kommt ihm dabei zu Hilfe. Diderot erwägt allerdings auch, ob nicht die Fläche, die die Fingerspitzen einnehmen, die Basis für eine räumliche Vorstellung sein könnte – indem nämlich die Blinden diese Fläche imaginativ vergrößern (S. 25). All diese Überlegungen erscheinen nicht sehr gründlich durchdacht – unter anderem versäumt es Diderot zu prüfen, welche Voraussetzungen erfüllt sein müssen, damit eine Sukzession von Empfindungen in eine räumliche Vorstellung überführt werden kann, oder ob die imaginative Vergrößerung der Fingerkuppen nicht die Vorstellung einer ausgedehnten Fläche schon voraussetzt.[19] Diderot ist offenbar mehr daran gelegen, die Sehenden auf die Unterschiede zwischen ihren Vorstellungen und denen der Blinden aufmerksam zu machen. Diese Unterschiede betreffen zwar nicht die elementare Funktionsweise der Einbildungskraft – die sukzessive Synthese –, wohl aber ihre tatsächliche Vorgehensweise. Sehende haben immer farbige Vorstellungen und stellen sich Figuren vor, indem sie sie farbig vom Hintergrund abheben; Blinde müssen sich Figuren vorstellen, indem sie sie aus sukzessive erfahrenen Linien zusammensetzen. Die Einbildungskraft der Blinden muß auch früher tätig werden als die der Sehenden, nämlich bereits bei der Synthese von Linien. Vielleicht ist das der Grund dafür, daß Blinde die Dinge abstrakter wahrnehmen (S. 26) – wenn nämlich Abstraktion in der Trennung der gleichzeitig wahrgenommenen Eigenschaften besteht, wie Diderot schreibt, dann fordert die zusätzliche Synthe-

---

19 Man möchte hier als Annahme einführen, daß der Blinde schon über den Begriff des Raums verfügt, doch diese Annahme ist unvereinbar mit dem Empirismus, dem auch Diderot hier folgt: Jeder abstrakte Begriff muß aus dem hervorgehen, was sinnlich erfahren wird.

seleistung in der Entwicklung räumlicher Vorstellungen eine solche vorausgehende Trennung.

Als Endpunkt einer solchen Abstraktion scheint Diderot den einzelnen ertasteten Punkt anzunehmen, dem außer dem Tasteindruck, den er hervorruft, keine weitere Qualität zugeordnet wird. Diese Annahme bringt Diderot auf ein anderes Thema: nämlich wie man für den Tastsinn Symbole schaffen kann. Symbole setzen Unterschiede zwischen Symbolen voraus; darum wäre ein einziges Symbol für die Einheit noch gar kein Symbol. Der moderne Leser wird an dieser Stelle vielleicht an die Braille-Schrift denken, die mit Feldern von sechs gleichzeitig tastbaren Punkten arbeitet.[20] Damit ist er nahe an der Lösung, die Saunderson gefunden hat und die Diderot mit Hilfe von Abbildungen vorstellt, die er nach Abbildungen in Saundersons *Elements of Algebra* erstellt hat. Diese Lösung besteht in einem Brett mit vorgegebenen Löchern, in die kleine und große Nadeln gesteckt werden können. Jeweils neun solcher Löcher bilden ein Quadrat; aus sechs solcher Quadrate wird eine Zeile gebildet; das ganze Brett umfaßt zehn Zeilen. Dieses Nadelbrett ist gleichsam die Materialisierung der Aufgabe, aus einzelnen punktuellen Tastempfindungen Vorstellungen ausgedehnter Objekte zu synthetisieren. Für Saunderson erfüllt es zwei Aufgaben gleichzeitig: Erstens dienen die Quadrate dazu, nach einem der Braille-Schrift ähnlichen Prinzip Zahlen zu symbolisieren; die Anordnung in Zeilen ermöglicht die Bildung von Zahlen im Dezimalsystem analog zur Anordnung in der Schrift, die Anordnung mehrerer Zeilen untereinander erlaubt die Addition in der gleichen Weise, in der auch Sehende untereinanderstehende Zahlen addieren (Diderot beschreibt die Vorgehensweise, überläßt es aber dem Leser, die Summe der Zahlen im Beispiel von Abb. 3 abzulesen). Zweitens dient das Brett als ganzes als Fläche, auf der durch die Nadeln Figuren abgesteckt werden können, die dann sukzessive ertastet werden müssen (hier mag man sich fragen, ob das Brett als ganzes, das Saunderson ja vermutlich mit seinen zehn Fingern

---

20 Zu Diderots Zeit gab es eine solche Schrift noch nicht. Diderot erwähnt, daß der Blinde von Puiseaux mit Hilfe »erhabener Buchstaben« lesen könne, Buchstaben allerdings, die denen der lateinischen Schrift nachgebildet wären und damit nicht den besonderen Anforderungen des Tastsinns Rechnung tragen. OC Bd. IV, S. 18, Anm. 8 wird erwähnt, daß diese Idee Diderots Inspirationsquelle für die Versuche mit einer Blindenschrift durch Valentin Haüy gewesen sein könnten.

insgesamt umfassen konnte, nicht eine simultane Erfahrung von Ausdehnung ermöglicht, analog zum simultanen Erfassens einer Fläche beim Sehen[21]). Diderot schreibt, daß Saunderson anhand eines solchen Brettes »mit den Fingern« geometrische Beweise geführt habe, schweigt sich aber leider über die Details aus.

Die Ausführungen des Briefes bis hin zur Erläuterung von Saundersons Rechenbrett führen dem Leser vor, wie Blinde sich um den Preis der Abstraktion eine Vorstellung von räumlicher Ausdehnung verschaffen können. Sie versetzt Blinde wie Saunderson auch in die Lage, Optik zu betreiben und insofern zu verstehen, was das Licht ist (S. 38). (Vermutlich war Saunderson darum auch zu einer anderen Erklärung des Spiegels in der Lage als der Blinde von Puiseaux.) Diese Vorstellungen sind aber von lebenspraktischen Aufgaben gänzlich getrennt. Die Geometrie ist hier ein Mittel, Hypothesen über Bereiche aufzustellen, die der Wahrnehmung entzogen sind.

Das führt Diderot zu einigen allgemeinen Überlegungen über die Anwendung der Mathematik auf die Natur. Die Erscheinungen müssen in »Voraussetzungen« überführt werden, die sich in Berechnungen einfügen lassen; die »Resultate der Rechnung« haben bloß hypothetischen Charakter, die wieder an der Erfahrung überprüft werden müssen. Ein Vorteil der Anwendung der Mathematik liege immerhin darin, daß sie die logischen Verhältnisse zwischen Hypothesen und Beobachtungen klären kann.

An diese Überlegungen schließt sich eine kurze Passage zum Idealismus an, die Diderot selbst als Abschweifung bezeichnet (S. 40-42). In der Tat ist die Passage merkwürdig: Sie beginnt mit einer vehementen Attacke auf den prominentesten Idealisten, Berkeley, um dann zu Condillac überzugehen, den Diderot schätzte und der aus den empiristischen Prämissen keineswegs die gleichen metaphysischen Folgerungen wie Berkeley gezogen hat. Diderot wünscht sich eine Auseinandersetzung zwischen Condillac und Berkeley, deren Ergebnis er nicht vorwegnimmt; das steht in merkwürdigem Kontrast zur unvorbereiteten und argumentativ nicht unterstützten Kritik an Berkeley.

Ist diese Passage tatsächlich nur das Resultat einer polemischen Laune? Immerhin scheint es nicht schwer, einen Zusammenhang

---

21 Überhaupt geht Diderot gar nicht darauf ein, daß Blinde mit mehreren Fingern gleichzeitig tasten können.

zu den Überlegungen des Briefs zu erkennen. Vorher schon hatte Diderot eine Parallele zwischen den Blinden und den Sehenden gezogen: Beide schließen von in Zahl und Art begrenzten Empfindungen auf Unbeobachtbares und neigen dabei dazu, ihre eigene epistemische Position zu überschätzen. Die Blinden haben einen Vorteil: Da sie mit Sehenden zusammenleben, werden sie ständig darauf aufmerksam gemacht, daß der Horizont ihrer Wahrnehmungen nicht der Horizont der Welt ist. Sie werden daher weniger leicht den hypothetischen Charakter ihrer Vorstellungen über die Welt übersehen. Die Figur von Saunderson hat Diderot dazu verholfen, diese Überlegungen auf ein neues Abstraktionsniveau zu heben: Denn Saunderson arbeitet mit klar bestimmten elementaren Wahrnehmungen, um daraus eine Theorie des ausgedehnten Raums aufzubauen. Wenn er diese Theorie auf das Licht anwendet, wird er sich darüber im klaren sein, daß er nicht über die Welt spricht, sondern bloß ein mathematisches Modell der Welt erstellt. Denn er weiß, daß der Gegenstand der Theorie anderen auf eine andere, direktere Weise zugänglich ist. Was tut nun der Berkeleysche Idealist? Er hält den Horizont seiner Wahrnehmungen tatsächlich für den Horizont der Welt: Er glaubt, daß nur die Empfindungen, die ihm bewußt sind, wirklich sind und alles andere eine Konstruktion ist. Er tut dies auf einem Niveau der Abstraktion ähnlich demjenigen von Saunderson; aber sein großer Fehler liegt darin, sich nicht über die Möglichkeit eigener Blindheit im klaren zu sein.[22] Diderot schreibt, das System von Berkeley sei am schwierigsten zu widerlegen.[23] Das liegt daran, daß die Sehenden nicht selbst mit Wesen konfrontiert sind, denen gegenüber sie sich blind fühlen müssen. So sind sie dazu verleitet, nicht zwischen Wahrnehmungen und der Welt zu unterscheiden und den hypothetischen Charakter aller Annahmen über das, was nicht beobachtbar ist, zu vergessen.

Die Abschweifung zum Idealismus erweist sich somit als ein

22 Diderot schreibt, der Idealismus Berkeleys sei »ein närrisches System, das seine Entstehung [...] Blinden zu verdanken« habe (S. 40). Diese plötzliche abfällige Rede von den Blinden irritiert, äußert Diderot sich doch ansonsten sehr positiv über die Fähigkeiten der Blinden, nicht zuletzt auch ihre eigene epistemische Situation einschätzen zu können. Die Irritation schwindet, wenn man die zitierte Bemerkung in der vorgeschlagenen Weise auffaßt: nämlich daß Diderot hier die Idealisten als Leute beschreibt, die blind für die Grenzen der eigenen epistemischen Fähigkeiten sind.
23 Siehe dazu auch die Bemerkung in *D'Alemberts Traum*, s.o., S. 90.

Baustein jener Lehre für die Sehenden, die Diderot im Untertitel seines Briefs versprochen hat: Es ist die Lehre, daß die Sehenden aus einem dümmlichen Überlegenheitsgefühl heraus – nicht nur gegenüber den Blinden, auch gegenüber den Tieren – ihre eigene epistemische Position gegenüber der Welt vergessen. Nichts läßt darauf schließen, daß Diderot hier auf einen Skeptizismus von der Art hinauswill, die oft mit Hume verbunden wurde; Theorien über Unbeobachtbares aufzustellen ist ein grundsätzlich legitimes Verfahren, denn sonst hätte ja auch ein Saunderson nicht erfolgreich Optik lehren können. Doch ist es ein Verfahren, auf das auch die Sehenden angewiesen sind, und es ist ein fallibles Verfahren; das nicht zu vergessen, fordert Diderot uns auf.

Das Gespräch zwischen Saunderson und Holmes

Der nächste Abschnitt des Briefs besteht aus der in großen Teilen wörtlichen Wiedergabe eines Gesprächs, das Saunderson unmittelbar vor seinem Tod mit dem Vikar Holmes geführt haben soll. Erst am Ende des Referats läßt Diderot die Angabe der Quelle folgen (S. 50) – das Buch eines Schülers von Saunderson namens William Inchlif, der Saunderson jedoch nur in seinen letzten Augenblicken gesehen habe und der im übrigen als einziger aus Saundersons Umfeld nicht »unphilosophisch« gewesen sei. Wie bereits erwähnt, weckt diese Quellenangabe ihrer Detailliertheit zum Trotz Zweifel, ob sie nicht fingiert und somit das Gespräch Diderots Phantasie entsprungen ist.

Dieses Gespräch war das eigentliche Skandalon des *Briefs über die Blinden*, weil Diderot hier einen Saunderson vorführt, der sich von der Existenz Gottes nicht überzeugen läßt. Die Unterhaltung beginnt mit einer Argumentation, die Diderot schon beim Blinden von Puiseaux umrissen hatte: Saunderson gibt dem Vikar eine Meßlatte im empiristischen Geiste vor – »Wenn Sie wollen, daß ich an Gott glaube, müssen Sie mich ihn fühlen lassen« (S. 46) –; der Vikar verweist auf die wunderbare – das heißt hier: perfekte – Einrichtung der Dinge in der Welt, die auch Saunderson unmittelbar spüren könne. Gegenüber einem Blinden allerdings ist diese Antwort von zweifelhafter Überzeugungskraft, und so muß Saunderson denn später auch nur auf seinen eigenen Körper verweisen, der durch eine Pockenerkrankung nicht nur die Sehfähigkeit, sondern auch die Augen eingebüßt hatte, um zu demonstrieren, wie wenig vollkommen die Welt ist (S. 48). Eine neue Wendung nimmt das Gespräch, wenn Saunderson Überlegungen präsentiert, die auf Lukrez zurückgehen und die damit einem materialistischen Weltbild entstammen. Lukrez war davon ausgegangen, daß die Natur eine Geschichte hat, daß es früher mehr Arten gab als heute und daß die meisten dieser Arten aufgrund mangelnder Lebenstüchtigkeit in einem »allgemeinen Reinigungsprozeß« (S. 48) ausgestorben sind. Ein solches »Trial-and-error«-Verfahren der Natur ist mit der Vorstellung einer von einem Gott nach einem perfekten Plan eingerichteten Welt nicht vereinbar, zumal die stetige Veränderlichkeit der Natur die Möglichkeit einschließt, daß auch unsere Welt und wir Menschen sich verändern werden.

Diderot hat die Präsentation dieser religionskritischen Gedanken geschickt vorbereitet, insofern er sie in die Folge der Bemühungen einreiht, das Weltbild eines Blinden zu erkunden. Er legt sich damit als Autor nicht darauf fest; ja, er weicht die Kritik sogar noch weiter auf, indem er Saunderson zu allerletzt noch den »Gott von Clarke und Newton« anrufen läßt (S. 49): Dieser Gott war zwar nicht der christliche, aber immerhin noch derjenige der Deisten, also ein Gott, dessen Existenz durch Vernunftgründe einsehbar ist. In einer Nachbemerkung scheint Diderot sogar geradezu dazu aufzufordern, nach besseren derartigen Vernunftgründen zu suchen. Inwieweit dies Manöver waren, die Diderot mit Blick auf die Zensur eingefügt hat, oder ob er damals zwar mit dem Materialismus liebäugelte, aber auch den Deismus als Hypothese nicht verwerfen wollte, muß offenbleiben.

Es bietet sich ohnehin an, das Gespräch zwischen Saunderson und Holmes weniger unter dem Aspekt der materialistischen Spekulationen zu lesen als vielmehr in der schon skizzierten erkenntniskritischen Perspektive. Denn Diderot läßt Saunderson genau in diesem Sinne argumentieren: Saunderson behauptet in seiner ersten Antwort auf Holmes nicht, daß es keinen Gott gebe; er weist nur darauf hin, daß die Rede von Wundern relativ zu einer epistemischen Perspektive ist und daß der deistische Schluß vom Eindruck einer in wunderbarer Weise perfekten Welt auf die ontologische Folgerung der Existenz Gottes nicht nur diese Relativität mißachtet, sondern geradezu Ausdruck von Eitelkeit ist (S. 46): Denn sie setzt voraus, daß die menschliche Wahrnehmung die

Welt richtig und vollständig erfaßt. Die materialistischen Spekulationen über die Naturgeschichte, die Saunderson anstellt, scheinen zwar nicht recht zu dieser erkenntniskritische Einsicht zu passen; aber man kann sie als bloße Hypothesen lesen, die darauf aufmerksam machen sollen, daß die deistische Vorstellung einer perfekten und stabilen Welt nicht ohne Alternative ist und darum nicht als selbstverständliche Voraussetzung gehandelt werden darf.

Molyneux' Problem

Im letzten Teil seines Briefs kommt Diderot auf die Frage zu sprechen, die die Philosophen seiner Zeit im Zusammenhang mit der Blindheit am meisten umtrieb – jene Frage, die der irische Gelehrte Molyneux an Locke gerichtet und dieser in die zweiten Auflage seines *Essay Concerning Human Understanding* aufgenommen und damit weithin bekannt gemacht hatte: Angenommen, ein Blinder habe gelernt, durch Tasten Würfel und Kugel zu unterscheiden. Nun werde er durch eine Operation wieder sehend gemacht: Kann er nach dieser Operation durch das Sehen allein, ohne Zuhilfenahme des Tastsinns, Würfel und Kugel richtig identifizieren?[24] Die Frage war für Empiristen darum von so großem Interesse, weil sie nicht unterstellen durften, daß Menschen immer schon über Begriffe von Kugel und Würfel verfügen, die dann in unterschiedlichen Wahrnehmungssituationen lediglich aktualisiert werden. Alle Begriffe müssen aus Erfahrungen aufgebaut werden; und darum war es fraglich, ob Begriffe, die auf der Basis einer Sorte von Erfahrungen aufgebaut worden sind, ohne weiteres auf eine andere Art

---

[24] Molyneux' Frage hat sich als sehr anregend erwiesen. Über die Geschichte bis zu Diderot informiert Marc Parmentier, »Le problème de Molyneux de Locke à Diderot«, in: *Recherches sur Diderot et sur l'Encyclopédie* 28 (2000), S. 13-23. Eine umfassende Studie zur gesamten Geschichte des Problems hat Marjolein Degenaar veröffentlicht: *Molyneux's Problem: Three Centuries of Discussion on the Perception of Forms*, Dordrecht 1996. Für eine Aufarbeitung des Problems aus der Perspektive der zeitgenössischen Philosophie siehe Gareth Evans, »Molyneux' Problem«, in: ders., *Collected Papers*, Oxford 1985, S. 364-399. Einen neuen experimentellen Anlauf zur Beantwortung der Frage unternahm kürzlich der indische Neurologe Pawan Sinha und kam dabei zu einer negativen Antwort (Richard Held, Yuri Ostrovsky, Beatrice de Gelder, Tapan Gandhi, Suma Ganesh, Umang Mathur, Pawan Sinha, »The Newly Sighted Fail to Match Seen With Felt«, in: *Nature Neuroscience* 14 (2011), S. 551-553).

von Erfahrungen übertragen werden können. Obendrein war es eine Frage, die empirische Überprüfbarkeit versprach; und in der Tat wurde – wie auch Diderot berichtet (S. 59) – eine Augenoperation des berühmten englischen Chirurgen Cheselden dazu benutzt, allerdings mit dem Ergebnis, daß der sehend gemachte Blinde sich zunächst seiner Augen überhaupt nicht bedienen konnte und erst langsam und unter Schwierigkeiten sehen lernen mußte.

Diderot referiert zunächst kurz einige der Antworten, die bislang gegeben wurden: Molyneux selbst und Locke sowie Voltaire (der in seinen *Elements de la philosophie de Newton* die Debatte und auch das Experiment von Cheselden in Frankreich bekannt gemacht hatte[25]) verneinten die Frage. Locke nahm an, daß der ehemalige Blinde noch nicht in der Lage sei, die visuellen Eindrücke so zu organisieren, daß er daraus räumliche Gestalten erkennen könne, zumal Locke zufolge eine Gestalt im Raum immer als Ding außerhalb von uns vorgestellt werden muß. Als Vertreter einer positiven Antwort zieht Diderot Condillac heran. Condillac greift zwar Lockes Argumentation auf, kommt aber zu einem anderen Schluß: Weil das Erfassen einer räumlichen Gestalt durch den Blinden ein komplexer und allmählicher Vorgang sei, könne er nicht unbemerkt ablaufen. Nun sei das Sehen eines Körpers ein ähnlich komplexer Vorgang, und wer gerade erst seinen Gesichtssinn gewonnen habe, werde gleichfalls in einem Akt der Reflexion die Wahrnehmung eines Körpers allmählich aus einfachen Bestandteilen aufbauen müssen. Da somit beim Sehen ein ähnlicher Prozeß wie beim Tasten ablaufe und beide Prozesse Gegenstand der bewußten Aufmerksamkeit seien, werde der Operierte in der Lage sein, die Prozesse, die jeweils zur Kugel, und die, die jeweils zum Würfel führen, richtig einander zuzuordnen.[26]

Einen ersten eigenen Kommentar zu Molyneux' Frage gibt Diderot durch die Positionierung seiner Ausführungen: Sie stehen nicht am Anfang, sondern am Ende eines Textes, der bislang vornehmlich dem Versuch gewidmet war, das Weltbild der Blinden sowohl aus einer lebenspraktischen wie aus einer abstrakten mathe-

---

25 Voltaire, *Elements de la Philosophie de Newton*, II, 7, in: *Œuvres complètes*, ed. Garnier, Bd. 22, Paris 1879, S 462-467.
26 Vgl. John Locke, *Essay Concerning Human Understanding* II, 8, §8; Etienne des Condillac, *Essai sur l'origine des connaisances humaines* I, 6, 14 (= *Œuvres philosophiques*, hg. von G. Le Roy, Bd. 1, Paris 1947, S. 57).

matischen Perspektive heraus zu rekonstruieren. Diderot signalisiert damit, daß jede Frage über eine bestimmte Fähigkeit der Blinden nur im Kontext ihrer übrigen Fähigkeiten beantwortet werden kann, da das Sehvermögen nicht losgelöst von Einbildungskraft und der Fähigkeit zu schlußfolgerndem Denken operiert.

Diderots Beitrag besteht vor allem in einer vierfachen Differenzierung: Man muß die Fragen, ob der Blinde unmittelbar nach der Operation schon sehen kann oder nicht (1), und ob seine Sehschärfe für die gestellte Aufgabe ausreicht (2), unterscheiden von der Frage, ob er diese Aufgabe lösen kann (3), und diese wiederum unterscheiden von der Frage, ob er seine Lösung für sich oder für andere rechtfertigen kann (4) (S. 57). Auf die ersten beiden Fragen gibt Diderot negative Antworten. Im Einklang mit Locke und Condillac und in Übereinstimmung mit den Ergebnissen des erwähnten Experiments von Cheselden geht auch er davon aus, daß das Sehen von Gegenständen im Raum ein komplexer Vorgang ist, der obendrein eine Reihe von ontologischen Annahmen voraussetzt, beispielsweise, daß Gegenstände weiterexistieren, auch wenn sie nicht beobachtet werden.[27] Das schließt aber nicht aus, daß das Auge nach einer gewissen Zeit der Übung und Gewöhnung alleine in der Lage ist, Molyneux' Aufgabe zu bewältigen (S. 61), so daß Diderot auf Frage (3) eine positive Antwort für möglich hält.[28] Diderot führt hier allerdings eher Mutmaßungen als Argumente an: Er sehe keinen Grund, warum zwischen den Funktionen der Sinne eine wesentliche Abhängigkeit bestehen soll; außerdem sei das Auge zu außergewöhnlich feiner und genauer Wahrnehmung in der Lage. Es scheint also eher so, daß Diderot durch seine Differenzierung die Gründe, die Locke zu einer negativen Antwort bewogen haben, für erledigt hält. Um die Beantwortung der vierten Frage zu erleichtern, nimmt Diderot eine Vereinfachung vor: Während Molyneux' ursprüngliche Fragestellung drei Aufgaben umfaßte – überhaupt geometrische Gestalten visuell zu identifizieren, sodann räumliche Gestalten zu identifizieren und drittens,

---

27 Man stelle sich vor, das erste, was der Operierte zu sehen bekommt, sei ein Regenbogen. Würde der Operierte diese Erfahrung verallgemeinern, würde er schließen, daß die Gegenstände des Sehens erstens nicht tastbar sind und zweitens ihre Existenz an bestimmte Standorte des Sehenden gebunden sind. Die Voraussetzungen, die Diderot hier nennt, sind also durchaus nicht trivial.
28 So auch seine eigene Zusammenfassung der Antwort S. 66.

die unterschiedliche Entfernung von Objekten einschätzen zu können –, beschränkt Diderot das Problem auf die erste dieser Aufgaben: Kann der Operierte zweidimensionale Figuren, die er durch Tasten zu unterscheiden gelernt hat, durch das Sehen allein richtig identifizieren?[29] Möglich ist es – zumal in der vereinfachten Fassung der Aufgabe –; die Frage ist, ob er seine Antwort begründen kann und was daraus folgt. Wer überhaupt nicht auf das, was er empfindet, reflektiert, wird keine Begründung geben können, aber es wird ihn auch nicht beunruhigen. Wer dagegen daran gewöhnt ist, über seine Empfindungen hinauszugehen und in der Imagination Vergleiche anzustellen, wird sich fragen, wie sich das, was er sieht, wohl anfühlt; diese Frage wird ihn in seiner Antwort verunsichern. Wer dazu neigt, seine Empfindungen in Theorien über die Welt als ganze einzubetten – also derjenige, den Diderot hier den »Metaphysiker« nennt –, wird sich über die Voraussetzungen im klaren sein, die seine Antwort erfordert – etwa, daß die Zuordnung der beim Tasten erlernten Begriffe zu visuellen Wahrnehmungen impliziert, daß dieselben Objekte tast- und sichtbar sind oder daß sichtbare Körper während der Wahrnehmung und auch im unbeobachteten Zustand kontinuierlich weiterexistieren usw. Die Einsicht, daß diese Voraussetzungen selbst einer Begründung bedürfen, wird ihn dazu veranlassen, seine Antwort zurückzuhalten. Der Mathematiker kennt die Zweifel des Metaphysikers, aber er ist nicht dazu verurteilt, bei ihnen stehenzubleiben. Denn er – zu denken ist wieder an Saunderson – habe sich mit Sehenden bereits über die Figuren erfolgreich verständigt. Wie könnte dieser Umstand dazu verhelfen, die ontologischen Zweifel des Metaphysikers begründet auszuräumen?

---

29 Diderot weist auf diese Vereinfachung nachträglich explizit hin (S. 68), doch zunächst führt er sie unter der Hand ein. Spricht er zunächst noch von Körpern (»[…] ob er dann beim Sehen die Körper wiedererkennen würde […]«), ist bei der ersten Person nur noch vom »runden« und »viereckigen Ding« (»voilà un rond, voilà un carré«) die Rede und bei der zweiten dann ausdrücklich vom Kreis und Viereck. Bei der dritten Person, dem Metaphysiker, geht es dann wieder um Körper, bei der vierten, dem Mathematiker, dagegen wieder um zweidimensionale Figuren. Diderot hat die Vereinfachung schon in einer vorausgegangenen Bemerkung vorbereitet: »Wenn man einem Blinden, dem man soeben den Gesichtssinn wiedergegeben hat, einen schwarzen Würfel neben einer roten Kugel auf einem großen weißen Hintergrund zeigt, dann wird er unverzüglich die *Umrisse dieser Figuren* unterscheiden.« (S. 62, Hervorhebung A.B.)

Ein Vorschlag: Die Verständigung mit den Studenten basiert auf geometrischen Begriffen, d. h. auf den Definitionen der Figuren. Saunderson konnte sicher sein, daß seine Studenten diese Definitionen genauso verstehen wie er selbst. Nun haben beide diese Definitionen auf Figuren angewendet, auf die sie zeigen konnten; sie konnten auch sicherstellen, daß sie auf dieselben Figuren zeigen. Ferner sind diese Definitionen aus der Wahrnehmung der Figuren hervorgegangen. Die Wahrnehmungen aber waren unterschiedlich: Seine eigenen Wahrnehmungen waren Tastempfindungen, die seiner Studenten waren visuelle Eindrücke. Saunderson konnte also davon ausgehen, daß unterschiedliche Wahrnehmungen derselben Figur zu denselben Definitionen führen. Darum konnte er ausschließen, daß die auf dieselbe Weise definierte Figur sich dem Tastsinn als Kreis und dem Gesichtssinn als Viereck darbietet.

Vor diese Antwort auf seine vierte und letzte Frage hat Diderot noch einmal eine »Abschweifung« gesetzt (S. 65). Diesmal geht es um die Frage, ob der Blinde unter seiner Blindheit leide. Im Falle des Blinden von Puiseaux hatte Diderot den Eindruck erweckt, jener Blinde könne etwas, das er sich gar nicht vorstellen könne, auch nicht vermissen. Verschafft also erst die Möglichkeit des Vergleichs das schmerzliche Gefühl, unter dem Fehlen des Gesichtssinns zu leiden? Diderot antwortet nicht direkt, sondern indem er eine These von Condillac hinzuzieht. Angenommen, jemand leide ununterbrochen unter Schmerzen. Daß er leidet, bezweifelt Condillac nicht, wohl aber, daß ihn der beständige Schmerz dazu veranlassen würde, nach Gründen des Schmerzes zu forschen oder sich einen schmerzlosen Zustand vorzustellen. Erst der Wechsel von Schmerz und Lust würde zu solchen Überlegungen führen. Übertragen auf den Blinden, hieße das: Der Blinde, der ja nie den Zustand des Sehens erfahren hat, wird von sich aus nicht darauf kommen, sich einen anderen Zustand vorzustellen. Er wird seine Blindheit als natürlichen Zustand hinnehmen, so wie die Sehenden es als natürlichen Zustand hinnehmen, daß sie infrarotes oder ultraviolettes Licht nicht wahrnehmen können. Doch – darauf scheint Diderot hinauszuwollen – wird der Blinde nichtsdestoweniger unter seiner Blindheit leiden. Er wird sich nicht fragen, warum er nicht sehen kann, weil er mit dem Begriff des Sehens keine Empfindungen verbinden kann; aber er wird sich fragen, warum er existiert, und das sei synonym mit der Frage, warum er leide.

Warum stellt Diderot diese Abschweifung über Glück oder Unglück der Blinden mitten in die Erörterung eines Problems der Erkenntnistheorie? Er kommt darauf über eine Kritik an Experimenten mit Blinden, wie Cheselden sie durchgeführt hatte. Solche Experimente seien nicht nur schwierig und unzuverlässig, sie vernachlässigten auch, daß man es mit einem Wesen zu tun hat, das zu eigenem Denken befähigt ist. Anstatt den Blinden zum Objekt der Forschung zu machen, solle man ihn lieber mit philosophischen Kenntnissen ausstatten, auf daß er selbst den Zustand der Blindheit und den des Sehens miteinander vergleichen könne. Diderots Kritik an der Durchführung der Experimente scheint mir eine moralische Note zu haben, und hier fügen sich die Überlegungen, ob Blinde unter der Blindheit leiden, gut ein: Blinde sind unter anderem auch Wesen, die Leid empfinden können.

Diderot hatte den Brief mit irritierenden Bemerkungen zur Augenzeugenschaft eröffnet: Ist die Benutzung der eigenen Augen ein geeigneter Weg, die Wahrheit herauszufinden oder nicht? Die Antwort, die sich am Ende des Briefes abzeichnet, dürfte derjenigen entsprechen, die Diderot auf Molyneux' Frage gegeben hat: es kommt darauf an. Es kommt darauf an, ob derjenige, der mit eigenen Augen sieht, auf die richtige Weise mit den Eindrücken umzugehen weiß, die er empfängt.

Natürlich hat derjenige, der sehen kann, die Möglichkeit, mehr von der Welt zu erfahren als der Blinde. Aber wenn er den Horizont seiner Wahrnehmungen für die Grenze der Welt hält, wenn er nicht erkennt, wo er Hypothesen zu bilden beginnt, wenn er sich seiner zu sicher ist, dann wird er der Wahrheit weniger nahekommen als der Blinde, der aufgrund seiner Position unter Sehenden ein geschärftes Bewußtsein für seine epistemischen Grenzen hat. Das scheint mit die Lehre zu sein, die Diderot im Untertitel des *Briefs über die Blinden* für die Sehenden verspricht.

III Die Materie in Aktion: *D'Alemberts Traum*

Vorbemerkung

Man ist versucht, die Schrift, die unter dem Titel *D'Alemberts Traum* zusammengefaßt wird – obgleich dies genaugenommen nur der Titel ihres mittleren Teils ist – als Diderots Hauptwerk zu bezeichnen. Denn nirgendwo sonst hat Diderot die Prinzipien seines monistischen Naturalismus so klar dargelegt, so offen ihre Implikationen für verschiedene philosophische Themenfelder verfolgt und so radikale Folgerungen gezogen.[30]

Doch die Vorstellung von einem Hauptwerk, in dem der Autor seine eigene Philosophie vorstellt, erläutert und verteidigt, will nicht

---

30 Diderot hätte wohl nie einen seiner Texte als »Hauptwerk« bezeichnet, doch folgt man dem, was Diderot über *D'Alemberts Traum* in seinen Briefen schreibt, scheint ihm das Werk sehr am Herzen gelegen zu haben. In einem Brief an Sophie Volland vom 31. August 1769 heißt es: »So habe ich einen Dialog zwischen d'Alembert und mir gemacht. Wir plaudern darin ziemlich fröhlich und sogar einigermaßen klar, trotzdem der Gegenstand spröde und dunkel ist. Auf diesen Dialog folgt ein zweiter, sehr viel ausgedehnterer, der den ersten erhellen soll. Dieser ist *D'Alemberts Traum* betitelt. Die Gesprächspartner sind ein träumender d'Alembert, d'Alemberts Freundin Mademoiselle de l'Espinasse und der Doktor Bordeu. [...] Das Ganze ist von höchster Extravaganz und enthält zugleich tiefste Philosophie. Es war wohl ein geschickter Schachzug, daß ich meine Ideen einem Träumenden in den Mund legte. Oft muß man der Weisheit ein Narrengewand umhängen, damit sie Einlaß findet.« (Denis Diderot, *Correspondance*, hg. von L. Versini, Paris 1997, S. 968 f.; zitiert wird die Übersetzung von Hans Hinterhäuser in: Denis Diderot, *Briefe*, Frankfurt 1984, S. 305.) Im darauffolgenden Brief an Sophie Volland beschreibt er das Werk nochmals: »Ich glaube, ich habe Ihnen schon gesagt, daß ich einen Dialog zwischen d'Alembert und mir geschrieben habe. Als ich ihn wiederlas, packte mich die Idee, einen zweiten zu schreiben, und so geschah es. Die Unterredner sind d'Alembert, der träumt, Bordeu, und die Freundin von d'Alembert, Madmoiselle de l'Espinasse. Sein Titel ist *Der Traum d'Alemberts*. Es ist nicht möglich, zugleich tiefer und verrückter zu sein. Ich habe noch fünf oder sechs Seiten angefügt, die geeignet sind, meiner Geliebten die Haare zu Berge stehen zu lassen; so wird sie nie zu sehen bekommen [...]« (Brief vom 11. September 1769, in: Diderot, *Correspondance*, S. 974, Übers. A.B.) In einem Brief an d'Alembert vom Ende September schreibt Diderot, daß außer einem nie veröffentlichten Werk über Mathematik – welches damit gemeint ist, bleibt unklar – *D'Alemberts Traum* das einzige Werk sei, das ihm Vergnügen bereitet habe (Diderot, *Briefe*, S. 311). Zu diesem Brief siehe auch unten, Anm. 45.

so recht zu *D'Alemberts Traum* passen. Denn es ist eine Schrift, in der ihr Autor zusehends verschwindet. Im ersten Teil tritt Diderot noch selbst auf. Im Gespräch mit seinem Freund d'Alembert stellt er die Grundlagen seines Naturalismus vor. D'Alembert reagiert mit Einwänden, passend zur Zurückhaltung, mit der der historische d'Alembert dem Naturalismus seines Freundes begegnete.[31] Die Einwände geben dem Autor Diderot die Gelegenheit, seine Position besser zu entfalten, legen aber zugleich Schwächen und ungelöste Probleme bloß. Ab dem zweiten Teil ist Diderot selbst nicht mehr persönlich präsent, wohl aber wirkt er weiter – dies jedoch auf eine indirekte und merkwürdige Weise: Denn d'Alembert hat nach dem Gespräch eine unruhige Nacht verbracht und im Traum jene Theorie weitergesponnen, die ihn im Wachzustand nicht recht überzeugen konnte. D'Alemberts Freundin, Mademoiselle de l'Espinasse, hatte während der Nacht aufgezeichnet, was der träumende d'Alembert vor sich hin gesprochen hatte; am nächsten Morgen liest sie es dem Arzt Bordeu vor. Zwischen diesen beiden – übrigens gleichfalls beide historische Personen[32] – entspinnt sich nun ein Gespräch über d'Alemberts Traum über Diderots Naturalismus. D'Alembert interveniert noch einmal träumend, später, nachdem er aufgewacht ist, beschränkt er sich auf gelegentliche Einwürfe. Mademoiselle de l'Espinasse dagegen entwickelt sich von einer passiven Übermittlerin zu einer aktiven und eigenständigen Gesprächspartnerin. Im dritten Teil schließlich führen Bordeu und Mademoiselle de l'Espinasse bei Likör und Kaffee ihre Unterhaltung vom Morgen weiter, diesmal von d'Alembert ungestört, und spinnen das naturalistische Weltbild auf ihre Weise fort. Wenn man so will, ist *D'Alemberts Traum* als Ganzes eine von Diderot ausgelöste Kette von Wirkungen: Von Diderot überträgt sie sich auf

---

31 D'Alembert steht in seinem *Traité de dynamique* von 1743 zwar auf dem Boden der Newtonschen Physik und spricht gleichfalls von Kräften, die sich mit Hilfe geometrischer Gesetze beschreiben lassen. Die Rede von »forces vives« oder »inneren Kräfte« hält er jedoch für überflüssig (*Œuvres complètes*, ed. Belin, Bd. I, Paris 1821, S. 398 f.).

32 Julie de l'Espinasse (1732-1776) unterhielt seit 1764 einen eigenen Salon in Paris, in dem zahlreiche Enzyklopädisten regelmäßig zu Gast waren. D'Alembert hatte 1765 seine Familie für sie verlassen, aber der Charakter des Verhältnisses beider scheint unklar geblieben zu sein, da Julie de l'Espinasse noch anderweitig engagiert war. Théophile de Bordeu (1722-1776) war als Arzt in Paris tätig, zeitweise an der Infirmerie royale in Versailles, und mit Diderot befreundet.

d'Alembert, von diesem auf Mademoiselle de l'Espinasse, von dieser auf Bordeu und wieder zurück auf Mademoiselle de l'Espinasse, um bei diesen beiden in wechselseitiger Anregung ungeahnte neue Früchte zu tragen. Ich werde am Ende der Vorstellung des Textes noch einmal auf die Frage zurückkommen, was es mit dieser merkwürdigen Gestaltung auf sich haben mag.

Fortsetzung einer Unterhaltung zwischen d'Alembert und Diderot

Der erste Teil – als die Fortsetzung eines schon andauernden Gesprächs gestaltet – beginnt mit jenen zwei Thesen, die den monistischen Naturalismus der Aufklärung charakterisieren: Erstens ist ein Wesen, das nicht Teil der Natur ist, aber in dieser Natur wirken soll, nicht widerspruchsfrei vorstellbar (es bleibt hier offen, ob damit Gott oder eine immaterielle menschliche Seele gemeint ist). Was immer in der Natur wirksam sein soll und natürliche Vorgänge oder Tatsachen erklären soll, muß Teil der einen Natur und darum materiell sein. Zweitens ist das Empfindungsvermögen (*sensibilité*), das wir an uns Menschen ohne Zweifel feststellen können, eine »allgemeine und wesentliche« Eigenschaft der Materie. Dies ist die bereits eingangs erwähnte panpsychistische These,[33] die eine der Säulen des Diderotschen Naturalismus bildet.

Blickt man vom 20 Jahre früher entstandenen *Brief über die Blinden* her auf diese Thesen, ist klar: Wir haben es hier mit einer jener metaphysischen Spekulationen zu tun, die Diderot damals zwar nicht grundsätzlich abgelehnt, auf deren prekären Status er aber nachdrücklich hingewiesen hat. Die dialogische Darlegung mit einem d'Alembert, der stets einhakt, dürfte ein Weg sein, diesem Status gerecht zu werden. Diderot bewegt sich mit den Prinzipien seines Naturalismus auf einer Ebene, die keiner direkten Beobachtung zugänglich ist und die daher immer den Charakter von Hypothesen haben wird. Diderot weiß darum, er wählt daher einen Weg, in dem sich seine Thesen nicht durch Evidenz, sondern durch Kohärenz und ihre Fähigkeit bewähren können, möglichst viele Phänomene zu integrieren und große explanatorische Reichweite zu entfalten.

---

33 S. o., S. 208.

Damit ist auch die strukturelle Idee des Gesprächs umrissen: d'Alembert wird Einwände vorbringen und nach der Erklärung von Phänomenen fragen; Diderot wird versuchen, seine Thesen zu verteidigen.

Der erste Einwand liegt auf der Hand: Wenn die Empfindsamkeit eine allgemeine Eigenschaft der Materie ist, wieso beobachten und schreiben wir sie dann nur in einigen wenigen Fällen zu? Diderot bietet zunächst eine Unterscheidung zwischen potentieller und aktiver Empfindsamkeit als Hilfshypothese auf. Hier kam ihm eine von John Toland[34] verbreitete Deutung Newtons zugute, derzufolge die Bewegung eine allgemeine Eigenschaft der Materie ist. Nun erscheint uns manches in Ruhe, doch auch in solchen Körpern ist Bewegung vorhanden, wenn auch in potentieller Form. Aktualisiert wird sie, wenn das Hindernis, das der Bewegung entgegensteht, beseitigt wird. In analoger Weise soll die Empfindsamkeit in potentieller und aktualer Form vorliegen. D'Alembert fragt zu Recht nach der genaueren Beziehung zwischen Bewegung und Empfindungsvermögen, doch bietet der Text mehr als eine Analogie nicht an. Womöglich sah sich Diderot berechtigt, aus der Annahme, daß Aktivität eine Eigenschaft der Materie sei, verschiedene Arten von Aktivität – Bewegung und Empfindsamkeit – abzuleiten. Wie dem auch immer sei, eine potentielle Aktivität oder Empfindsamkeit zu postulieren beantwortet bestenfalls, wie die Empfindsamkeit als allgemeine Eigenschaft der Materie vorkommen könnte, nicht, warum wir sie zuschreiben sollen. Diderot läßt daher ein Argument folgen, das sich folgendermaßen zusammenfassen läßt: Wenn das Empfindungsvermögen nicht von außen in die Körper hineingebracht wird, muß es von der Materie des Körpers herkommen. Jeder Mensch entsteht aber und ernährt sich aus solcher Materie, der wir in bestimmten Stadien – heute würden wir vielleicht sagen: den anorganischen Stadien – kein Empfindungsvermögen zuschreiben. Nun könnte das Empfindungsvermögen irgendwann im Zuge des Übergangs von der anorganischen zur organischen Materie hinzugekommen sein. Wie aber sollte das geschehen sein? Es ist zur Materie ja nichts anderes als Materie hinzugekommen. Also muß das Empfindungsvermögen von Anfang an in der Materie vorhanden

---

34 John Toland, *Briefe an Serena*, dt. von G. Wichmann, hg. von E. Pracht, Berlin 1959, besonders Brief V.

gewesen sein, und der einzige Übergang kann der vom Zustand der Potentialität in den der Aktualität gewesen sein (S. 80-82).

Das Argument hat mehrere Schwächen. Erstens setzt es voraus, daß die Empfindsamkeit nicht von außen in die Materie hineingekommen sein kann; also kann es den Gegner dieser Voraussetzung nicht überzeugen. Zweitens läßt es die Möglichkeit außer acht, daß die Empfindsamkeit durch die Kombination einfacherer Eigenschaften zustande kommen könnte. Letztere Möglichkeit würde man heute mit dem Wort »Emergenz« umschreiben. Für Diderot kam sie womöglich deshalb nicht in Frage, weil die Empfindungsfähigkeit für ihn eine Eigenschaft war, die nicht auf einfachere Eigenschaften zurückzuführen ist; es ist eine nicht weiter analysierbare Eigenschaft. Er steht damit durchaus im Einklang mit jenen heutigen Philosophen, die das Bewußtsein gleichermaßen für eine primitive Eigenschaft halten. Die Funktionen dessen, was uns bewußt ist, mögen sich in Teilschritte zerlegen lassen, und am Ende einer solchen Analyse mögen Vorgänge auf molekularer oder atomarer Ebene stehen. Daß eine Nervenreizung aber nicht nur allerlei biochemische Reaktionen auslöst und auf diesem Wege Muskeln zur Kontraktion veranlaßt oder gedankliche Prozesse auslöst, sondern auch noch mit einer Empfindung einhergeht, läßt sich auf diesem Wege nicht einholen. Diderots Panpsychismus darf daher in ihren spekulativen Grundlagen durchaus als eine moderne Position betrachtet werden.[35]

Mit seinem Argument zur Entstehung der Empfindsamkeit im einzelnen Menschen hat Diderot die Ontogenese ins Spiel gebracht; die Nachfrage von d'Alembert, ob Diderot damit wohl die These präexistenter Keime ablehne (S. 82 f.), gibt Diderot die Gelegenheit, seine Überlegungen auf die Naturgeschichte auszuweiten. Präexistente Keime sollten Keime sein, in denen das Wesen, das sich aus ihnen entwickeln wird, schon in voller Spezifikation enthalten ist. Die ontogenetische Entwicklung bestünde dann bloß im Wachstum, aber nicht in einer Veränderung der Gestalt oder Form. Die Annahme präexistenter Keime war verbunden mit der auf Aristoteles zurückgehenden These von der Ewigkeit der Arten. Der vom Vater stammende Keim enthält bereits alle Merkmale, die den

---

35 Diese Feststellung sollte selbstverständlich nicht mit einem Argument zugunsten des Panpsychismus verwechselt werden.

Exemplaren einer Art wesentlich sind; eine Veränderung der Art in der Generationenfolge ist darum ausgeschlossen. Diderot lehnt beide Annahmen ab: Für ihn hat die Natur eine Geschichte. Arten entstehen, verändern sich und können vergehen. Auch das Universum als ganzes ist veränderlich; die Sonne und die Erde sind einmal entstanden, in der Folge ist das Leben entstanden; dieser Prozeß kann zu anderer Zeit oder an anderer Stelle im Universum wieder ablaufen und zu neuen Resultaten, zu neuen Aktualisierungen der allgemeinen Empfindungsfähigkeit, zu neuem Leben führen.

Ein anderes Thema bringt d'Alembert auf, wenn er danach fragt, worin die Existenz eines empfindenden Wesens »in bezug auf sich selbst« (*par rapport à lui-même*) besteht: Nun geht es darum, ob auf der Basis der naturalistischen Hypothesen der Mensch nicht bloß als Lebewesen, sondern als selbstbewußtes Wesen, als ein Wesen, das das Wörtchen »ich« verwendet, rekonstruiert werden kann. Was kann Diderot hier zur Erklärung anbieten? Etwas unvermittelt führt er das Gedächtnis ein; es sei eine »Organisation« der Materie, die stärker oder schwächer sein oder auch aufhören kann. Welche Organisation dies ist, dazu vermag Diderot nichts zu sagen, doch fällt es nicht schwer, hier die moderne Vorstellung von mehr oder weniger stabilen Verknüpfungen zwischen Nervenfasern einzusetzen. Selbstbewußtsein heißt aber auf jeden Fall mehr als Speicherung; es heißt auch, das Gespeicherte aktiv zu ordnen, für Kohärenz zu sorgen, Propositionen zu bejahen und sich zu eigen zu machen oder sie zu verneinen und von sich zu weisen. All dies setzt voraus, daß man urteilen kann; und schon das Urteil ist eine Verbindung von zwei Elementen – einer Empfindung, die einen Gegenstand repräsentiert, und einer Empfindung, die eine Eigenschaft repräsentiert, die im Urteil dem Gegenstand zu- oder abgesprochen wird. Um solche Vorgänge erklären zu können, bietet Diderot das Bild der resonierenden Saiten auf, das er später zu dem eines Klaviers ausbaut: Die Saiten sind nichts anderes als Materie, deren Empfindungsvermögen aktual geworden ist; man kann sie mit Nervenfasern gleichsetzen. Diese Saiten können nun nicht nur durch äußere Reize in Schwingung versetzt werden; dort, wo sie zusammentreffen, können sie sich auch gegenseitig in Schwingung versetzen. Dies kann selektiv geschehen: So wie nicht jede Saite mit jeder beliebigen anderen in Resonanz tritt, mag eine Faser nur ganz bestimmte andere in Erregung versetzen. Das Modell der Resonanz kann ferner iteriert werden; man kann sich Fasern denken, die erst durch die Resonanz zweier anderer Fasern in Schwingung versetzt werden.

Mit sehr viel Wohlwollen mag man Diderot zugestehen, daß sein Modell der resonierenden Saiten in der Lage ist, ein materielles Äquivalent der Bildung von Urteilen und der Verknüpfung von Urteilen, sei sie assoziativ oder argumentativ, bereitzustellen. Das Bild der resonierenden Saiten und des Klaviers birgt allerdings eine Gefahr, auf die d'Alembert auch sogleich hinweist: Muß es nicht jemanden geben, der all diese Schwingungen hört? Und wäre das Selbst nicht genau jener Zuhörer – und damit vom Körper zu unterscheiden? Es ist klar, daß Diderot eine solche Ausgestaltung seines Bildes um jeden Preis vermeiden muß, führt sie doch in Richtung einer von der Materie getrennten Seele. Aber genügen die resonierenden Saiten, um erklären zu können, wie wir »ich« sagen, wie wir uns Gedanken zu eigen machen oder sie ablehnen, wie wir im Gedächtnis eine durch die Zeit identische Person aufbauen können?

Diderots Antwort (S. 86) besteht im wesentlichen in einer Zusammenfassung des bisherigen Materials und wirkt daher unbefriedigend. Im zweiten Teil von *D'Alemberts Traum* wird das Thema erneut und ausführlicher aufgegriffen; daher seien an dieser Stelle nur einige Gedanken zu diesem Problem notiert. Wenn wir dem Ich eine besondere Funktion, beispielsweise die Funktion einer Integration oder Einheitsstiftung zuweisen, oder gar einen besonderen Inhalt, ein »Ich-Empfinden«, dann scheint dafür in dem Modell kein Platz zu sein. Genausowenig kann der Bezug auf ein Ich Voraussetzung des Bewußtwerdens einer Empfindung sein: Eine Empfindung muß nicht erst von einem Ich empfunden werden, damit sie bewußt wird. Vielmehr ist »das Denkinstrument [...] empfindungsfähig, es ist gleichzeitig Musiker und Instrument.« (S. 86) Auf der Ebene der Sprache, der Verwendung des Wörtchens »ich«, ausgedrückt: Der Zusatz »ich empfinde, daß« zur Empfindung ist entweder leer oder nachträglich, aber er ist nicht konstitutiv für das Bewußtsein. Denkt man Diderots Modell ein bißchen weiter, dann kann darin das explizite Ich nur eine Saite unter vielen sein, die bei bestimmten Resonanzen innerhalb des Klaviers mitschwingt. Ein Urteil zu fällen heißt, daß Resonanz zwischen einer dingrepräsentierenden Saite und einer eigenschaftsrepräsentierenden Saite besteht; das Urteil zu bejahen heißt, daß diese Resonanz eine weitere Saite mitschwingen läßt; sich das Urteil zu eigen zu machen, zu sagen »*Ich* urteile / meine / glaube, daß ...« heißt, daß diese zweite Stufe der Resonanz noch eine weitere Saite in Schwingung versetzt. Das Ich wäre so eine späte und gelegentliche Begleiterscheinung der Empfindungen, die sich in unserem Körper abspielen. Das heißt nicht, daß es ganz ohne Wirkung wäre; aber wenn es Bezugspunkt irgendeiner Art von Einheit sein sollte, dann wäre es eine nachträgliche und vermutlich partielle Einheit, der viele von ihr unabhängige durch Resonanz gestiftete Einheiten vorgeordnet wären.

D'Alembert bringt noch zwei weitere Punkte auf: Erstens fragt er, ob die Empfindlichkeit eine Eigenschaft ist, die der Materie zukommen kann (S. 88). Der Sinn der Frage, und zugleich das Mißverständnis, auf dem sie beruht, geht aus Diderots Antwort hervor: Die Materie ist teilbar, die Eigenschaft der Empfindsamkeit unteilbar. Hier sind jedoch zwei verschiedene Begriffe von Teilbarkeit am Werk: Die Materie ist räumlich teilbar, die Empfindsamkeit ist als eine primitive, nicht weiter analysierbare Eigenschaft begrifflich nicht weiter teilbar.

Der zweite Punkt ist wichtiger: Hier geht es um die Frage, ob man im Rahmen einer materialistischen Theorie des Denkens die Logik rekonstruieren kann (S. 90). Die Logik stellt einer naturalistischen Theorie ein besonderes Hindernis in den Weg, denn nach üblicher Auffassung gelten logisch wahre Aussagen und logisch gültige Schlüsse mit einer besonderen Notwendigkeit, die stärker ist als die naturgesetzliche Notwendigkeit: was logisch falsch ist, so die klassische Begründung, lasse sich nicht einmal denken, während sich eine Welt, die den Naturgesetzen widerspricht, immer noch denken lasse. Man kann diese Unterscheidung als Argument gegen die Naturalisierung des Denkens nutzen: Denn folgt aus ihr nicht, daß das Denken Eigenschaften hat, die in der Natur nicht vorkommen? Diderot bestreitet in seiner Antwort diese Auffassung: Es gebe nur eine Art von Notwendigkeit, nämlich die, die in der Natur vorkomme; sie begründet, was wir für logisch notwendig halten ebenso wie was wir für physikalisch notwendig halten. Darum ist es auch ein Irrtum, anzunehmen, das logische Schließen sei etwas, das wir vollziehen. Vernünftiges Denken ist keine Tätigkeit außerhalb der Natur; es ist vielmehr ein natürlicher Prozeß, der in uns abläuft. Als konsequenter Naturalist ist Diderot zu dieser Antwort gezwungen, aber sie bleibt in einigen Punkten unbefriedigend. Alle Prozesse, die in uns ablaufen und die wir als gedankliche Prozesse erfahren, beruhen auf natürlichen Prozessen. Soll nun deren natürliche Notwendigkeit ausreichen, um den gedanklichen Prozessen logische Notwendigkeit zuzuschreiben? Das kann nicht sein, denn dann müßte ja auch jede gedankliche Assoziation mit Notwendigkeit gelten. Wir unterscheiden also zwischen der Notwendigkeit der zugrundeliegenden Prozesse und der Notwendigkeit logischer Verknüpfungen.

Kann Diderot dafür eine Erklärung anbieten? Es ist klar, daß er diese Unterscheidung nicht als basale Unterscheidung akzeptieren kann, sondern sie im Rahmen einer allein natürlichen Notwendigkeit rekonstruieren muß. Dies könnte etwa folgendermaßen geschehen: Daß wir einen bestimmten Gedanken haben, ist immer eine Sache natürlicher Notwendigkeit. Manchmal erscheint uns dieser Gedanke logisch zwingend; dann bildet sich der Prozeß, der zum Gedanken geführt hat, in einem logischen Schluß ab. Die Logik verschafft uns gleichsam einen Zugriff auf zugrundeliegende Prozesse, die sich in ihren Gesetzen abbilden. Diderot kann hier hinzufügen, daß manche dieser Prozesse von einer so einfachen Gestalt sind (wie die Dreisatzregel, die er S. 91 erwähnt), daß sie sich leicht durch logische Schlußregeln abbilden lassen. Wir haben dann selbst den Eindruck, daß wir zu einem bestimmten Gedanken genötigt werden. Andere Prozesse sind so komplex, daß die Genese eines Gedankens sich nicht in logische Schlußformen bringen läßt; dann erscheint es uns kontingent, daß wir gerade diesen Gedanken und nicht einen anderen haben.

Auf eine andere Unterscheidung geht Diderot expliziter ein: Wir unterscheiden zwischen Bereichen, in denen Notwendigkeit herrscht – Diderot nennt die Mathematik und die Natur –, und solchen, in denen keine Notwendigkeit herrscht; dies sind alle jene Bereiche, die mit menschlichem Handeln zu zu haben. Diese Unterscheidung scheint auf der inhaltlichen, nicht auf der formalen Ebene zu liegen: Sie betrifft nicht den Übergang von einem Gedanken zu einem anderen, sondern die Qualität der Gedanken selbst. Entsprechend führt Diderot als Beispiel für einen Gedanken, der nicht mit Notwendigkeit gilt, denn auch eine psychologische Regularität an: nämlich, daß ein jähzorniger Mensch, der beleidigt wird, sich aufregen wird. Das mag zwar oft so passieren, aber es scheint doch offensichtlich, daß Jähzorn, Beleidigung und Aufregung nicht mit der gleichen Notwendigkeit verbunden sind wie etwa Masse und Anziehungskraft. Wenn aber alles Teil der einen Natur ist, und in dieser Natur Notwendigkeit herrscht, dann ist klar, daß auch dieser Unterschied nur ein scheinbarer sein kann. Diderot bietet folgende Erläuterung: Im Bereich des menschlichen Verhaltens wirken so viele Faktoren zusammen, daß wir niemals Schlüsse ziehen können, die mit absoluter Gewißheit gelten. Diese Erklärung setzt wieder auf der formalen Ebene an: Wie immer ein Mensch sich verhält, es ist natürlich und darum so notwendig wie alles in der Natur. Aber wir können kein einfaches Argument mit einer überschaubaren Anzahl von Prämissen und klaren logischen Beziehungen aufbauen, das es uns erlaubt, auf das Verhalten eines Menschen zu schließen. Die Kontingenz, die wir im Bereich des menschlichen Verhaltens festzustellen meinen, hat also eine epistemische Erklärung; aber diese epistemische Erklärung läßt sich wiederum auf eine besondere natürliche Komplexität zurückführen.

So zufällig, wie der Autor Diderot das Gespräch für den Leser hat beginnen lassen, so zufällig läßt er es enden: D'Alembert ist müde; er erwidert auf Diderots naturalistische Rekonstruktion der Logik nichts mehr, sondern verabschiedet sich für die Nacht. Daß der Gesprächspartner Diderot seinem Freund Träume prophezeit, ist eine Spielerei des Autors; doch daß der Autor seine Figuren noch ein kurzes Gespräch über den Skeptizismus führen läßt, scheint mir einen Hintersinn zu haben. Der Skeptizismus, den Diderot hier skizziert, erinnert an den pyrrhonischen: Man schwankt zwischen verschiedenen Meinungen, und sosehr man auch nachdenkt, die Gründe für die eine und für die andere halten sich die Waage. Der pyrrhonische Skeptiker wird irgendwann in einen Zustand der Ataraxie geraten, in dem er den Forschungsprozeß suspendiert und zur Ruhe kommt. Das ist für Diderot keine Option; ihn erinnert es an den Buridanschen Esel, der sich zwischen zwei gleichweit entfernten Futterhaufen nicht entscheiden konnte und darum verhungerte. Aber eine solche Situation ist unwahrscheinlich: Eher wird die Waage im Laufe der Zeit eine Richtung finden. Doch bringt das den Prozeß der Überlegung nicht zu einem Ende; dieser Prozeß ist endlos. Mir scheint, daß dieses Bild von der epistemischen Situation des Menschen ein Kommentar zur Form des ersten Teils von *D'Alemberts Traum* ist: Es fängt mittendrin an und bricht willkürlich ab, weil man aus einem endlosen Untersuchungsprozeß ohnehin immer nur Stücke willkürlich herausschneiden kann.

D'Alemberts Traum

Das Gespräch des zweiten Teils ist zunächst bestimmt von dem, was d'Alembert in der Nacht geträumt hatte. Mademoiselle de l'Espinasse liest ihre Aufzeichnungen abschnittsweise vor, Bordeu erläutert und findet alles sehr verständlich, was d'Alembert da zusammengeträumt hatte, ja, er vermag sogar die Fortsetzung des Traums vorwegzunehmen, so sehr scheinen d'Alemberts Träume und seine wachen Gedanken miteinander verflochten. Später entfernt sich das Gespräch vom Traum; Mademoiselle de l'Espinasse äußert eigene Fragen und Überlegungen, und Bordeu bringt zahlreiche Beispiele aus der Medizin ins Spiel. Dieser zweite Abschnitt von *D'Alemberts Traum* quillt so sehr über von Themen, Anschauungsmodellen und Beispielen, daß man leicht auf den Gedanken kommen kann, Diderot habe das Motiv des Traums – dem man ja eine eigene, vom Wachzustand aus nicht immer nachvollziehbare Ordnung zuschreibt – benutzt, um mehr oder weniger wohlgeordnete Gedanken rund um den Naturalismus zu versammeln. Manche Äußerungen, die das Gespräch kommentieren, scheinen das zu bestätigen – so etwa, wenn Madmoiselle de l'Espinasse meint »Wir schriftstellern nicht, wir plaudern« (*nous ne composons pas, nous causons*, S. 132), oder sie das, was d'Alembert geträumt hat und Bordeu bestätigt, als »Verrücktheiten« bezeichnet, »von denen man träumen mag, wenn man schläft, aber mit denen ein Mensch von gesundem Verstand, sobald er wach ist, sich nie beschäftigen soll.« (S. 105)

Offensichtlich ist, daß diesem zweiten Teil die übersichtliche Struktur des ersten Gesprächs fehlt. Offensichtlich ist auch, daß eine ganze Reihe von Aspekten des naturalistischen Weltbilds in spekulativer Manier weitergeführt werden. Das gilt nicht nur die These von der empfindsamen Materie aus dem ersten Teil (vgl. S. 95 f., 104), auch die Saiten des Klaviers treten in den »Keimfasern« wieder auf (S. 113); sogar Motive aus dem *Brief über die Blinden* tauchen wieder auf – beispielsweise die naturgeschichtlichen Spekulationen, die Diderot Saunderson unterschoben hatte (S. 102,

104), das Thema der Mißbildungen (S. 116) oder auch die Abstraktion (S. 142).

Dennoch erscheint es mir nicht schwer, ein Thema ausmachen, das den zweiten Teil wie ein roter Faden durchzieht: Es ist das Thema der Einheit, vor allem der Einheit lebendiger Wesen. Ich möchte mich im folgenden darauf konzentrieren. Nicht nur scheint es mir Diderots Versuch zu sein, zum Herzstück der aristotelischen Metaphysik – der Einheit der Substanz – aus einer naturalistischen Perspektive Stellung zu nehmen und damit einen großen Beitrag zu einer naturalistischen Metaphysik zu leisten. Es dürfte auch ein systematisch bedenkenswerter Beitrag Diderots zur aktuellen Naturalismusdebatte sein.

Das Thema der Einheit wird schon im ersten Teil des »Traumreferats« (S. 95) in den Mittelpunkt gerückt: »Hören Sie, Philosoph, ich sehe wohl ein Aggregat, ein Gewebe von empfindlichen kleinen Dingen ... aber ein Lebewesen! ... ein Ganzes, ein System, das *eines* ist, ein Selbst, welches das Bewußtsein seiner Einheit hat! das sehe ich nicht, nein, das nicht ...«, scheint der träumende d'Alembert Diderot entgegengehalten zu haben. Wie vermag ein Naturalist wie Diderot auf diese Herausforderung zu reagieren? Beginnen wird er mit der körperlichen Einheit. Das tut auch der träumende d'Alembert, und er führt sogleich eine wichtige Unterscheidung ein: Die Einheit der Teile, die ein Lebewesen bilden, kann nicht nur in der *Kontiguität* dieser Teile bestehen; es darf keine bloß räumliche Einheit von der Art sein, daß sich die Teile untereinander berühren. Es muß mehr sein, und dafür steht das Stichwort *Kontinuität*. Wie kann man von der Kontiguität zur Kontinuität gelangen? Der Text bietet das Beispiel der zwei Quecksilbertropfen an, die miteinander zu einem Tropfen verschmelzen. Was passiert hier physikalisch? Die beiden Tropfen bilden eine gemeinsame Oberfläche aus, die durch *eine* gemeinsame Spannkraft zusammengehalten wird; so werden sie *ein* Tropfen. Der Text spricht auch von der »Assimilation« der beiden Tropfen, aber der Begriff täuscht hier, weil beide schon vorher aus der gleichen Materie bestanden und sich also nicht wirklich angleichen mußten. Davon abgesehen, läßt sich der Begriff der Assimilation ebensowenig wie das Beispiel der Quecksilbertropfen auf lebendige Wesen übertragen. Denn lebendige Wesen bestehen aus Organen, die sich ihrer Funktion und Materie nach unterscheiden. Also kann ihre Einheit weder in der

Verschmelzung noch in einer Assimilation bestehen; im Gegenteil, im aristotelischen Geiste würde man sagen: Die Einheit eines organisch gegliederten Körpers resultiert gerade aus der funktionellen Verschiedenheit der Organe, die für ihr Zusammenwirken eine notwendige Bedingung ist.

Das nächste Anschauungsmodell, das d'Alembert erträumt, kommt den Lebewesen schon etwas näher: Es ist eine Traube von Bienen (S. 96). Denn die Bienen verschmelzen nicht miteinander und assimilieren sich nicht, sie bleiben funktionell eigenständige Einheiten. Doch ist die Materie, mit der wir es in diesem Modell zu tun haben, eine Materie mit aktualem Empfindungsvermögen, und das bringt eine weitere Möglichkeit ins Spiel: nämlich eine Assimilation der Empfindungen. Die Bienen bilden zwar funktionell für sich bleibende Einheiten, aber die Empfindung einer Biene kann zu einer Empfindung der Bienentraube insgesamt werden (vgl. S. 97). Mit Blick auf die Eigenschaft der Empfindsamkeit ist also tatsächlich eine Assimilation möglich. Bordeu nimmt das Beispiel auf und führt es weiter: Man könnte die Bienen körperlich noch enger zusammenführen, wenn man den Zusammenhalt durch die ineinander verhakten Füße durch eine andere Form des Zusammenhalts ersetzt. Bordeu scheint damit zufrieden zu sein; für ihn bildet der Bienenstock nun *ein* Tier, und er geht sofort zu einem aus Organen bestehenden Lebewesen über: »[...] alle unsere Organe [sind] nur unterschiedliche ›Lebewesen‹, die das Kontinuitätsgesetz in allgemeiner Übereinstimmung, Einheit und Identität« (»*dans une sympathie, une unité, une identité générale*«) hält (S. 98). Abgesehen davon, daß auch das modifizierte Modell der Bienentraube noch nicht erklärt, was funktional differenzierte Organe zusammenhält, wirkt auch die Rede von einem »Kontinuitätsgesetz« überraschend und bleibt unklar.

Da Traum und Gespräch sich zunächst anderen Themen zuwenden, bietet sich eine Gelegenheit, um einzuhalten und zu fragen, was man von diesem Versuch einer körperlichen Erklärung der Einheit zu halten hat. Daß sie vom modernen Standpunkt der Physiologie aus höchst unvollkommen ist, bedarf keiner weiteren Erläuterung; die Frage muß sich darauf richten, ob das explanatorische Material, das die körperliche Basis eines Wesens bereitstellt, zu einer befriedigenden Rekonstruktion der Einheit ausreicht. Dieses Material reduziert sich letztlich darauf, daß ein Körper aus Teilen besteht, deren wechselseitige Bindungskräfte normalerweise größer sind als die Kräfte, die von außen auf den Körper einwirken und geeignet sein könnten, ihn zu zerstören. Diese Bindungskräfte können atomare oder molekulare Kräfte sein, aber man kann das Repertoire auch um Mechanismen erweitern, die die interne Bindung aktiv verstärken, wie etwa eine Grenze oder ein internes Gefüge, die sich selbst reparieren können.

Wie immer dem auch sei, ein Punkt ist festzuhalten, der sich gut am dem Bild des Bienenstocks ablesen läßt: Diese körperliche Einheit ist veränderlich, sie kann erweitert und verkleinert werden, und selbstverständlich kann sie auch ganz aufgelöst werden. Und zeigt nicht das schon, daß wir damit dem, was die Einheit eines Lebewesens ausmacht, noch nicht gerecht werden können? Denn diese Einheit soll sich ja gerade durch körperliche Veränderungen hindurch erhalten, sie soll der Grund dafür sein, daß ein Lebewesen sogar durch den Verlust von Körperteilen oder gar eine gänzliche körperliche Verwandlung hindurch (man denke an die Raupe, die zum Schmetterling wird) immer noch dasselbe ist. Diese Art von Einheit scheint grundlegender zu sein als die, die jeweils in einem Körper vorliegt.

Der Gedanke, daß der Mensch bei seiner Auflösung in Teile zerfällt, die je für sich lebendige Einheiten bilden (vgl. S. 100), führt den träumenden d'Alembert sowie Bordeu und Mademoiselle de l'Espinasse zunächst zu naturhistorischen Spekulationen. Das Thema der Einheit wird auf S. 105 wieder aufgegriffen, und zwar durch Mademoiselle de l'Espinasse, die zugleich einen neuen Aspekt ins Spiel bringt: »Wahrhaftig, mir scheint, daß man nicht so viele Worte zu verlieren braucht, um festzustellen, daß ich jedenfalls ich selbst bin, daß ich immer ich selbst gewesen bin und daß ich nie eine andere sein werde.« Worauf diese Bemerkung zielt, läßt sich folgendermaßen erläutern: Die Verwendung des Wortes »ich« scheint besonderen Bedingungen zu unterliegen, die sich beispielsweise darin bemerkbar machen, daß die Aussage, »daß ich immer ich gewesen bin und ich sein werde«, keine Zweifel zuläßt. Die Frage »Bin ich derselbe wie derjenige, der ich vor 10 Jahren war?« ist nämlich nur verständlich, wenn man voraussetzt, daß die zwei Vorkommnisse von »ich« dieselbe Referenz haben – daß ich also ich gewesen bin.[36]

36 Ein anderes Beispiel: Im Traum kann ich mich mit allerlei veränderten Eigenschaften träumen; aber damit ich es bin, der im Traum auftritt, muß vorab feststehen, daß das Traum-Ich mit mir identisch ist.

Darum scheint es, daß eine solche Frage keine Frage nach der Identität sein kann, sondern nur nach dem Ausmaß der Veränderungen der Eigenschaften einer Substanz, die über die Zeit hindurch mit sich identisch geblieben ist und die die Verwendung von »ich« fundiert. Dagegen ist die Frage, ob mein Körper mit einem bestimmten Körper, der von 10 Jahren existierte, identisch ist, eine sinnvolle Frage nach der Identität des Körpers. Die Einheit des Körpers und die Einheit des Ich durch die Zeit scheinen also von anderer Art zu sein, und darum scheint erstere keine zureichende Basis für letztere zu sein.

Bordeu reagiert auf Mademoiselle de l'Espinasses Frage, indem er zunächst das Problem konstatiert und dann noch einen weiteren Gedanken einführt: Wenn das Ich in der Einheit des Körpers besteht, dann hat jeder Körper, der eine Einheit bildet, ein Ich. Wenn sich nun verschiedene Körper zu einem neuen Körper zusammenschließen – man denke erneut an das Modell der Bienentraube –, wie können sie ihr Ich verlieren? (S. 106)

Im letzten Satz seiner Antwort deutet Bordeu an, daß wir es bei lebendigen Wesen nicht bloß mit Körpern zu tun haben, sondern mit Körpern, deren Empfindungsvermögen aktual ist: diese Körper empfinden, und darum können sie ein »*Bewußtsein des Ganzen*« haben. Mademoiselle de l'Espinasse führt kurz darauf ein neues Modell in das Gespräch ein, das unter anderem veranschaulicht, was es mit diesem »Bewußtsein des Ganzen« auf sich haben könnte. Es ist das Modell der Spinne in ihrem Spinnennetz.

Wie läßt sich dieses Modell deuten? Nahe liegt folgende Lesart: Das Netz entspricht den Fasern, die Spinne dem Gehirn. Alle Reize werden von den Fasern zum Gehirn weitergeleitet, das sie sammelt; es kann sie außerdem speichern und auf sie als versammelte Reize hin tätig werden. Darüber hinaus entsteht durch die Sammlung eine neue Stufe des Bewußtseins, nämlich ein Bewußtsein der Sammlung selbst. Letzteres fällt nicht mit der Einheit des Körpers zusammen; es bildet eine Einheit eigener Art und kann darum für die gesuchte Einheit des Ich einstehen. Es gibt einige Formulierungen im Text, die diese Lesart stützen – so etwa wenn Bordeu resümiert, daß »die ständige, unveränderliche Beziehung aller Eindrücke auf diesen gemeinsamen Ursprung […] die Einheit des Lebewesens« bildet (S. 120) oder Mademoiselle de l'Espinasse von einem »Schiedsrichter« in unserem Kopf spricht (S. 121).

Doch erinnert man sich daran, wie Diderot im ersten Teil auf d'Alemberts Frage reagiert hatte, ob das »Seelenklavier« nicht einen Zuhörer verlangt, wird klar, daß diese Lesart so nicht bestehen bleiben kann. Denn das Bewußtsein zweiter Stufe, für das die Spinne stehen soll, nimmt genau die Funktion eines solchen Zuhörers ein und schafft Einheit, weil es als *ein* Zuhörer der Mannigfaltigkeit der Reize gegenübersteht. Aber das heißt, die Einheit schon vorauszusetzen.[37] Außerdem ist für einen solchen Zuhörer im Körper kein Platz. Denn hält man sich an das zuvor eingeführte Material, besteht die Spinne – das »Zentrum«, wie sie auch des öfteren genannt wird – aus nichts anderem als den nach außen führenden Nervenfasern. Für ein Bewußtsein zweiter Stufe fehlt die körperliche Grundlage.

Gibt es eine alternative Lesart? Man könnte zwischen zwei Arten der »Meinigkeit« von Empfindungen unterscheiden. Die eine, basale, wäre allein daran gebunden, daß die Empfindung die Eigenschaft einer Faser ist, die zu meinem Körper gehört. Es ist in diesem Sinne eine Trivialität, daß etwas, das bewußt ist, *mir* bewußt ist – wem anders sollte es bewußt sein, da diese Empfindung zu haben doch eine Eigenschaft meines Körpers ist, die sich normalerweise nicht über die Grenzen meines Körpers hinweg ausbreitet? Diese Art der Meinigkeit ist so veränderlich wie mein Körper; ihre Grenze und Einheit – der Bereich dessen, was »zu meinem Bewußtsein gehört« – ist von der Einheit des Körpers abhängig. Die andere Art der »Meinigkeit« einer Empfindung käme durch einen expliziten Akt der Zuschreibung zustande. Im Rahmen der Diderotschen Modelle von Klavier und Spinne könnte man, wie oben schon angedeutet, eine besondere Faser in Anspruch nehmen, die erst durch Resonanzen zwischen anderen Fasern angeregt wird; auf der sprachlichen Ebene wäre es der Gebrauch von »ich«. Diese Zuschreibung erbringt eine besondere Integrationsleistung, eine An-

---

37 Das Problem ist in der modernen Philosophie des Geistes unter dem Stichwort »Cartesisches Theater« bekannt: Angenommen, das Bewußtsein wäre eine Versammlung der Reize, die von außen hereinkommen, und diese Reize würden wie auf einer Theaterbühne einem Zuschauer vorgeführt: So wäre erstens die Einheit der Bühne vorausgesetzt. Zweitens benötigt das Theater einen Zuschauer; aber wie erklären wir, was sich im Zuschauer abspielt und wieso der Zuschauer ein einheitliches Bewußtsein hat? Wollte man in ihm wieder ein »Cartesisches Theater« ansiedeln, geriete man in einen unendlichen Regreß. Vgl. dazu Daniel Dennett, *Consciousness Explained*, Boston 1991, Kapitel 5.

eignung – was nicht heißt, daß sie willentlich zustande käme: Sie stellt sich ein, ohne daß wir sagen könnten, warum. Sie ist genauso ein körperliches Phänomen wie das Bewußtsein auch. Dennoch ist sie gegenüber der Einheit des Körpers in gewissem Umfang eigenständig. Sie trägt auch der besonderen Immunität der Verwendung von »ich« gegen Zweifel Rechnung: Denn was immer ich mir auf diese Weise zuschreibe und aneigne, gehört eben darum zu mir, und ich kann nicht zweifeln, ob ich es bin, der eine Empfindung oder einen Gedanken hat, den ich mir zuschreibe. Erweitert man diese Zuschreibung um eine zeitliche Dimension, dann gilt dies auch für meine früheren Gedanken und Empfindungen. Gegenüber der ersten »Meinigkeit« ist diese zweite partiell; nicht alles, was sich in meinem Körper abspielt, schreibe ich mir zu. Da sie zudem einer besonderen Anstrengung bedarf, ist auch sie einer besonderen Kontingenz ausgesetzt: Denn die Integration hängt von ebendieser Anstrengung ab. Diderot weist auf diesen prekären Status an mehreren Stellen hin: Zwar »herrscht« der »Ursprung des Bündels« (gemeint ist das Bündel der Nervenfasern), »und alles übrige gehorcht«, doch »bringt man den Ursprung des Bündels in Unordnung, so verändert man das ganze Lebewesen. Es scheint, daß es dort als Ganzes seinen Sitz hat, obgleich es manchmal die Verzweigungen beherrscht, manchmal aber auch von ihnen beherrscht wird« (S. 130). Der Schlaf »ist ein Zustand, bei dem kein Zusammenhang mehr besteht; jede Zusammenarbeit, jede Unterordnung hört auf«. (S. 139) Auch die Einheit des Gedächtnisses, auf die wir unsere Identität durch die Zeit hindurch gründen, beruht auf einer Anstrengung, die nachlassen kann: So ist es möglich, daß Dinge, die wir in Zeiten nachlassender Kraft tun, sich nicht im Gedächtnis festsetzen (S. 128). Nochmals sei daran erinnert, daß diese Rede von Kraft und Herrschaft nicht voraussetzt, daß es einen Regenten gibt, der seinen Willen durchsetzt; die Zuschreibung, die zur zweiten Art von »Meinigkeit« führt und die eine explizite Einheit des Ich konstituiert, vollzieht sich genauso in unserem Körper wie die Tätigkeit anderer Organe. Der Ursprung, der da herrschen soll, ist nicht identisch mit dem expliziten Ich, das Ich ist vielmehr sein Produkt.[38]

38 Daß das Ich Produkt beständiger Anstrengung ist, berührt sich mit einer zentralen These von Thomas Metzingers Theorie des »Selbstmodells«: daß das Selbst kein Ding, sondern ein Prozeß sei (vgl. Thomas Metzinger, *Being No One: The Self-Model Theory of Subjectivity*. Cambridge / Ma. 2003).

Das Modell der Spinne hat noch eine andere Eigentümlichkeit, die Diderot ausnutzt. Das Netz steht für die Nervenfasern, weil die Spinne jede Bewegung im Netz registriert (S. 110). Doch stellt Mademoiselle de l'Espinasse in diesem Zusammenhang eine merkwürdige Frage: Die Spinne wisse, was in ihrer Wohnung, sprich: in ihrem Netz passiere; warum wisse sie – Mademoiselle de l'Espinasse – nicht, was in ihrer Wohnung oder der Welt passiere? Die Frage irritiert, weil es doch selbstverständlich scheint, daß die Wohnung von Mademoiselle de l'Espinasse nicht zu ihrem Körper gehört – vom Rest der Welt ganz zu schweigen – und sie deshalb gar nicht darüber informiert sein kann. Welche Überlegung könnte diese Frage sinnvoll erscheinen lassen? Nun, unser Gehirn ist zwar mit unserem Körper auf eine direkte Weise sensorisch verknüpft, aber wir haben auch sensorische Kanäle zur Welt – nämlich unsere Sinne, vor allem die Distanzsinne Sehen und Hören. Man könnte also erstens behaupten, daß der Kontakt zwischen Gehirn und Umwelt nicht von wesentlich, sondern nur von qualitativ und graduell anderer Art ist als der Kontakt zwischen Gehirn und Körper. Das genügt aber noch nicht: Denn man könnte einwenden, daß wir unseren Körper *spüren*, während die Sinne uns *Repräsentationen* der Welt verschaffen. Doch scheint mir, daß Diderot diese These nicht akzeptieren würde, weil er davon ausgeht, daß Empfindungen immer repräsentational sind. Dies geht aus einem Beispiel hervor, das wenig später im Gespräch aufkommt: Wenn wir eine Schmerzempfindung in unserem Finger haben, dann ist es nicht so, daß wir einerseits eine Schmerzempfindung und andererseits eine Vorstellung – d. h. Repräsentation – unseres Fingers hätten (S. 115). Der Schmerz, den wir spüren, ist unmittelbar ein Schmerz im Finger, d. h. neben der Schmerzqualität repräsentiert er zugleich den Finger. Nimmt man nun beides zusammen, dann erscheint die Frage durchaus sinnvoll, warum wir nicht spüren, was in unserer Umwelt vor sich geht – auch wenn es nicht schwerfällt, die Frage zu beantworten: Bordeu verweist auf die Entfernung, auf die Schwäche des Eindrucks, die Störungen und die indirekte Übertragung durch dazwischenliegende Körper, die auch für Unterbrechungen sorgen kann (S. 110). Einfacher könnte man darauf hinweisen, daß die Distanzsinne nicht auf einer direkten Verbindung aus aktual empfindender Materie zu ihren Gegenständen basieren – daß wir mit den Dingen in der Welt nicht durch Nervenbahnen, sondern durch eine signalübertragende, aktual aber empfindungslose Materie verbunden sind.

So betrachtet, steht das Spinnennetz für eine sensorische Erweiterung des Körpers hinaus in die Welt. Man kann es allerdings auch noch auf eine andere Weise betrachten – nämlich als Extension des Körpers selbst. Dies steht hinter Bordeus Bemerkung, wenn Mademoiselle de l'Espinasse mit der ganzen Welt so verknüpft wäre wie mit ihrem Körper, dann wäre sie Gott – nämlich jener Gott, der mit der Natur identisch ist (S. III). Durch die Übertreibung mag der Gedanke absurd wirken, aber er hat eine wichtige Konsequenz: daß so wie unser sensorisches Feld auch die Grenzen unseres Körpers variabel sind. Ist diese Konsequenz tatsächlich abwegig? Man denke an einen professionellen Radfahrer, der so mit seinem Rad verschmilzt, daß er das Rad wie seinen Körper steuert und Bewegungen des Rads wie Bewegungen seines eigenen Körpers wahrnimmt. Er bewegt sich auf dem Rad wie andere auf ihren zwei Beinen: Wäre es da ganz unsinnig, zu sagen, daß sich sein Körper um das Rad erweitert? Gewiß lassen sich Rad und Körper leicht voneinander trennen (anders als glücklicherweise die Beine und der Rumpf); aber könnte man nicht doch von einer temporären und reversiblen Erweiterung des Körpers sprechen?

Die Überlegung unterstützt einen Punkt, der schon vorher eine Rolle gespielt hat: daß die Einheit des Körpers veränderlich ist. Damals schien es, als sei die Veränderlichkeit des Körpers ein Grund, warum sich die Einheit eines Lebewesens nicht auf die Einheit seines Körpers reduzieren läßt, und als scheitere darum eine naturalistische Rekonstruktion der Einheit des Ich. Wie sich gezeigt hat, vermag Diderot zwei Strategien gegen diesen Einwand anzuführen. Die eine besteht in der Unterscheidung zweier Arten der »Meinigkeit« von Empfindungen, von denen eine an den Körper gebunden ist und die andere an einen expliziten, aber Anstrengungen erfordernden und darum prekären Akt der Zuschreibung, der in uns stattfindet. Die andere besteht darin, uns vorzuführen, daß die Annahme eines unveränderlichen identitätsstiftenden Kerns gar nicht unseren Erfahrungen entspricht. Die Grenzen des Ich und die Grenzen des Körpers sind nicht so starr, wie wir sie uns denken mögen: Unter außergewöhnlichen Umständen können wir Dinge oder Ereignisse *spüren*, die außerhalb unseres Körpers liegen; in

Situationen, die sogar Teil des Alltags sein können, ist es möglich, daß sich unser Körper vorübergehend erweitert.

Fortsetzung des vorhergehenden Gesprächs

Auch das Ende des zweiten Teil von *D'Alemberts Traum* hat etwas Zufälliges, obgleich es nicht ganz so abrupt ist wie das des ersten Teils: Bordeu muß endlich zu seinem schon mehrfach verschobenen Patientenbesuch aufbrechen. D'Alembert hatte sich zwar, nachdem er wieder aufgewacht war, noch gelegentlich zu Wort gemeldet, zunächst eher mit eifersüchtigen Einwürfen, später mit sachlichen Bemerkungen. Doch den Verlauf des Gesprächs bestimmte er nicht mehr; das hatte sich längst verselbständigt. So erscheint es konsequent, wenn nun Bordeu und Mademoiselle de l'Espinasse alleine den dritten Teil von *D'Alemberts Traum* bestreiten.

Wollte man die Themen, um die es in diesem Teil geht, einem Feld der Philosophie zuordnen, so wäre es das der Ethik: Es geht um menschliches Handeln und darum, was wir tun sollen. Die Frage, mit der Mademoiselle de l'Espinasse das Gespräch eröffnet, ist allerdings ungewöhnlich: Sie möchte wissen, was Bordeu von der Mischung der Arten hält (S. 147).

Das Thema kommt nicht ganz unvorbereitet auf, denn es knüpft an die naturhistorischen Spekulationen des träumenden d'Alembert an, die ja nicht nur die Vergangenheit betrafen, sondern ausdrücklich auch künftige Veränderungen einschlossen (vgl. S. 102, 106). Die Mischung der Arten – gleich ob sie zufällig oder geplant geschieht – ist nur ein Moment dieser Veränderung. Zudem sind Züchtungen und Kreuzungen von Tieren seit alters her bekannt; das Thema hat insofern nichts Spektakuläres an sich. Doch läßt Bordeus Reaktion keinen Zweifel daran, daß es hier um den Menschen geht – und dabei, wie sich im weiteren zeigen wird, nicht nur um die Mischung verschiedener Arten von Menschen, sondern auch um die von Menschen und Tieren. Dies nun – mitsamt der anhängenden Frage, ob man auch Menschen züchten soll – ist ein Thema, das auch heute noch ohne weiteres geeignet ist, Skandale auszulösen.[39]

39 Das Thema der Züchtung wurde zu Diderots Zeit in Frankreich breit diskutiert. Buffon gab in seiner *Histoire naturelle* detaillierte Anweisungen für die Züchtung von Tieren (vgl. Buffon, *Histoire naturelle*, édition et choix de Jean Varloot, Paris

Bordeu allerdings beantwortet die Frage von Mademoiselle de l'Espinasse nicht direkt, sondern setzt auf einer allgemeineren Ebene ein: Wie soll man Sexualität ausüben? Für einen Naturalisten ist es naheliegend, die Ethik mit der Sexualität beginnen zu lassen. Denn wie kann ein Naturalist überhaupt an das menschliche Handeln herangehen? Am besten, indem er von den natürlichen Handlungsimpulsen ausgeht – und der Sexualtrieb ist wohl der stärkste unter ihnen.

Handeln heißt aber nicht nur, Impulsen blind zu folgen; da wir Menschen auf unser Tun reflektieren können, fragen wir uns, was zu tun gut ist, und stellen Regeln für das Handeln auf. Daß Bordeu also die geltenden religiösen und bürgerlichen Gesetze kritisiert, impliziert nicht den Verzicht auf jede Norm, sondern vielmehr – wie Bordeu auch umgehend klarmacht – die Forderung, sich an *anderen* Normen zu orientieren. Und hier nennt Bordeu auch sogleich zwei Kandidaten: die Natur und den öffentlichen Nutzen. Es wird später – im Kontext des *Nachtrags zu Bougainvilles Reise* – noch Gelegenheit sein, sich darüber Gedanken zu machen, ob das, was natürlich ist, auch immer gut ist und uns darum vorgibt, was wir tun sollen.[40] Hier möchte ich mich auf eine andere Frage konzentrieren: Weisen die beide Maßstäbe, die Bordeu nennt, stets in die gleiche Richtung? Ist das, was natürlich ist, auch immer nützlich? Bordeu spricht diese Frage selbst implizit an, wenn er wenig später meint, die Verbindung des Angenehmen

1984, S. 189, 199 f.). Maupertuis beschäftigte sich in seiner Schrift *Venus physique* (1745) unter der Überschrift »Productions des nouvelles especes« auch mit der Verbesserung der Menschen durch Züchtung – er verweist dabei auf Friedrich Wilhelms Regiment der »langen Kerls« – und durch die Mischung der menschlichen Rassen (hier fragt er sich, warum die Sultane, die doch in ihrem Serail Frauen »aller bekannten Arten« einschlössen, sich nicht daran gemacht hätten, neue Arten hervorzubringen) (*Œuvres des Maupertuis*, Bd. 2, Lyon 1768, S. 112 u. 110). 1756 veröffentlichte der französische Arzt Charles-Augustin Vandermonde (1727-1760) seinen *Essai sur la manière de perfectionner l'escpece humaine*, in dem er ebenfalls für die Vermischung der Menschenrassen plädierte.

40 Es ist der Kontext des Gesprächs, der keinen Zweifel daran läßt, daß die Natur hier als Begründungsinstanz ins Spiel kommt: was natürlich ist, ist gut. Selbstverständlich kann man die Berufung auf die Natur auch in einem anderen Sinne auffassen, nämlich deskriptiv: Man *folgt* dann nicht der Natur, man *tut*, wozu man jeweils getrieben wird. Diese doppelte Rolle der Natur als Berufungsinstanz wird im *Nachtrag zu Bougainvilles Reise* deutlicher thematisiert; siehe dazu unten, S. 260 ff.

mit dem Nützlichen sei die beste – aber folglich nicht die einzig mögliche – Lösung (S. 148).

Sexualität ist ein natürliches Phänomen und insofern gut. Sex hat außerdem einen Nutzen – er sorgt für die Erhaltung der Art; das ist ohne Zweifel auch ein *öffentlicher* Nutzen (und für Naturalisten ist es ein Nutzen, der nicht weiter hinterfragt werden muß). Sex ist aber er auch noch in einem anderen, individuellen Sinne, natürlich gut: Denn er bereitet Lust. Und daß Lust und öffentlicher Nutzen nicht zusammenfallen müssen, macht Bordeu kurz darauf deutlich, wenn er die Selbstbefriedigung ins Spiel bringt – sie nämlich ist lustvoll, aber unnütz (S. 148 f.).

Wenn man sich auf die Natur als Normgeber beruft, scheint man also nicht immer eine Antwort zu erhalten, die mit dem »öffentlichen Nutzen« übereinstimmt. Nun könnte man meinen, daß sich dieser Konflikt leicht auflösen läßt – und Bordeu selbst weist auf eine solche Möglichkeit hin. Gegeben die Tatsache, daß die Menschen mit einem kontinuierlich aktiven Sexualtrieb ausgestattet sind, hat nicht die Selbstbefriedigung oder auch der von Bordeu erwähnte Besuch bei Prostituierten den gleichsam sekundären öffentlichen Nutzen, die Triebbefriedigung auf eine Weise zu ermöglichen, die keinen weiteren Schaden verursacht? Auch Frauen übrigens scheint Bordeu das Mittel des vorehelichen Geschlechtsverkehrs zu empfehlen.[41]

Allerdings kommt an dieser Stelle eine merkwürdige Doppelmoral in das Gespräch hinein. Bordeu möchte seine Empfehlungen nicht nur nicht öffentlich gemacht wissen, er würde sogar einem Mann den Respekt versagen, »der seine Empfehlungen in die Tat umsetzt« (was hier genau gemeint ist, darüber hat Diderot den Schleier der Diskretion gehängt). Wie soll man diese plötzliche Doppelmoral in einem Gespräch verstehen, das bislang unter dem Vorzeichen der uneingeschränkten Offenheit stand? Manche Interpreten sehen in ihr den Ausdruck eines ungelösten Konflikts auf seiten Diderots selbst, der einerseits bürgerlichen Moralvorstellungen anhing, andererseits die Implikationen seines Naturalismus für die Moral klar erfaßte.[42] Man könnte sie auch als von Diderot bewußt inszenierten Reflex der allgemein herrschenden Doppelmoral

41 So jedenfalls deute ich das »Abhilfemittel«, das Bordeu den Müttern empfiehlt, deren pubertierende Töchter allzusehr »in Verwirrung« geraten (S. 150).
42 So Jean Varloot in seiner Einleitung zu *Le Rêve de d'Alembert* in OC Bd. 17, S. 49.

deuten, die Diderot andernorts[43] unmißverständlich kritisiert, vielleicht sogar als ein bewußtes und ironisches Spiel mit dieser Moral auf seiten Bordeus.

Ich will beide Deutungen nicht ausschließen, aber noch auf eine weitere Möglichkeit hinweisen.

Wenn alles Natur ist – so der Ausgangspunkt von Diderots monistischer Position –, dann gibt es nichts Widernatürliches. Genau das hält auch Bordeu fest: »Alles, was ist, kann weder widernatürlich noch unnatürlich« (*ni contre nature ni hors de nature*) sein, sagt er wenig später – nicht einmal die freiwillige Keuschheit fiele darunter (S. 152). Wenn es aber nichts Widernatürliches gibt, dann ist die Natur ungeeignet, Normen zu liefern: Sie ist moralisch neutral. Sollte aber nicht die Lust das Kriterium für das natürlich Gute sein? – mag man einwenden. Doch die Lust taugt nicht zu einem allgemeinen Kriterium, da sie gänzlich subjektiv ist. Wer wollte vorschreiben, welche sexuellen Praktiken Lust erzeugen und welche nicht?

Genau aus dieser Haltung heraus lassen sich nun die »unnützen« sexuellen Praktiken tolerieren. Es sind Techniken der Lust, die so natürlich sind wie alles andere; solange sie keinen Schaden anrichten, sind sie zu akzeptieren, nicht weil sie gut wären, sondern weil sie moralisch neutral sind. Dann aber muß man darauf verzichten, aus der Natur Antworten auf die Frage, was man tun soll, herauszulesen. Will man dagegen an einer substantiellen Vorstellung von »natürlich Gutem« festhalten, benötigt man ein zusätzliches Kriterium, wie etwa den öffentlichen Nutzen, der sich über die Arterhaltung vermeintlich leicht in ein »natürliches« Kriterium unwandeln läßt. Dann aber muß man sexuelle Praktiken, die nicht diesem Nutzen dienen, kritisieren oder wenigstens abwerten. Zu Beginn des Gesprächs neigt Bordeu der zweiten Option zu, aber er sieht, daß er sich auf die erste zubewegt und sich damit der Möglichkeit beraubt, überhaupt Normen aufzustellen. Auch das könnte ein Grund sein, warum er in eine zwiespältige Haltung hineingerät, die als Doppelmoral erscheint.

Das Motiv des technischen Eingriffs in die Natur erlaubt es auch, eine Brücke zu Mademoiselle de l'Espinasses Frage nach der Mischung der Arten zu schlagen, die sie schließlich noch einmal

---

43 So im *Nachtrag*, oben, z. B. S. 190, 195.

stellt (S. 152). Bordeu möchte nun genauer wissen, ob die Frage auf das Physische oder das Moralische ziele; Mademoiselle de l'Espinasse entscheidet sich für ersteres. Man kann dies im Sinne der gerade genannten ersten Option verstehen: im Sinne einer inklusiven Auffassung von Natur, derzufolge alles, was geschieht, Teil der Natur ist. Das gilt selbstverständlich auch für die geplante Mischung der Arten und die Züchtung im allgemeinen. Zwar ist die Züchtung ein Eingriff des Menschen in die Natur, aber er verbleibt in den Grenzen der Natur. Was also sollte man im Rahmen des Diderotschen Naturalismus gegen Züchtungen – beispielsweise gegen Versuche, Menschen mit Ziegen zu kreuzen – einwenden?

Direkt wohl nichts, aber Diderot weist auf eine andere Schwierigkeit hin, die weitaus gravierender sein könnte als die Frage, welche sexuellen Praktiken erlaubt sein sollen oder nicht: Gibt der Umstand, daß Wesen sich menschlicher Züchtung verdanken, den Züchtern das Recht, über das Leben dieser Wesen zu verfügen, oder sind die gezüchteten Wesen Träger der gleichen Rechte wie die Menschen, die sie züchten? Jene »Ziegenmenschen«, Produkte einer Kreuzung von Ziegen und Menschen, sollen mit der gleichen Selbstverständlichkeit, mit der man Maulesel als Nutztiere züchtet, als eine Rasse von Dienern herangezogen werden. Da sie aber halbe Menschen sind, muß man damit rechnen, daß sie ein menschenähnliches Eigenleben entfalten werden, daß sie die gleichen Autonomie- und Herrschaftsansprüche stellen werden wie wir und uns am Ende sogar gefährlich werden können. Mademoiselle de l'Espinasse sieht hier nur noch einen rabiaten Ausweg: Sollten die Ziegenmenschen den Aufstand proben, wird man sie töten müssen.

Damit endet die Diskussion; Mademoiselle de l'Espinasse hat genug, und Bordeu muß zu seinen Patienten. Doch gibt es, neben einem Seitenhieb auf die Kirche, noch einen kleinen Nachtrag zum Gespräch. Madmoiselle de l'Espinasse fragt den schon ihm Gehen begriffenen Bordeu nach »diesen abscheulichen Neigungen« – folgt man den Hinweisen in Bordeus Antwort, dürfte die Päderastie gemeint sein.[44] Bordeus Reaktion erscheint ganz in dem Sinne, in dem er zuvor Selbstbefriedigung und Prostituiertenbesu-

---

44 Im antiken Athen war die »Knabenliebe« ein zulässiger und vermutlich häufig vorkommender Bestandteil der pädagogischen Beziehung zwischen einem erwachsenen Mann und einem Heranwachsenden. In Rom war sie unter Freien verpönt, mit Sklavenknaben aber zulässig.

che gerechtfertigt hatte: Man hat Sex mit Halbwüchsigen, weil die Frauen fehlen (was besser ist als die Frauen des Nachbarstamms zu rauben) oder weil es ein guter Weg ist, sich vor Geschlechtskrankheiten zu schützen (was der Gesundheit förderlich ist). Auch die Päderastie hat also ihren Nutzen, und wenn alles, was ist, natürlich ist, hat sie auch nichts Widernatürliches an sich. Und doch: Möchte man Mademoiselle de l'Espinasse nicht darin zustimmen, daß sie abscheulich ist? Mit diesem Zwiespalt verabschieden sich Mademoiselle de l'Espinasse und Bordeu vom Leser.

Nachbemerkung

Auch der dritte Teil von *D'Alemberts Traum* endet also ohne ein Ergebnis, das der Leser nach Hause tragen könnte. Man mag darauf mit Enttäuschung reagieren: Ein Text, der mit klaren Thesen begonnen hatte, hat diese Thesen hierhin und dorthin verfolgt, ohne irgendwo zu einem absehbaren Ende gekommen zu sein. Man mag sich als Leser aber auch als ein weiteres Glied in jener Kette von Wirkungen betrachten, von der ich eingangs gesprochen hatte: eine Kette, die von dem eine Theorie postulierenden Diderot angestoßen wird und sich über den träumenden d'Alembert zu Bordeu und zur immer aktiver werdenden Mademoiselle de l'Espinasse fortsetzt.

Hat diese Beschreibung nicht aber etwas Beschönigendes? Könnte man den Verlauf des Textes nicht auch als den Versuch des Autors betrachten, sich mehr und mehr der Verantwortung zu entziehen, der Verantwortung für die Thesen, die er aufstellt, für ihre radikalen Konsequenzen, die er nicht mehr mit seinem Namen verbinden will, aber auch der Verantwortung, seine Überlegungen zu einem kohärenten Abschluß zu bringen?

Sicherlich kann man eine solche Betrachtung nicht ausschließen. Diderot war sich der Radikalität seiner Überlegungen bewußt; daß er sie d'Alembert und Julie de l'Espinasse in den Mund legte, war ein Schachzug, der bei den solcherart Bedachten keine Begeisterung auslöste.[45]

---

45 Anlaß des bereits zitierten Briefs an d'Alembert vom September 1769 (s. o., Anm. 30) war ein offenbar heftiger Streit. Vor allem Mademoiselle de l'Espinasse war empört, daß Diderot sie hier benutzt hatte; d'Alembert hatte daraufhin von Diderot verlangt, das Manuskript in seiner Gegenwart zu verbrennen. Diderot

Doch mag mir die Deutung des Werks als das Ergebnis eines Versteck spielenden Diderot nicht so recht einleuchten. Im *Brief über die Blinden* hatte Diderot die üblichen Maßnahmen der Anonymisierung betrieben, und er mußte rasch lernen, daß sie zu nichts nütze waren: Seine Autorschaft war bekannt und brachte ihn ins Gefängnis. Welchen Sinn sollte ein Versteckspiel dann hier haben, bei einem Text, der ohnehin nicht für die Veröffentlichung bestimmt war? In der Tat gibt es noch einen anderen Grund für die formale Anlage des Textes, ein Grund, der aus seinem Inhalt hervorgeht.

Im Mittelpunkt des zweiten Teils stand die Frage nach der Einheit des Ich. Diderot unternahm dort den Versuch, den Glauben an diese Einheit zu erschüttern: Sie ist an den Körper gebunden, sie ist veränderlich, und sie bedarf einer Anstrengung, die stärker oder schwächer ausfallen kann. Könnte Diderot in der Komposition des Textes diese Überlegungen nicht auf das Autoren-Ich übertragen haben? Könnte es nicht sein, daß er demonstrieren wollte, daß auch das Autoren-Ich gegenüber seinen Gedanken keine absolute Einheit darstellt, daß die Gedanken vielmehr ihr Eigenleben entfalten, durch ihren Urheber wie durch andere hindurchgehen können, daß es daher mitunter schwierig sein kann zu sagen, wem ein Gedanke tatsächlich angehört, daß wiederum die Aneignung eines Gedankens tentativ und vorübergehend sein kann – kurz, daß man sich als denkender Mensch zum Experimentierfeld der Entfaltung eines Gedankens machen kann? Auf d'Alemberts Frage, wie wir Schlüsse ziehen, antwortete Diderot: »Nicht wir ziehen sie. Sie werden alle von der Natur gezogen.« (S. 90) Heißt das nicht auch, daß wir nicht nur als Handelnde, sondern auch als Denkende bloß ein Glied in langen Ketten von Ursachen und Wirkungen sind? Diese Einsicht – die Einsicht, daß man auch als Autor keine absolute Macht und Autorität über seine Gedanken hat – scheint mir der tiefere Grund für die Form zu sein, die Diderot seinem Text gegeben hat.

---

scheint dieser Aufforderung nur halb nachgekommen zu sein, indem er ein Manuskript des Textes vor d'Alembert zerriß, und er scheint für d'Alembert eine abgeschwächte Fassung des Textes verfaßt zu haben. Vgl. die Erläuterungen von Hans Hinterhäuser in seiner Ausgabe der Briefe Diderots, *Briefe*, S. 508.

IV Die guten Wilden und die gute Natur: der *Nachtrag zu Bougainvilles Reise*

Zum Kontext

Von 1766 bis 1769 hatte Louis Antoine de Bougainville im Auftrag der Regierung als erster Franzose eine Weltumsegelung unternommen. Die Aufmerksamkeit galt damals vor allem der Südsee; man war auf der Suche nach der Terra Australis, einem Kontinent, der die Weltmeere im Süden einschließen soll. Statt seiner entdeckte man zahllose kleine Inseln, von denen vor allem die im Pazifik durch angenehmes Klima und freundliche Bewohner das Interesse weckten. Bougainville war besonders von Tahiti angetan, das er zwar nicht »entdeckt« hatte, aber im Laufe eines neuntägigen Aufenthalts für Frankreich in Besitz nahm. Ein Denkmal setzte er Tahiti in seinem 1771 erschienen Reisebericht *Voyage autour du monde par la frégate du Roi La Boudeuse et la flûte L'Étoile; en 1766, 1767, 1768 et 1769*. Er beschrieb ein Paradies: Tahiti habe ein gutes Klima, in dem man nicht krank werde, seine Menschen seien groß, kräftig und schön sowie von sanftem und wohlwollendem Charakter, es sei gesegnet mit einer Natur, die ohne menschliche Anstrengung alles bereitstelle, was zum Leben nötig sei. Es gebe dort keinen Besitz und daher auch keine Konflikte unter den Menschen. Das größte Aufsehen aber erregte seine Beschreibung des tahitischen Sexuallebens: Einzige Leidenschaft der Tahitianer sei die Liebe; die Frauen seien den Männern gemeinsam; und die Sorge zu gefallen ihre ernsteste Beschäftigung. Kurzum: Tahiti sei eine Insel der Venus – »nouvelle Cythère« hatte Bougainville sie getauft –, auf der man »beständig im Vergnügen lebe«.[46]

Noch vor dem offiziellen Erscheinen des Reiseberichts hatte Diderot ein Exemplar erhalten und eine Zusammenfassung geschrieben, die für Grimms *Correspondance Littéraire* gedacht war, dort aber nicht erschien. Diderot arbeitete sie um – das erste Gespräch des *Nachtrags* geht weitgehend auf diese Zusammenfassung zurück –, ergänzte sie um eine »Abschiedsrede des tahitianischen Greises« und eine »Unterhaltung zwischen dem

---

46 Siehe dazu das dritte Kapitel von Bougainvilles *Voyage autour du monde par la frégate du Roi La Boudeuse et la flûte L'Étoile; en 1766, 1767, 1768 et 1769* (Paris 1771). Das Zitat findet sich auf S. 220.

Schiffskaplan und Oru« und veröffentlichte das Ganze später als *Nachtrag zu »Bougainvilles Reise« oder Gespräch zwischen A und B über die Unsitte, moralische Ideen an gewisse Handlungen zu knüpfen, zu denen sie nicht passen* in mehreren Teilen in der *Correspondance Littéraire*.

Abgesehen von diesen historischen Umständen, steht der *Nachtrag* auch in einem erwähnenswerten literarischen Kontext. In einem Brief an Grimm vom 7. Oktober 1772 spricht Diderot von »drei Erzählungen«, an denen er arbeite.[47] Gemeint sind neben dem *Nachtrag* die Erzählungen *Dies hier ist kein Märchen* und *Von der Unbeständigkeit des öffentlichen Urteils über unsere persönlichen Handlungen oder Frau von la Carlière*. Auf den ersten Blick überrascht es, den Nachtrag zu einem Reisebericht über Tahiti mit zwei Erzählungen zusammengespannt zu finden, die von unglücklichen Ehen im christlich-katholischen Frankreich handeln.[48] Doch ist nicht schwer zu erkennen, was die Geschichten miteinander verbindet: Es ist gerade der Kontrast zwischen dem von Konventionen und Regeln überformten, mit Problemen und Leid befrachteten Zusammenleben der Geschlechter in Frankreich und dem – so jedenfalls das Bild, das Bougainville gezeichnet hatte – freien und sorglosen Zusammenleben in Tahiti. Wenn im *Nachtrag* gelegentlich der Vergleich mit Europa gezogen wird, so mag Diderot die beiden Erzählungen als Illustration der europäischen Verhältnisse im Hinterkopf gehabt haben.

Schließlich sei auch hier nicht versäumt, auf das Verhältnis von Autor und Text hinzuweisen. Diesmal spricht Diderot nirgends mit eigener Stimme; statt dessen läßt er insgesamt fünf Personen auftreten – zwei anonyme Franzosen »A« und »B«, die Vor- und Nachgespräch bestreiten, einen tahitianischen Greis, der die Abschiedsrede auf die abreisenden Franzosen hält, sowie den Schiffskaplan und den Tahitianer Oru, die ein Gespräch über die vernünftige Einrichtung des Zusammenlebens von Frauen und Männern führen. Die mittleren Teile – Rede und Gespräch – stehen unter der Fiktion, zu Bougainvilles Reisebericht zu gehören; ihre Einbettung in einen Rahmen, der von französischen Lesern ebendieser Texte bestritten wird, könnte dazu verleiten, ihre Position mit derjenigen Diderots

---

47 Vgl. Diderot, *Correspondance*, hg. von L. Versini, Paris 1997, S. 1133.
48 Für eine knappe Inhaltsangabe der Erzählungen s. o., S. 201, Anm. 17.

gleichzusetzen. Doch dem hat Diderot schon dadurch vorgebeugt, daß er nicht einen, sondern zwei Personen auftreten läßt, denn so muß man sich mindestens fragen, ob Diderot mit »A« oder »B« zu identifizieren sei. Am ehesten aber dürfte der Autor in dem zu finden sein, was sich aus der Verflechtung und Konfrontation all dieser Stimmen ergibt.

Das erste Gespräch zwischen A und B

Das erste Gespräch zwischen den anonym bleibenden »A« und »B« trägt viele Spuren seiner Herkunft aus der Zusammenfassung von Bougainvilles Reisebericht. Zwischen A und B gibt es eine deutliche Rollenverteilung: A fragt, B – der den Reisebericht bereits gelesen hat – antwortet. Das Gespräch bietet dem Leser manche Information über Bougainville selbst, über seine Reise und über sein Buch. Die naturkundlichen Erkenntnisse, die Bougainville in seinen Bericht eingefügt hat, sind Anlaß für naturhistorische Hypothesen, wie sie schon aus *D'Alemberts Traum* bekannt sind – hier mit besonderem Akzent auf der Geologie, der zu einer Vorwegnahme der Idee der Kontinentaldrift führt (S. 158). Es werden auch Überlegungen zum Zusammenhang von Lebensumständen und Sitten und religiösen Vorstellungen angestellt. Den Rahmen eines Resümees von Bougainvilles Reisebericht verläßt das Gespräch am Ende, wenn B über jenen Tahitianer mit dem Namen Aoturu berichtet, den Bougainville mit nach Frankreich gebracht hatte. Diderot nutzt diese Gelegenheit, um für einen Augenblick die Konstellation von Bougainvilles Bericht umzukehren: Er erzählt, wie Aoturu selbstverständlich angenommen habe, daß die tahitischen Verhältnisse auch in Frankreich gelten und sich auf die erstbeste Frau gestürzt habe. Vielleicht spekuliert Diderot hier auf Leser, die Aoturus Verhalten spontan als unzivilisiert, gar »wild« bezeichnen möchten; die Reziprozität der Situation wird sie daran erinnern, daß auch die Europäer auf ihren Weltreisen dazu neigten, alles, was sie sahen, unverzüglich in Besitz zu nehmen.

Einen wichtigen Punkt berührt das Gespräch, wenn B vermutet, daß Aoturu nach seiner Rückkehr seinen Landsleuten nur wenig über Frankreich wird erzählen können, nicht nur weil er – auch mangels Sprachkenntnissen – nicht viel von Frankreich verstanden haben wird, sondern auch weil seine Landsleute nur das für glaubhaft halten werden, was im Rahmen ihres Vorstellungsvermögens liegt. Auch hier liegt nämlich die Umkehrung auf der Hand: Was hat Bougainville von Tahiti verstehen können, was kann er uns als glaubhaft berichten? Da Bougainville offenbar nicht einmal Dolmetscher zur Verfügung hatte, ist die Frage berechtigt, wieviel wir aus seinem Bericht über die Vorstellungen der Tahitianer lernen können.

Das Gespräch endet mit einer Überleitung zum eigentlichen Nachtrag – der Rede des Greises und dem Gespräch zwischen Oru und dem Kaplan. Diderot hat hier eine hübsche selbstreflexive Wendung eingefügt: B gibt A den Nachtrag zu lesen und bittet ihn, die Einleitung zu überspringen. Da die Einleitung genau jenes Gespräch ist, das der Leser bis dahin gelesen hat, werden der Leser und die Gesprächspartner sozusagen synchronisiert.

Der tahitianische Greis und Oru

Die Rede des Greises und das Gespräch zwischen Oru und dem Schiffskaplan sind zwar der Form nach verschieden; durch die Figur des Kaplans erhält letzteres außerdem ein Seitenthema in Gestalt der (Kritik an den) katholischen Vorstellungen von Ehe und Sexualität. Dennoch scheint es mir sinnvoll, die beiden Teile im Zusammenhang miteinander zu betrachten: Denn sie haben ein gemeinsames Hauptthema. Dieses Thema ist die Konfrontation der guten Natur, für die die Tahitianer stehen, mit der verderbten Zivilisation der Europäer.

In dieser Konfrontation wird erstens jene Zivilisationskritik aufgenommen, deren prominentester Vertreter Rousseau war,[49] die aber im Motiv des »guten Wilden« fast schon Allgemeingut war.[50]

---

49 Insbesondere in seiner *Abhandlung über die Frage: Hat der Wiederaufstieg der Wissenschaften und Künste zur Läuterung der Sitten beigetragen?* von 1750 und im *Diskurs über den Ursprung und die Grundlagen der Ungleichheit unter den Menschen* von 1754.

50 Ein Beispiel ist Jean-Philippe Rameaus Oper *Les Indes galantes*, die zwischen 1735 und 1761 185 Aufführungen erlebte. Der vierte Akt spielt bei den »Wilden«, in diesem Fall den Indianern Nordamerikas. Eine schöne Indianerin wird von einem Spanier und einem Franzosen umworben, entscheidet sich dann aber doch für einen Mann aus ihrem Volk. Gemeinsam singen sie einen Schlußchor, dessen Text lautet:

Der Wilde ist der Mensch im Naturzustand, der ein glückliches, friedliches und gesundes Leben führt, indem er in seinen Handlungen und Wünschen ganz und gar der Natur folgt. Und zweitens liegt jener Konfrontation eine Gleichsetzung zugrunde, die schon bei Bordeu anzutreffen war: die Gleichsetzung von »natürlich« und »gut«, die die Natur zum Normgeber werden läßt.

In der Abschiedsrede des Greises begegnet uns diese Einstellung in ihrer reinen Form. »Wir sind unschuldig, wir sind glücklich« (S. 163) – das ist die Basis, von der aus der Greis die Europäer und alles, was sie mitbringen, verdammt. Die Europäer führen den Besitz ein und in seinem Schlepptau Neid und Gewalt. Sie beanspruchen nicht nur ein Land, das ihnen so wenig gehört wie irgend jemand anderem, sie machen auch Menschen zum Eigentum anderer Menschen und mißachten die natürliche Freiheit und Gleichheit aller. Überhaupt sind die Tahitianer frei von allen negativen Gefühlen: auch Angst und Schuldgefühle sind Mitbringsel der Europäer. Zwar können und wissen die Europäer mehr als die Tahitianer, aber dieses Wissen ist nutzlos. Wenn es Bedürfnisse zu befriedigen hilft, dann sind es künstliche Bedürfnisse. Solange man bei den natürlichen Bedürfnissen bleibt, sorgt die Natur für ihre Befriedigung und man benötigt keine technischen Finessen. Der einzige Schatten, der sich in den Worten des Greises über das Paradies legt, ist ein Gefühl des Verlustes: Es ist eine Abschiedsrede auf die Abreise

»Forêts paisibles,	Friedliche Wälder,
Jamais un vain désir ne trouble ici nos cœurs.	nie störe ein eitler Wunsch hier unsere Herzen
S'ils sont sensibles,	Wenn sie empfänglich sind,
Fortune, ce n'est pas au prix de tes faveurs.	Fortuna, dann nicht auf Kosten deines Wohlwollens.
Dans nos retraites,	In unsere Gefilde,
Grandeur, ne viens jamais	große Macht, komme nie,
Offrir tes faux attraits!	deine falschen Reize anzubieten!
Ciel, tu les as faites	Himmel, du hast sie
Pour l'innocence et pour la paix.	für Unschuld und Frieden gemacht.
Jouissons dans nos asiles,	Genießen wir unser Asyl,
Jouissons des biens tranquilles!	genießen wir die ruhigen Güter
Ah! peut-on être heureux,	Kann man denn glücklich sein,
Quand on forme d'autres voeux?«	wenn man andre Wünsche faßt?
	(Übers. A.B.)

der Europäer, aber es ist auch eine Abschiedsrede auf ein Paradies, das der Greis durch die Europäer unwiederbringlich zerstört sieht.

Aber es gibt noch einen anderen Schatten über dem Paradies. In der Rede des Greises spielt das Motiv der Reinheit eine wichtige Rolle: rein sind die Triebe der Natur (S. 163), rein ist aber auch das Blut der Tahitianer, das nun durch die sexuellen Kontakte mit den Fremden verunreinigt wurde (S. 165). Man mag hier an Geschlechtskrankheiten denken, die die Europäer nach Tahiti eingeschleppt haben,[51] aber die rassistischen Assoziationen, die sich dem modernen Leser unweigerlich aufdrängen, scheinen mir nicht ganz unangemessen. Der Greis jedenfalls hält eine radikale Reinigung für unvermeidlich: Alle, die mit den Europäern Sex hatten, und alle Kinder, die daraus hervorgehen werden, müssen getötet werden (S. 165). Schuld an diesem Morden allerdings seien die Europäer, denn sie haben das Paradies aufgestört.

Im kurzen Gespräch zwischen A und B, das auf diese Rede folgt, gibt es zwei wichtige Hinweise. Zum einen wird nochmals auf das Sprachenproblem aufmerksam gemacht. Diderot konstruiert eine Erklärung, wie die Übersetzung vom Tahitischen ins Französische zustande gekommen sei – eine Konstruktion, die zwar historisch nicht unmöglich, aber doch so unwahrscheinlich ist, daß Diderot kaum auf Glaubwürdigkeit rechnen durfte.[52] Ferner meint A in der Rede »europäische Ideen und Redewendungen« zu entdecken – und dies, wie erwähnt, keineswegs zu Unrecht. Beide Hinweise schließen an das an, was zuvor schon über die Schwierigkeiten der Verständigung gesagt wurde: Man kann nicht voraussetzen, daß es für Begriffe, mit denen wir zentrale Bestandteile unseres Selbstverständnisses und unserer sozialen Welt beschreiben – wie Besitz, Freiheit, Schuld, Scham, Glück – einfache und direkte Übersetzungen zwischen Sprachen sehr unterschiedlicher Kulturen gibt.

51 Bougainville berichtet darüber, s. o., S. 165, Anm. 5.
52 Diderot benutzt den Umstand, daß möglicherweise schon zu Beginn des 17. Jahrhunderts eine spanische Flotte auf Tahiti gelandet ist. Seit dieser Zeit – also vor mehr als 150 Jahren – habe sich der Gebrauch des Spanischen in der Familie Orus erhalten, so daß Oru die Rede vom Tahitischen ins Spanische übersetzen konnte (der Weg vom Spanischen ins Französische war dann kurz). Abgesehen von der Frage, wie sich eine Sprache ohne Kontakt zu Sprechern über etwa fünf Generationen halten kann, setzt diese Konstruktion auch voraus, daß den Spaniern gelungen war, woran die Franzosen gescheitert sind: nämlich das Tahitische zu verstehen und ein Übersetzungsmanual zu erstellen.

Daraus resultiert eine allgemeine Warnung an den Leser: Wenn wir einen Bericht über Tahiti lesen, wenn wir gar lesen, was Tahitianer gesagt haben sollen, sollten wir uns nicht der Illusion hingeben, darin tatsächlich fremde Stimmen zu vernehmen. Es wird sich zu einem guten Teil immer um die Projektion eigener Vorstellungen und Ideen handeln.

Was Oru im nun folgenden Gespräch mit dem Kaplan sagt, ist von einem ähnliche Grundgedanken wie die Rede des Greises getragen: Die Regeln, denen das menschliche Handeln unterworfen wird, müssen an »Natur und Vernunft« ausgerichtet sein (S. 173); die Natur liefert die Unterscheidung zwischen Gut und Böse (S. 175). Durch Oru erfahren wir allerdings genauer, wie die »freie« Liebe auf Tahiti organisiert ist: wie man zusammenkommt und wie man sich trennt, wie für die Eindeutigkeit der Vaterschaft gesorgt wird, wie die Kinder bei einer Trennung aufgeteilt werden, wann überhaupt die Menschen sich am Liebesleben beteiligen dürfen und wann sie daraus ausscheiden müssen. All dies ist ohne Zweifel viel freier als im Europa des 18. Jahrhunderts, und es beruht auf gegenseitigem Respekt von Frauen und Männern, aber es ist nicht ohne Regeln – manche Regel erscheint aus europäischer Sicht sogar ausgesprochen hart, etwa daß Frauen, die das Alter der Fruchtbarkeit überschritten haben, nicht mehr mit Männern schlafen dürfen (S. 184f.).

Außerdem liefert Oru uns ein klareres Bild von den Moralvorstellungen, die dieser Einrichtung zugrunde liegen. Sosehr sich Oru auch auf die Natur beruft und sosehr man den Zusatz »Natur und Vernunft« im Sinne einer »vernünftigen Natur« verstehen mag, macht er doch unmißverständlich klar, daß die Moral auf einem anderen Begriff aufbaut: auf dem des Interesses (S. 188). Gut ist demnach, worauf sich unsere Interessen richten. Nun muß das Interesse als Basis mit der Natur als Basis nicht im Widerspruch stehen: Daß wir Interessen haben, ist eine natürliche Tatsache; unsere primären Interessen werden durch unsere Triebe und körperlichen Bedürfnisse festgelegt. Eine Quelle für Schwierigkeiten zeichnet sich allerdings schon ab, wenn Oru stets das *allgemeine* Interesse in den Vordergrund rückt (z. B. S. 175). Was ist nämlich, wenn das individuelle Wohl und das allgemeine Wohl nicht übereinstimmen? Es ist die gleiche Frage, die Bordeu im dritten Teil von *D'Alemberts Traum* angesprochen hatte. Der Arzt hielt die Spannung für auflösbar, insofern Handlungen, die vermeintlich nicht dem allgemeinen Wohl dienen, doch einen sekundären allgemeinen Nutzen haben können. Die tahitianische Gesellschaft ist hier weniger kompromißbereit: Sex wird nur dort gestattet, wo sich der individuelle Nutzen – die Triebbefriedigung – mit dem allgemeinen Nutzen – der Erhaltung der Bevölkerung – deckt. Daneben stellt sich noch ein zweites, epistemisches Problem ein: Der individuelle Nutzen als Basis der Moral hat den Vorteil, daß er empirisch leicht festzustellen ist: es ist das, was den einzelnen Menschen Lust verschafft. Aber wie stellt man den allgemeinen Nutzen fest? Wenn man im naturalistischen Rahmen bleiben will, braucht man hierfür einen substantiellen Naturbegriff, aus dem hervorgeht, was gut ist. Naturalisten neigen dazu, die Arterhaltung und damit die Fortpflanzung als ein Gut zu behandeln, das sich von selbst versteht. Auch Oru folgt dieser Haltung. Aber von der Basis aus gesehen, die Oru mit dem Begriff des Interesses gesetzt hat, ist es eine willkürliche Entscheidung.

Oru unterscheidet sich noch in einem anderen bemerkenswerten Punkt vom Greis: Hatte dieser die Vermischung der Völker vehement attackiert, enthüllt Oru als wahren Nutzen, den er im Verkehr der tahitianischen Frauen mit den Europäern sieht, ebendiese Vermischung. Er sieht, daß die Europäer die Tahitianer an Intelligenz übertreffen, er hofft, daß Intelligenz eine vererbbare Eigenschaft ist, und er hofft, auf diese Weise die Tahitianer zu verbessern (S. 189). Es ist ein Experiment, das Oru hier anstellt; sollte es mißlingen, können die Früchte der interkulturellen Liebesnächte immer noch als Sklaventribut für die kriegerischen Nachbarn benutzt werden.

Damit sind wir nicht nur zurück beim Thema der Züchtung von Menschen mit allen Problemen, die sich oben schon gezeigt haben. Vor allem speist sich die positive Einstellung, die Oru der Vermischung der Völker entgegenbringt, aus einem anderen Verständnis der Natur. »Erscheint dir irgend etwas so unvernünftig wie ein Gebot, das die Veränderung ausschließt, die in uns liegt?« hatte Oru an anderer Stelle gefragt (S. 173). Dort zielte er zwar auf das Gelübde lebenslanger Treue, doch ich denke, die Aussage läßt sich verallgemeinern. Denn die Veränderung, die in uns liegt, ist ein Teil der Veränderung, der die Natur als ganze unterworfen ist. Eine Natur, die das Prinzip der Bewegung in sich trägt, ist nicht stabil;

das war eine der zentralen Thesen des Diderotschen Naturalismus. Doch kann man auf eine Natur, die sich stetig ändert, eine Moral gründen? Die Opposition von Naturzustand und Zivilisation, auf der die Rede des Greises aufbaut, setzt voraus, daß man Natur und Zivilisation, Natürliches und Nichtnatürliches klar unterscheiden kann. Was aber, wenn die Zivilisation nur eine natürliche Weiterentwicklung ist? Eine Natur, die sich stetig verändert, macht es schwer, natürliche von »unnatürlichen« Entwicklungen zu unterscheiden. Zudem hatte Bordeu postuliert, daß alles, was es gibt, natürlich ist – a fortiori gilt dies auch für die Zivilisation. Ein dynamisches Verständnis von Natur erweist sich somit als ungeeignet, die Idee eines guten Naturzustandes zu begründen, in dem sich die Menschen früher befanden und in den sie zurückkehren müssen, um glücklich zu sein.

Kann man auf der Basis einer dynamischen Naturauffassung wenigstens begründen, daß das Allgemeinwohl in Gestalt der Erhaltung des Volkes Vorrang vor dem Individualwohl in Gestalt der Lust hat? Man könnte auf diesen Gedanken kommen, da ohne Fortpflanzung und Weiterbestand der Art eine natürliche Dynamik doch gar nicht stattfinden kann. Aber auch dieser Versuch der Moralbegründung scheitert, denn daß sich die Natur verändert, impliziert zwar, daß die Natur weiterbesteht, doch nicht, daß eine bestimmte Art weiterbestehen *soll* (tatsächlich ist die Aussage, daß die Natur weiterbesteht, eine Trivialität, wenn alles, was es gibt, natürlich ist).

Gibt es also gar keine Möglichkeit mehr, unter Berufung auf die Natur Normen aufzustellen? Gibt es keine Grundlage für den Vorwurf, mit dem das Gespräch zwischen Oru und dem Kaplan endet: daß das zölibatäre Leben, das der Kaplan zu Hause führt, ein Vergehen gegen die Natur sei? Die Antwort dürfte davon abhängen, ob es gelingt, die Interessen, auf denen die Moral aufruhen soll, in einem substantiellen Sinne als natürliche Interessen zu verstehen. Sicherlich ist es plausibel, die sexuellen Bedürfnisse als ein natürliches Interesse zu bezeichnen; so viel kann man aus unserer biologischen Beschaffenheit ableiten. Folgt daraus aber ein Gebot, dieses Interesse zu befriedigen? Es gibt andere natürliche Interessen, die unter bestimmten Umständen der Befriedigung der sexuellen Lust entgegenstehen können – unter ihnen das Interesse an einem stabilen und friedlichen Sozialleben, das uns dazu veranlaßt, unsere sexuellen Bedürfnisse zu kontrollieren. Aber mehr noch: Die Veränderlichkeit der Natur betrifft auch die Natur eines jeden einzelnen Menschen, und das impliziert die Möglichkeit, daß sich auch die Interessen verändern oder wenigstens das Gewicht, das wir ihnen beimessen, verschiebt.

Das zweite Gespräch zwischen A und B

Diese letzten Überlegungen finden keinen direkten Niederschlag im Gespräch zwischen Oru und dem Kaplan. Dort bleibt Orus Position unangefochten, denn der Kaplan, durch seine Verführbarkeit ohnehin in seiner Position kompromittiert, ist nicht in der Lage, mögliche Widersprüche in dem herauszuarbeiten, was Oru sagt. Es ist eine Hypothese der Interpretation, daß es Diderot durch die Gegenüberstellung von Greis und Oru darauf angelegt hat, Widersprüche in einer naturalistischen Moralbegründung zutage zu fördern.

Betrachtet man das Nachgespräch, scheint es auf den ersten Blick diese Interpretationshypothese nicht zu bestätigen. B referiert zunächst ein Resümee des Kaplans, in dem dieser sich lobend über die Tahitianer äußert und die Natur als Grundlage von Normen akzeptiert. B schließt sich diesem Lob und der Kritik an den Europäern uneingeschränkt an. Zwar berücksichtigt er, daß andere Lebensumstände andere Verhaltensweisen und Einrichtungen erzwingen – daß also die Europäer durch eine weniger freundliche Natur gezwungen gewesen seien, ihre Intelligenz weiterzuentwickeln –, doch seien sie dabei weit über das Ziel hinausgeschossen und hätten den Naturzustand verlassen. Drei Gesetzen sei der Mensch heute unterworfen – dem Religionsgesetz, dem Staatsgesetz und dem Naturgesetz –, von denen das erste überflüssig sei und das andere nur dann gut, wenn es dem Naturgesetz folge (»Naturgesetz« dürfte hier sowohl für ein physikalisches wie für ein moralisches Gesetz stehen). Was damit gemeint ist, führt B anschließend in einer kleinen »Befragung der Natur« vor (S. 193), in der verschiedene Aspekte des europäischen Liebeslebens daraufhin geprüft werden, ob sie auch in der Tierwelt vorkommen und somit natürlich sind.

Im Zuge dessen kommt es allerdings zu einem bemerkenswerten Widerspruch zu Orus Beschreibung der Regelungen der Tahitianer. Oru zufolge gilt die Vergewaltigung auf Tahiti als ein »schweres

Vergehen« (*une faute grave*, S. 187). B dagegen kommt im Laufe seiner »Befragung der Natur« zu einer Erklärung der Unterschiede im Annäherungsverhalten von Frauen und Männern, die in die Behauptung mündet, es sei Sache des Mannes, den aktiven Part in der Verführung zu übernehmen und die Frau von ihrer Angst abzulenken und sie trunken zu machen (S. 196). Er führt diesen Gedanken noch ein bißchen weiter aus und gelangt zu Aussagen, die man durchaus als naturalistische Kritik am Verbot der Vergewaltigung lesen kann. Schließlich meint er, die Vergewaltigung gelte in Tahiti darum auch nur als ein leichtes Vergehen (*une injure légère*, S. 196). Man mag nicht so recht glauben, daß dieser Widerspruch zwischen den Aussagen von Oru und B Diderot unter der Hand passiert ist. Plausibler scheint es mir, daß Diderot demonstrieren wollte, daß man auf der von Oru herangezogenen Argumentationsbasis Verhaltensweisen, die Oru für verwerflich hält, zu natürlichen Verhaltensweisen erklären kann.

Das Gespräch geht über diesen Widerspruch hinweg; B fährt mit der Kontrastierung von guter Natur und schlechter Zivilisation fort, um schließlich als letztes Thema die Politik anzusprechen. B folgt auch hier der Rede des Greises: Natur bedeutet Freiheit, Zivilisation bedeutet Unfreiheit.

Doch die Zivilisationskritik bleibt diesmal nicht ungetrübt. Wenn A nach der Anarchie in Kalabrien fragt, weckt er Zweifel, ob der Naturzustand unbedingt der bessere sei; B entgegnet, daß die Zivilisation mehr Opfer fordere als der Naturzustand, aber eine eindeutige Antwort will auch er nicht geben. Die Ansichten von A und B divergieren in dieser Passage erstmals deutlich: Während A meint, daß das Glück und Unglück einer »Tierart« – man darf hier wohl auch den Menschen einsetzen – sich immer die Waage halten wird, hält B an der Idee fest, daß Tahiti ein Paradies ist: nur dort sei die Lage der Menschen glücklich.

Dieser Unterschied der Meinungen dürfte eine Warnung sein, Diderot weder mit A noch mit B gleichzusetzen. Lange Zeit konnte man den Eindruck haben, Diderot habe in der Figur von B sein Pendant geschaffen: B ist derjenige, der den Text kennt und der die Fragen von A beantwortet. Aber schon B's unreflektierte Übernahme der Rede von der »guten Natur« war ein Hinweis, daß er nicht mit dem Autor gleichzusetzen ist, der sich über die Schwierigkeiten dieser Formel im klaren ist. Und an dieser Stelle dürfte A's Haltung näher an jenem Fatalismus sein, dem Diderot in seinem Roman *Jacques le fataliste* so großartigen Ausdruck verliehen hatte.

Das Gespräch endet mit zwei Schlußpunkten, die auf ganz unterschiedliche Weise irritierend wirken.

Der erste besteht in der – zwar allgemeinen, aber auf die tatsächlichen Verhältnisse gerichteten – Frage, was man tun solle. B bleibt seiner Haltung treu und stellt das Handeln unter die Norm der Vernunft, die von Oru bereits zu der der Natur parallel gesetzt worden war. Die Vernunft steht als objektiver Maßstab da, an dem sich Gesellschaften zu messen haben. Für das konkrete Handeln gibt es aber noch einen zweiten Maßstab, der sich nach dem Kontext richtet: Allein unvernünftige Regeln zu brechen hat nicht nur unangenehme persönliche Konsequenzen, es kann auch schlechte allgemeine Auswirkungen haben. Das Verhalten des Kaplans, der im Gespräch mit Oru keine gute Figur gemacht hatte, wird hier geradezu als Vorbild präsentiert: man richte sich nach den jeweils herrschenden Sitten. Die Passage wirkt wie eine Verteidigung von Diderots eigener Position in Frankreich: Er hat sich der Zensur gebeugt, aber nicht aufgehört, zu sprechen.

Der zweite Schlußpunkt besteht in der Frage, was die Frauen wohl zu alldem sagen würden. Frauen waren im Gespräch allgegenwärtig, doch nur als Gegenstand von Betrachtungen und Regulierungen – und nicht zuletzt als Objekt der männlichen Begierde. Mag sich die Antwort von A und B auch ein wenig herablassend gebärden, ihr Tenor ist doch klar: Das Gespräch wäre noch einmal von vorn zu beginnen.

V Schluß: Der Philosoph im Naturalismus

Im ersten Abschnitt dieses Nachworts hatte ich eine Frage angesprochen, der sich jeder naturalistisch gesonnene Philosoph gegenübersehen muß: Wenn alles, was es gibt, natürlich ist und wenn die richtige Weise der Erforschung der einen Natur die empirische Methode der Naturwissenschaften ist, was bleibt dann einer nichtempirischen Disziplin wie der Philosophie zu tun übrig?

Welche Antwort läßt sich den hier präsentierten Texten Diderots entnehmen? Diderot nimmt den monistischen Naturalismus nicht nur als metaphysische Position ernst, sondern verfolgt ihn auch in Bereiche hinein, die das Selbstverständnis als Person betreffen, sei es in der Frage der eigenen Identität, sei es in Fragen der Moral. Er macht dabei weder vor den vertrautesten und intimsten Einstellungen und Überzeugungen halt, noch scheut er sich, die dabei entstehenden Widersprüche offenzulegen. Ja, er zieht vielleicht sogar praktische Konsequenzen für seine Position als Autor. Und außerdem spekuliert er ohne Scheu dort, wo ihm die naturwissenschaftlichen Erkenntnisse fehlen.

Ich möchte vorschlagen, daß genau dieser Katalog die Antwort auf die Frage nach der Rolle des Philosophen im Naturalismus ist. Mag der Bereich für Spekulationen heute enger geworden sein und ein informiertes Spekulieren weitaus mehr an naturwissenschaftlichen Kenntnissen erfordern als zu Diderots Zeit, nach wie vor gibt es erhebliche dunkle Flecken im naturwissenschaftlichen Weltbild, die zum Spekulieren in Diderots Manier einladen; unter ihnen ist der Ort des Bewußtseins in der Natur vielleicht der größte. Aber auch jenseits solcher Spekulationen bleibt dem Philosophen eine wichtige Aufgabe: nämlich das naturwissenschaftliche Weltbild mit dem Selbstbild zusammenzubringen, das wir als Menschen von uns haben, und dabei weder Bereiche auszublenden, in denen die Konfrontation auf eine persönliche Weise unangenehm werden könnte, noch vorauseilend das Selbstbild um Elemente zu verkürzen, die für uns von Wert sind, die aber mit dem je gegenwärtigen Bild von der Natur inkompatibel erscheinen. Sicherlich muß man nicht jeder einzelnen Überlegung Diderots folgen. Seine Art und Weise des naturalistischen Philosophierens aber dürfte nach wie vor exemplarisch sein.

Anhang

Zeittafel

1713	5. Oktober: Geburt von Denis Diderot in Langres (Dept. Haut-Marne). Er kommt in einer wohlhabenden Handwerkerfamilie zur Welt.
1723-28	Besuch des Jesuiten-Kollegs in Langres.
1726	Tonsurierung. Diderot sollte die Kanonikus-Pfründe seines Onkels mütterlicherseits an der Kathedrale Saint-Mammès de Langres übernehmen.
1728-32	Studium in Paris, zunächst am Lycée Louis-le-Grand, später am Collège d'Harcourt. Abschluß des Studiums mit dem Magisterexamen am 2. September 1732.
1735	Abschluß des Studiums an der Sorbonne mit dem Baccalauréat, das ihm bescheinigt, zwei Jahre mit Erfolg Philosophie und drei Jahre mit Erfolg Theologie studiert zu haben.
1735-42	Da Diderot die Laufbahn als Geistlicher ausgeschlagen hat und der Vater die finanzielle Unterstützung verweigert, muß sich Diderot mit verschiedenen Tätigkeiten, u. a. als Predigtschreiber, Hauslehrer und Schreiber in einer Anwaltskanzlei, durchschlagen.
1741	Bekanntschaft mit Antoinette Champion, die er gegen den Willen des Vaters 1743 heiratet (seine Braut war zwar streng katholisch, aber arm).
1740-42	Erste Veröffentlichungen im *Mercure de France*; Übersetzung von *The Grecian History* von Temple Stanyan.
1742	Beginn der Bekanntschaft mit Jean-Jacques Rousseau. In diese Jahre fällt auch der Beginn der Bekanntschaften mit d'Alembert, Condillac und Grimm.
1745	Übersetzung von Shaftesburys *Inquiry concerning Virtue and Merit*. Auftrag zur Übersetzung und Umarbeitung von Ephraim Chambers' *Cyclopedia or a Universal Dictionary of Arts and Sciences* durch den Verleger Le Breton, aus dem das Projekt der *Encyclopédie* hervorgeht.
1745	Beginn einer Affäre mit Madeleine de Puisieux.
1746	Der Entwurf der *Encyclopédie* ist fertig und erhält das Druckprivileg.
1749	24. Juli - 3. November: Inhaftierung in Vincennes nach der Veröffentlichung des *Briefs über die Blinden*. Beginn der Bekanntschaft mit Baron d'Holbach.
1751	Der erste Band der *Encyclopédie* erscheint.
1752	Besuch mit Antoinette in Langres; Aussöhnung mit dem Vater.

	Verbot der *Encyclopédie* auf Druck der Jesuiten, das jedoch durch die Hilfe des königlichen Zensors Malesherbes unterlaufen wird, so daß die weiteren Bände ab 1753 erscheinen können.
1753	Geburt der Tochter Marie-Angélique, das vierte Kind des Paares und das einzige, das das Erwachsenenalter erreichte (gestorben 1824). Diderot kümmerte sich intensiv um ihre Erziehung.
1755	Beginn der Freundschaft mit Sophie Volland.
1757	Uraufführung des ersten Theaterstücks, *Le fils naturel*.
1758	D'Alembert zieht sich von der Herausgebertätigkeit für die *Encyclopédie* zurück. Louis de Jaucourt springt ein und ermöglicht die Weiterarbeit an der *Encyclopédie* auch dadurch, daß er Mitarbeiter aus eigener Tasche bezahlt.
1759	Die *Encyclopédie* wird auf den vatikanischen Index gesetzt; erneutes Verbot. Wieder ist es Malesherbes, der das Verbot zu umgehen hilft, indem er die Veröffentlichung der Tafelbände gestattet.
1761	Uraufführung des *Père de famille*. Das Stück hat zunächst wenig Erfolg, bleibt aber nach seiner Wiederaufführung 1770 bis zur Revolution im Repertoire.
1762	Nach der Vertreibung der Jesuiten aus Frankreich können die weiteren Textbände der *Encyclopédie* ungehindert erscheinen.
1764	Diderot entdeckt, daß der Verleger Le Breton zahlreiche Artikel der *Encyclopédie* entschärfend bearbeitet hat. Er zieht sich im folgenden Jahr mit Bitterkeit von der Herausgebertätigkeit zurück.
1765	Die Zarin Katharina kauft Diderots Bibliothek, überläßt sie ihm aber zum Gebrauch und zahlt ihm zudem ein Gehalt als Bibliothekar. In den folgenden Jahren wird Diderot zunehmend für Katharina in Paris tätig, beispielsweise indem er Gemälde für sie kauft.
1767	Diderot wird Mitglied der Akademie der Künste in St. Petersburg.
1773	Im Juni Aufbruch zur Reise nach Rußland über Den Haag, Pempelfort, Leipzig, Dresden und Riga. Ankunft in St. Petersburg am 8. Oktober.
1774	Anfang März Beginn der Rückreise über Danzig, Hamburg und erneut Den Haag.
1776	Diderot hält sich von nun an öfters in Sèvres auf dem Land auf.
1784	31. Juli: Tod von Diderot am Ende eines Diners im Kreis der Familie. Auf eigenen Wunsch wird eine Autopsie vorgenommen; auf Wunsch der Familie wird er christlich beerdigt, obgleich er nicht die Sterbesakramente empfangen hat.

Chronologische Übersicht über die Werke Diderots

Die folgende Aufstellung ist keineswegs vollständig (unter anderem fehlen die ca. 3000 Artikel, die Diderot für die *Encyclopédie* verfaßt hat). Angesichts der Vielzahl der kleinen Arbeiten und der schwierigen Quellenlage ist eine komplette Auflistung der Schriften Diderots schwierig.

Erläuterungen zu den Angaben: Aufgeführt ist jeweils das (vermutliche) Entstehungsjahr, sowie die Daten der Erstveröffentlichung. Die Buchstaben CL verweisen auf eine »Veröffentlichung« in der *Correspondance Littéraire*, einer von M. Grimm (bis 1773) und J. H. Meister (ab 1773) herausgegebenen, z. T. zur Umgehung der Zensur handschriftlich vervielfältigten Zeitschrift, die von 1753 bis 1790 einem exklusiven Leserkreis von ca. 12 Empfängern des europäischen Adels aus der intellektuellen Welt von Paris berichtete. Wenn Erscheinungsorte in Anführungszeichen gesetzt sind, handelt es sich um fiktive Erscheinungsorte, die angegeben wurden, um die Zensur zu irritieren. Ein (*) bedeutet, daß der Text in der Ausgabe der *Philosophischen Schriften* von Lücke (s. u.) in deutscher Übersetzung verfügbar ist.

Essai sur le mérite et la vertu (Übersetzung von Shaftesburys *Inquiry Concerning Virtue or Merit*). 1744-45. Gedruckt Amsterdam 1745.

Pensées philosophiques. 1746. Gedruckt »Den Haag« (Durand, Paris) 1746 (*).

    Addition aux Pensées philosophiques. Verfaßt 1762. Gedruckt in *Recueil philosophique ou mélange de pièces sur la religion et la morale* (hg. von J.-A. Naigeon, Sammlung von Essays verschiedener Autoren) »London« (= M. M. Rey, Amsterdam) 1770 (*).

De la suffisance de la religion naturelle. 1746. Gedruckt in *Recueil philosophique ou mélange de pièces sur la religion et la morale* (hg. von J.-A. Naigeon, Sammlung von Essays verschiedener Autoren) »London« (= M. M. Rey, Amsterdam) 1770.

La Promenade du Sceptique ou les Allées. 1747. Veröffentlicht 1830 in der Ausgabe Paulin.

Mémoires sur différents sujets de mathématique. 1748. Gedruckt Paris (Durand et Pissot) 1748.

Les Bijoux indiscrets (Roman). 1748. Gedruckt anonym »Amsterdam« (Durand, Paris) 1748.

Première lettre d'un citoyen zélé, qui n'est ni chirurgien ni médecin à M. D. M. maître en chirurgie, ancien professeur à Saint-Côme, de l'Académie

Royale des Sciences, & de l'Académie de Chirurgie où l'on propose un moyen d'appaiser les troubles qui divisent depuis si long-tems la Médecine & la Chirurgie, 1748. Gedruckt Paris 1748.

Lettre sur les aveugles à l'usage de ceux qui voient. 1749. Gedruckt »London« (Durand, Paris) 1749.

Additions à la Lettre sur les avengles. 1782. CL 1782. Veröffentlicht 1830.

Lettre sur les sourds et muets. 1751. Gedruckt anonym Paris (?) 1751.

Suite de l'Apologie de M. l'Abbé de Prades. 1752. Gedruckt »Berlin« (Paris) 1752.

Au Petit Prophète de Boehmischbroda. 1753. Gedruckt Paris 1753.

Pensées sur l'interprétation de la nature. 1753. Gedruckt anonym Paris (?) 1753 (*).

L'Histoire et le secret de la peinture en cire. 1755. Gedruckt anonym Paris (?) 1755.

Le fils naturel, ou Les épreuves de la vertu (Theaterstück). *Entretiens sur Le fils naturel*. 1756. Uraufführung 1757. Gedruckt Amsterdam 1757.

Lettre à Landors. 1756. CL Juli 1756.

Le père de famille (Theaterstück). *Sur la poésie dramatique*. 1758. Uraufführung 1761. Gedruckt Amsterdam 1768.

La Religieuse (Roman). 1760-80. Episodenweise in CL 1780-82. Veröffentlicht 1796

Éloge de Richardson. 1761. Gedruckt in: *Journal étranger*, hg. von Suard und Prevost, Paris 1762.

Le neveu de Rameau (Dialog). 1762-1777. Erstveröffentlichung auf Deutsch in der Übersetzung Goethes Leipzig 1805, erste Veröffentlichung des frz. Originals 1891.

Introduction aux grands principes, ou réception d'un philosophe. 1763 (?) Veröffentlicht 1798. (*, unter dem Titel: *Kontroverse mit einem Theologen*.)

Lettre historique et politique addressée à un magistrat sur le commerce de la librairie. 1763. Veröffentlicht 1861.

Essai sur la peinture. 1765. CL 1766. Veröffentlicht 1795.

Mystification ou l'histoire des portraits. (Dialog) 1768. Veröffentlicht 1951.

Regrets sur ma vieille robe de chambre ou Avis à ceux qui ont plus de goût que de fortune. 1768. CL 1769. Gedruckt Paris 1772.

Lettre sur l'Examen de l'Essai sur les préjugés ou *Pages contre un tyran*. 1770. Veröffentlicht 1937.

La suite d'un entretien entre M. d'Alembert et M. Diderot. Le Rêve de d'Alembert. Suite de l'entretien précédent. (Dialoge) 1769. CL 1782. Veröffentlicht 1830.

Principes philosophiques sur la matière et le mouvement. 1770. Veröffentlicht 1792 von Naigeon in der *Encyclopédie méthodique*, Bd. II, Paris (*).

Paradoxe sur le comédien. (Dialog) 1770-77. Veröffentlicht 1830.

Histoire philosophique et politique des deux Indes. 1770-80. (Mitarbeit, als Hauptautor gilt Guillaume-Thomas Raynal. Gedruckt Amsterdam 1770 (3. überarbeitete Auflage 1780).
Apologie de l'abbé Galiani. 1770. Veröffentlicht 1954.
Voyage à Bourbonne. 1770. Veröffentlicht 1831.
Entretien d'un père avec ses enfants ou du danger de se mettre au-dessus des lois. 1771. CL 1771. Gedruckt in: *Contes moreaux et nouvelles idylles de Mrs. D. ... et Gessner,* Zürich 1773.
Les deux amis de Bourbonne. 1770. CL 1770. Gedruckt in: *Contes moreaux et nouvelles idylles de Mrs. D. ... et Gessner,* Zürich 1773.
Ceci n'est pas un conte. 1770-73. CL 1773. Veröffentlicht 1798.
Sur l'inconséquence du jugement public de nos actions particulières ou Madame de la Carlière. 1770-73. Veröffentlicht 1798.
Supplément au voyage de Bougainville. 1772. Veröffentlicht 1798.
Entretien d'un philosophe avec la maréchale de ***. 1774. CL 1775. Gedruckt in: *Pensées philosophiques en français et italien,* hg. von J. Crudeli, London-Amsterdam 1777.
Pensées détachées sur la peinture, la sculpture, l'architecture et la poésie. 1775-76. CL 1777. Veröffentlicht 1798.
Les Éleuthéromanes (Dithyrambus). 1772. Veröffentlicht in: *Decade philosophique* 1796.
Lettre à la Comtesse de Forbach sur l'éducation des enfants. Veröffentlicht 1792.
Sur les femmes. 1772. Veröffentlicht 1812.
Commentaire au Hemsterhuis. 1773. Veröffentlicht 1964.
Satire première. (Dialog) 1773. CL 1778. Veröffentlicht 1798.
Mémoires pour Catherine II. 1773. Veröffentlicht 1899.
Voyage en Hollande. 1773. CL 1780-82. Veröffentlicht 1821.
Éléments de physiologie. 1773-1774. Veröffentlicht 1875.
Principes de politique des souverains. 1774. Gedruckt in: *Correspondence secrète,* hg. von L.-F. Metra 1776.
Réfutation d'Helvétius. 1774. CL 1783-86. Veröffentlicht 1875. (*, unter dem Titel: Fortlaufende Widerlegung von Helvetius' Werk »Vom Menschen«).
Observations sur le »Nakaz«. 1774. Veröffentlicht 1920.
Plan d'une université pour le gouvernement de Russie. 1775. Veröffentlicht 1875.
Jacques le fataliste et son maître. (Roman) 1776. CL 1778-80 (partiell). Veröffentlicht zuerst in deutscher Übersetzung von W. Ch. G. Mylius bei Unger, Leipzig 1792. Veröffentlicht auf französisch 1796.
Est-il bon? Est-il méchant? (Theaterstück). 1781(?). Veröffentlicht 1834.
Essai sur Sénèque. 1777. Gedruckt als Bd. 7 der Übersetzung der Werke Senecas durch M. de La Grange. Paris 1778.

Essai sur la vie de Sénèque et sur les règnes de Claude et de Néron. 1778. Gedruckt »London« 1782 (*).
Lettre apologétique de l'abbé Raynal à Monsieur Grimm. 1781. Veröffentlicht 1951.
Salons. Neun kunstkritische Berichte über die Ausstellungen der Académie royale de peinture et de sculpture, für die CL verfaßt und dort veröffentlicht (1759 (CL Nov. 1759), 1761(CL Sept.-Nov. 1761), 1763 (CL Oct. – Dez. 1763), 1765 (CL Aug.-Dez. 1766)), 1767 (CL?), 1769 (CL Dez. 1769), 1771 (CL?), 1775 (CL?) und 1781 (CL Okt.-Dez. 1781). Erste Veröffentlichung einzelner Salons in der Ausgabe von Naigeon 1798.

Literaturhinweise

Ausgaben der Werke Diderots

Die erste Ausgabe von Schriften Diderots erschien 1772 bei M. M. Rey in Amsterdam in 6 Bänden (*Essai sur le mérite et la vertu*; *Lettre sur les sourds et muets*; *Lettre sur les aveugles*; *Le Père de famille*; *De la poésie dramatique*; *Le fils naturel*; *Les bijoux indiscrets*; *Traité du beau*; *Du beau absolu*; *De la philosophie des chinois*; *Science subséquente*; *Acoustique*; *Mémoires sur différents sujets de mathématiques*). Die Ausgabe wurde nicht von Diderot autorisiert und enthält auch Texte, die nicht von Diderot stammen. Eine weitere Ausgabe erschien 1773 in London. Hier sind ähnlich wie in der Ausgabe von 1772 Romane und philosophische Texte gemischt; auch hier sind einige Texte aufgenommen, die nicht von Diderot verfaßt wurden. 1798 wurde eine erste umfassende Ausgabe unter Einschluß von zu Lebzeiten nicht veröffentlichten Texten in 15 Bänden von Jacques-André Naigeon herausgegeben. Naigeon gehörte zum Kreis von Holbach und Diderot und war als eine Art von Sekretär für beide tätig. Weitere Ausgaben mit anderen noch nicht veröffentlichten Manuskripten und Briefen erschienen 1821 bei Belin und 1830 bei Paulin (beide in Paris). Die nächste Gesamtausgabe wurde 1875-77 von J. Assézat und M. Tourneux erstellt (20 Bände, Garnier Frères, Paris). Seit 1975 ist eine neue Gesamtausgabe unter der Leitung von J. Fabre, H. Dieckmann, J. Proust und J. Varloot bei den Éditions Hermann (Paris) im Entstehen. Die bislang umfassendste Edition der Briefe Diderots wurde von Georges Roth und Jean Varloot 1955-70 bei den Éditions de Minuit in Paris publiziert.

Zwei Auswahlbände der philosophischen und ästhetischen Schriften in französischer Sprache sind von Paul Vernier in der Reihe Classiques Garnier (Paris 1961 bzw. 1988) herausgebracht worden. Eine neue Auswahlausgabe, herausgegeben von Laurent Versini, ist im Verlag Robert Laffont, Paris, erschienen: Bd. 1 *Philosophie* (1994), Bd. 2 *Contes* (1993), Bd. 3 *Politique* (1995), Bd. 4 *Esthétique-théâtre* (1996), Bd. 5 *Correspondance* (1997).

Während die Romane und *Rameaus Neffe* in verschiedenen deutschen Übersetzungen erhältlich sind, ist die einzige umfassende Ausgabe der philosophischen Schriften in deutscher Übersetzung von Theodor Lücke 1961 in zwei Bänden im Aufbau-Verlag Berlin erschienen. Von Friedrich Bassenge wurde gleichfalls im Aufbau-Verlag 1967 eine umfangreiche Sammlung ästhetischer Schriften herausgegeben; eine neue Auswahl ästhetischer Schriften veröffentlichte Peter Bexte 2005 im Verlag Philo Fine Arts

Hamburg. Erzählungen und Gespräche Diderots in der Übersetzung von Katharina Scheinfuss erschienen 1953 bei Dieterich in Leipzig. Eine Auswahl des Briefwechsels hat Hans Hinterhäuser 1984 bei Insel in Frankfurt a. M. herausgebracht. Zur *Encyclopédie* gibt es verschiedene Auswahlbände in deutscher Übersetzung; das französische Original ist mittlerweile vollständig im Internet einsehbar ⟨http://portail.atilf.fr/encyclopedie/⟩.

Hinweise zur Sekundärliteratur

a) zu Diderot:

Geoffrey Bremner (1983): *Order and Chance. The Pattern of Diderot's Thought*. Cambridge: CUP.

Daniel Brewer (2008): *The Discourse of Enlightenment: Diderot and the Art of Philosophizing*. Cambridge: CUP.

Herbert Dieckmann (1966): *Die künstlerische Form des Rêve de d'Alembert*. Köln: Westdeutscher Verlag.

Colas Duflo (2003): *Diderot philosophe*. Paris: Champion.

Elisabeth de Fontenay (1981): *Diderot ou le matérialisme enchanté*. Paris: Grasset.

James Fowler (Hg.) (2011): *New Essays on Diderot*. Cambridge: CUP.

P. N. Furbank (1992): *Diderot. A Critical Biography*. London: Faber & Faber.

Dietrich Harth, Martin Raether (Hg.) (1987): *Denis Diderot oder die Ambivalenz der Aufklärung*. Würzburg: Königshausen & Neumann.

Yann Lafon (2011): *Fiktion als Erkenntnistheorie bei Diderot*. (Zeitschrift für französische Literatur und Sprache, Beihefte Bd. 38). Stuttgart: Steiner.

Pierre Lepape (1993/1994): *Diderot*. Paris: Flammarion, dt. Frankfurt a. M.: Campus.

Paolo Quintili (2001): *La pensée critique de Diderot: Matérialisme, science et poésie à l'âge de l Encyclopédie (1742-1782)*. Paris: Champion.

– (2009): *Matérialismes et Lumières: philosophies de la vie, autour de Diderot et de quelques autres, 1706-1789*. Paris: Champion.

Kristin Reichel (2012): *Diderots Entwurf einer materialistischen Moral-Philosophie (1745-1754). Methodische Instrumente und poetologische Vermittlung*. Würzburg: Königshausen & Neumann.

Marie-Luise Roy (1966): *Die Poetik Denis Diderots*. München: Fink.

Franck Salaün (2010): *Le genou de Jacques. Singularités et théorie du moi dans l'œuvre de Diderot*. Paris: Éditions Hermann.

Jochen Schlobach (Hg.) (1992): *Denis Diderot*. Darmstadt: Wissenschaftliche Buchgesellschaft.

Sharon Stanley (2012): *The French Enlightenment and the Emergence of Modern Cynicism*. Cambridge: CUP.

Raymond Trousson (2005): *Denis Diderot ou le vrai Prométhée*. Paris: Éditions Tallandier.
Kate Tunstall (2011): *Blindness and Enlightenment*. London: Continuum Press.
Laurent Versini (1996): *Denis Diderot*. Paris: Hachette.
Alexandre Wenger (2012): *Le Médecin et le Philosophe. Théophile de Bordeu selon Diderot*. Paris: Éditions Hermann.
Ursula Winter (1972): *Der Materialismus bei Diderot*. Genf: Droz.
– (2001): »Naturphilosophie und Naturwissenschaften«, in: H. A. Glaser, G.M. Vajda (Hg.), *Die Wende von der Aufklärung zur Romantik 1760-1820* (A Comparative History of Literatures in European Languages 14). Amsterdam: Benjamins, S. 173-208.

b) zur Aufklärung:
Philipp Blom (2011): *Böse Philosophen. Ein Salon in Paris und das vergessene Erbe der Aufklärung*. München: Hanser.
Robert Darnton (1968/1983): *Der Mesmerismus und das Ende der Aufklärung in Frankreich*. München: Hanser.
Robert Darnton (1993): *Glänzende Geschäfte. Die Verbreitung von Diderots Enzyklopädie*. Berlin: Wagenbach.
Stephen Gaukroger (2010): *The Collapse of Mechanism and the Rise of Sensibility. Science and the Shaping of Modernity 1680-1780*. Oxford: OUP.
Manfred Geier (2012): *Aufklärung – das europäische Projekt*. Berlin: Rowohlt.
Knud Haakonssen (Hg.) (2006): *The Cambridge History of Eighteenth-Century Philosophy*. Cambridge: CUP.
Panajotis Kondylis (1981): *Die Aufklärung im Rahmen des neuzeitlichen Rationalismus*. Stuttgart: Klett.
Sergio Moravia (1983): *Beobachtende Vernunft*. Frankfurt a. M.: Fischer.
Jürgen Osterhammel (2010): *Die Entzauberung Asiens: Europa und die asiatischen Reiche im 18. Jahrhundert*. München: Beck.
Jessica Riskin (2002): *Science in the Age of Sensibility: the Sentimental Empiricists of the French Enlightenment*. Chicago: Chicago UP.
Wolfgang Röd (1984): *Die Philosophie der Neuzeit 2: von Newton bis Rousseau* (Geschichte der Philosophie Bd. 8). München: Beck.
Johannes Rohbeck (Hg.) (2008): *Grundriss der Geschichte der Philosophie, Die Philosophie des 18. Jahrhunderts*. Bd. 2/1-2: Frankreich. Basel: Schwalbe.

Philosophie des Geistes
im Suhrkamp Verlag

Anatomie der Subjektivität. Bewußtsein, Selbstbewußtsein und Selbstgefühl. Herausgegeben von Thomas Grundmann, Frank Hofmann, Catrin Misselhorn, Violetta L. Waibel und Véronique Zanetti. stw 1735. 496 Seiten

Wolfgang Barz. Die Transparenz des Geistes. stw 2034. 400 Seiten

Bewußtsein. Philosophische Beiträge. Herausgegeben von Sybille Krämer. stw 1240. 250 Seiten

Susan Blackmore. Gespräche über Bewußtsein. Aus dem Englischen von Frank Born. Mit einem Glossar. Gebunden und stw 2023. 380 Seiten.

Robert B. Brandom
- Expressive Vernunft. Aus dem Amerikanischen von Eva Gilmer und Hermann Vetter. 1014 Seiten. Gebunden
- Begründen und Begreifen. Eine Einführung in den Inferentialismus. Aus dem Amerikanischen von Eva Gilmer. Gebunden und stw 1689. 264 Seiten

Donald Davidson
- Dialektik und Dialog. Rede anläßlich der Verleihung des Hegel-Preises 1992. stw 1080. 101 Seiten
- Handlung und Ereignis. Aus dem Amerikanischen von Joachim Schulte. Gebunden und stw 895. 421 Seiten
- Probleme der Rationalität. Vorwort von Marcia Cavell. Aus dem Amerikanischen von Joachim Schulte. 445 Seiten. Gebunden

- Subjektiv, intersubjektiv, objektiv. Aus dem Amerikanischen von Joachim Schulte. 382 Seiten. Gebunden
- Wahrheit und Interpretation. Herausgegeben von Dieter Henrich und Niklas Luhmann. Aus dem Amerikanischen von Joachim Schulte. stw 896. 408 Seiten
- Wahrheit, Sprache und Geschichte. Aus dem Amerikanischen von Joachim Schulte. 514 Seiten. Gebunden

Donald Davidson / Richard Rorty. Wozu Wahrheit? Eine Debatte. Herausgegeben und mit einem Nachwort von Mike Sandbothe. stw 1691. 353 Seiten

Daniel C. Dennett. Süße Träume. Die Erforschung des Bewußtseins und der Schlaf der Philosophie. Aus dem Amerikanischen von Gerson Reuter. 216 Seiten. Gebunden

Farben. Betrachtungen aus Philosophie und Naturwissenschaften. Herausgegeben von Stefan Glasauer und Jakob Steinbrenner. stw 1825. 370 Seiten

Manfred Frank. Ansichten der Subjektivität. stw 2021. 420 Seiten

Gene, Meme und Gehirne. Geist und Gesellschaft als Natur. Eine Debatte. Herausgegeben von A. Becker, C. Mehr, H. H. Nau, G. Reuter und D. Stegmüller. stw 1643. 336 Seiten

Andrea Kern. Quellen des Wissens. Zum Begriff vernünftiger Erkenntnisfähigkeit. stw 1786. 385 Seiten

Ruth Garrett Millikan
- Biosemantik. Sprachphilosophische Aufsätze. Aus dem Amerikanischen von Alex Burri. stw 1979. 205 Seiten

- Die Vielfalt der Bedeutung. Zeichen, Ziele und ihre Verwandtschaft. Aus dem Amerikanischen von Hajo Greif. stw 1829. 330 Seiten

Thomas Nagel. Der Blick von nirgendwo. Aus dem Amerikanischen von Michael Gebauer. stw 2035. 418 Seiten

Martine Nida-Rümelin. Der Blick von innen. Zur transtemporalen Identität bewusstseinsfähiger Wesen. stw 1787. 357 Seiten

Philosophie und Neurowissenschaften. Herausgegeben von Dieter Sturma. stw 1770. 266 Seiten

Hilary Putnam
- Repräsentation und Realität. Übersetzt von Joachim Schulte. stw 1394. 220 Seiten
- Vernunft, Wahrheit und Geschichte. Aus dem Amerikanischen von Joachim Schulte. stw 853. 294 Seiten

Sebastian Rödl
- Kategorien des Zeitlichen. Eine Untersuchung der Formen des endlichen Verstands. stw 1748. 215 Seiten
- Selbstbewußtsein. stw 1992. 264 Seiten.

Richard Rorty. Der Spiegel der Natur. Eine Kritik der Philosophie. Aus dem Amerikanischen von Michael Gebauer. stw 686. 438 Seiten

Jürgen Schröder. Einführung in die Philosophie des Geistes. stw 1671. 400 Seiten

John R. Searle
- Freiheit und Neurobiologie. Aus dem Amerikanischen von Jürgen Schröder. Kartoniert. 96 Seiten

- Geist. Eine Einführung. Aus dem Amerikanischen von Sibylle Salewski. 324 Seiten. Gebunden
- Geist, Sprache und Gesellschaft. Philosophie der wirklichen Welt. Aus dem Amerikanischen von Harvey P. Gavagai. stw 1670. 192 Seiten
- Intentionalität. Eine Abhandlung zur Philosophie des Geistes. Aus dem Amerikanischen von Harvey P. Gavagai. stw 956. 353 Seiten
- Die Konstruktion der gesellschaftlichen Wirklichkeit. Zur Ontologie sozialer Tatsachen. Aus dem Amerikanischen von Martin Suhr. stw 2005. 248 Seiten
- Wie wir die soziale Welt machen. Die Struktur der menschlichen Zivilisation. Aus dem Amerikanischen von Joachim Schulte. 351 Seiten. Gebunden

Selbstbewußtseinstheorien von Fichte bis Sartre. Herausgegeben und mit einem Nachwort versehen von Manfred Frank. stw 964. 599 Seiten

Michael Tomasello
- Die kulturelle Entwicklung des menschlichen Denkens. Zur Evolution der Kognition. Aus dem Englischen von Jürgen Schröder. stw 1827. 307 Seiten
- Die Ursprünge der menschlichen Kommunikation. Aus dem Amerikanischen von Jürgen Schröder. Mit Abbildungen. stw 2004. 410 Seiten

Matthias Vogel. Medien der Vernunft. Eine Theorie des Geistes und der Rationalität auf Grundlage einer Theorie der Medien. stw 1556. 427 Seiten

Wissen zwischen Entdeckung und Konstruktion. Erkenntnistheoretische Kontroversen. Herausgegeben von Matthias Vogel und Lutz Wingert. stw 1591. 328 Seiten